生みの親からの遺言状

機動破壊のすべて

葛原美峰
三重・海星高校野球部アドバイザー
前健大高崎野球部スーパーバイザー

竹書房

はじめに

平成31年（2019）4月を以て健大高崎高校を退職して、野球部コーチも退任した。野球部に携わって約10年間、青柳博文監督をはじめとする良きスタッフたちにも恵まれ、多くの思い出を残すことができた。

夏3回と春3回の甲子園出場を愛すべきスタッフとともに体験できて、甲子園通算13勝という幸運に遭遇し、加えて長崎国体準優勝というオマケもついた。

選手にも恵まれ、6名の教え子たちがプロに進んだ。ポジション別で見れば、ピッチャー、キャッチャー（2名）、ショート、レフト、ライトとバランスの良い輩出となった。

今さらながら、青柳監督にはこの場をお借りして、10年間のご高配に深く謝辞を申し上げる次第である。

さて、フリーの身となった現在は、複数の高校でアドバイザー的な活動をしている。どのチームも健大高崎とは比較にならないが、上手くなって強くなりたいという甲子園へ馳せる想いは変わらない。

そんな甲子園への憧れを共有する指導者や球児に対して、今まで触れてこなかった門外不出の秘伝の書を可能な限り開示することにした。

私の見解や考察は、一般的なセオリーとは違った論点となることも多くあると思う。しかし高校野球に携わって40年が過ぎ、いつまでもどこまでも心の奥で温め続けていてもしょうがない。

各分野の着眼の根拠は、私の過去の経験からである。

杜若高校の監督時代の1112試合を皮切りに、四日市工業時代388試合、杜若高校コーチ時代の60試合、健大高崎時代の2093試合、そして三重海星の181試合（2021．9．18現在）。

すべてを合わせると3834試合にも及ぶ。そして、杜若での1112試合以外の2722試合は、1球1打漏らすことなくすべてを数値化してある。

杜若時代はパソコンの普及がなくて紙媒体ではあるが、各年度の戦績表と大学ノート42冊に、概要は認《したた》めてきたつもりである。

健大高崎在任中は、恒例の沖縄キャンプのミーティングにおいて、アウトオブシーズンの課題提起として、『健大高崎データファクトリー』なる冊子を不眠不休で作成して全部員に配付していた。

本書では、『機動破壊』シリーズのアーカイブとして、過去8冊の『健大高崎データファクトリー』の一部も紹介しながら、過去にまだ発表していない私の野球理論や秘策、さらには「機動破壊」のルーツなど、すべてをお伝えしていきたいと考えている。

健大高崎在任中は、『データファクトリー』の裏表紙に必ず「門外不出」と記した。在任中には3冊の『機動破壊』シリーズが発刊されたが、正直に言って各種の秘策や戦法・戦術に関して概要は述べてあるが、もう一つ踏み込んだ肝の部分にまでは触れていない。それは言うまでもなく健大高崎の職員としての立場や、ライバル校の目を意識していたからに他ならない。

だが、フリーの立場となった今こそ、チームの分け隔てなくすべての指導者や選手たちに、秘策の機会均等を提供したいと考えた。私の抱く戦法・戦術・戦略の根底や、過去の『健大高崎データファクトリー』から、評価の基準を実際の選手のデータをもとに解説していきたいと思う。

本書との出会いは眠っていたあなたの野球観を覚醒させ、さらなる深みに足を踏み込もうとする夢追い人となり、その深みから二度と抜け出すことはできなくなるだろう。

そんな底なし沼に足を取られてしまった探求心旺盛なあなたには、私がその後の責任を取るべく、一報をいただければ夢先案内人として、どんな弱小チームであろうとも、また高校野球に限定せず日本中どこにでも講演・セミナー等に足を運ぶ所存である。

機動破壊のすべて

目次

第2章　戦略的見地からの試合

第3章　機動破壊の秘策が炸裂した試合

第4章　思い出深い試合の数々

第5章　最新版　機動破壊の戦術・戦法

［攻撃編］

［守備編］

第6章　野球の追求と考察

第7章 配球に関する考察

第10章 アナリストの仕事とは

第11章 甲子園の行き方

第12章 U-18世界一への道

第13章　杜若監督時代とバイオメカニクスとの出会い

第14章 間違いだらけの野球用語

第15章 ルールとマナーの狭間で

第16章　高校野球の未来を考える

第17章 私に野球を教えてくれた恩人たち

終章 この道はいつか来た道

序章

機動破壊とは

「機動破壊」の定義

疾風迅雷・波状攻撃

「機動破壊」とは私による造語である。したがって辞書にはない。類似の表現としてあえて四文字熟語で例えるならば、「疾風迅雷」が適切かと思われる。

疾風迅雷とは、「疾風」は激しく速く吹く風で、「迅雷」は激しく鳴る雷。つまり、勢いや行動が素早く、激しい様のたとえである。他には「電光石火」なる言葉もあるが、私の中では疾風迅雷の方がそのイメージに近い。

では、私はなぜ、機動破壊という造語を作ったのか？

もともと、チームの力を示す表現としては「機動力」、「破壊力」、他にも「投手力」、「守備力」、「攻撃力」といった野球用語は存在していた。しかし、「機動力」から描くイメージは、「盗塁」と「ヒットエンドラン」以外に思い浮かばない。「破壊力」に関しては、バッティングの力量がすべてであろう。

私の目指した野球はそうではなかった。もちろん、盗塁の占める領域は存在するのだが、それは１００％の中の30％程度の比重である。

私が描いたものは、記録に残らない走塁を駆使した心理戦であり、常にプレッシャーという「波状攻撃」を仕掛けることにより、徐々に相手を追い詰め崩していき、最終的に「破壊」することであった。

なので、盗塁をしないという機動破壊も存在する。盗塁を過剰に意識させることで、四死球を奪いコントロールを甘くさせて、打者に打ちやすい状況を提供する。そして投手や野手、さらにはベンチまでをも動揺を誘って破綻させるのが骨子である。

機動破壊という表現は、走ることによって木端微塵に粉砕することを連想させてしまうが、実はそうではない。私が描いている破壊とは、浜辺に砂で作った城が、何度も何度も打ち寄せる波に浸食され、徐々に崩されていくようなものである。

もう一つ、機動破壊という言葉の中には、「定石破壊」の意味が込められている。定石とは囲碁の言葉であり、それを球界の中では「セオリー」という。

野球界では「セオリー」と唱えれば、誰しもが納得してしまう魔法の言葉でもある。

だが、「セオリー」を反対側から見れば、すべての者が同じ考え方をしていることになる。つまり次に何をしてくるのかを予め教えているようなものであり、これは推理小説を最終章から読んでいるようなものである。

最初から犯人が分かっていて、事件を未然に防げないのは滑稽でもあろう。

軌道本懐《きどうほんかい》

もちろん、これも造語である。「軌道」とは、主に力学で使われることが多いが、物事が進んでいく一定の方向。そのような意味合いも持つ。また「本懐」の意味はといえば、もとから抱いている願いや希望、本意のことを指す。

この二つの言葉を組み合わせて私事で述べるならば、私の進んできた方向は機動破壊という挑戦者の野球であり、そのプロセスに未練や後悔はなく本望である。どうしてこのようなことを述べるかといえば、機動破壊の本質は頭脳を駆使した挑戦者の野球であるというのが所以である。

「現在の野球は、頭を使わなくてもできてしまうものになりつつある」

イチロー選手が引退会見で語ったこの言葉には重みがある。これは、野球が個人技になってきていることへの警鐘だろうか？

私が健大高崎にいた頃によく問われることがあった。その問いかけとは、「全国制覇の可能性は？」という内容である。その度に「できたらいいですね」とお茶を濁してきたが、胸中では「難しい」と常々考えていた。なぜならば、機動破壊は「奇襲」、「奇策」を仕掛けて強者の足をすくう、挑戦者の野球だからである。

牙城は堅固であり難攻不落である。正面突破での落城は不可能である。弱者が城を落とすには、蟻の一穴となり得る忍者を配し、計略によって情報操作をしながら攪乱に陥れる。これは、どう考えても王者の戦い方ではないのである。

だが、この戦い方での利点もある。一つは大番狂わせといわれる、ジャイアントキリング発生での取りこぼしが極めて少ないことである。私の中ではジャイアントキリングよりも、計算できる星を落とさないことの方が、遥かに重要であると考えている。

王者の野球は、案外足をすくわれることも多いのである。それは失点よりも、軟投派の投手に対して得点できない時に発生しやすい。

「こんなはずではない」

その気持ちがすべてを表しており、「打ってやる」、「打てるはず」といった王道ゆえの上から目線が生む、油断や過信が招く「焦り」が障壁となるのである。

機動破壊は、打てないことを前提に置いての戦略であるがゆえ、攻略するという概念を「打ち崩す」や「打ち倒す」といった空中戦には置いていない。

したがって「打てない」、「点が取れない」から発生する焦りの構図を生むリスクが少なく、過信が生ずる見えない敵に惑わされにくいのである。

「軌道本懐」と書いて、「我が人生に悔いなし」

と読む。

少なくとも私の辞書にはそう刻んである。

アインシュタインの戦争見解と全国制覇を目指す野球

大それたテーマで恐縮であるが、私の高校野球観との類似点を見出したので紹介したいと思う。そのためにも、まずはアインシュタインの言葉の説明から入らねばならない。

ある海外メディアの記者がアインシュタインに問いかけた。その質問内容とは、「第三次世界大戦が勃発した時に使用される武器は何でしょうか?」というものだった。その時のアインシュタインの返答が、実に考えさせられる深い内容を含んでいたものだ。

「第三次世界大戦の武器が何であるかは、難しすぎて私には分からない。だが、第四次世界大戦が起こるとすれば、その時に人類が用いる武器は石ころだろう」

高校野球の戦い方にも変遷があり、木製バット時代ならば「怪物」と呼ばれた江川卓を擁する作新学院の「無失点野球」、銚子商業の「黒潮打線」、広島商業の「精神野球」などが挙げられる。

金属バットの導入からは、箕島高校の「犠牲バント」、池田高校の「やまびこ打線」、PL学園の「逆転のPL」、常葉菊川の「超攻撃野球」等、例を挙げればキリがない。

近年では、横浜高校や大阪桐蔭の「タレント軍団」、前橋育英の「攻撃的守備」、健大高崎の「機動破壊」も例に漏れずトレンドとなった。

変遷と表現したが、要は高校野球の戦い方には流行りがあるということである。髙嶋仁前監督の智辯和歌山が打力に物を言わせて優勝すれば、どんなチームも大振りして空振りの山を築き、健大が機動破壊を旗印に上げれば、あちこちで牽制球の餌食になっている。

先発完投が主流になったかと思えば継投策が頭をもたげ、スモールベースボールが代名詞として登場するや、どこもかしこもバントまたバント。さらに最近ではソフトバンクの柳田悠岐や、「フライボール革命」なる言葉が登場して、ブンブン振り回して凡フライを量産中である。

良くも悪くも、強くなるために各自のアイデアを練り上げ、それに導き出された一定の方向性を見出し、独自のチームカラーとして甲子園に名乗りを上げてくる。

甲子園出場が目標の終着点であれば問題はないが、それが「全国制覇」ともなると話は違ってくる。工夫を凝らした戦法や戦術は、必ず限界が訪れるからである。

そして最後に出される結論は、次の三つと決まっている。

一つ目は「勝敗の8割はピッチャーで決まる」

二つ目は「所詮、打てなきゃ勝てん」

三つ目は「送るところは送る（バント）」である。

つまり、全国制覇を成し遂げるためのチーム作りは、超高校級の打線の構築と、プロ注目のピッチャーを得ることに尽きる。少々守れなくても走れなくても構わない。ミスを帳消しにする長打さえ打ってくれればすべてよしである。

アインシュタインの主張になぞらえて言えば、「甲子園に出るための戦略を述べるのは難しすぎて分からない。だが、甲子園で優勝するための戦法は、『送りバント』だけだろう」

ものを見る角度が大切

いったい、どれほどの人がグラウンドに来ただろうか?

健大高崎が甲子園を席巻して以来、機動破壊を勉強したいとして、健大高崎を訪れる指導者たちは後を絶たなかった。

注目してもらえることは嬉しいが恐縮もする。少なからず、こちらの感謝の気持ちを表すためにも、丁寧に質問には答えてきたつもりだ。「勉強させてください」と前もって言われれば、何かしらお土産に持ち帰ってもらえるようなプレーや、それに付随した話を懇切丁寧にすることを心掛けていた。

しかし大切なことは、断片的なプレーや戦法を見たり聞いたりするだけでは、機動破壊の神髄に迫ることはできない。なぜならば、機動破壊は単体の戦法や戦術ではないからである。

個の戦法やプレーは会得できても、心理戦を伴う戦略には到達することはできない。何が言いたいかといえば、ものの見方や考え方の角度が人と同じでは新しい発想は生じてこないということである。

智辯和歌山で名声をほしいままにした髙嶋前監督は、「監督の采配で試合に勝てることは1年を通して一度か二度しかない」。そのように語っていたのをどこかで聞いたことがある。

確かに監督のブロックサインが決め手となり、勝敗を分けることは極めて少ない。だが、采配の領域に戦略が含まれるのであれば、私はそうではないと考える。もちろん、チーム力が拮抗している試合に限ってのことである。

私は勝利の半分は戦略であると思っている。そして敗戦の原因のすべては、戦略の失敗であると考えている。

詳しくは後述するとして、健大高崎には年末に作成される『健大高崎データファクトリー』なる、沖縄キャンプ初日に行うミーティング資料がある。

令和以前、十年近くも慣例として作成してきた。キャンプから来年夏を戦うための全選手の一投一打を記録し、解析・示唆を加えた冊子である。

私が3週間の不眠不休によって作り上げる、のべ数100ページ以上にも及ぶ渾身の一冊である。

次に、その中の一文を紹介しよう。

雪が溶けたら何になる？

「雪が溶けたら何になる？」

これは小学4年生の理科のテスト問題である。ほとんどの子供たちが「水になる」と答えたが、一人だけ次のように答えた子供がいた。

「春になる」

このたとえは一時期、新聞にも取り上げられたので、知っている人も多くいることだろう。テレビやセミナーの中の話題では、子供の素直な感受性と枠にとらわれない自由な発想の例として話が広がったものである。

「雪が溶けたら春になる」

これは、子供にしかない感性なのだろうか？

私事で恐縮だが、私の小・中学生時代は先生から見て、実に厄介な子供だったと思う。

「雪が溶けたら何になる？」と聞かれて、「春になる」と答えたかどうかは定かではないが、まず間違いなく「水になる」とは答えなかっただろう。

予め用意されている解答に対して答えるのは、捻くれていたのか、性分的に好きではなかった。

また、中学生の頃はアイドルや歌謡曲にはまったく興味がなく、横文字の曲を好んで聴いていた。お気に入りは、ハードロックグループのGFR（グランド・ファンク・レイルロード）と、それとは真逆でプログレッシヴ・ロックと称された、幻想的で電子音楽的なピンク・フロイド。それに少し背伸びをして、黒人天才ギタリストの、ジミ・ヘンドリックス等もレパートリーだった。

中学校の卒業文集のプロフィール欄には、好きなアイドルをフランスのポップス歌手、シルヴィ・バルタンと書き、尊敬する人を天皇陛下と記したものだ。

高校時代は野球部の先輩から、練習後のバスの中で「一曲歌え！」と命じられたが、日本語で歌える曲は何一つなかったため、サイモン&ガーファンクルの、『コンドルは飛んでゆく』を英語で歌ったら、「バカヤロウ！」と、怒鳴られた。

話が逸脱してしまった。さて、野球界にも予め答えが分かっている、似たようなものが存在する。それは「セオリー」である。セオリーとは「定石」の意味で、囲碁の世界で用いる言葉である。

四球後の1球目を打者が狙ってくることは誰しもが知っているし、ツーナッシングの次にインハイを使ったら、次は低めの変化球だとも知っている。

ノーアウト一塁は送りバントをし、ワンアウトはヒットエンドラン、ツーアウトならば盗塁。どれもこれも小学生でも知っている。

無死一塁で送りバントをすると、「確実に1点を取りに来ました」、「基本通りの野球」、「堅い野球」と称賛される。そして、次の打者が右方向に進塁打を打ち、最後の打者が凡退しても誰も何にも非難はしない。

「丁寧な試合運びをした」、「残念ながら、あと一本が出なかった」で済む。

おかしい？

確実って何なんだ？

「確実に1点を取りに来た」はずだろう？

それとは逆に、無死一塁から盗塁してアウトになろうものならば、「あの場面で送っていれば」と非難され、「セオリー無視」、「勿体ない」、「雑な野球」、「野球を知らない」と酷評される。

不思議だ？

前者の送りバントの場合は、どうして「あの時打たせておけば、点が入っていたかもしれないのに」とは、ならないのであろうか？

もしも、犠打成功率が6割の打者が打席にいる時、一塁走者の盗塁成功率が8割だとしても、それでも送りバントをすることが賢明な野球なのだろうか？

謎だ？

私の大学時代に大ヒットした曲で、3人組アイドルグループ、キャンディーズの『春一番』がある。その中の歌詞では次のように唄われていた。

「雪が溶けて川になって流れて行きます　つくしの子がはずかし気に顔を出します　もうすぐ春ですねえ」

この歌詞の大意は、ネガティブな考え方では良いことは起こらない。ポジティブな考え方をするためにも、とにかく一歩前に進んでみよう。そんな意味がある。

直接的な表現ではないにしろ、「雪が溶けたら春になる」は、大人の世界でも存在していたのである。

健大高崎データファクトリー

先ほどから何度か出てくる『健大高崎データファクトリー』とは、いったいどんなものなのか？　その答えに最も適切なものが2017年の冊子から抽出できた。

『2017健大高崎データファクトリー』の「あとがき」より抜粋したものを、次に紹介して説明に変えることにしよう。

今年もとうとうこの時期がやってきてしまった。

昨年も同じようなことに触れたが、時間との闘い、睡魔との闘い、プレッシャーとの闘いである。何のプレッシャーか？　と問われれば、沖縄キャンプ初日のミーティングに間に合わせるための「期日との闘い」である。

最低でも深夜1時までは、ノートパソコン2台の前に陣取り、早朝5時に起床する生活……。1日4時間睡眠を2か月間以上継続中である。

期末試験期間中のある日、夜が更けるのも忘れて、第二健心館の事務室でキーボードの音を奏でつつ、数字の羅列と言葉の波との狭間で戯れていた。

一息つこうと自動販売機の前を通ると、食堂の明かりが煌々と燈っていた。中を覗くと7名の生徒が問題集と格闘中で、時計の針は午前4時に迫ろうとしていた。

コンピュータの中に散逸しているデータを、探してはかき集めて抽出する。整理しても整理しても、雪崩のように覆いかぶさってくるデータの波、波、波。

毎年切実に思うことがある。「本当に完成というゴールはあるのだろうか？」、「今年に限っては無理なのではないか……」と。

しかし、そんな揺れる思いに抗うように、「選手たちは今年の努力の結晶を心待ちにしているのではないか？」、「保護者の方々も同様に、野球の通知表ともいえる『データファクトリー』の結果に、気を揉んでいるのではないだろうか？」

それら様々な心情を付度しながら、追い込み作業に拍車をかけている。

現時刻は、日付が変わった平成29（2017）年12月14日（木）の深夜3時過ぎ。金曜日の朝には、香川県の高松でのセミナーのために羽田から飛び立たねばならない。23日からの沖縄石垣島キャンプは眼前に迫っている。

それを追うようにして、来年1月には北海道でのセミナーを皮切りに、2月は後援会主催の講演が待ち構えている。3月の書籍出版『機動破壊の解析力（竹書房）』のための原稿作成も待ったなしとなった。

1日はどうして24時間しかないのだろうか？横たわる「静かな時間」と「容赦ない時間」とが縫うようにして、気忙《きぜわ》しく流れていく。

そんな「しどろもどろ」にあっても、データ比較による考察が煮詰まり、今年の示唆が終わると、少なからず長いトンネルの先にわずかな光明が差してくるものだ。「あとがき」の項目に差し掛かると、済《な》し崩し的に事が進んだことに軽い安堵を覚える。

この『データファクトリー』の総集編は、言うまでもなく自分たちの恥部を曝《さら》け出し、反省点を論《あげつら》い、真摯に己を知ることを目的としている。

反省して現状を把握したら、次に成すべきことは「勝つために今何をすべきか？」を、チームとして、個人としての標榜を掲げ示すことである。

今回の石垣島キャンプは、シン健大高崎の船出としての潮時だと願う。

第1章

機動破壊という戦略

機動破壊のルーツ

私が高校野球に携わった経緯

機動破壊のルーツを語る前に、私自身の高校野球指導のルーツについて触れておきたいと思う。少し長くなるかもしれないが、お付き合い願いたい。

国士舘大学卒業を間近に控えた頃、ある話が舞い込んできた。経緯は割愛するとして、単刀直入に言えば、三重県の海星高校で野球部のコーチができるかもしれないという話であった。

海星高校は三重県屈指の強豪であり、私自身も何とか実現できればとの思いで、母校東邦高校の阪口慶三監督に相談を持ち掛けた。阪口監督は快諾してくれて、すぐさま海星高校に出向き、当時のエンリケ・リベロ校長に懇願してくれた。

後日、阪口監督から連絡を受けて、学校側が受け入れ態勢を取ってくれるとの内容を聞いた。思わぬ朗報に喜びを噛みしめると、すぐさま世田谷区笹塚の書店に向かい、野球に関する書物を買い漁った。

その日から、来る日も来る日も野球の勉強に明け暮れるようになった。しかし、直前になって話が頓挫してしまった。何がどう働いたのかは正確には分からなかったが、名門であるがゆえの野球部の後継者はOBからという、当時の監督の想いからだったようだ。

傷心のまま実家に戻ると、自分なりに結論を導き出し、ノックバットを一本手にして、母校のグラウンドに阪口監督を訪ねた。阪口監督は私がすでに海星でコーチをしているものだと思い込んでいたようで、私が暗中模索の状態でグラウンドに足を運んだ姿が、とても意外そうだった。

とにもかくにも、その日から私は押し掛けコーチとして、母校の後輩たちの兄貴分となってノックバットを振った。その時の3年生エースには、1年生で甲子園の準優勝投手として一世を風靡したバンビ坂本（坂本佳一）がいた。「鬼の阪口」との異名があった監督の指導はコーチにも厳しく、1日2千本のノックがノルマとして課せられた。

そこで、当時の私はある発見をすることになる。野球の素振りや、剣道で竹刀を絶え間なく振り続けると、手の平にマメができてカチカチになって盛り上がってくるとよくいわれていた。しかし、それはウソだと確信した。

なぜならば、1日も欠かさずノックバットを振り続ければ、マメのできる暇など存在しないのである。手の平は常に皮が破れており、絶え間なく血が滲んでいた。

あまりの激痛にノックの打球が弱まろうものなら、「活きた打球を打て！」と監督から容赦のない叱咤が浴びせられた。痛みに耐えかねて皮手袋をはめると、たった1日で手袋に穴が開いた。

甲子園のアイドルだったバンビ坂本

明日のことは分からない

急転直下の杜若高校への赴任

昭和55年（1980）、母校東邦のコーチとして第52回センバツに出場した。選手の中には、のちに東海大菅生と東海大学で監督として采配を振った横井人輝がいた。

甲子園での初戦は、3月28日に九州代表の園川一美（元ロッテ）を擁した九州学院に1対5と完敗した。

負けた瞬間、私には複雑な思いがあった。

「ああ、これで高校野球は最後か」

なぜなら、私は4月1日から名古屋市内の、とある運輸会社に就職することが決まっていたからだ。

会社からは軟式の野球部を立ち上げるので、監督としてチームを軌道に乗せてほしいと言われており、会社には私のデスクもすでに準備されていたと後から聞いた。

しかし、甲子園で敗れて名古屋に帰る車中で、当時の部長で廣中正信先生（故人）に私の偽らざる胸中を吐露した。簡略して説明するなら、4月から会社員になるが高校野球の指導者の夢は諦められない。いつの日か、高校野球の現場に戻ってきたいと、朗々と切なる思いを伝えた。

廣中先生は、そんな私の魂の訴えに絆《ほだ》されたようで、「名古屋で一杯呑むか?」と、誘っていただいた。私は二つ返事で快諾すると、電車の振動で赤ちょうちんの揺れる古びた酒屋で、自分の描く高校野球への情熱と想いを、時を忘れて語り続けた。

阪口監督も敗戦の痛手が残ったのか、あるいは甲子園の報告に出向いたのかは定かではないが、私に「二、三日練習を見てくれ」と連絡が入った。私も最後のご奉公とばかりに、翌日からノックの雨を浴びせた。

するとその最中、「大至急部室に来るように」と、廣中先生が選手の伝令をグラウンドに走らせてきた。私はノックバットを学生コーチに手渡すと、汗も拭かずに大急ぎで部室の中に駆け込んだ。

部室に来た私の顔を見るなり、「豊田市に杜《と》若《じゃく》という名古屋鉄道が母体となる新設の高校がある。4月1日に校長先生を訪ねなさい」。何のためらいもなく、いきなり私に告げてきた。

私は「廣中先生、4月から自分は出勤です」。そう息が上がりながら答えると、「阪口君には私から伝えておく。とにかく行くだけ行きなさい」と切り返された。

正直その日までは戸惑いしかなかった。当日、杜若高校に面接に出向き、緊張した面持ちで応接室にて校長先生を待った。

「何を聞かれるのだろう?」

今の自分の複雑な立場において「どのように答えたらいいのか?」。そんな思案に暮れていたところに、校長先生が忙しそうに入ってこられた。

この校長先生は山本薫(故人)という名前の、小柄で口ひげを蓄えたチャップリンを彷彿させるような風貌だった。愛知県内屈指の進学校と名を馳せた旭丘高校の元校長で、廣中先生の恩師に当たる方であると聞いた。そういえば、廣中先生は京都大学出身の優秀な経歴を持っておられた。

話を戻そう。山本校長の顔を見るなり、私はバネのように立ち上がり、自己紹介を始めようとしたが、山本校長は私の挨拶を遮るかのように、間髪を入れずに「こっちへ付いてきてください」と促してきた。わけも分からず後を付いていくと、そこは全教員が集合した職員室の中だった。

私のために用意されたパイプ椅子に腰を下ろすと、山本校長は「今年度から本校に来られる葛原先生です」と第一声を全職員に発した。私のすべての準備は一瞬にして吹き飛んだ。

「野球を教える先生」になりたい

これも後から分かったことだが、私が山本校長に会う前から、廣中先生は私を杜若で採用してやってほしいと懇願してくれていて、すでにいずれの形であれ採用されることになっていたそうだ。

さあ、次に困ったのは先に内定していた運輸会社の件である。土下座してお詫びするくらいであれば、容易いことだと思っていた。それよりも、阪口監督の顔に泥を塗ることとの罪悪感の方が、自分の心の中を支配していた。

意を決する覚悟で監督に連絡した。どんな罵声を浴びせられるのだろうか？

いや、話をすること自体、拒否されるのではないだろうか？　胸の中に巨大な暗雲が立ち込めていた。しかし数分後には暗雲は吹き飛び、監督の度量の大きさに感服することになった。

監督は、「杜若に行け。運輸会社には俺から伝えておく」。思いもかけない言葉に私は唖然としていた。

しかし、はっとして我に返り「会社へのお詫びだけは私に行かせてください」。至極当然な言葉を発したところ、「いや、俺が謝りに行く。お前が行けば船出に傷が付く」。そんな温かい言葉をかけてもらい、私の目からは止めどなく熱いものが流れ出ていた。

人生において、明日は何があるか分からないと、つくづく感じたものだ。

蛇足になるが、杜若には週に12時間の授業を担当する「非常勤講師」での採用であった。教頭に週に何日来ることができるかと訊ねられた時、「毎日来ます。日曜日も来ます」と即答したところ、怪訝そうな顔をされた記憶がある。

数日後に校長室で高校野球への想いを、縷々《るる》として尽きない話をしたところ、１週間後には「常勤講師」で採用すると言っていただいた。

後日、新採用の教員四人で名古屋鉄道の本社を訪れ、理事長面接を一人ずつ受けた。理事長は名鉄の社長でもあった竹田弘太郎氏（故人）で、名鉄だけではなく、政財界をはじめとする各界に大きな影響力を持っている有識者だった。社長、専務理事など名古屋鉄道の重鎮の他に、杜若からも校長、学監、副校長、教頭などが一堂に会する重要な面接だった。

練習視察する名古屋鉄道社長の竹田弘太郎理事長と著者

緊迫した空気の中、私は「野球の監督」ではなく、「野球を教える先生」になりたい。そういった自分の信念を熱く語ったが、今から思えば随分と生意気なことを言っていたように回顧する。
その数日後、私の処遇は「教諭」に変わっていた。

機動破壊への目覚め

甲子園に行きたければ三盗をさせろ

阪口監督が、杜若高校で新米監督になろうとする私にくれた、餞別の言葉があった。

「カケ（私のこと）、甲子園に行きたかったら、二塁から三塁への盗塁をさせろ」

こうアドバイスをもらった。私は旧姓を欠塚《かけづか》という。

　思い起こせば、この言葉こそが私の機動破壊の第一歩だったように思う。投手でも打者でも守備でもなく、なぜ盗塁だったのか？

　長年培ったベテラン監督の答えなのか、それとも弱小チームを率いることになる、私の葛藤を見越してのことだったのかは定かではない。しかし、私の中には「三盗」というフレーズが、どんな時であろうと付きまとったものだ。

　現に監督となって臨んだ昭和56年（1981）7月21日の、第63回の愛知大会の初戦。公式戦で監督として生まれて初めて出したサインが、0対2とビハインドの2回、無死二塁一塁からの「三盗」だった。

　結果は、相手捕手が三塁送球を諦めるほどの完璧なスタートだった。そして、監督人生二度目に出したサインが無死三塁二塁からのスクイズ。今度はピッチャーフライとなり「三重殺」。

　人生も野球も次に待ち受けているものは分か

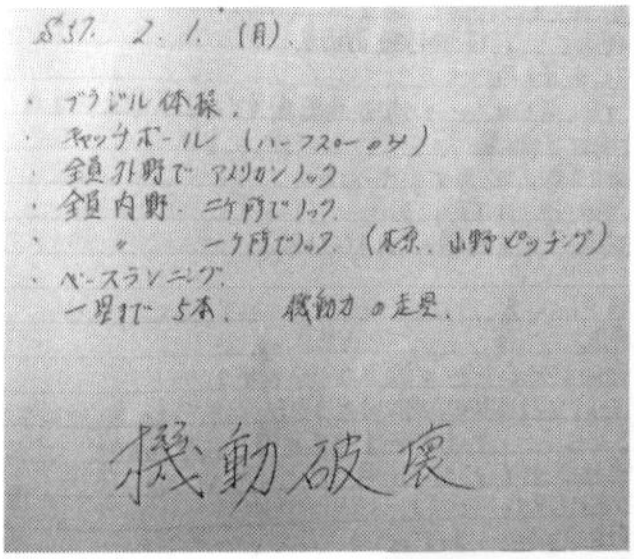

←昭和57年2月1日のノートに「機動破壊」の文字が
↓当時の練習内容や心情を綴った監督時代の著者の野球ノート42冊

らない。監督1年目の公式戦は0対8（7回コールド）で初戦敗退。

　私は監督になってから辞めるまでの13年間、大学ノートにチーム状況や自分の思いの丈を記してきた。そのノートの数は、のべ42冊に及ぶ。古いノートを紐解いてみたところ、昭和57年（1982）2月1日のページに、機動力の走塁として「機動破壊」と記してあり私自身が驚いた。

　未完成の機動破壊のカケラが、私の思いの丈の中に結晶として紛れ込んでいたのだろうと推察する。

王貞治の頭脳的なプレー⁉

「王の頭脳的なプレーが出ました！」

　小学生の頃、テレビを見ていた時のアナウンサーの言葉である。

　ノーアウト一塁で巨人の守備。サードの長嶋茂雄とファーストの王貞治が、投球の前に打者に向かって猛然とダッシュしてくる。相手打者はバントを試みてファーストの正面に転がすと、王は振り向きざまに二塁へ送球して一塁走者を封殺した。

　何年かして知ったことであるが、そのプレーは巨人がドジャースのベロビーチキャンプに帯同し、日本に持ち帰ったバントシフトであった。

　のちにそのプレーは、アルキャンパニス著の『ドジャースの戦法』として、広く日本でも知られることになった。

　先にも述べたように私が捻くれていたのか、小学生の分際で仮にも巨人の王さんのプレーに対して、今で言う「かっけー」ではなく、なんで相手打者は二塁でアウトにされるのが分かっているのに、わざわざバントするんだろう？そう真剣に思ったものだった。

その当時に、「バスター」という言葉や戦法が日本のプロ野球界にあったのかどうかは分からないが、少なくともサードやファーストが前に出てきたら、バントする必要はないんじゃないか？　と私は感じていた。

その他にも、王さんがホームランを打った時のテレビで、解説者が口を揃えて言っていたことがあった。それは「ダウンスイング」の話であり、「王は、バットを上から下に叩きつけるようにダウンスイングをしているので、ホームランになる」。隣のアナウンサーも「なるほど」と同調していたものだ。

そんな言い回しだったが、私の当時の胸の中のつぶやきは「そうかなあ？　僕には下から上にすくい上げているようにしか見えないけど……」だった。

今になって思えば、「なぜ？」と思う気持ちが発見や進歩につながり、「どうして？」、「でも……」というのが、機動破壊の根幹を成すものとして、もしかすると幼少期の頃から、私の心身の中には「機動破壊」というＤＮＡが刷り込まれていたのかもしれない。

刹那のエアポケット

「エアポケット」

これは、私が好んで用いる言葉の一つである。本来の意味は局地的な下降気流が原因となり、飛行中の航空機が急激に下降する空域のことであるが、もう一つの意味には「空白の部分」というものがある。

スポーツでは、集中力が切れて思考の空白に入ることを、比喩的な表現で「エアポケットに入る」と言ったりする。

野球では主に守備側に起きる現象で、油断とか何らかが原因となり判断が一瞬遅れてしまう等の場面が、それに当たるといわれている。

私の機動破壊のプレーの多くは、形骸化から発生する一瞬の隙と、ゲーム中に突発的に発生した刹那のエアポケットをヒントにしたものである。

ただし、それらエアポケットは答えではない。あくまでもヒントであり、その刹那のエアポケットを見逃すか捉えるかで、何事もなかったようにプレーが継続されるか、あるいは戦法へと形を変えていくかが決まってくる。

多くはゲーム中の突発的なエアポケットと述べたが、そのゲームは野球に限ったものではない。時にはまったくスポーツと関係のない現象であっても、戦法に推移していくことも稀にはある。

一つの例として、漫才の掛け合いの途中で相方がツッコミを忘れてしまい、一瞬の空白（エアポケット）が生まれてしまうことがある。場はフリーズしてしまうが、すぐさまその失敗をボケ役がネタにして返せば、本来のツッコミ以上の笑いを得ることがある。

私はこの微妙な「間」を、二塁の牽制球のサインプレーに応用したことがある。

ピッチャーがセットポジションに入り、捕手からの牽制球のサインを待つが、バッテリーのいずれかがサインを見落としたようにして、一瞬の空白を作る。

フリーズの途中で遊撃手が大きなジェスチャーで「合ってない、止めろ」とピッチャーに叫び、ピッチャーはプレートを外して二塁走者やベースコーチの集中力を削がせる。

二塁走者が緊張感から解放されて投手から目を切り、スタートを切る姿勢が緩慢になった「その時」。

ピッチャーが、改めて捕手のシグナルを窺う姿勢を取った時、遊撃手はスルスルと二塁走者の背後から忍び寄り、捕手からのフラッシュサインで、間髪入れずに二塁走者をアウトにするのである。

打った瞬間に決まる形骸化のプレー

ラインドライブの打球が右中間を深々と破る。中堅手と右翼手がフェンスに向かって打球を追い、中継プレーのために二塁手が外野深くに走り、その数メートル後ろを遊撃手がアシストのためにくっついていく。

一塁手は二塁と三塁での挟殺プレーに備え、打者走者の後ろを追いかけて二塁のベースカバーに向かう。三塁ベースコーチはストップのジェスチャーをして打者走者を三塁に留めさせる。

打者走者は悠々と三塁に到達すると、ダグアウトに向かって大きくガッツポーズを見せてチームを鼓舞すると、自チームの選手たちも一斉に笑顔で応える。

ここまでのシチュエーションは、打った瞬間に頭の中を過るものである。

しかし、私が違和感を覚える形骸化は違う角度にある。フェンスまで転がった打球を外野手が拾うと、中継の二塁手か遊撃手に送球する。三塁でアウトにする可能性がないと判断した三塁手は、両腕でバツ印を作ってリレーすることを中断する指示を送る。

すると送球を受けたいずれかの選手は、三塁への送球を諦めてボールをグラブに入れたまま、小走りでインフィールドに戻ってこようとする。

周りの内野手は、中継者に「持ってこい」と声を掛け、無駄な送球をさせないように促している。

どうして、ここで生じた「エアポケット」に着目しないのだろうか?

中継者がボールを持って小走りを始めた瞬間に、本塁を陥れるチャンスが転がっている。三塁に到達した打者走者がさらに本塁にスタートを切れば、外野の奥にいる中継者は一人でバックホームをすることになる。

なぜならば、一塁手は二塁ベースカバーに、投手は三塁のバックアップの位置に付いているからだ。

私から見れば、よだれが出そうな美味しい場面である。得点できる可能性は極めて高いのだ。ガッツポーズなどしている暇はない。

しかし、呆れたことに、ベンチの監督までも一緒になって両手を突き上げている。百歩譲って、監督がガッツポーズをするのは「サヨナラ」の時だけだ。

機動破壊を遂行するための4D条件と戦略

さて、機動破壊を遂行するためには、四つのDの条件が必要だと私は考えている。その4D条件とは、次のようなものである。

① Defense ディフェンス（防御）
緊迫感なくして心理戦は戦えない

② Detection ディテクション（探知）
相手を探り弱点のターゲットを絞り込む

③ Disruption ディスラプション（撹乱）
データの裏付けからの戦術・戦法を駆使する

④ Destruction デストラクション（破壊）
波状攻撃で神経を衰弱させて一気に畳みかける

機動破壊は、攻撃だけの戦略テーマではない。その裏側にも内在している。

簡単に言ってしまえば、相手の機動力を阻止して攻撃を分断させることを目的とした、守備側から攻撃側に対しての機動破壊である。

頭脳的かつ緻密なディフェンスを目論み、攻撃的な守備で相手の機動力を破壊するものであり、この分野では様々な「オーバーラン刺殺」や「トリックプレー」、さらにはサッカーでいう「セットプレー」を応用した戦術による画策を目指すものだといえる（※『機動破壊の秘策』参照）。

攻撃側の一瞬の隙を突き、間髪を入れないプレーで相手の流れを断ち切ることを目論むものである。

つまり、機動破壊とは攻守両面での戦略なのだ。では、私の考える戦略とはどういったものであるかを、次に示したいと思う。

- 戦略とは？ その①トータル勝負である
- 戦略とは？ その②目に見えない準備をする
- 戦略とは？ その③犠牲となる部分を作る
- 戦略とは？ その④明確な形となって表れにくい

具体的に言うと、例えば自チームがどれだけ盗塁で失敗しても、どれだけ牽制でアウトになっても、相手が過剰に反応することで破綻してくれれば、戦略は成功したといえる。

つまり、ある一部分の表面的な成功や失敗に一喜一憂するのではなく、勝負をトータルで捉えて戦うのが戦略なのである。

戦略・戦術・戦法の違い

では、戦略と戦術と戦法は、どう違うのであろうか？ 混同されがちな用語ではあるが、私の中では次のように定義している。

●戦略

戦術との違いは、犠牲となる部隊を作ることであり、部隊の損耗率が2割程度ならば勝ちとか、明確な勝利条件が付きにくくなるのも特徴。

野球でいえば、失点が3なら想定内とか、相手投手に100球以上投げさせるのが狙いとかが、これに該当する。

つまり、野球における戦略とは「勝利を得るための得失点差の構築」といってもいい。5点は取れると推察し、4点は与えてもいいと判断して作戦を練る等で、これは監督が考えることとなる。

●戦術

野球においては、最前線に出る指揮官（監督）のチーム運用法を指し、あくまで基本的な意味の戦術とはチーム運用であり、人をどう使うかという選手起用の話となる。

具体的には「ラインナップ・守備陣形・投手の継投・代打起用」が戦術にあたる。相手打線は左投手に弱いから、左の速球派を先発に起用する等、これらは監督・コーチが考えることである。

●戦法

個人戦闘における手段の意味であり、辞書によると「戦闘、競技、試合などを行う方法」とある。つまり、野球でいうところの、ピッチングの組み立てや配球といったものを指す。

「スキルアップ・ヒットエンドラン・スクイズ・盗塁・配球・ピッチアウト」が戦法に該当し、3球続けて牽制はこないから3球目にスタートを切る等、これらは選手が考えて実行することになる。

つまり、戦術を実体化・具現化するのは個々の戦法である。しかし、戦術で勝っていたとしても、肝心要の戦略が失敗していては、試合に勝つことはできないといえる。そのためにも対戦チームに対する分析力は重要であり、相手の力を過小評価しても逆に過大評価しても、戦術の見立てのズレが生じてしまう。

　分かりやすく述べるならば、優秀なコーチ陣を随所に配していても、指揮官が相手戦力を見誤るとコーチ陣が用意周到の上に準備した武器（戦法・戦術）を使う機会を逸してしまい、準備万端に揃えた武器は封印されたままとなり、無駄に準備の時間だけを費やしたことになる。

　逆に対戦相手の分析が完璧になされていても、自チームの戦力把握が不十分であれば、選手に能力以上のことを求めて作戦が空回りすることもある。

　まずは自チームと対戦チームの、集合体としての戦力分析の把握が戦略のカギを握り、対戦チームのウイークポイントとストロングポイントを明確にする。そして、攻撃に用意する武器と、防御のための配球や守備陣形を、できること・できないことを見定めながら戦略を立てることこそが試合に勝つ準備となるのである。

ある側面からの戦略の形

平成26年（2014）春。健大は準決勝で樹徳に乱打戦の末に8－11で敗れ、関東大会に駒を進めることはできなかった。敗因は投手陣が打ち込まれたことにあった。しかし打線は、柘植世那（Honda鈴鹿→埼玉西武）、脇本直人（元ロッテ）、柴引良介（愛知学院大）が3本の本塁打を放ち、一矢を報いる形にはなった。

　この頃は、群馬県内の高校野球の話題といえば、前橋育英の高橋光成（埼玉西武）を筆頭に、桐生第一の山田知輝（東洋大→SUBARU）、それに樹徳の野平大樹（SUBARU）らが話題をさらっていた。

　一方の健大高崎には、これといったインパクトがなく、かろうじて若駒杯（群馬県の1年生大会）優勝と、石毛力斗（明治大）のノーヒットノーランの記事がスポーツ面を飾った程度であった。

言うまでもなくマスメディアの影響は大きく、受け手に対して直接的、即効的な影響を及ぼすものである。つまり、実像よりも肥大化した「虚像」を投影することにより、その選手を一躍「時の人」にしてしまう効果がある。

夏を戦うには、実力プラス話題性が戦略的に効力を発揮するものである。特に超高校級と評される選手が存在することは、マスコミの過剰な演出によってチーム自体を過大評価させ、戦わずして相手に無言の圧力を与えることができるものである。

その頃、ずっと私が思い描いていたことがあった。描いていたというより、それは不満であり、また現実との葛藤であったのかもしれない。それは、とかく比較されがちだった樹徳の野平大樹と、脇本直人との扱いについてであった。

今まで何度となく野平の守備や打撃を試合で偵察してきた。彼はもちろん非凡ではあるが、プロ入りを意識した場合にはインコースが捌き切れず、遊撃手としてのスローイングにも難があった。私は常々「プロ指名は難しい」と公言してきたし、逆に高橋光成は間違いなくドラフト1位で消える、とも言ってきた。

第三者的な見地からも、私の中ではプロの可能性は脇本直人の側にあった。しかし彼の扱いは小さく、特に県内では過小評価の冷遇を受けていた。

そんな悶々とする中、願ってもないチャンスが転がり込んできた。

平成26年（2014）6月29日の日曜日、健大グラウンドにスポーツ新聞社の若い記者が取材に訪れた。

訪問の目的は、「記者がお勧めする全国の有望選手にスポットを当てる『ピカイチ打者編』」の該当者を探しており、すでに前橋育英、桐生第一、樹徳にも足を運んだという。

「このチャンスを逃してはならない」

私は記者に対して、果敢にアプローチを仕掛けてみた。そして、脇本のPRに全力を傾注した。記者の欲しい記事になりそうな事項を羅列して反応を見た。野球には関係のない、彼の生い立ちにまで踏み入って興味を引かせた。

しかし、相手はスポーツ新聞の記者である。ありきたりな表現ではペンを走らせない。脇本のホームランが、いくら「凄い」と言っても関心を示さない。

手を変え、品を変えてのやり取りの後、「バットに当たった瞬間に消える」。私はそう表現して反応を見守った。

やや間を置いて、彼のボールペンが動いたのが見えた。

結果的にこの戦略は成功した。7月3日、そのスポーツ紙は大きく紙面を割いて「上州のゴジラ」の文字が躍り、脇本直人のちょっぴりはにかんだ雄姿が紙面を飾った。そして、記事の一文には「バットに当たった瞬間に消える」と、一言一句変わらない私の言葉が載せられていた。私はささやかな自己満足に浸り、たった一人で祝杯をあげた。

2014沖縄キャンプ・那覇のセルラースタジアムにて脇本と

このように、戦略というのはゲーム展開等の試合の中だけで立てるものではなく、まったく関係のない外部から仕掛ける場合もあるということを、参考までに知っておいていただければと思う。

お詫びと感謝の表現

この他にも、ゲーム中以外での戦略を紹介してみよう。

健大高崎が様々な秘策や奇策を打ち立てて試合に臨んでいる、という評判が前面に出すぎてしまうとファンも増える半面、出る杭は打たれるといわれるように、当然のことながらアンチファンはやっかみを言い出すようになる。

そのアンチたちの主たる言い分は、「健大の野球は正攻法ではない」、「健大は汚い野球を教えている」等である。

私はこれらの罵詈雑言《ばりぞうごん》を払拭するには、言い訳がましく対抗するのではなく、健大高崎の選手たちはマナーが良い、キビキビしている、見ていて清涼感がある。そんな風に見てもらうことで観客に理解してもらおうと考えた。

そこで選手たちに徹底させたのが、お詫びと感謝の表現である「おじぎ」である。元来、青柳監督のおじぎへのこだわりは強く、試合の前と後に整列して行われる礼に関しては、どのチームよりも清く深く行わせていたものである。

私がまずもって導入したのは、ヒットバイピッチ（死球）を与えてしまったときであった。通常見られる光景では、ピッチャーがバッターに当ててしまうと儀礼的にピッチャーは帽子を取り、味方野手たちは「気にするな」、「もう1球攻めろ」などと言ったりするものだ。

私はそのことを例に出しながら、ピッチャーはチームのために覚悟を持ってインサイドを突いているのだ。それを他人事のように当該者だけに責任を背負わせるのはおかしいと説明し、死球の時はチーム全員で帽子を取ってお詫びのおじぎをしようと呼びかけた。それからはピッチャーが打者に当ててしまうと、内野手も外野手も、そしてダグアウトの選手たちも一斉に帽子を取ってお詫びをするようになった。

また、甲子園で試合が終わった後は、勝っても負けても感謝のおじぎをすることを忘れないように、ミーティングではうるさく言った。甲子園球場を後にする時は、細い通路に荷物を抱えて選手たちは登ってくる。最初に勝ったチームが嬉しそうに、次に負けたチームが複雑な表情を浮かべながらの明暗が浮き彫りにされる、視聴者が注目する「人間模様ロード」である。

私はここに着目をした。全国の視聴者が選手一人ずつの表情を様々な思いで眺めている。全国の人に自分たちの感謝の思いを、おじぎと表情で伝えられるのはここでしかない。通路を登り切った時の右前方にテレビカメラがある。そのカメラは自分が思いを伝えられる唯一のツールなのだ。

これらの戦略も成功した。学校には選手たちの「おじぎ」の姿への賞賛の電話が鳴りやまなかった。

ただし、である。「仏作って魂入れず」ということわざがある。これが儀礼になっては本末転倒である。心の教育は忘れないように、私は日々心掛けていた。

第2章

戦略的見地からの試合

戦略は「打たない」
ドラフト1位投手の攻略

健大高崎×前橋育英：高崎城南球場
平成26年（2014）7月20日
第96回群馬県大会　2回戦

投手を攻略する——。

みなさんが、そう聞いて連想するのは「打ち崩す」ではないだろうか？

しかし、この試合で私の出した結論は、「前橋育英の高橋光成投手の球は、真っ向勝負では打てない」だった。したがって打てないことを前提に置いて、次の4本の柱を基軸とした。

①絶対にワンバウンドになる変化球を振るな（見逃しよりも悪い）
②低めのストレートのストライクを見送り三振はやむを得ない
③高めの球のみを狙う（追い込まれるまでは直球狙い）
④高めに外れていくボール球を振ってしまうのは想定内

「見逃し」と「見送り」は違う。高橋投手のボールになるフォークボールやスライダーは、ベルトの高さからショートバウンドする。ベルトの高さのボールを狙ったのでは、変化球にバットは空を切る。

ゆえに、ベルト付近の低めに対してバットを出さないことは「見送り」であり、戦略である。意図的に戦略として見送っているのだから、これは「見逃し」ではない。

「戦略」とは、「目に見えない準備」の他に、「犠牲となる部分を作る」という意味合いもあることは、先ほどお伝えした通りだ。

ストレートのボール球を振るのと、低めにボールになっていく変化球を振るのとでは、どちらを犠牲にした方が相手に打撃を与えることができるであろうか?

投手とは、低めのワンバウンドのボール球を振らすことには満足感を得るが、意図せぬ高めに抜けたボール球に手を出してもらっても納得しないものである。

三振を狙って投じた、低めにボールになる変化球を見極められることは、間違いなく投手にとって負の蓄積になっていく。

前橋育英戦の7回二死からを検証

異様な雰囲気が、高崎城南球場を包み込む。たかが地方大会の2回戦である。つくづく群馬の人たちは、高校野球が好きなんだなと思い知

球場に入れなかったファンは「特別席」で観戦

った。

試合前の球場は当日券を求める高校野球ファンでごった返し、発券所の前からスタジアムを一周するように長蛇の列が伸びた。5回を超える頃には、スタジアムに入れなかった群衆が球場外の高台やマンションの通路、またはそこに続く階段などに群がり陣取っていた。

では、この試合の肝となった7回裏の攻防を、詳しく振り返ってみることにする。1球。たかが1球、されど1球。野球での1球は、その人間の運命を変えてしまうような要素を含んでいる。生身の人間の気持ちがスクランブルする、手に汗握るような1球の攻防を説明していこう。

●7回裏　0－2で前橋育英のリード

7回裏、健大の攻撃。先頭打者として中前安打を放った6番打者平山敦規（千葉東シニア・東海大→新日鉄鹿島）を一塁に置き、キャプテン山上貴之（大阪北ボーイズ・大阪体育大）のバスターは、ショート小川龍成（館林ボーイズ・國學院大）のほぼ正面に飛んだ。軽快なフットワークで打球を処理すると、1年生離れをした素早いスローイングで、ダブルプレーをいとも容易く完成させた。

7回二死走者なし。マウンドには日本一の怪腕投手・高橋光成が仁王立ちしている。「もはやこれまでか……」。ほとんどの健大関係者が腹を決めたに違いない。誰が、この状況から一挙6点も奪うなどと考えた者がいようか。

これはまったくの偶然だったのか？　それとも必然の要素を踏まえていたのか？　ここからは、『2013健大高崎データファクトリー』からの引用を交えながら解説してみよう。

●7回裏二死無走者0－2

8番　中筋天馬（和歌山興起ボーイズ・金沢学院大）→四球

BB／K（Bases on Balls per Strikeout）＝

三振1個に対して、いくつの四球を取れるのかを表した数値において、首位の星野雄亮（高崎ボーイズ・東北福祉大・エイジェック）に続いて中筋が2位に登場した。おそらくすべての部門において、中筋が上位に登場するのは初めてであろう。地味の中でもまた地味な評価であるが、これも一つの能力として評価するべきであろう。

●7回裏二死一塁0−2

9番　高橋和輝（高崎ボーイズ・東京ガス）↓右前安打

本来、バッティングの良い打者である。投手陣の中では打率がトップの3割2分6厘を記録しており、気の抜けないラストバッターである。

●7回裏二死二塁一塁0−2

1番　長島僚平（武蔵狭山ボーイズ・中央大）↓四球

IsoD（Isolated Discipline）＝安打以外の出塁能力を表す数値において、ここで0・11という指標で長島の名前がようやく首位に登場した。メジャーリーグの指標評価では、0・1を超えれば一流と呼ばれている。1番を任されることが多かったことを考えれば、この数字はもっと大きな評価に反映させなければならないのかもしれない。

●7回裏二死満塁0−2

2番　星野雄亮↓死球

BB／K＝三振1個に対して、いくつの四球を取れるのかを表した数値での首位は星野である。また健大高崎の死球王でもあり、死球獲得数は16個。2位以下、チームでは2ケタの数字を得ている者すらいない。

●7回裏二死満塁1−2

3番　脇本直人（沼田中学・ロッテ）↓右前

逆転2点適時打

ＯＰＳ（On Base plus Slugger Percentage）＝出塁率＋長打率で、得点能力との相関性が高い指標である。一般にＯＰＳが、０・８００を超えれば一流、０・９００を超えるとオールスター級の優秀な打者、１・０００を超えると球界を代表する強打者とされているが、なんと脇本は１・１６７を記録している。

●7回裏二死二塁一塁　3－2

４番　柴引良介（沖縄北谷ボーイズ・愛知学院大）→中越2点適時三塁打

打率３割６分９厘で首位打者。ＯＰＳは０・８６７で第３位。

●7回裏二死三塁　5－2

５番　柘植世那（藤岡ボーイズ・Ｈｏｎｄａ鈴鹿・埼玉西武）→遊撃失

打率３割０分０厘で７位。ＯＰＳも０・７２３で第７位。

日本一の怪腕投手の孤独

以上が一挙6点の内容であり、その中でも私が特筆したいことは中筋、長島の四球と、星野の死球である。これは２０１２年の総括で初めて試みた「セイバーメトリクス」から評価された内容の部分である。

ＢＢ／Ｋ2位の中筋が、二死から四球で出塁し、ＩｓｏＤ1位の長島も四球でつなぐ。さらには、驚異的な死球獲得数を誇る星野が死球の押し出しで、喉から手が出るほど欲しかった得点をもぎ取った。

なおも二死満塁でＯＰＳが１・１６７の脇本。高橋光成は、脇本の前打席で死球を与えている。中筋がボールになる変化球に見向きもしない。

長島も際どいコースを必死でバットを止める。

そして今さっき星野にも死球を与えてしまった。

高橋光成は、孤独だったに違いない……。

孤軍奮闘する以外に術はなかったのだと思う。その意識は二死走者二塁一塁で、長島を打席に迎えた時に痛烈に芽生えたものと推察する。

長島への1球目はアウトコース低めの際どい球だったが、「ボール」の判定に長島はこのコースの見極めに自信を持ったと思う（1－0）。しかし、2球目のアウトローに低め一杯のストレートを「ストライク」と判定され、長島本人はいささか納得がいかないように首を振る（1－1）。1球目の見極めから、ボールだと確信していたのだろう。これで想定していた低め一杯のストライクゾーンを、わずかに下げる修正を行わざるを得なくなった。

逆に余裕が生まれた育英バッテリーは、次に高めの誘い球を要求する。育英バッテリーからすれば思い通りの3球の配球となり（2－1）、次の4球目にこの試合で屈指となる指に掛かった高速スライダーを投じる。

一方、長島は低めのストライクゾーンを低く修正している。健大が時間を費やして徹底して練習を繰り返してきた、「絶対に手を出してはいけない」低めのワンバウンドになる縦のスライダーだったが、高速だったために2球目のストレートの球筋が残像として頭に残り、ストレートと見誤った長島は、思わず禁断のスライダーに手を出してしまった。スピードにキレが加わった最高のスライダーに、長島のバットは躊躇しながら空を切る（2－2）。

しかし、そのキレに育英の捕手・兵頭夏樹（桜美林大）が付いていけなかった。両膝とミットを地面に着けて基本通りの姿勢を取ろうとしたが、ミットが追いついていけず、高橋投手に背を向けてバックネットに走るしかなかった。

ここで育英ベンチはタイムを取り、マウンドに内野陣が集まり「間」を取ったのだが、この

「間」は長島にも幸いした。禁断の「絶対に手を出してはいけない変化球」をもう一度修正してインプットをやり直した。

そして高橋投手の投じた5球目は、1球目と同じコースで同じ高さへのスライダー。長島は1球目と同様に平然と見送ったが、一方の高橋投手は球審のジャッジを待たずしてマウンドを降りようとした。このアクションは、おそらくストライクを確信したのではなく、高橋投手の苦しさと孤独さであったと私の目には映った（3－2）。

試合の勝敗を分けた1球

そして、この試合の勝敗を分けたであろう1球が放たれた。

高橋投手が勝負に選んだ球は、4球目に空振りを誘った低めにボールになるスライダーであった。しかし、長島はこの球に対してわずかにバットが動いたが、再インプットした見極めにより必死にバットを止めた。そして何よりも高橋投手の脳裏には、捕手のミットをすり抜けていった4球目の残像がフィードバックされたのであろう。スピードとコース、高さともに捕手に遠慮したかのような球となってしまった。

この長島のＩｓｏＤ0・11の選球眼が、育英バッテリーとベンチを窮地に追い込んでいくことになる。

二死満塁で左の2番打者・星野。この時星野自身、さらにベンチも「あること」を頭に思い描いていたに違いない。「あること」とは、言うまでもなく死球である。

星野も、自分の役割を十二分に分かっている打席であることを、形として示した。バッターボックスでの立ち位置は、捕手寄りでホームプレートに目一杯近付き、ややクローズドスタンスにして構えた。

1球目はアウトコースにチェンジアップで誘いをかけてきたが、目的遂行のための星野がバットを出すはずもなく、その際にインコースを誘い出すように、バックスイングで意図的に右足を大きくホームプレート上に引き上げ、踏み込んで逆打ち狙いのポーズを見せた。

この誘いにまんまと育英バッテリーは乗ってきて、2球目にインコースの膝元に速球を投げ込んできた。この時の星野は「来る！」と、インコースを予感したのか、1球目のように足を大きくプレートに覆いかぶせるようなバックスイングは取らず、ゆったりと上げた右足のふくらはぎ近辺に値千金の死球を受けた。

思惑通りと言ってしまえばそれまでであるが、150キロ近い速球が唸りをあげて自分を目掛けて向かってくるのである。生半可な気持ちでは受けて立つことはできない。彼の伏兵としての執念と意地、そして何よりも誇りを垣間見た。

星野は、ゆったりと足を上げたことで、ボールの衝撃を吸収して死球を受け止めた。そして何食わぬ顔で一塁ベース上に立ったのだった。

実は星野も沼田市の出身である。のちにプロに進む高橋光成と、脇本直人の二人のみが、常に対極的に報道されることが多かったが、「俺も沼田出身だ！」と言わんばかりの意地の姿勢だったのだろう。

高橋投手の心中に話を戻そう。ボールになる変化球を見極められ、決め球の低めに縦の変化球を投ずるには捕手に不安が残る。さらに二つの死球で、思い切ったインコースは使いづらい。

1点差の二死満塁で、脇本に対しての初球は、ストレートがアウトロー一杯に決まる。2球目はインハイに見せ球を投じたが、死球の残像が残る中、やはりシュート回転してインコースを避けるように、真ん中高めへの効果の薄い見せ球となった。

自分でも弱気を感じ取ったのか、それを払拭するかのように「よっしゃ！」と、一言呟くと、1－1から高橋投手が選択したのは、苦し紛れのスプリットであった。

ストライクからストライクの球道に、脇本のバットが反応すると、逆転打となる打球が二塁手のグラブをかすめながらライト前に抜けていった。

戦略は「戻り倒し」
集中力を削ぐのが真の狙い

健大高崎×札幌第一：阪神甲子園球場
平成29年（2017）3月22日
第89回センバツ大会　1回戦

「戻って戻って戻り倒せ」

これが、この試合での戦略のキーワードだった。そして、プレーボールからの2イニングで思惑通りとなった。

13球と4度。何のことだと思われるだろうか？

13球。これは札幌第一のサウスポー・冨樫颯大投手（専修大）が試みた一塁牽制球の数。4度に関しては、西村鳳真捕手（中央大）が要求したピッチアウトの回数である。

2回無死一塁から高山遼太郎（Ｈｏｎｄａ）、大越弘太郎（亜細亜大）の連続二塁打で先制点を生み出したのは、一塁走者・渡口大成（福井工大）の圧力の副産物だった。5球を一塁に投げさせた結果、札幌第一の先発・冨樫の集中力を削ぐことに成功していたからだ。

『機動破壊』シリーズの第三弾である『機動破壊の解析力』で、冨樫投手のクセを、肩の角度、グラブの動き、肘の角度の3点から挙げた（※『機動破壊の解析力』参照）。だが、投球か牽制かの判断をして盗塁を画策するには、かなりのリスクと高等技術を必要とした。それほど冨樫投手の牽制球のパターンが複雑だったのだ。

実は『機動破壊の解析力』には載せなかった、もう一つのクセが冨樫投手にはあった。ただしこのクセは、牽制球が来る時だけに表れるもので、帰塁はできても盗塁を企てるには無理があった。そこで戦略として、冒頭のような方向性が生まれたのだ。

とにかく、相手バッテリーとベンチが手詰まりになるまで戻り抜いて、相手の集中力が鈍った時にチャンスがあれば仕掛ける（盗塁）。そんな指示だった。

セットポジションの時に渡口が見ていた場所は、冨樫投手の股間付近（左軸足の付け根）だった。牽制が来る時は、その場所がジワーッとユニホームにシワができてくる。ほんのかすかなシワであり、一塁ベース付近からしか判断することはできない。このクセは前年の平成28年（2016）、秋の明治神宮大会の対宇部鴻城戦で発見した。

渡口は5球の牽制球の中に、逆を突かれたようなフェイントを入れる余裕も生まれていた。

さらに、走者が見えやすい左腕ということを逆手に取って、リードを普段より大きくして走る雰囲気を醸し出していく。

投手が打者に意識が向かなければ、甘い球も自然と増える。高山は浮いたスライダーを捉えて好機を広げ、大越も高めの直球を逃さず適時打にした。

札幌第一を警戒していた四つの理由

私は、この大会で札幌第一を要警戒していた。一つ目の理由は、出場32チーム中でチーム打率がナンバーワンだったこと。

打率	1位
長打率	10位

出塁率　3位
平均得点　2位
平均安打　1位
平均四死球　4位
平均犠打飛　3位
平均三振少　2位

二つ目は、三振の数が極めて少ないこと。
三つ目に、3月の対外試合解禁からのオープン戦の成績がすこぶる良かったこと。

2017年春の練習試合結果（登板投手）

3／8　○札幌第一　4－3　初芝橋本
（冨樫、管野、前田）
3／8　○札幌第一　7－4　初芝橋本
（高田、向山）
3／9　○札幌第一　6－4　智辯和歌山
（前田、冨樫）
3／10　○札幌第一　8－1　高野山
（管野）
3／10　○札幌第一　19－2　高野山
（冨樫、前田）
3／14　○札幌第一　6－5　愛工大名電
（冨樫）
3／14　○札幌第一　7－5　愛工大名電
（投手不明）
3／15　○札幌第一　13－8　東邦
（前田、管野）

四つ目は、札幌第一には元横浜高校の名伯楽、小倉清一郎さんが、臨時コーチとして関わっていたことだ。現に私は甲子園のバックネット裏で、挨拶を交わした後に小倉さんの一つ後ろの席で観戦していた。
小倉さんは健大のエース・伊藤敦紀（日体大）の投球練習を見るなり、「札幌第一はラッキーだ。このピッチャーは一つも良いボールがない。これなら勝てるかもな」。そんな風に一緒に来た関係者と、スポーツ新聞の記者に独り言のように呟いた。もしも私を意識しての発言ならば恐悦至極と受け取るが、おそらく万が一にもそんなことはないだろう。

チーム解析その❶

札幌第一対東邦戦より

さて話は遡り、札幌第一がセンバツ前の3月14日と15日に、愛知県に遠征に来ることを聞きつけ、偵察のため出向くことに決めた。

14日の愛工大名電の試合は日程の調整がつかずに、杜若の時の教え子でもある、長嶋斎直（現いなべ総合学園コーチ）に偵察を依頼した。

長嶋からは、具体的に記した詳細なメモが送られてきて、非常にありがたかった。私は、次の東邦戦の偵察のため母校のグラウンドに飛び、保護者たちに紛れて観戦した。

寒い日だった。風が強く札幌から来た選手たちでも厳しい寒さだろうな。そんなことを思いながらの偵察となった。対東邦戦での私の視察メモを次に示す。

1　中堅　今野（左）
・俊足／セーフティ／リード大／盗塁／2ストライクまで強振／以後逆打ち

2　右翼　中村（左）
・小柄／内角詰まる／内角嫌がる

3　二塁　小川
・打撃好調／長打力あり

4　左翼　高階（左）
・バックスイングない／突っ込む／低めや緩い球を拾う／内角嫌がる

5　三塁　柴田（左）
・基本はプルヒッター／脇が甘い／ドアスイング／長打力あり

6　一塁　堀田

・合っていない／スタメンはなさそう

7　遊撃　宮澤（左）

・良い構え／ポイント近い／基本は逆打ち／センスあり／4番だと思え

8　投手　前田（左）

・長打力あり／外は見えてない

9　捕手　西村

・広角打法／粘っこい／追い込まれるとカット／出塁率高い

（原文ママ）

●投手・前田

・一塁の牽制はクイック型

・右足の角度でスタート

・軸足を外したノーステップ牽制あり

・基本はすべてクイック

・逆回りの二塁牽制あり

・三塁への速いサインプレーの牽制あり

・コントロール悪い

・ストレートは高めに抜ける

・基本的には変化球投手

・走者を気にするとコントロールが乱れる

（原文ママ）

●投手・菅野

・187㎝の長身右腕で角度がかなりある

・ボックスを投手寄りにして角度を殺して高めを狙う

・四球狙いの時はボックスを捕手寄りにして低めをボールにする

・走者一塁ではバックスイングで腕を下に下げるため盗塁できる

（原文ママ）

●捕手・西村

・セカンド送球はモーションを極力小さくすることに主眼を置いている

・ワンバウンドは確実に胸で当てに行くので

ワンバウンドゴーが有効
・キャッチング苦手で芯で捕れなければ良い送球はできない。フェイク有効
・一塁へのピックオフは常に狙っている
（原文ママ）

●打者の特徴
・2ストライクまではフルスイング
・追い込まれるとノーステップでの逆打ちで一人二役の打者と思え
・カット打法もある
・低めの変化球に脆い
（原文ママ）

●その他
・二塁手は極端な二塁ベース寄りのポジショニングを取ることが多い
ドラッグバントでは一塁ベースカバーができない
・2番の中村以外の左打者には全体的に左側にポジショニング
インコースを見せ球にしてアウトコースを伸び伸びと攻める
・失点することは慣れていて気落ちすることがない
・走ってくるのは今野だけ
・一死二塁での左前と中前安打は三塁でのオーバーラン殺しを狙う
三塁ベースコーチはストップの指示を出すのが遅いため
・守備はオーソドックスだが隙も多い
（原文ママ）

愛知遠征の視察が終わると、私は徹底的に札幌第一のデータを調べ集めた。

チーム解析その2

札幌第一対宇部鴻城戦より

次は、平成28年（2016）11月12日に行われた、明治神宮大会の対宇部鴻城戦でのメモである。

1　遊撃 宮澤（左）
・良い構え方／ポイント近い／内角は差し込まれる／基本は逆打ち

2　右翼 中村（左）
・小柄／内角嫌がる／インハイ差し込まれる

3　三塁 柴田（左）
・脇が甘い／バット遠回り

4　左翼 高階（左）
・バックスイング取らない／バット下から出る／構えた位置からスイング

5　中堅 今野（左）
・グリップ高い／プルヒッター／内角窮屈／目切り早い

6　二塁 佐藤
・走者あればバント／逆狙い

7　一塁 岡
・ベースから離れる／オープンスタンス／アウトステップ

8　投手 前田（左）

9　捕手　西村
・グリップ高い／最短スイング／アウトステップ／外見えない／高め強い

（原文ママ）

札幌第一の特徴とまとめ

視察した数試合からの分析と、取り寄せた映像資料から、私なりに札幌第一の特徴を次のようにまとめた。

・2年連続北海道制覇で打力が強力
・1番宮澤はチームトップの18打点
・3番柴田は20安打で打点14
・4番高階は16安打で打点13
・5番今野は17安打で打点9
・9番西村は打率5割で、出塁率0・587は32校のランキングで6位
・試合ごとの成績を見ても最も少ない安打数だったのが8
・全試合を通じて三振が少ないのも特徴
・投手陣は冨樫と前田の両左腕の二枚看板で、打たれ強く投げているイメージ

●戦力分析
・昨秋の新チームとなって、試合数41試合行い29勝10敗2分
・公式戦は11試合行い10勝1敗
・公式戦の1敗は、明治神宮大会で履正社（大阪）と対戦し、2－7で敗退

●打撃成績
・公式戦のチーム打率は0・390と高打率をマークした
・本塁打は公式戦3本とやや少なめ
・長打より単打が多く犠打を絡めて得点するタイプのチーム
・下位打線もよくつながり打線の切れ目がないのが特徴

1番　宮澤遊撃手

公式戦の打率０・３４９本塁打１本

２番　中村一塁手
公式戦の打率０・３９０

３番　柴田三塁手
公式戦の打率０・４４４

４番　高階左翼手
公式戦の打率０・３５６本塁打１本

５番　今野中堅手
公式戦の打率０・４５０本塁打１本

●投手成績

・投手陣はエースの冨樫颯大投手に、前田剛志投手の両左腕
・両投手ともに中学時代からのチームメイト・ポニーリーグで全国優勝の経験
・冨樫投手は１３５キロのストレート・スライダー・チェンジアップ
・前田投手は大きく割れるカーブが最大の持ち球
・両左腕に続くのが、身長１８７㎝と長身の菅野投手と松山投手の両右腕
・基本的には冨樫・前田の両左腕がダブルエースとして試合を作っている

●投手・冨樫

・１７８㎝73kg　左投げ左打ち　札幌東ベースボールクラブ出身
・最速１３６キロを投げ込む本格派左腕
・スライダーとカーブのコンビネーションで投球を組み立てる
・１年秋に出場した明治神宮大会で、優勝した高松商業戦に先発
・打たれはしたが、全国のトップクラスの打線と対峙した
・昨年のセンバツで、木更津総合戦にリリーフとして甲子園のマウンドも経験済み
・公式戦８試合、投球回数47回２／３イニング

・防御率：2・27
・自責点：12
・失　点：18
・奪三振：34

●**投手・前田**
・公式戦7試合、投球回数36イニング
・防御率：3・25
・自責点：13
・失　点：17
・奪三振：29

●**打者・柴田　173cm75kg　右投げ左打ち**
・小樽シニア出身。第9回ジャイアンツカップでは全国準優勝
・U‐15アジアチャレンジマッチ2015日本代表でMVP
・札幌第一では、1年から4番を中心に主軸のドラフト候補

札幌第一の考察と対策

これらのデータを集計して、センバツを戦うための対策データを練り上げた。どれだけデータが豊富にあろうが、選手にとって分かりやすくなければ「馬の耳に念仏」である。

まず私が着目したのは、チーム打率が出場チーム中で最高であるにも関わらず、得点率がそれに伴っていないことだった。その原因の一つは、打率1位に対して長打率が10位だったことが挙げられる。

それともう一つは、組織的な点の取り方に難があるのではないか？　というものである。その裏には、機動力の欠如があった。私のデータでは、100を最高とする盗塁指数は47でしかなかった。

あと致命的だったのが、防御率29位と1試合平均失点が31位というデータであり、私は打たれなければ墓穴を掘って負けてくれるという結論に至った。

ターゲットとするのは6名の左打者だった。健大のエース右腕、長身サイドの伊藤に対しては、定石通りセンターから逆方向のバッティングを心掛けてくると推察した。

選手には分かりやすく左打者用のポジショニングを用意して、網を張って待ち構えるように指示を出した。

左打者へのイメージを共有
（投手・伊藤の場合）

エースの伊藤が左打者に対して投げている時の指示は、次のようなものであった。

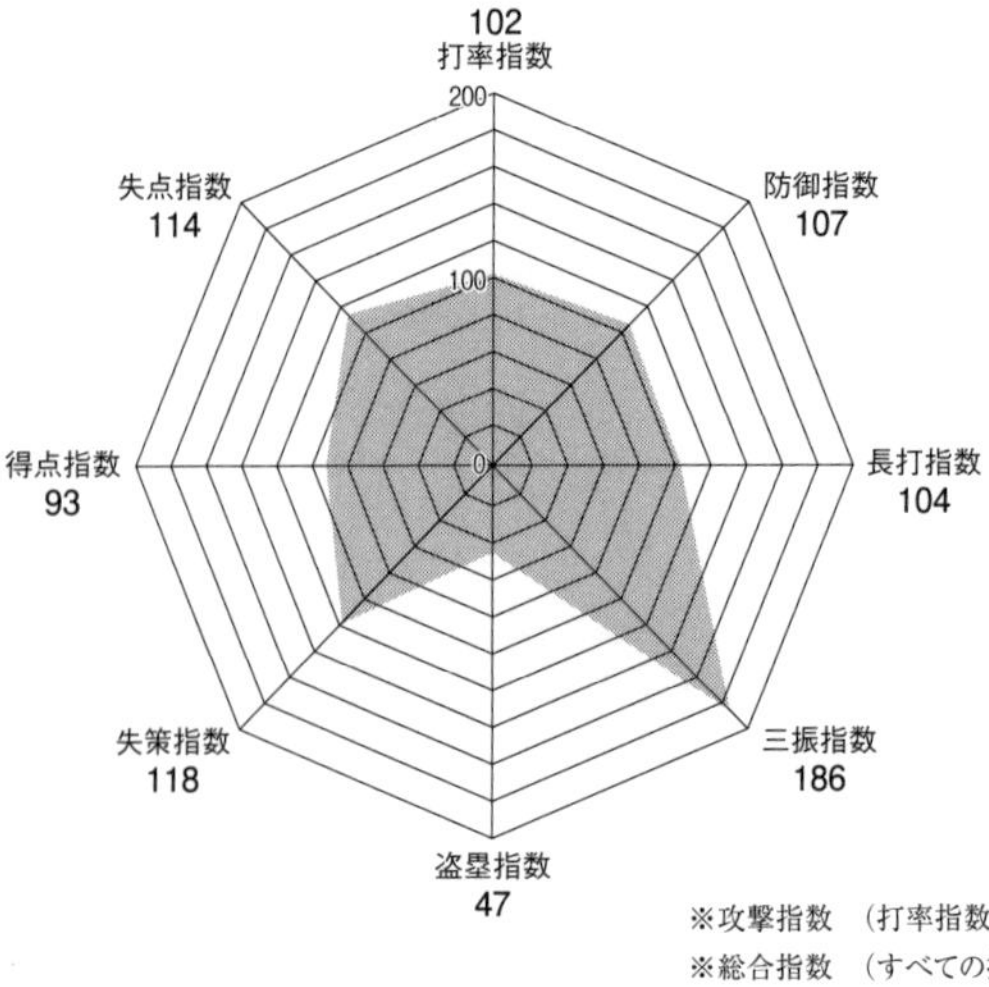

順位	23
チーム名	札幌第一
総指数	871

攻撃だけの指数では8位だが、総指数で見れば23位となる

※攻撃指数　（打率指数+得点指数+長打指数+盗塁指数）／4
※総合指数　（すべての指数の合計）

●投手・伊藤への指示

①　内角を見せ球にして外角を伸び伸び攻める

②　追い込んだら外にシンカーで落とし、内角は必ずボール気味に投げる

③　甘い外角を目一杯引っ張った会心の打球が右中間に行くイメージ

●ポジショニングの指示（2番中村以外）

逆方向狙いの左打者に対して、アウトコース中心の組み立てなので、野手は全体的に三塁線側に寄ったシフトを取ることにした。

●オーバーラン刺殺の指示

また、本塁を狙う姿勢が強く、単打で二塁走者が三塁ベースを大きく回ることから、三塁ベースコーチのストップのタイミングが遅いことにも着目した。そこで、一死二塁からの単打の場合、二塁走者のオーバーラン刺殺が有効と考え、次の2種類のオーバーラン刺殺のフォーメーションを選手たちと共有した。

・その①　一死二塁の左前で三塁ストップの場合のオーバーラン刺殺

・その②　一死二塁の中前安打で三塁ストップの場合のオーバーラン刺殺

札幌第一攻略の全体的なテーマ

●対打者

・得意の逆打ちを封じれば得点は半減する

・一人二役（追い込まれての打撃）の打撃スタイルを万全の状態で待ち構える

・2ストライクからのカット打法にはアウトローを使う

●対投手

・サウスポー二人のプレート捌きは共通

・牽制球のパターンを熟知して待ち構えろ
・プレート外しのノーステップ牽制を常に頭に入れておけ
・浅はかな考えでのギャンブルスタートはするな。相手はエサを蒔いてくる

●**対守備陣**
・相手は健大が3球牽制はないとして次に走ることを知っている
・弱点は捕手。肩もキャッチングも良くない
・捕手は基本通り胸で止める。ワンバウンドゴーを常に狙っておけ
・内野ディフェンスは右半分が弱くドラッグやプッシュが有効
・右方向のツーランスクイズも成功の可能性がある
・右打者は膝を巻くカーブとスライダーを徹底的に殺せ

目に留まった記事から生まれた戦略

『俺が初戦のキーマン』

記事にあったこの見出しが私の気を惹いた。そのキーマンとは札幌第一の西村壮真捕手（中央大）を指す。

主な内容は、次の通りである。

健大高崎のことは、中3の時に『機動破壊』という本を読破。動画も見てきた。「隙があれば全部（盗塁を）狙ってくる。これだけ走塁にこだわれば、速くなると思った」と感想を漏らす。

一方で「1、2番を出さないリードをすれば勝てる」と、すぐにイメージが浮かぶほど、ライバルの特徴が頭に入っている。

走者を塁に出した場合の対策も行ってきた。盗塁を試みる一塁走者の姿が見えた瞬間に右足のかかとを上げ、腰を浮かせながらボールを捕球。二塁に矢のようなボールを送る練習を続けてきた。

正直「これは利用できるな」と思った。瞬時に「破壊の構想」が頭の中を駆け巡った。相手(西村捕手)は健大高崎を熟知している。

特に骨子としたのは、相手は健大が3球牽制はないとして次に走ることを知っている。それはつまり、偽走が効力を発揮するだろうという推察だった。

戦略は決まった。あとはいかにして6人の左打者を封じ込め、得点を許さないかというテーマに限定された。

札幌第一との試合結果

健大高崎が16安打11得点で大勝した。2回に大越弘太郎の2点二塁打などで3点、3回に押し出しの四死球で2点を奪って主導権を握ると、7回には山下航汰(読売巨人)が満塁本塁打。8回には代打の上野健助(明星大)がソロ本塁打を放った。

先発のエース・伊藤は厳しくコースを突いて、7イニングを3安打1失点にまとめた。

特筆したいのは、ディフェンスでは7回で13の内野でのアウト。また、相手打線を3安打に抑えたため、対策として練習していたオーバーラン刺殺の場面は訪れなかった。

オフェンスでは、前述した2回で13球の牽制球と4度のピッチアウト。そして5球の牽制球を投じさせた渡口大成の誘導戦術である。

　さらに個人的に評価したいのは、8回の代打・上野のホームランだ。7回二死から代わった札幌第一の長身右腕・菅野継叶（創価大）への対処である。

　菅野投手に関しては、次のような対策を示してあった。

・187㎝の長身右腕で角度がかなりある
・ボックスを投手寄りにして角度を殺して高めを狙う

　上野は高めのストレートに対して、バットを下からすくい上げるようにして、ライトポール際に高々と滞空時間の長い一発を打ち込んだ。

チーム名	1	2	3	4	5	6	7	8	9	10	11	12	計	監督名
札幌第一	0	0	0	0	0	1	0	0	0				1	菊池
健大高崎	0	3	2	0	0	0	5	1	α				11	青柳

位置	学年	札幌第一	1打席	2打席	3打席	4打席	5打席	6打席	ボックス	グリップ	スタンス	ステップ	スイング	1塁タイム	コース	特筆・選手交代等
8	③	1 今野	8	G4	G6	G3	K		前 後 寄 離	高 低 上 下	開 閉 狭 広	開 閉 大 小	上 下 外 内			PH 堀田 R
3	③	2 中村	◊3	F8	K	G6	F8		前 後 寄 離	高 低 上 下	開 閉 狭 広	開 閉 大 小	上 下 外 内			PH 宮井 R
4	3	3 佐藤	HP	B	K	B			前 後 寄 離	高 低 上 下	開 閉 狭 広	開 閉 大 小	上 下 外 内			
7	③	4 高階	L8	K	B	K			前 後 寄 離	高 低 上 下	開 閉 狭 広	開 閉 大 小	上 下 外 内			
5	②	5 柴田	E5	F9	G4	K			前 後 寄 離	高 低 上 下	開 閉 狭 広	開 閉 大 小	上 下 外 内			
6	③	6 宮澤	G4	G3	89	B			前 後 寄 離	高 低 上 下	開 閉 狭 広	開 閉 大 小	上 下 外 内			
9	②	7 小川	B	F4	9	K			前 後 寄 離	高 低 上 下	開 閉 狭 広	開 閉 大 小	上 下 外 内			P 菅野
1	③	8 富樫	◊1	F2	G4	B			前 後 寄 離	高 低 上 下	開 閉 狭 広	開 閉 大 小	上 下 外 内			P前田9 PH岡R
2	3	9 西村	K	F4	B	F9			前 後 寄 離	高 低 上 下	開 閉 狭 広	開 閉 大 小	上 下 外 内			

先発	富樫	右 ⓪ S ㊧ 3/4 U	2回1/3	球速	球種	特記						
救援①	前田	右 ⓪ S ㊧ 3/4 U	4回1/3	球速	球種	救援②	管野	㊨ ⓪ S 左 3/4 U	1回1/3	球速	救援③	㊨ 0 Ⓢ 左 3/4 U	2回／	球速

伊藤・小野・竹本の継投で9回を3安打1失点と完璧に封じ込めた

第3章

機動破壊の秘策が炸裂した試合

奥の手「四つ球テイクツー」

四球の打者走者が一塁手前で急加速して得点

杜若×愛工大名電：刈谷球場
平成元年（1989）4月29日
第39回春季愛知県大会　3回戦

これは、今から30年以上前に、私が杜若で監督として采配を振っていた頃の話である。

私たちは、ベスト8を懸けて愛工大名電と戦った。試合は両チームともに決定打を欠き、なかなか得点できるような雰囲気ではなかった。

そんな膠着状態の中で、0-0のまま7回に一死から右前打で出塁したが、走者となった末藤学（稲沢シニア）は前回の守備で、ライト線に飛んだ大飛球をファインプレーで捕球する際、ポールに膝を強打して足を引きずりながらプレーを継続しており、走者として足を使えないのは、名電ベンチから見ても明らかだった。

次打者が犠牲バントで送って一死二塁とした後に、3番吉田勝彰（豊田シニア）の当たりは、力なくファーストのファウルフライとなった。

しかし、末藤は使えないはずの足でタッチアップを画策して、二死ながら走者三塁とした。

相手バッテリーは、たとえテキサスヒットであっても決勝点になると判断して、9番打者のピッチャー森口純一（前林中学）にさえも、際どいコース一杯の投球に終始した。

カウントが3ボール1ストライクとなったところで、私は賭けに出て「あるサイン」を送った。足の状態が気になったが、三塁走者の末藤は鬼気迫る眼光で、「承諾」のサインを返してきた。

次のボールが低めに外れると、球審は左手を一塁に指し示して四球を告げた。捕手はタイムをかけてマウンドに向かおうとするが、球審に咎められた。高校野球のルールでは、打者が一塁に達するまでは、タイムを告げることはできないからである。

捕手は打者が一塁ベースに達するのを、手持ち無沙汰で眺めていた。その時、打者走者は一塁ベースの手前に達すると、急加速をして一塁キャンバスを蹴り、一目散に二塁ベースを目指して走った。

捕手は一瞬たじろぎながらも、余裕で刺せるとばかりに狙いを定めて二塁に送球したが、初めからこれを狙っていた満身創痍の三塁走者は、捕手の二塁送球と同時に本塁に突入して、セーフとなった。これがトラの子の1点となり翌日の準々決勝に進んだ。

「奥の手」で勝ち取ったベスト8である。有らん限りの力を出し尽くして、果敢に本塁生還を成し遂げた末藤は、翌日には足が動かず準々決勝を欠場した。

もう一つの奥の手「アリウープ」

一死二塁一塁から バントエンドラントリックで得点

杜若×名古屋学院：一宮市営球場
平成元年（1989）7月24日
第71回愛知県大会　4回戦

当時の新聞の大見出しには、『追いつ追われつ4時間17分』と書かれてあった。次に、当時の読売新聞の記事を引用する。

一昨年ベスト8、昨年もオリックス・ドラフト3位の大型右腕を擁しベスト4に食い込んだ。しかし、新チーム発足時は「戦力は前チームの半分」（葛原美峰監督）と言うように、県大会にも出場できないほどだった。（中略）

杜若は、今大会屈指の本格派投手を苦しめ、7回で降板させた。足を使った攻めで、相手の守りをかき回し7回までリード。同点に追いつかれた8回からは、サウスポーのエース森口がリリーフ。三振をズバズバ奪う快投で、延長戦にもつれ込んだ。

延長10回には1点を入れられ、ここまでと思われたが、驚異的な粘りで1点を返し〝がっぷり四つ〟に組んだ好ゲーム。しかし、14回、不運なエラーから2点適時二塁打を許し、これが決勝点となった。

試合前に「注目してほしい選手はマネージャー」とまで葛原監督に言わせた、伊豆原徹也君の清々しい行動が目を引いた。

対戦したのは、当時の愛知県の強豪私学だった名古屋学院。特にこの夏はプロ注目の豪速球右腕の西尾享祐（立正大→一光）を擁し、優勝候補の一角に挙げられていた。

一方の私のチームも、甲子園まであと一歩まで迫っていた。前述したように、今年のチームも春ベスト8を懸けて、昨夏の県代表・愛工大名電を1－0の完封で破っていた。

その後に行われた準々決勝では、名古屋学院を7回に逆転して2年連続ベスト4目前と思われたが、8回に屈辱的な代打逆転ツーランを浴びて涙を飲んだ。

奇しくも、夏も同じ相手と相まみえることになり、今度こそはと挑んだ一戦であった。相手は打線も強力で、ここまでの3試合をすべて二桁安打のコールドで勝ち上がってきていた。

考え抜いた末、私は先発に三番手投手の2年生サブマリン田尻隆博（摂津シニア）を起用した。粘りが身上のコントロール抜群の技巧派右腕であった。

初回の無死二塁のピンチを、絶妙なバント処理から三塁で刺殺して切り抜けると、その裏に二死無走者から3番吉田勝彰（豊田シニア）がヒットで出塁し、4番の八木寿（稲沢シニア）が左中間二塁打を放って先制した。

その後は互いに1点ずつ取り合うシーソーゲーム。6回まで無得点に抑えたサブマリンも、8回に力尽きてエース左腕の森口純一（前林中学）にマウンドを託し、試合は両チーム一歩も譲らず延長戦に突入した。

延長10回の表に、とうとう逆転の1点を許して私のチームは窮地に追い込まれた。しかし、その裏の攻撃で巧みに足を使い、相手守備を撹乱して同点に追いつき、九死に一生を得た。

この時の作戦こそが、「もう一つの奥の手」であった。

1点のビハインドで迎えた延長10回裏の攻撃。一死で走者二塁一塁。私はここで「奥の手」を使う決心をした。打者と塁上の走者にサインを送る前に、ベンチの選手にも宣言した。

「ここで勝負を懸けるぞ」

私の声を受けて、ベンチ最前列でバッターを鼓舞していたエース森口が、「その手があるか……」と呟くと、他の選手たちも頷いた。

塁上の二人の走者が一斉にスタートを切ると、打者はボール球でも投手前にバントを敢行。いわゆるバントエンドランの形を取ると、ピッチャーは間に合わない三塁送球を諦めて、打者走者をアウトにすべく一塁に送球した。

すると一塁走者は、二塁ベースを回ったところで大きくオーバーランする。一塁ベースコーチが「飛び出すな！　早く戻れ！」と一塁手に聞こえるように叫び、それに釣られた一塁手が「しめた」とばかりに、帰塁しようとする走者をアウトにすべく送球した。

一方で二塁走者は、三塁ベースを回ったところで一塁手の動きを洞察し、二塁に送球する瞬間に本塁を狙い、死にもの狂いで走って頭から滑り込んだ。

二塁カバーの遊撃手は、一塁手からの送球を受けるや否や本塁に転送したのだが、動揺した遊撃手の送球は大きく捕手の頭を越えてバックネットにまで到達した。

土煙の中で、ドロ人形のようになって同点を確認した三塁走者の八木は、腹這いの状態のまま両手でガッツポーズを見せた。

九死に一生を得て延命を果たし、泥沼となる延長戦は続いたが、しかし最終的には延長14回で力尽きた。

三塁打から本塁突入

杜若×愛知：豊田市運動公園野球場
平成5年（1993）5月3日
第43回春季愛知県大会　準々決勝

前日のまとまった雨の影響もあり、試合前に学校グラウンドで練習ができず、鳥カゴの中でのバッティング練習のみを行い試合に臨んだ。

対戦相手は、右の好投手二枚を擁する愛知高校。試合前のノックを観察していると、外野手も内野手も中継プレーになると、送球よりも自らがボールを保持して走ってくるという、「形骸化」したプレーが多く見られた。

1回表を0点で滑り出すと、その裏の攻撃を前に円陣の中で、「中継プレーで野手がボールを持って走ったら次の塁を狙え」と私は指示を出した。

その指示が選手の耳に残る中、二死無走者から3番打者の長島武司（尼崎北シニア）が、右中間を深々と破るラインドライブを放った。

三塁への送球を諦めた中継の二塁手が、ボールを持ってインフィールドに向かって走った瞬間、打者走者となった長島は三塁キャンバスを蹴って長軀ホームインを果たした。

実は、野手がボールを持って走ってきたら次の塁を狙えというこのプレーは、右翼線の二塁打に対して二塁手がボールを保持して内野フィールドに向かってきた時のプレーであって、実際に当時は何度もこのシミュレーションでの練習を繰り返していた。

しかし、ゲームで使う機会はなかなか訪れずにいたのが現実だったが、二塁打から三塁打と予期せぬ形になっての「デビュー」となった。

研究で「仮説からの発見はない」といわれるように、突発的な現象こそが発見の源だといえよう。

しかしながら、この「持ってきたら走れ」のプレーは実際に使える手応えを得て、この時のプレーこそがのちの機動破壊のエキスとなったのは事実である。

浅い左中間安打で一塁走者がホームイン

健大高崎×天理：阪神甲子園球場
平成24年（2012）3月22日
第84回センバツ大会　初戦

センバツ初出場を果たしたが、初戦の相手は名門の天理。抽選会が終わると、青柳監督と生方啓介コーチが相次いで私に連絡を入れてきた。

「初戦の相手は天理です！」

両者とも一様に不安そうで、私が「そうですか。ちょうどいい相手ですね」と答えると、「天理ですよ！」。そう念を押して私の反応を再度確かめてきた。

私は別に強がりを言ったわけではなかった。天理とは、杜若の監督時代に何度も対戦させてもらっていた。力の差は天と地ほどあるのに、不思議と毎回といっていいほど、まずまずのゲームを展開していたのだ。

平成元年（1989）
4/22　杜若×天理　2－3　●
〃　〃　0－8　●
平成3年（1991）
4/12　杜若×天理　1－5　●
〃　〃　10－5　○
平成4年（1992）
10/25　杜若×天理　4－1　○

天理がどんな野球をするのか、それは私の頭の中では織り込み済みだった。とりわけ機動力を駆使して崩していくには、絶好の相手だとイメージしていた。

試合は拮抗した展開となり、2対2の同点で迎えた7回表。先頭の7番小林良太郎（中央大）が右前打を放つと、打席には8番秋山浩佑（東北福祉大）が立ち、バスターを敢行した。

その打球は、やや擦り気味に左中間にフラフラと舞い上がり、左翼手と中堅手の間にポトリと落ちた。

飛距離は出ていないが、走者三塁二塁にはなるだろうという感じだった。だが、一塁走者の小林は三塁に達すると、迷うことなく本塁を狙い生還を果たした。

三塁ベースコーチの齋藤義弘（鶴見大）は、試合後に「生還させる自信があった」と、マスコミに語っている。なぜならば、天理の遊撃手吉村昴祐（天理大）の中継に入った位置が深かった。「あれだけ深いと、必ず大きくステップして投げるので遅れるはず」と分析していた。

そして何よりも、外野からの返球を中継した遊撃手の吉村は、「リレー」ではなく、「カット」の状態で受けて捕っていた。それは、吉村が、一塁走者は三塁で自重しているはずとの、形骸化したプレーを思い描いていたからだ。

事実、天理の吉村は「まさか本塁まで走るとは思わなかった」と、予期していなかったことを試合後に認めていた。

小林の走塁が天理野手陣に与えた衝撃は大きく、その後は守りが乱れて勝敗の行方はこの時点で決まったといってもいい。

この走塁は前述した、杜若対愛知戦での走塁を私が温め続けてきたものだった。

エバース戦法

健大高崎×利府：阪神甲子園球場
平成26年（2014）8月18日
第96回甲子園大会　2回戦

最初に「エバース」について説明しよう。

野球の攻撃法の一つとして、走者二塁の状況で、打者がバントすると見せかけて三塁手を前に誘い出し、走者の盗塁を助ける戦法を「フェイクバント」と呼んだ。

そして、この戦法を考案したのが、1900年代にシカゴ・カブスで名二塁手として活躍した、メジャーリーガーのジョニー・エバースで、その名を残し「エバース戦法」と呼んだのが由来となる。

さて、本題である。3回裏の健大の攻撃。一死三塁となったところで利府のピッチャーは、サウスポーの山内望（東北学院大）にスイッチ。

その代わりっぱなを、健大は連打で攻め立てて瞬く間に2点を挙げた。利府守備陣が動揺したと見るや、右打者の横溝拓斗（横浜桐蔭大）と二塁走者の山上貴之（大阪体育大）との間でのサインプレーを敢行。

二塁走者の山上はワンシャッフルを入れ、盗塁の類ではないようにして三塁手をバッターに注視させた。

バッターの横溝は、セーフティバントの構えから意図的にバントの空振りをして、三塁手をバント処理へと導き出した。

二塁走者の山上はというと、ワンシャッフル後に三塁ベースにスタートを切り、ガラ空きとなった三塁キャンバスに滑り込んだ。

まんまと三塁手を誘《おび》き出された利府の捕手小野智大（東北学院大）は、三塁への送球を断念せざるを得なかった。

緩いファーストゴロで一塁にトスする間に生還

健大高崎×天理：阪神甲子園球場
平成27年（2015）3月28日
第87回センバツ大会　2回戦

50mは7秒6。チーム一の鈍足だが、柴引良介は走る隙を見逃さなかった。

1－1の7回一死三塁二塁。佐藤望（桐蔭横浜大）が打った一塁ゴロを、天理の一塁手坂口漠弥（専修大）が捕球した。

目で牽制された三塁走者の柴引は、本塁突入を諦めて戻りかけた。しかし、一塁手が背を向けた瞬間、再び猛ダッシュ。

一塁ベースカバーに入った二塁手の送球が捕

手に到達する前に、柴引は本塁へ頭から滑り込んだ。事前のデータで天理のウイークポイントに挙げた、一塁手坂口の守備力を念頭に置いた好走塁だった。

この試合で健大の盗塁数はゼロ。機動破壊＝盗塁ではないという証明がなされたゲームとなった。

翌日のスポーツ紙では、このプレーを取り上げ、『鈍足クンでも機動破壊』という大見出しが躍っていたという。

均衡を破る柴引の頭脳的な走塁

打者の股下からホームスチール①

健大高崎×東海大星翔：藤崎台県営野球場
平成27年（2015）5月24日
熊本RKK招待高校野球大会

9回表二死三塁二塁から、三塁走者柳元瑛治（第一工業大）がホームスチールを敢行する。

この試合は招待試合ということもあり、私もベンチに入ることができたので、その場面をしっかりと記憶している。

一死三塁二塁から、投手の橋詰直弥（中京大）がスクイズを失敗して二死となった。観察していると、いくら右投手といってもモーションが非常に大きかった。二死となったところで、青柳監督にホームスチールの決断を促した。

三塁走者の柳本は、相手投手がセットポジションに入る前にスタートの構えをして、わざと注意を引いた。定石通りに投手は目で走者の動きを止めると、打者に相対するために走者から目を切ってモーションを起こした。

柳元は、投手が目を切った瞬間を見逃さなかった。目と目が離れた時を合図に猛然と本塁を目指した。

一方の打者春日優馬（國學院大）は、予め三塁走者が滑り込みやすいように、クローズドスタンスで構え、スライディングの瞬間に足を開いて股の間から滑り込ませた。

股下ホームスチールを決めた柳元は、同年の夏の群馬県予選の2回戦でも、同様の本盗を敢行している。

打者の股下からホームスチール②

健大高崎×渋川青翠：高崎城南球場
平成27年（2015）7月12日
第97回群馬県大会　2回戦

6回の表、二死から柳元は一塁代走を告げられると二盗、三盗を決め、打席には三番手で登板した菅谷隼人（桐蔭横浜大）が立っていた。

すると、前述の東海大星翔戦の再現映像を見るような、右投手からの本盗を冷静にそして完璧に決め、一人で代走1イニング3盗塁を達成した。また、チームとしても1試合12盗塁を記録した。

1イニング三つ目の盗塁を決めた代走の柳元

それは左打者のプッシュバントから始まった

健大高崎×桐生第一：上毛新聞敷島球場
平成27年（2015）7月26日
第97回群馬県大会　決勝戦

「プッシュバント」とは、通常は右打者が投手と一塁手の間を狙い、二塁手に向かってバットを押し出すようにしてバントすることをいう。

左打者が同様の場所を狙って強くバントするのは「ドラッグバント」である。しかし、それは紛れもなく左打者のプッシュバントだった。

甲子園出場を懸けた大一番。2-2の7回一死一塁から、左打席には林賢弥（国士舘大）が入っていた。

1ストライクからの2球目に、林は三塁前へ

甲子園を手繰り寄せた林の三遊間プッシュバント

のセーフティバントの構えを取ると、三塁手が猛然とダッシュをしてきた。遊撃手は、三塁手からのバント処理送球に対応すべく、二塁ベースカバーに向かう準備をしていた。

その一瞬の隙を狙っていた林は、十分に引き付けた三塁手の横に、セーフティバントと、バスターの中間のようなプッシュバントで、相手守備の「ディフェンス破壊」を目論んだ。

虚を突かれた三塁手は、横っ飛びに処理しようとするも、虚しくグラブの先を抜けていく。

一方、二塁ベースカバーに向かおうとしていた遊撃手は慌てて踵《きびす》を返し、三遊間方向に転がるボールのバント処理をしようとした。

だがそれは、思いのほか強いグラウンダーとなって転がり、スライディングをする形で、かろうじて三遊間突破を食い止めた。

遊撃手の機敏な動きがなかったら、あわや「レフト前バント安打」の珍記録となっていた。

その後の波状攻撃

健大高崎×桐生第一：上毛新聞敷島球場
平成27年（2015）7月26日
第97回群馬県大会　決勝戦

その後、一死二塁一塁から、3番打者相馬優人（法政大→東京ガス）が、鮮やかに左前打を放って勝ち越した。なおも一死二塁一塁。たまらず桐生第一の福田治男監督はタイムを取り、次の打者で冷静にダブルプレーを狙うように伝言を送った。

しかし、クセ者の林は、そのベンチの動きを見逃してはいなかった。桐生第一バッテリーは、福田監督の指示を受けてダブルプレー狙いでゴロを打たせるべく、打者に集中してくるはず。

林は冷静さを漲る闘志に代えて、ベンチの青柳監督に単独盗塁リクエストのサインを送った。

リクエストを受けた青柳監督は、「グリーンライト」のサインを返した。打席では、4番打者で沖縄北谷ボーイズ出身の柴引良介がサインを確認していた。

ボルテージの上がるスタンドから「ハイサイおじさん」のブラバン演奏が鳴り響く中、「走るならさっさと行けよ」とばかりに柴引はホームプレートから離れた場所に立ち、自分への初球を林に預けた。

期待に応えるべくして、林は相手バッテリーの低めの変化球の配球を読み切り、まるで水鳥が湖上を羽ばたくかのようにワンシャッフルを入れると、湖面を滑空するがごとく三塁盗塁を企て、「してやったり」と三塁ベース上に舞い降りた。

波状攻撃のごとく、機動破壊はその後も続く。一死三塁一塁に状況が変わると、打者柴引は、ヒットを打つことから外野フライ狙いに切り替えた。

1ボール2ストライクから、内角低めの速球を真夏の天に向かってすくい上げると、打球は高くレフトに舞い上がった。

三塁のタッチアップには十分な飛距離だった。遊撃手の中継も深く、バックホームを諦めて、インフィールドに向かって「走ってくるだろう」という絵を描いた一塁走者相馬は、ハーフウェイからタッチアップに切り替えた。

頭に思い描いた通りに、遊撃手はバックホームせず、ボールを保持しようかとわずかな間が生じた。二塁を狙う相馬に気付いて二塁へ転送した時には、相馬は土煙を上げて猛然と二塁ベースに滑り込んでいた。

気落ちした山田知輝投手から、次打者の柘植が痛烈なライト前へのタイムリーを放ち、二塁走者の相馬も本塁に迎え入れ、3季連続の甲子園出場を手繰り寄せた。

これら一連の波状攻撃こそが、私が唱える機動破壊の真骨頂といえるものである。

二死三塁二塁からのセットプレー重盗

健大高崎×福井工大福井：阪神甲子園球場
平成29年（2017）3月26日
第89回センバツ大会　2回戦

福井工大福井の左腕摺石達哉（奈良学園大）の身体が、時計回りに動いた瞬間が合図だった。1点を追う9回二死三塁二塁、三塁走者の小野寺大輝（亜細亜大）が本塁へ突っ込む。

二塁への牽制球を受けた福井工大福井の遊撃手西村吏久人（京都先端科学大）は、間髪入れずに本塁へ送球したが、加速した小野寺のスピードは衰えることを知らず、激しいヘッドスライディングでセーフ。雨中の死闘で、起死回生の同点劇が生まれた。

西村は、二塁走者の安里樹羅（東北福祉大）のリードが大きいのを見て、初球の前から摺石に牽制球を要求していた。

実は、小野寺を生還させたのは、3人のセットプレーによるものだった。

一人は二塁走者の安里。作戦を悟られないよう、大きなリードをさり気なく演じた。

もう一人は三塁ベースコーチの永渕遼（中京大）。安里に「ワンヒットで還れる位置にいろ」と、大声を掛けて相手の注意を二塁走者に向ける一方、小野寺に「行ける」と小声でアシストしていた。

永渕のささやきで確信が持てた小野寺は、チームトップクラスの50m5秒9の快足を遺憾なく発揮して生還した。

このプレーは、チームスローガン「機動破壊」の面目躍如だった。

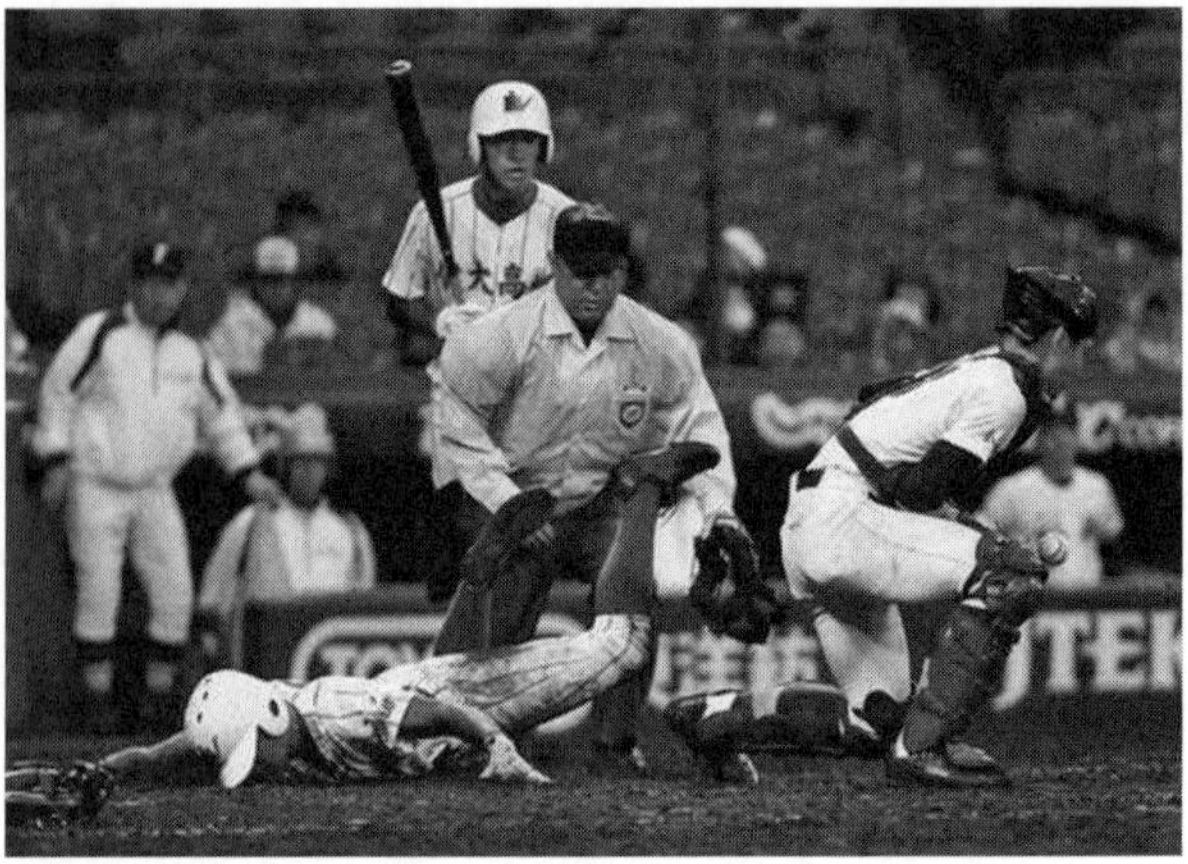
一世一代のホームスチールの小野寺

スーパーリードから一塁牽制間に盗塁

健大高崎×福井工大福井：阪神甲子園球場
平成29年（2017）3月26日
第89回センバツ大会　2回戦

前述の福井工大福井との試合で、小野寺大輝は画期的な盗塁を画策して、スタンドをあっと言わせた。

4対3と1点差に迫られた5回裏の攻撃。小野寺は二塁内野安打で出塁すると、福井工大福井のサウスポー、摺石達哉の一塁牽制間に二塁を陥れた。

摺石は、セットしてから3秒で一塁走者を見ずに牽制を入れてくる。摺石のクセは試合前から小野寺の頭に織り込み済みだった。

牽制球を促すようにスーパーリード（6～7mリード）で誘いをかけると、小野寺は摺石がセットしてから3秒よりわずか前、0コンマ1秒早く二塁に向けてスタートを切る。

摺石投手は一塁に牽制する際に、小野寺がスタートを切っている姿が目に飛び込み、一瞬うろたえた表情を見せた。

一塁手の送球が二塁ベースに達した時には、余裕の表情で二塁ベース上に立つ小野寺の姿があった。

小野寺の牽制間盗塁は、これだけでは終わらなかった。次は5対6と1点ビハインドの7回裏、同様の盗塁を今度は「ひと手間」かけて敢行した。

先頭打者として打席に立った小野寺は、死球を得て出塁した。福井工大バッテリーも同じ轍は踏まずと、工夫を凝らしてきた。まず、1ボールからセットポジションのクイックで打者に投球してくると、次に一塁に時間を短縮させた小さいモーションの牽制で探りを入れてきた。

その時小野寺は、通常のリード幅にして牽制を待ち構えていた。そして、小野寺はわざと逆を突かれたような、「ひと手間」を加えて頭から一塁に滑り込んだ。

次に、三塁ベースコーチの永渕遼（中京大）に、「もっと大きく出させてくれ」と、両手を広げてアピールすると、限界を超えたスーパーリードで勝負に出た。

健大では、一塁走者のリード幅は、三塁ベースコーチが「管理」することになっている。ベースコーチの永渕にアピールすると見せかけて、小野寺と永渕の中間点に立つ摺石投手からもう一度牽制球を誘い出すためだ。

案の定、モーションを短縮させた牽制球のわずか前に、小野寺は決意を持ったスタートを起こした。

スタートを警戒していた一塁手は、送球が一塁ベースに到達する前に二、三歩前に出て捕球するも、小野寺の判断と走力が上回った。

同日に、二試合連続の延長15回引き分け再試合となったこのゲームで、7得点のうちの4得点を小野寺一人で記録した。

忍びの術で本盗

気配を消してホームイン

健大高崎×小諸商業：小諸商業高校グラウンド
平成29年（2017）4月22日
オープン戦（B戦）第一試合

高校野球に携わって約40年。何十回となくホームスチールのサインを送ってきた。しかし、この試合で起こった本盗は、私が過去に一度も見たことのない不思議なものだった。

私は、木村亨コーチ（帝京－中央大）とともにBチームを率いてマイクロバスのハンドルを握り、長野県の小諸商業に遠征に出向いた。小諸市は春が遅く、4月も半ばを過ぎた22日だというのに、かなりの冷え込みがあり、グラウンドの周りには遅咲きの桜が満開だったことを覚えている。

さて、本題に移ろう。

相手のピッチャーは長身のサウスポーで、かなりの資質を持った投手だった。なぜこんな投手がB戦なのか？　とも思ったが、こちらとしては良い投手とやれるのはありがたいことだ。試合後に聞いたのだが、まだ2年生だというので、またまた驚かされた。

この引木翼投手は、1年後にプロ注目左腕として去就が注目されたが、社会人野球の三菱重工名古屋に進路を決め、その後のプロ入りを見据えていた。

Bチームの打線ではこの投手の攻略は難しく、得点がないまま5回を経過した時、健大は二死ながら走者三塁二塁のチャンスを手にした。

私は、どう考えても決定打を打つのは無理と判断して、三塁走者の嶋本翼（羽衣国際大）に、ホームスチールを促した。

基本的にサウスポーの場合は、セットポジションのセットする瞬間にスタートを切ることを教えていたが、嶋本はピッチャーと二塁手が牽制球をするかどうかの、ブロックサインでのやり取りをしている間に「するする」と走り出してしまった。

その時の「異様な光景」は、今もなお鮮明に頭の中に残っている。

多くの場合、ホームスチール等の通常の流れとは違う動きが生じた場合、守備側の野手やベンチが「逃げた！」、「ピッチャー！」などと、危機を告げる声が飛び交うものである。

しかし、この時ばかりは様相が違っていた。誰も、一人として声を発する者がいなかったのだ。三塁走者の嶋本は、まるで気配を消した忍者のごとく、何食わぬ顔でホームベースを駆け抜けたのだった。

誰も気が付かなかったわけではないのだ。みんな嶋本が何気に走っている姿を見ていた。いや、眺めていたのだ。無言で……。

こんな不気味な空気は初めてだった。「えっタイム中？」、「あいつ何やってんの？」。まさにそんな感じだったのだ。

私はのちに嶋本に尋ねてみた。

「お前どうしてあのタイミングで逃げた？」

嶋本は「無警戒だったんで」。それだけ言うと、ほくそ笑んだ。

忍者の臭覚だったのだろうか？「こいつの感性は底知れない」。素直にそう思ったものだ。

忍者の系譜

ちなみに、私が忍者と称した選手は健大に3

人いた。

初代忍者は中山奎太（日体大）だった。相手ディフェンスの送球間を縫う走塁は常人離れしていた。

二代目は、林賢弥。とにかく相手の「油断」というエアポケットを突くのは天才的だった。

そして、三代目忍者が嶋本翼である。関西人特有の個性をベースとして、次々に欺きのアイデアを生み出す、エポックメイキングな発想は呆れるばかりだ。

さて、私は例によって先ほど紹介した突発的なプレーを、一時的なものにしては勿体ないと考えた。自分なりに偶然を必然にできるように、状況と条件を擦り合わせながら、奇策として完成させた。

必然にする状況と条件は、次のようなものである。まずはサウスポー投手であることと、走者は三塁と二塁にいる場合が絶対条件である。

次にピッチャーと二塁手が、牽制をするかしないかのサイン交換をしている状況が必要である。なぜならば、三塁に走者がいると二塁走者は三塁盗塁を企てることがないため、二塁手や遊撃手とのサイン交換を省略するピッチャーも多いからだ。

最後に何よりも頭を捻って試行錯誤を繰り返したのが、スタートを切るタイミングだった。「サイン交換の間に走れ」といっても、どのタイミングで走り出せばいいのか？　何度も繰り返しながらエアポケットを探った結果、二塁手がピッチャーとのサイン交換するためのブロックサインは、平均的に4〜6回行われることが分かった。

例えば二塁手が右手で、帽子のツバ→胸→左肩→頭→ベルト→耳（6回）。といったようなサインの交換があるとする。

結果的に、スタートのタイミングは二塁手が二度目に触った時の部位で走り出すのがベストという結論に至った。なぜかといえば、ピッチャーは二塁手が次にどこを触るのか？　最も集中して注視する時間軸がそこだったからだ。1回目では早すぎてすぐに気付かれてしまうし、3回目や4回目では投球のために二塁手から目を切ってしまうタイミングとなる。

ただし、残念ながら私の健大在任中に、意図的な奇策としてのこのプレーの機会は訪れなかった。チームの方向転換として、秘策や奇策を用いる機動破壊から、空中戦（長打力）で相手を圧倒する、打撃力の野球へと大きく舵を切り始めたからだ。

現在、私がアドバイザーをしている海星高校は、三重県にあり伊賀忍者の里でもある。忍者を配しての忍びの術。機動破壊の続きはまだ終わってはいない。

第4章

思い出深い試合の数々

アウトすべてが三振
5回15奪三振

杜若×三谷水産：豊橋市民球場
平成63年（1988）7月17日
第70回愛知県大会　1回戦

先頭打者の三振でスタートを切ると、5回最終打者となった代打のバットが空を切り、捕手都築健太郎のミットに収まった。

中村佳広投手（杜若→オリックス）のノーヒットノーラン（参考）の瞬間である。5回コールドで終わったこの試合での15個目の三振だった。つまり、奪ったアウトのすべてが三振だったということだ。

中村は身長191㎝の右腕から、140キロを超える速球に、縦に大きく曲がるカーブと、真横に曲がるようなスライダーを武器としていたが、この日はストレート一本でねじ込んだ。

この試合では、相手打者のバットにボールが当たる雰囲気がまったくなく、コールドゲームの成立がなかったら、とてつもない大記録が生まれていたのでは？　そんな予感を抱かせるような内容だった。

中村は、2回戦の福江戦でも7回コールドで12奪三振の快投を演じた。私はこの大会で杜若の甲子園初出場を目論んでいたが、準決勝で名城大附属に敗れて悲願は夢と消えた。

中村は秋のドラフトでオリックスに3位で指名されたが、実はドラフト前夜から多くの球団スカウトから確認の電話が鳴り止まず、某2球団からは「1位の可能性も浮上してきました」との連絡も受けていた。

また、ドラフトの当日には早朝5時にも関わらず、「絶対行きますからね！」（ドラフト指名するという意味）などと凄みを利かせてきた球団スカウトもいたものだ。私が見てきた教え子の中では、前に飛ばさせないという点では、紛れもなくナンバーワンの投手であった。

ちなみに、この年のドラフトの目玉となった選手は、中日の今中慎二、ヤクルトの川崎憲次郎、横浜大洋の谷繁元信、広島の野村謙二郎等、のちにNPBで監督を務めることになる選手も含め、豪華な陣容だった。

充実した敗戦①

4時間17分の死闘

杜若×名古屋学院：一宮市営球場
平成元年（1989）7月24日
第71回愛知県大会　4回戦

指揮官としての充実した敗戦は、私の脳裏にある記憶の中では、杜若時代の1試合しかない。32年前の記憶を手繰り寄せてみると、あの時の熱闘が沸々と蘇ってくる。

2対2。試合は相譲らず膠着したが、14回表に決定的な2点を奪われた。私たちは断崖絶壁に立たされ、その裏の攻撃も期待の3番打者が倒れてすでに2アウトとなっていた。

「もはや、これまでか……」

そんな空気が一瞬ベンチ内に充満した時、マネージャーの伊豆原徹也（三好北中）が、次の打者に向かって絶叫した。

「俺たちはまだ生きとるぞ！」

その時に振り絞ったマネージャーの声は、未だに私の耳の奥でリフレインのように響く。

ネクストバッターズサークルから、その声を背中で聞いた4番打者八木寿が、覚悟と決意を秘めた凛とした面構えで、バッターボックスに向かっていった。その佇まいは、まるで赤いマフラーを首から靡《なび》かせ、今まさに飛び立とうとするゼロ戦の特攻隊員の姿とオーバーラップして見えた。

漲る力で振り抜いた打球は、三塁線を痛烈に破るツーベースヒットとなった。二塁ベース上に君臨するように立つと、八木は「俺はまだ死んでいない！」と目で物を言った。

続く5番打者堀孝司（瀬戸シニア）は扇の要の捕手だが、チーム一の鈍足でもあった。私は、たとえ同点の走者となって出塁し、次打者が二塁打を放ったとしても、長軀ホームインするには難しいと判断した。

打席に入る前に「一発を狙え」。そう言って送り出した。

そんな打者の気迫に後退《あとずさ》りするかのように、ボールが先行して3ボール0ストライクとなった時、バッターボックスの中から振り向き、「待て」のサインが出るのかを確認してきた。

私は頭《かぶり》を振ると、躊躇することなく「（一発狙い）続行」のサインを送った。

堀はそのサインに動揺することなく頷くと、果敢に次のストレートに挑んでいった。「キーン」。すくい上げたバットから金属音を球場に響かせると、打球はレフト線上空に舞い上がった。しかし、ホームランにはもうひと伸び足りず、フェンス手前で大きく弾んだ。

二塁から、1点差となる走者がホームインする。私はずっと生還した走者を目で追っていた。しかし、そのわずか後に悲鳴のような「ああっ」という断末魔にも近いマネージャーの絶叫を聞いて、二塁方向に視線を変えた。

すると、同点の二塁走者となるはずだった堀は、鈍足に加えて相手の素晴らしい中継プレーにより、二塁ベースのわずか手前でアウトとなっていた。

「特攻隊員」の生還は、一瞬の儚い夢となって消えてしまった。

スコアブックには「7打席」を記録された打者が犇《ひしめ》き、両軍合わせてのべ118打席、安打31本、残塁25、4時間17分の死闘は幕を閉じた。

西日が差し始めた球場に立ち尽くす監督の私をよそに、マネージャーを筆頭にベンチに入っている全員が、グラウンドに向かって整列している。

最後までマナーを遵守しながら、球場を去ろうとしているのだろうと勝手に思った。すると、次に信じられない光景を目の当たりにした。

全員が次々に膝を折って正座すると、主将が「3年間ありがとうございました！」と、グラウンドに向かって叫んだ。

他の選手も一斉にグラウンドに両手を着き、深々と頭を下げた。

「ありがとうございました！」

そう声を振り絞ると、堰《せき》を切ったように嗚咽がグラウンドを駆け巡った。

彼らの思いもよらぬ行動に、私はただただ時を忘れて無言で眺めているだけだった。

充実した敗戦②

「機動破壊の申し子」が取った行動

健大高崎×前橋育英：上毛新聞敷島球場
平成28年（2016）7月28日
第98回群馬県大会　決勝戦

これは私が指揮官として戦った試合ではないが、充実した敗戦が実はもう一つ存在する。激しい戦いだった。特に3年生は死力を尽くして、雄叫びを上げながらグラウンドを駆け巡った。

3対4のビハインドで迎えた9回裏の健大の攻撃は、普段はあまり感情を表に出さない高山竜哉（明星大）が一死から死球をもぎ取ると、全身でガッツポーズを見せて後続を鼓舞するように一塁に向かった。

次打者には、「機動破壊の申し子」といわれた宮本隆寛（法政大）が5度目の打席に立ち、気迫で四球をもぎ取った。

続く3番打者の安里はライト前に痛烈に運び、高山を迎え入れる起死回生の同点タイムリーとなった。宮本は二塁を大きくオーバーランしたところで、踵《きびす》を返して二塁に戻ろうとした時、相手野手との接触プレーで倒れて動けなくなってしまった。

思わず審判も試合を止めて継続出場が可能かを判断していたが、長いタイムを経ながらも、宮本は気力で起き上がり、鬼気迫った形相で塁上に立った。だがその後、サヨナラとなる決勝点を奪うことはできず延長戦に突入。

健大の主将の高橋翔大（立正大）は、延長12回表に森田健斗（深谷組→群馬ダイヤモンドペガサス）の放ったセンター後方への大飛球に対し、全力疾走で落下点を目指すと、最後の最後まで諦めない一世一代のダイビングキャッチを試みたが、わずかに及ばずスリーベースヒットとなった。

結果的には、これら気迫の全力プレーも及ばず、この回に一挙4点を奪われて延長12回、4対8のスコアで熱戦は幕を閉じた。

ある新聞の記事には、「いったい何点取れば諦めるんだ……」と記されていた。そうやって、健大の粘りと執念を讃えてくれたのだ。

40年近く高校野球に携わってきても、夏の甲子園を目指した予選での敗戦は、常に「やり残し感」が漂うものだ。

「もっとやれたはず」

「力の半分も出せなかった」

「普段通りの野球ができなかった」

そんな未練が虚脱感の中で渦を巻く。だが、この前橋育英との死闘に関しては、「選手は力をすべて出し切った」という納得のいく気持ちが残った。敗戦である以上、満足であろうはずはない。しかし、選手たちの一挙一動は、私に感動と充実感を残してくれた。

その他にも6回表。死球で出塁させた育英の伊藤雄大（日本大）を二塁に背負い、打者森田はセンターに抜けようとする打球を放った。

それを投手伊藤敦紀は、信じられないようなプレーで背面捕球をすると、三塁に向けてスタートを切っていた走者をアウトにすべく、三塁手の宮本に送球をした。

勢いよく滑り込んできた走者と激しい接触をした直後、宮本はグラブ側の手首を右手で押さえて痛みに耐えている。審判もタイムをかけて様子を伺っている。

白熱した試合では、一触即発を漂わせる雰囲気になることも珍しくはない。宮本がエキサイトして、そんな状況を生むのではないかと一瞬懸念した。

宮本がどう出るか？　スタジアムに一瞬の静寂が生まれた。育英の伊藤選手も場の空気を察したのか、宮本を気づかう素振りを見せた。

ここで、宮本が文句の一つでも言おうものなら、両軍どころか応援スタンドまでもが険悪な雰囲気となり、熱戦に水を差してしまう。そんな状況下、宮本は大人の対応をした。気づかう育英の伊藤に対して、文句どころか「大丈夫だ」、「気にするな」、「もう行っていい」そんな仕草を見せた。

まさに「神対応」といっても過言ではなく、私は以前にも増して宮本が好きになった。

冴えた魔球パームボール

健大高崎×鳴門：阪神甲子園球場
平成24年（２０１２）３月30日
第84回センバツ大会　準々決勝

ゆらゆらと揺れながら、ストンと沈む１００キロ台のボール。相手打者を翻弄してバットが面白いように空を切る。

公式戦初先発。控え投手の生井晨太郎（拓殖大）は、今回のセンバツに特別な思い入れを持って臨んでいた。

健大高崎は昨年の初出場の夏に続き、2季連続となるセンバツも初出場を果たした。しかし、生井は夏の大会の群馬予選でベンチ入りしながらも、2名外れる甲子園のベンチ入りからは漏れた。

当初はショックを隠し切れない複雑な表情を浮かべたが、バッティング投手として甲子園に帯同すると、未練を振り切ってチームのために気持ちを前向きに変えていた。

生井のフォームは、テイクバックから肘が伸びる「アーム投げ」で、肘のしなりが使えないタイプのピッチャーだった。当時ピッチャーの指導をしていた私は、いろいろと思案した結果、無理にフォームを矯正せずにアームの欠点を活かすことを考えた。

そして、アーム投げに適した変化球として「パームボール」を勧めた。しかし、当時の生井は半信半疑で、あまり乗り気ではなく渋々取り組んでいたように思う。私は、無理もないと考えていた。なぜならば、パームはまったくもってマイナーな変化球で、高校生の使い手は皆無に近かったからだ。

しかし、私には不思議と「ハマるだろう」という無責任に近い確信があった。パームとは「手の平」の意味で、手首と指を使わずに包み込みようにして、上から下になぞるようにして投げる。アーム投げの生井には、もってこいの変化球だと考えていたからだ。

1年前の夏前から取り組ませたが、試合で投げられるまでの精度はなかった。しかし、甲子園のベンチを外れたことで、「自分は人が持ってないもので勝負するしかない」という気持ちが頭をもたげてきたようだった。

センバツの鳴門戦では、生井は序盤からパームが冴えて、6回5安打6三振一死球1失点と、期待を遥かに超えた結果を残し、翌日のスポーツ紙には「パーム生井」の文字が躍った。

実は、私がこの試合を思い出深い試合の一つに挙げたのは、生井の期待以上の活躍もさることながら他にも理由があった。

当初は鳴門戦の先発は、エースの三木敬太（国士舘大）と青柳監督の腹は決まっていた。しかし、この準々決勝の鳴門戦に勝利を収めたとしても、翌日の準決勝は優勝候補の最右翼、大阪桐蔭が予想されていた。

この時の桐蔭バッテリーは、ピッチャーが藤波晋太郎（阪神ドラフト1位）、捕手は森友哉（埼玉西武ドラフト1位）のノンプロ級の戦力だった。

私はどうひいき目に考えても、エース三木の連投で大阪桐蔭に臨めば、ダブルスコアは免れないだろうと推察していた。大阪桐蔭と対等に戦うには、エース三木の快投しかない。そのためにも、準々決勝では1球も投げさせたくなかった。

思案に暮れた末、思い切って青柳監督に「生井先発」を進言したが、夜の時点では「それだけは勘弁してくれ」との返答だった。

青柳監督の気持ちは十分に理解できた。鳴門に勝てば初出場でベスト4進出なのだ。監督であれば、目の前のチャンスを絶対に逃したくはないと思うはずだ。ましてや、公式戦で先発経験のない生井では無理もない。

だが、私の考えは違うところにあった。準決勝で大阪桐蔭に無残な負け方をしては、健大のベスト4はフロックだったと言われかねず、せっかくの青柳監督のベスト4に傷が付くと懸念したからだ。

翌朝、監督から電話が入り「一晩眠れなかったが、今日は生井で行く」。そう言ってくれた。

人間とは不思議なもので、意見が通れば次には不安が押し寄せる。コーチが監督に禁断の

「直訴」をして、結果が裏目に出れば完全な責任問題になる。何より、青柳監督を慮っての提案も、失敗すれば監督のバッシングにもなりかねないからだ。

そんな不安をよそに、生井はパームを決め球の他にカウント球にも使い、鳴門の「渦潮打線」を、パームの名の通り「手の平」で転がした。健大はエースの三木の温存に成功して、四人の継投で快勝して準決勝に駒を進めた。

生井はインタビューで、「パームが左右どちらの打者にも使えたのが収穫。甲子園が自分の力を引き出してくれた」と興奮冷めやらぬ様子で話した。

実は、ここでも私は一つの策を打ち出していた。生井に教えたパームの握りは、人差し指と中指の二本だけを立てて投げるチェンジアップに類似したもので、本来の三本の指（人差し指・中指・薬指）を立てて投げる純粋なパームボールではなかった。

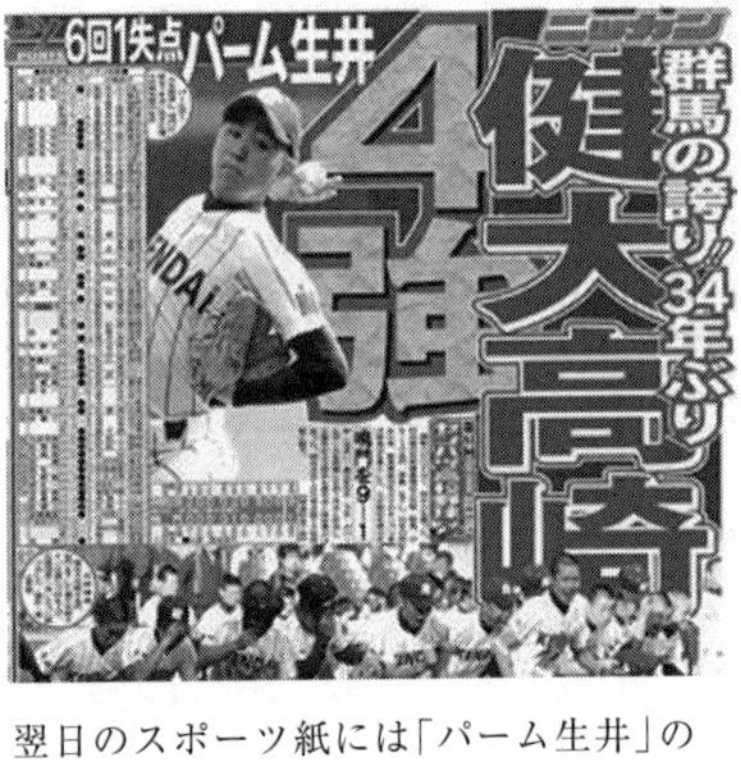

翌日のスポーツ紙には「パーム生井」の見出しが

しかし、チェンジアップは当時から大抵の投手が取得して、持ち球として普通に試合で使っていたものだ。だが「パームボール」という響きは、「何だそれ？」といった魔球感が漂うものである。

私は、生井には「絶対にチェンジアップとは言うな。どんな時でも『パーム』の言葉を忘れるな」と常日頃から言っていたものだ。

事実、翌日の新聞には鳴門の打者たちの感想として、「今まで見たこともない球の軌道」、「揺れてから落ちる」などのコメントが紹介されていた。私はたった一人、ホテルの一室でほくそ笑んだ。

続く準決勝では大阪桐蔭に1－3で敗れたものの、先発回避で力を蓄えたエース三木の好投で、8回表までは1－1と大接戦を演じた。

小谷魁星の放った起死回生の同点本塁打

健大高崎×前橋工業：高崎城南球場
平成27年（2015）7月20日
第97回群馬県大会　4回戦

4回戦の前橋工業戦。1対2と、1点ビハインドで迎えた9回裏の攻撃。何とか流れを変えようとして、打席の小谷魁星（中央大）は得意のセーフティバントを試みるもファウルになる。

その時、前橋工業のエース金田泰成（上武大）は、マウンド脇で屈伸運動を繰り返していた。何の変哲もない一つの動作に、健大ベンチは一斉にマウンドを指差した。スタンドで戦況を見守っていた岡部雄一、沼田雄輝両コーチも「屈伸した！」と声を上げた。

「屈伸した！」の意味を説明したいと思う。

試合前夜、前橋の温泉で疲れを癒すべく、ゆったりと湯に浸かり、館内の大広間で食事を終えた後、ミーティングを実施した。その時に配布した対策プリントの一部を次に示す。

前橋工業には、夏の大会において過去に一度も勝利をしていない。過去の2敗の内容も激しい鍔迫り合いの展開で、いずれも辛酸を舐めさせられた。（中略）

前橋工業には、決勝戦のつもりで臨んでほしい。何となく「勝てるんじゃないかな?」。そんな気持ちでは絶対にゲームに入らないでもらいたい。できれば、プレーボールの段階で2〜3点のビハインドがあるつもりで初打席に向かい、またマウンドに登ってほしい。

どんな些細なことであっても、歴史を動かしていくというのは簡単なことではない。過去に、一度も夏の陣で勝ったことのない相手なのである。歴史を作るということは、想像以上の困難と忍耐力が必要とされる。

プリントの解説を終えて、その後に強調したことは「相手の自滅を待て」という策であった。最高の戦果というのは「戦わずして勝つ」というもので、相手が負けてくれるまで、我慢をして守り抜いて戦うことである。

蛇足になるかとは思ったが、私が常日頃からピッチャーの疲労度を測るバロメーターを、次のように簡潔に伝えておいた。

① 第一段階は、何度も何度も必要以上に汗を拭くようになる
② 第二段階は、重そうに肩を回すような仕草をするようになる
③ そして投手の限界が、屈伸を繰り返すこと

投手がマウンド上で屈伸した時は、その投手の終わりが近いとも伝えた。

試合前の円陣を組んだ後、全員が外野の空を目掛けて、人差し指を突き出すパフォーマンスをするチームがある。それの是非はさておき、あの時突き出した健大ベンチの人差し指のベクトルは、一本の大きな矢となってマウンド上の金田投手に向かったような気がした。

あのベクトルは、選手や関係者一人ひとりに秘められた、「力の結晶」だったのだと思う。9回裏、1ストライクからの小谷の一振りは、ベクトルをレフトスタンドに方向を変え、緑の

芝生席で白いボールが弾んだ。

延長に入ってからは、前橋工業ナインは痙攣で倒れる選手が続出し、エースの金田投手は、バントのボールを追うのも嫌だといった仕草を見せた。

そんな金田投手の変調を見逃さず、冷静な判断に終始した青柳監督の采配は見事だったし、試合中に倒れる選手を一人も出さなかった、塚原謙太郎トレーナーのコンディショニングもプロの仕事だった。

延長11回の裏、一死後に川井智也（日体大）のテキサス安打に続き、1番春日優馬はフォアボールで出塁し、2番林賢弥は三塁側に絶妙なバントを転がした。重い足を引きずるようにバント処理をした金田投手の一塁送球は、不安定な体勢のまま一塁に投じて悪送球となり、熱戦に終止符が打たれた。

相手の自滅を待った健大が、勝利を掴んだのである。

進歩とは反省の厳しさに正比例する

健大高崎×桐生第一：上毛新聞敷島球場
平成27年（2015）7月26日
第97回群馬県大会　決勝戦

「反省とは、落ち込むこととか、消極的になることではない。また、反省しているフリを人に見せるためのものでもない。反省とは、『進歩するため』にするものなのである。逆に、進歩があまり感じられない時には、『反省の厳しさが足りないのではないか？』と考えるべきであろう」

平成25年（2013）12月22日、沖縄キャンプでの初日。宿舎である北中城《きたなかぐすく》のホテルのレストランにて、私は2時間以上にも及ぶ長いミーティングを実施した。

ミーティングの内容は、『2013健大データファクトリー』での反省および総括であり、夏の甲子園予選の準々決勝で前橋工業に敗退した事項に端を発し、センバツ切符を目指した秋季関東大会で山梨学院大附属に敗れるまでを題材としたものである。

その反省を受けて、平成26年(2014)のチーム(柘植世那主将)は、冒頭に示したようにHONDAの創業者、本田宗一郎の言葉をモチーフとしてチーム作りを推し進めてきた。

その結果、センバツでは夏に続いて準々決勝に進出。高校野球の総決算である夏の県大会では、宿敵の桐生第一との激戦を制して、3季連続の甲子園出場を摑んだ。

青柳監督の指顧《しこ》の下、ブレーンが何を第一に反省の厳しさとしたかといえば、それは3年前に遡る。

好投手三木敬太と長坂拳弥(東北福祉大→阪神)のバッテリーを擁して、センバツはベスト4に進出。その趨勢を保ったまま、春の群馬県大会で優勝。さらには、春の関東大会をも初制覇することとなった。

健大高崎は、1年前の夏・秋・そして春の若駒杯(1年生大会)・群馬県大会に関東大会と、5本の優勝旗を一堂に会した。

飛ぶ鳥を落とす勢いとはこのことであり、最後の総決算である6本目の優勝旗を手中にせんと臨んだ群馬県予選の4回戦。伊勢崎清明に完膚なきまでに叩きのめされ、1-11のコールド負け。

意気揚々と引き上げる伊勢崎清明ナインを尻目に、我々が現実を受け止めるには少し時間が必要だった。その時の痛烈な反省として挙げたことが、センバツを終えた後の戦い方と、夏を迎えるまでの投手陣の調整であった。

3年前はエース三木の酷使も祟《たた》り、疲労骨折で夏を迎えるという最悪のシナリオとなり、ドクターストップによるノースロー調整に、球数制限のゲームプランを余儀なくされてしまった。

2015年は、その時の教訓を胸に刻み、エース川井智也の登板とイニング数を極力減らし、目先の勝利や優勝にはこだわらず、夏の甲子園切符一枚に絞って夏本番を迎えたのである。

オープン戦や関東大会を、綿密な投手ローテーションを組んで乗り切り、総決算として臨んだ夏の決勝戦である。

エース川井は、桐生第一の執拗な追い上げに耐え抜き、最後の打者をチェンジアップで空振りの三振に斬って取ると、雄叫びを上げながら中学校時代からのバッテリー柘植世那と、マウンドで万感の思いをぶつけ合った。

川井にとって、このゲームは苦難のマウンドとなった。飯塚実球審のジャッジは辛めで有名だが、この試合は特に厳しかった。

初回の二死から、柳谷参助（全足利クラブ）に投じたアウトコースのストレートをはじめとして、27個のアウトの中でも、特に重要な意味を持つ25個目（9回の先頭打者）に対して非情なジャッジが下った。

5－4の1点差で無死一塁から、今日4安打目となる柳谷の打球はレフト線上に跳ねた。誰しもが無死三塁二塁を覚悟した瞬間、信じられないことが起こった。

勝利を焦った一塁走者の翁長賢太（東洋大）は、長軀生還を狙うべく三塁を回った。明らかな暴走だった。健大も佐藤－林－柘植と完璧なリレーを展開して、何とか事なきを得た。結果的には、相手の自滅を引き寄せることになったプレーであったといえる。

次に、好打者でもある山田知輝を一塁のグラウンダーに仕留めると、初回に先制のタイムリーを打たれた速水隆成（群馬ダイヤモンドペガサス）と相対することとなった。

川井は、速水を最後の打者にすることを誓ったように見えた。それを物語るかのように投じた初球のストレートは、腕が振れて球が指に掛かり伸びがあった。気魄と球速によって差し込まれた速水の打球は、振り遅れて一塁側のスタンドに飛び込んでいった。

この打球を見た時に「勝った」と思った。速水は、ストレート一本に絞って初球を待ち受けていた。用意周到の上で待ち受けた球が来たにも関わらず、あれだけ差し込まれては、バッターは成す術がない。

2球目も、最高のストレートがアウトコースに決まった。速水のバットはピクリとも動かない。決勝戦の集大成である最後の打者に対して、この試合最高のストレートが2球続いた。

その力のあるストレートを最終回に見た時、3年前の反省は活かされたと思った。最後のチェンジアップは、コースも高さも、かなり外れた球道だった。それにも関わらず、速水のバットが遠く空を切ったということは、それだけ川井のストレートに対して、ポイントを前にしていたという証拠であろう。

青柳監督をはじめ、ブレーンが3年間の呪縛から解き放たれた瞬間でもあった。反省の厳しさに正比例した、進歩の証をこの目で見届けた。

「タラレバ」回顧①

健大高崎×前橋育英：上毛新聞敷島(延長12回)
平成28年（２０１６）年7月28日
第98回群馬県大会　決勝戦

9回裏、1点ビハインドの健大は、一死から高山竜哉が執念の死球をもぎ取ると、次打者宮本隆寛の時にフルカウントから伝令を送った。相手バッテリーの呼吸を崩すことを意図とした、心理戦での「奪四球」である。

健大ベンチの名采配で作った流れから、続く安里樹羅の気迫の一振りが右前打となり、ついに同点に追いついた。

なおも一死二塁一塁で、サヨナラの願ってもないチャンスが到来した。

「ここで奥の手を用いたら……」

その場面で私の頭の中は、先ほども紹介した32年前の杜若×名古屋学院の試合に瞬時にタイムスリップしていた。

この奥の手を成功させる絶対的条件は、二塁走者が俊足であることと、一塁走者は野球センスに長けていることである。この時の二塁走者は、チーム一の俊足で「機動破壊の申し子」といわれた宮本。一塁走者も不動のレギュラーの安里であった。

私の思いとは裏腹に、代打として強打の川村尚樹（アイオー信用金庫）を送ったが、川村のバットは重圧に飲み込まれるように空を切り、勝負強い主将高橋翔大も、抜けて高めに浮いたフォークボールに空振りの三振に倒れた。


起死回生のサヨナラのチャンスは、するりと手中から滑り落ち、チャンスの女神は後ろ髪を引かせてはくれなかった。

そして延長12回の表に、致命的ともいえる4点を奪われたが、その裏の攻撃は一死満塁で一縷の望みが残った。

バッターボックスの渡口大成が放った打球は、快音を残して右中間を襲った。その瞬間は右中間を真っ二つに割り、走者一掃の三塁打が頭を過った。

だが結果はセンターライナーとなり、一塁走者の伊藤敦紀が帰塁できず、一瞬にして死闘は幕を閉じた。

その最後の瞬間でさえも、私の脳裏は32年前の記憶を呼び起こしていた。それほどまでに、試合展開も選手のひたむきさ、ゲームセットの瞬間までも私の記憶の中では酷似したものだったのである。

野球に「タラレバ」はないといわれるが、あえてその言葉を用いるならば、もしも「奥の手」の引き出しを引いていたら健大高崎は優勝していた。

「劇的な9回逆転サヨナラ！」
「3年連続夏の甲子園出場！」
「機動破壊炸裂！」

翌日の新聞には、どんな大見出しが紙面に躍っていたのであろうか？

だがしかし、奇策とは関係ないことだが、この結末には一考を要する課題が付随した。

一つの疑問

健大高崎×前橋育英：上毛新聞敷島（延長12回）
平成28年（2016）年7月28日
第98回群馬県大会　決勝戦

私の中では、どうも今一つスッキリしないことがある。

この試合のスコアを見ると、4対8で前橋育英が優勝した。育英の勝利は動かしようのない事実である。しかし、私の頭の中ではずっと5対8だと思い込んでいた。現に私のスコアブックには、12回の裏に「1」が記入されていた。

最後のケースを思い浮かべてみると、一死満塁から渡口はセンターライナー。センターの丸山和郁（明治大）は右中間寄りで捕球し、二塁手長谷川涼太（武蔵大）は打球を追い、遊撃手の小川龍成（國學院大）は本塁への中継に入っていた。

丸山は、最初は二塁ベースを大きく離塁していた片倉雅史（白鷗大）を刺そうとしたが、遊撃手の小川は本塁中継の位置にいてベースカバーが無理だったため、中継の長谷川に送球した。

長谷川は、大きな離塁をしていた一塁走者の伊藤にターゲットを変えて一塁に送球し、伊藤は帰塁が間に合わず間一髪アウトになった。

その時、三塁走者の安里はどうしていたのであろうか？

ダイジェスト映像を見る限り、安里はタッチアップの体勢を取っていて、実際にタッチアップしている。その時、遊撃手の小川は二塁手長谷川に一塁転送を促している。

安里は、三本間で力を抜いてしまったのだろうか？

センターの丸山が捕球し、中継の長谷川が狙いを変えて一塁に送球する前に、本塁は踏めなかったのだろうか？

もしも安里が全力で走っていれば、一塁で伊藤がアピールでアウトになる前に、本塁を踏んでいたはずである。そうであれば、結果的にアピールが一塁で行われたことになり、先に本塁に達していた安里のホームインが認められることになる。

ルールブックの盲点として話題となるプレーであるが、第三アウトがフォースプレーではない限り、第三アウトの前に三塁走者が本塁を踏んでいれば得点が認められるのである。

いずれにせよ、育英の優勝は揺るぐわけではなく、さほど大きな問題ではない。だがしかし、あの場面のビハインドが1点であれば、話は大きく違ってくる。

育英の選手がマウンドに集まって人差し指を突き出しているのをよそに、健大側は歓喜が渦巻く中でアピールをする必要がある。そして、アピールが認められれば、同点となり延長戦は継続されることになる。

そうなると、一番重要なポイントとなるのが、三塁走者の走塁である。力を抜くことなく駆け抜ければ同点で、少なくともこの時点での育英の優勝はなくなる。

さらに大切なことは、このルールを常日頃から把握できているかということである。このプレーに関しては、野球の流れ的に見て審判ですら気が付いていないことが多いものである。

私の長い経験の中で、何度も目撃したことのある事例を紹介する。

一番多いのが一死三塁二塁の状況で、センターや右中間に鋭いライナーが飛んだ時である。三塁走者は飛球がキャッチされれば、当然タッチアップで本塁に還ってくるのだが、若い二塁走者が打球に釣られて飛び出してしまうことがあり、結局戻り切れずにアウトになるのだ。

そして、多くの場合スコアボードにはゼロが入り、誰も気付くこともなく、何事もなかったかのように試合が進行していくのである。

だが、ルール的には二塁でのアピールより前に、三塁走者が正規のタッチアップを果たしており、二塁でのアピールより先に三塁走者が本塁を踏んだということで、1点が記録されるのである。

「タラレバ」回顧②

健大高崎×前橋育英：上毛新聞敷島球場
平成30年（2018）年7月25日
第100回群馬県大会　決勝戦

レギュラーの通算本塁打数は、なんと230本超。健大史上最強チームといわれたチームが、群馬大会の決勝で前橋育英にサヨナラ負けを喫した。
日本一まで狙えたチームが、なぜ負けたのか？　歴代最強打線のチームは、どうして1点に泣いたのだろうか？
健大高崎5－2前橋育英
3点ビハインドの前橋育英は、8回裏無死二塁一塁の局面で、荒井直樹監督が6番打者丸山大河（國學院大）に送りバントの指示で、一死三塁二塁。

次の打者で今日2三振の剣持京右（東洋大）に代えて、左打者の石田大夢を送ると、すかさず健大高崎は三番手のサウスポー藤原寛大（中京大学）にスイッチ。

代打石田は、ライト線に痛烈な2点タイムリーツーベースで1点差に迫る。勝負を懸けた荒井監督は、二塁走者に代走川原大和（桜美林大）を送り、二死二塁からセンター前ヒットで同点となった。

犠打→代打→代走。結果的には荒井監督の采配がズバズバ的中した。

前橋育英は9回表二死三塁二塁から、5試合連続本塁打の1番山下航汰を敬遠して満塁策を敷くと、2番小林大介（名城大）に会心の当たりの打球を飛ばされるも、浅めに守ったセンター真正面のライナーで無得点。

そして、二死満塁を抑えて勢いが付いた育英の9回裏の攻撃は、3番橋本健汰が詰まりながらもセンター前に運び、サヨナラのチャンスを作る。4番小池悠平（明治大）はセンターフライに倒れるも、5番梅澤修二（大東文化大）がストレートを捉え、サードの頭上を越えてレフト線を破る。

この会心の当たりで橋本は一気に本塁に還り、劇的なサヨナラとなって前橋育英は3年連続の甲子園の切符をもぎ取った。

結果的に二死三塁二塁から1番山下の敬遠、さらに2番小林へのポジショニングで前橋育英は勝利をもぎ取ったのである。

最終回の攻防の肝

健大高崎×前橋育英：上毛新聞敷島球場
平成30年（2018）年7月25日
第100回群馬県大会　決勝戦

8回裏に一気に3点を奪われて同点に追いつかれたが、直後の9回表にすぐさま反撃を開始して、健大に3度目の勝ち越しのチャンスが訪れていた。

先頭の嶋本翼が死球で出塁すると、今井佑輔（筑波大）がバスターで遊撃内野安打。次の古谷一輝（法政大）の打席が、ベンチの思案所だった。

バントで送れば、次打者は投手の藤原寛大。得点を挙げられなければ、一番の山下航汰は敬遠だろう。そこまで読めたからである。

そんな中で、ベンチは古谷に犠牲バントを指示して、古谷もそれに応える完璧な犠打だった。だが、ここからが難しい。

健大ベンチは、三塁走者の嶋本に代えて俊足の日野駿之介（桐蔭横浜大）を送り、攻撃ではあるが、まるで背水の陣のごとくマッカーシーの戦術（ゴロゴー）に懸けた。

ここまで来たら、藤原の役割は「何とかバットに当てる」だけである。結果的に藤原のバットは虚しく空を切った。育英バッテリーの当てさせない配球は見事だった。インコースを選択すれば、おそらくボールに触ることは可能だったであろう。

藤原の三振を受け、育英ベンチは「予定通り」、ここまであれほどインコースを気迫で攻め立てた山下に対して、涼しい顔で敬遠してきた。

二死満塁から小林大介も気力で食らいつき、打った瞬間は適時打かと思われたが、育英の完壁なポジショニングの前に万事休すとなった。

育英ベンチ荒井監督からすれば、笑いが止まらない采配となった。

さて、ここでの展開には、多くの明暗を分けるポイントが点在する。一つ目は無死二塁一塁の場面での古谷の打席だ。選択肢は三つある。

①次の打者藤原を考えての古谷の強行
②古谷に代えて代打
③藤原のスクイズと代打を視野に入れた犠打

ここでは③が選択された。

次のポイントは、一死三塁二塁での選択肢である。

①投手の藤原をそのまま打たせる
②代打に是澤涼輔（法政大）を送る
③スクイズを敢行する
④バットに当てさせてゴロゴーでの得点を狙う

ここでは④が選択された。

この局面では、いろいろな思惑が交錯して渦を巻く。一つ目は代打に是澤を送った場合、果たして藤原よりもバットに当たる確率が高いかどうか。ベンチが一番懸念するのは三振である。バットに当たらなければ話にならない。

二つ目は代打を送れば、9回裏はリリーフを登板させることになる。行くとすれば柳澤寛（玉川大）だが、果たして重圧に耐えられるかどうかの懸念があったはずだ。

「タラレバ」で言えば、藤原がスクイズをするという選択肢が、一番の可能性を秘めていたのではないかと考える。

ただし、ベンチが最も恐れるのは、スクイズを空振りして三塁走者が憤死して二死となり、二死三塁の状況で藤原が打席にそのまま残ることである。

第⑤と第⑥の選択肢

健大高崎×前橋育英：上毛新聞敷島球場
平成30年（2018）年7月25日
第100回群馬県大会　決勝戦

そこで、あえて第⑤の選択肢を提示するならば「小判ザメ」（※第5章の「小判ザメ〜三塁手の背中に張り付いてホームイン〜」参照）である。

「小判ザメ」とは、一死三塁二塁で基本的にはツーランスクイズを目論む戦法である。そして、外された時と空振りした時には、三塁走者が挟まれて囮となる。本塁近くでタッチされてアウトになった瞬間に、三塁手の背後で「小判ザメ」のごとく待ち構えていた二塁走者が、タッチの隙を縫って本塁を陥れるという奇策中の奇策である。

なぜ、あえて第⑤の提示をしたかといえば、三塁走者の嶋本に代わり日野が代走となったわけだが、実はB戦では何度か「小判ザメ」を成功させている。

とりわけ嶋本と日野のコンビが最も得意としていたものであり、嶋本を三塁走者として残し、二塁走者の今井に代えて日野を二塁の代走に送れば理想の組み合わせとなった。

最終回の裏は山下が一塁に移動し、代走日野が左翼に入り、中堅に奥田拓真（拓殖大）で守備を固めればいい。

そして、もう一つの第⑥の選択肢は、④のケース（ゴロゴー）で、代打に日野を送り、三塁代走を奥田とすることである。

なぜ日野か？　というと、残っている選手の中で最も三振する確率が低い選手だからである。

セイバーメトリクスの指標の、「1三振するまでにかかる打席数」ＰＡ／Ｋが日野は25・１である。つまり日野は25打席に一度しか三振しない。

一方で、「ヒットを狙う」代打の是澤だと、ＰＡ／Ｋは６・８であり、日野に比べれば約４倍近く三振の確率が高くなることになる。

もし三塁走者の走塁を優先させるのであれば、三塁走者を日野にして、代打に奥田を送ることも考えられる。奥田のＰＡ／Ｋは21・０で控えの選手の中では、日野に続く確率で三振が少ないからである。

この決勝戦においては、これらのデータで選手を選択し切れなかったが、甲子園を決める局面では、「三振しない」という能力はヒットを打つよりも、ホームランを打つよりも重要な戦力になり得る。

目に見える数字では埋もれてしまいそうな選手を発掘して救い上げることも、甲子園への道には欠かせないワンピースとなる。それを、セイバーメトリクスが示してくれているのだ。

また、私が「忍者」と認めた三塁走者の嶋本に、なぜ代走を出すのかについては、嶋本は相手の隙を突く走塁に長けていて、快足というよりは怪足（笑）。走力だけなら奥田や日野の方が上だからだ。

打てずに負けたのか？ 点を取れずに負けたのか？

健大高崎×前橋育英：上毛新聞敷島球場
平成30年（２０１８）年７月25日
第１００回群馬県大会　決勝戦

この試合を俯瞰して見れば、打てずに負けたことになる。育英は14安打で健大が６安打だが、勝敗を決する最終回で捉えれば、点が取れずに負けたのだと思う。

点が取れずに負けたと感じた夏の大会は、平成28年（2016）の決勝戦で、2年連続育英に敗れた局面がある。

9回裏1点ビハインドの一死後、高山竜哉が死球で出塁し、続く宮本隆寛も四球。一死二塁一塁から、安里樹羅が気迫の同点タイムリー右前打。なおも一死二塁一塁でサヨナラのチャンス到来に、代打として送られた川村尚樹は空振りの三振。

続く高橋翔大も三振で、逆転サヨナラ甲子園への道は消えた。

川村のOPSは1028と卓越したスラッガーであったが、PA／Kは10・8で『データファクトリー』の評価は「劣悪」だった。

そして、もう一つ思い起こすのが平成22年（2010）にまで遡る。

健大が初めて県ベスト4に勝ち名乗りを上げて、初優勝を狙うべく準決勝で前橋工業と決勝進出を懸けて戦い、白熱した投手戦は0対0のまま延長11回に突入していった。

当時の主将は磯貝貴大（神奈川大）で、延長11回に二死二塁から代打に打たれたライト前ヒットに対して、渾身のバックホームで本塁憤死かと思わせたが、判定は走塁妨害となって痛恨の1点を奪われてしまった。

しかしその裏、健大も初の決勝戦進出の執念を見せて、無死から先頭打者の栁澤潤也（次年度の夏に甲子園出場）が出塁すると、次打者の磯貝優斗（拓殖大）が、バスターヒッティングでの安打で無死二塁一塁とチャンスを広げた。

犠牲バントで一死三塁二塁の逆転の場面で、次打者が痛恨の一塁ファウルフライでチャンスを潰し、試合はそのまま0対1の完封で敗れてしまった。

「点を取れずに負けた」

この敗戦を機に、健大高崎は打てなくても勝てるように、「機動破壊」へと推移して、群馬を席巻していったのである。

第5章

最新版
機動破壊の戦術・戦法

攻撃編

走者二塁のインパクトゴー

失敗しない足合わせ

この章では、門外不出の極意を初めて開示することにする。

シングルヒットで二塁走者がホームインするには、インパクトから本塁まで最低でも7秒を切らないと話にならない。私が指導するチームでは、6秒7で還ってこいと指示している。

そのためには、インパクトの時点で二塁ベースから9mの地点まで、第二リードが必要だと考えている。9mの内訳はリードが5m50㎝、シャッフル1m50㎝・クロスオーバーステップ・足合わせの一歩がそれぞれ1mとして合わせて9mとなる。

セットポジションから投手の足が上がって、インパクトまでが約1秒7である。この1秒7の枠の中に、上記の9mの動きをはめ込んでいくわけであるが、なかなか物理的な決め事だけでは6秒7をクリアすることは難しい。

いかに0コンマ1秒を捻出するかは、ボールがバットに当たった瞬間、つまりインパクト時のスタートこそが走塁の骨子となる。

良いスタートを切るには、二塁走者はバットにボールが当たる瞬間に右足の着地と合わせなければならないが、通常のシャッフルではタイミングが難しく、良いスタートがなかなか切れないものである。

私が、健大高崎で入部間もない1年生に足合わせのために指導していたのが、次に示す方法である。

簡単に説明するならば、投手の上げた足が地面に着地する時にクロスステップを入れると、インパクトは自然に右足で地面を受け止めることができるというものである。

写真を参考にしながら、説明を読んでほしい。まず、投手の牽制能力にもよるが、基本的には5m50cmのリードを取っておく。次に、投手が二塁に走者を背負った時は、始動からステップまでは約1秒2程度であり、これはワンシャッフルからクロスステップでシンクロできる。リリースからインパクトまでは約0秒5で、これはクロスステップ後の一歩でタイムは合致する。これで合計1秒7。1秒7の内訳を見ると、写真①～写真⑤のようなイメージとなる。

ポイントは、投手が上げた足の着地と同時にクロスステップを入れること。投手の足の着地時にクロスステップを入れれば、自然にインパクトでは二塁走者の右足と合致して、最適なスタートを切ることができるのだ。

［写真❶］

■セットポジション

■スタート準備

投手の牽制能力にもよるが、基本的には5m50cmのリードを取っておく

［写真❷］

■投手がセットポジションから足が上がってリリースまで（1秒2）

■シャッフル+クロスステップ（1秒2）

投手が二塁に走者を背負った時は、始動からステップまでは約1秒2程度であり、これはワンシャッフルからクロスステップでシンクロできる

［写真❸］

■リリースからインパクト（0秒5）

■クロスステップ後の一歩（0秒5）

リリースからインパクトと、クロスステップ後の一歩でタイムは合致する

［写真❹］

■シャッフル+クロスステップ+１歩（１秒７）

１秒７の内訳を見ると上の連続写真のようなイメージとなる

［写真❺］

■ポイントは投手が上げた足の着地と同時にクロスステップを入れること

投手の足の着地時にクロスステップを入れれば、自然にインパクトでは二塁走者の右足と合致して最適なスタートを切ることができる

右投手の一塁走者
タイムゴーとタイムバック

正直に言って、このプレーは上級者向けであり、スターティングラインナップの中に一人でもできる人間がいれば上出来だろう。

多くの右ピッチャーは、セットしてから約3秒で投げる。別に3秒でなくても構わないわけだが、それぞれの投手のクセ（投げるまでの秒数）を弾き出せば、投手がセットでボールを保持してから頭の中でカウントし、このタイミングで「足が上がるだろう」という刹那の判断でスタートを切ることができる。

私は、この手の盗塁を「タイムゴー」と名付けている。

よく盗塁の画策を決めているランナーは、ピッチャーが長めに4～5秒ボールを持った時に、見切りスタートをすることがある。ピッチャーが予め投球と決めていた時には、案外フライング気味にスタートを切っても、気付かずに打者に投げてしまうことが多々あるからだ。

もっと正確に言えば、ピッチャーは気付かないのではなく、「見ていない」だけなのだ。事実、ほとんどのピッチャーは「見てるフリ」をしているだけだと言ってもいい。

タイムゴーは、分かりやすく言えば「見切り発進」の盗塁といえる。この盗塁は、ピッチャーに投球を躊躇されれば必ずアウトになる。なぜならば、ランナーはスタートを切ってしまえば、あとは二塁に向かって走るしかなくなるからである。

そこで、少しでも「見切り暴走」を防ぐために、右足からスタートを切ることを思いついた（**写真❶**）。

通常のスタートはクロスオーバーステップが基本であり、腰を切りながら左足を右足にクロ

[写真❶]

タイムゴーは、投手がセットから投球するまでの秒数を頭の中でカウントしてスタートを切る

［写真❷］

タイムバックでは、一塁走者の踏み出した右足が着地するまでの間に、投手の足が上がっていなければ帰塁する

スするようにしてスタートを切る。だが腰を切ってしまえばスタートするか、躊躇して挟まれるしか術がなくなってしまうのだ。

しかし、右足から踏み出せば腰を切っていない分、着地までにピッチャーの足が上がらなければ、スタートを断念する刹那の時間が生まれる。この動きが「タイムバック」である。

右足から踏み出して着地までの間で、ピッチャーに投球の兆しが見えれば、そのままの勢いでスタートを切って盗塁を試みるのである（**写真❷**）。

クロスオーバーステップに比べればスタートは鈍くなるが、ゼロからのスタートよりは右足からでも、比べ物にならないほど良いスタートが切れる。なぜなら、タイムゴーはピッチャーの足が上がる前に、すでに動き出しているからである。

左投手の一塁走者

逆シャッフルバックと逆シャッフルリード

一般的に、シャッフルは進行方向に使うものである。特に、走者が二塁から三塁に盗塁をする時に用いることでも知られている。

ここでは、逆シャッフルについて説明しよう。まずは大きめのリードを取り、サウスポーの足が上がり切る時に、一塁方向にワンシャッフルを入れる。

そのワンシャッフルの間に投球か牽制かを判断し、牽制球が来ると察知すれば、その勢いのままに一塁ベースに帰塁する。これが、逆シャッフルバックである（**写真❶**）。

逆シャッフルリードのやり方は、逆シャッフルバックとまったく同様で、一塁方向にワンシ

［写真❶］

一塁方向にワンシャッフルを入れる間に、制球が来ると察知すれば帰塁する

［写真❷］

ワンシャッフルの間に投球と判断すれば、第二リードの開始となる

ャッフルを入れる。ワンシャッフルの間に投球か牽制かを判断し、投球と察知すれば本来のリード幅から第二リードの開始となる（写真❷）。

周囲からは逆を突かれたように見えても、その戻った分は本来のサウスポーに対するリード幅となり、さほど大きな損失とはならない。

目的は、通常ならアウトにできるリードを取っているにも関わらず、牽制すれば簡単に戻られる。バッテリーに「牽制は無駄だ」と思わせることで、心理戦を有利にして戦うことができるのである。

サウスポー特有の速い牽制だと餌食になりそうに思うかもしれないが、90％は無事に戻ることが可能だ。

アバウトバント
無死二塁の犠牲バントは難しくない

野球の解説者がゲーム中に口を揃えて唱えるのが、無死走者二塁のサクリファイスバント（犠牲バント）の状況である。判で押したように異口同音で、「強いバントで三塁手に捕らせるように」と解説する。

しかし昨今、投手のバント処理のスキルは格段の上達を見せており、強いバントで進塁させるには、針の穴を通すような精密さが必要とされる。わずかでも角度が甘くなれば、フィールディング自慢の投手の餌食となってしまう。

そこで、私が考案したのが「アバウトバント」である。ここでのアバウトは、角度が甘くても構わないという意味だ。ピッチャー寄りの失敗バントであっても、二塁走者の判断さえよければ、容易く三塁に進塁することが可能なのである。

説明しよう。角度が付かずに投手寄りに転がってしまった失敗バント……。この時、ほとんどのチームは忠実に三塁に走ってアウトになっている。まだマシなチームであれば、二塁走者は打球の角度を見て進塁は不可能と判断し、二塁ベース上で自重しているものである。

だがアバウトバントでは、二塁走者は進塁を自重するようにして、投手の三塁送球を諦めさせる。そして、一塁に送球する間を狙って待ち、送球と同時に三塁を陥れるのである（**写真❶**）。

さらに、この戦術を有効に機能させるためには、2ストライクまでは打者も生きるためのセーフティバントを狙い、ファウル等でカウントが追い込まれた時に用いれば無駄がない。

3バントの失敗は、ほとんどが角度を意識しすぎて起こる。

アバウトバントであれば角度は気にせずに、

［**写真❶**］

投手が一塁送球する間に進塁する

角度が甘ければスタートしない

スクイズのイメージで実行すれば、余分なプレッシャーからも解放されるというものだ。

レイトタッチアップ

レイト（late）、つまり遅いタッチアップである。走者三塁で浅い外野フライか、もしくは深い内野フライが打ち上げられた時に仕掛けるタッチアップとなる。インフィールドフライでのタッチアップなどは、ごく稀に遭遇することもある。しかし、それはレイトタッチアップの類ではない。

私がやらせているのは、通常のタッチアップが明らかに無理な状況の時、5m程度のハーフウェイを取り、相手ディフェンスに「ハーフ」であると認識させるところから始まる。

フライの当該野手が「捕る」という意思表示を示した時から、徐々に三塁ベースに向かって緩慢に歩いて戻り、捕球直後にワンテンポ置いてから、おもむろにつま先でキャンバスの側面を蹴って、突然スタートを切るのである（写真❶〜❸）。

ハーフウェイに油断した外野手が、山なりのボールを内野に返した時に猛然と本塁を陥れる走塁である。

これでタッチアップが可能なのかと思われる方もいるかもしれないが、これも確率の問題で、浅い外野フライを外野手が落とすことは100回に一度あるかないかだと思う。

それならば、相手の形骸化を突いたレイトタッチアップを用いれば、10回に一度はチャンスがあると私は見ている。

[写真 ❶]

すぐにタッチアップせずに小さいハーフウェイで打球を目で追う

[写真 ❷]

外野手が飛球を捕ると同時に帰塁のようにしてタッチアップの準備をする

[写真 ❸]

外野手が油断して緩慢な送球を内野手に返す瞬間を狙ってタッチアップする

小判ザメ

三塁手の背中に張り付いてホームイン

最初に断っておかなくてはならないのは、この戦術の原型となったものは、かつて広島商業で知将として名を馳せた、迫田穆成《よしあき》監督（如水館→竹原監督）が編み出したものである。

昭和48年（1973）第45回大会のセンバツは、作新学院の〝怪物〟江川卓投手（阪神→巨人）のための大会であるといわれたものである。

その凄まじさを示すデータが残っている。秋の県大会、そして関東大会を無失点で優勝。新チーム結成以来23戦全勝に加え、113回無失点という驚異的な投球で勝ち抜き、春のセンバツ大会出場を決めた。

1回戦は北陽高との対戦。西の優勝候補だったが、初回から江川は全開。1球もバットに当てさせず、三者三振に斬って取る完璧な立ち上がりを見せる。

5番打者の有田二三男（近鉄）が、初めてファウルチップでバットに当てると、5万人の大観衆から拍手が巻き起こったほど、江川の投球は凄まじかった。

結局、19奪三振で完封勝利。続く2回戦の小倉南戦でも7回10奪三振。準々決勝の今治西戦では20奪三振を記録。

3試合で49奪三振と圧倒的なパワーでねじ伏せた。

準決勝の広島商戦。1点を追う5回、四球の達川光男捕手（広島）を二塁に進めた後、佃正樹投手（法政大・故人）が右前へ同点適時テキサス打。

江川の連続無失点記録を139回で止めた。その時のNHKアナウンサーの実況が、今もなお耳に残っている。

「江川ついに点を取られました！」

そう絶叫したものだ。

8回には、ダブルスチールからエラーで決勝点を与え、この試合で11三振を奪ったものの、1－2で敗れた。

だが、この60奪三振は、今でもセンバツ大会の記録である。

話を戻そう。

広島商の迫田監督は、早い時期から打倒江川の秘策を練っていたと聞いた。その秘策こそが「偽装スクイズ」だった。

「偽装スクイズ」とはいっても、迫田監督が創案したそれは、これまで見たことも聞いたこともないものであった。

江川が本気になって投げてきたボールは、バントもスクイズもできない。もしランナーが三塁二塁になった場合、バッターはスクイズの構えから、わざと空振りをする。

三本間に挟まれた三塁走者は本塁ではなく、本塁の手前を目掛けてスライディングする。当然捕手はそれを追いかける。

すると、本塁がガラ空きになる。その隙を突いて二塁走者が本塁を陥れるという、前代未聞の奇策だったのである。

しかし結局、この〝世紀のトリックプレー〟が披露されることはなかった。

私はこの奇策を初めて耳にした時、脳天を突き抜けるような衝撃が走った。

「この鋭利な切り口はなんという感性なのだろうか」

私は迫田監督の「野球脳」に感服すると同時に、「これを伝説のプレーで終わらせるのは勿体ない」と思った。そして、「伝説」のプレーを「伝統」のプレーにアレンジできないだろうかと考えた。

そして何とか実用化にこぎつけたのが、私のアレンジした「小判ザメ」である。

では、いかにしてアレンジしたのか?

まず「偽装スクイズ」の定義を取り外し、2ランスクイズの「保険」とした。では「保険」とは何か?

三塁二塁から「スーサイドスクイズ」を敢行するにあたって、何よりも緊迫するのは空振りと、ピッチアウトである。

外されてしまえば2点を奪うどころか、あっという間にチャンスの芽は摘まれてしまう。そこで私が考え出したのは空振りしても、外されても、最低でも1点は取るという戦術である。

やり方を説明しよう。

ここでの前提は、相手の内野ディフェンスがバックホーム体制を敷いていることが条件となる。そうでなければ二塁走者は大きなリードが取れず、三塁ベースまでが遠くなってしまうからである。

ピッチアウトのケースを例に説明するなら、次のようになる。

ピッチャーがモーションを起こし、三塁走者が本塁に向かって走り出す。二塁走者は前進守備を確認して、二塁ベースと三塁ベースの中間あたりからスタートする。

スクイズを待ち構えていたように捕手は立ち上がり、打者のバットが届かないアウトハイに外す。外された三塁走者は三本間で急ブレーキをかけてストップし、二塁走者も三塁ベース手前で状況を見守っている。

そして、ここからがテクニックを要する。立ち止まった三塁走者は、おもむろに三塁ベースに向かって全力で帰塁を試みる。

そうはさせまいと捕手は三塁に送球して、三本間のランダウンプレーが始まる。

三塁ベース手前で待機していた二塁走者は、三塁手が送球を受けて挟殺のために三塁走者に向かって走り出したのを確認すると、三塁手の背中を追うようにピッタリと張り付いて、まるで「小判ザメ」のように追従する(**写真❶**)。

[写真 ❶]

小判ザメのように三塁手の背中にピッタリと追従して走る

[写真 ❷]

前の走者が囮になりアウトになった瞬間に三塁手を追い抜いて得点する

前を走る三塁走者が、次に考えることは「死に方」である。三塁手が追ってくるのを目で見ながら確認すると、タッグされるようにスピードを緩め、へなへなと崩れ落ちるように三塁線の内側に倒れ込む。

三塁手の背中にピッタリと張り付いていた二塁走者は、前の走者がアウトになるのを合図にして本塁を陥れるのだ（写真❷）。

前の走者が三塁線のインフィールド側でアウトになるのは、二塁走者の走路を確保するためである。

このプレーの最大の肝であり注意すべき点は、前の走者がアウトになるのを見定めることにある。追い越せばその時点で二塁走者はアウトになってしまうからである。

この作戦は、健大高崎のB戦で試行錯誤を繰り返しながら編み出したものであり、実際に何度か成功させている。

もちろん、相手守備陣に気付かれた時の対策も準備している。

三塁手が背走に気付き、振り返って二塁走者にタッチしようとすれば、すぐさま二塁走者は前を走る三塁走者に対して、「シャーク！」（サメ）と隠語を叫び、三塁走者は加速しながら本塁を陥れるのである。

リメーク小判ザメ

小判ザメの応用戦法

この小判ザメを、さらに応用した戦術としてリメークもした。

どのようなリメークかと一言で説明してしまえば、「小判ザメ」＋「マッカーシー」となる。

「マッカーシー」とは？

いわゆる三塁走者のゴロゴーのことである。

一死で走者が三塁にいる時、内野ゴロが転がった瞬間に本塁に向けてスタートを切ることを、昨今は「ゴロゴー」とか「ギャンブルスタート」などと呼ばれているが、本来の呼び名は「マッカーシーの戦術」である。

これは、ワールドシリーズを7度も制した名将、元ニューヨークヤンキースの監督、ジョー・マッカーシー監督（1931〜1946）の戦術で、一死走者三塁の状況では、すべての内野ゴロに対して三塁走者は本塁を狙えと唱えたのである。

本題に戻そう。マッカーシーの走塁での泣き所は、強いピッチャーゴロになってしまった時である。いくら良いスタートを切っていても、投手の正面に強い打球が飛んでしまっては万事休すである。

そこで、走者三塁二塁のケースであれば、ピッチャーゴロを処理した投手が本塁に送球した後に、小判ザメへと移行していくのである。

当然のことながら、内野陣はバックホーム体制で前進守備を取っているのが絶対条件で、二塁走者は大きな離塁が必要となる。

また、ここでの三塁走者の肝は、ピッチャーゴロを処理した投手に対して必ず本塁に送球させることにある。三本間に立ち止まってしまうと、球を持った投手は本塁方向から三塁ベースに向かって三塁走者を追い込んでいき、塁上でのタッグを狙ってくるからである。

だから三塁走者は一目散に本塁生還を狙うようにして、全速力で本塁近くまで走って投手にバックホームを促すことが重要となるのである。

マッカーシーエンドラン

マッカーシーの戦術に関しては、私は40年も前から十八番にしていたものだ。それに少し手を加えて編み出したのが、「マッカーシーエンドラン」である。

説明しよう。一死で走者が三塁一塁の場面で、まずはヒットエンドランを仕掛ける。打者はヒットエンドランの例に漏れず、グラウンダーの打球を狙う。

基本的に、内野手はダブルプレーを狙う中間守備を取るが、一塁走者がスタートを切っているため二塁送球を諦める。

次に本塁送球を狙おうとするも、マッカーシーの走塁のため間に合わず、やむを得ず本塁に突入する三塁走者を尻目に、打者走者をアウトにしようと一塁送球を強いられるのである。

この戦術で挙げた得点は、相手ディフェンスにはボディーブローのようになって効いてくる。なぜならば、思惑通りに内野ゴロでダブルプレーを画策して、狙い通りに事が進んだにも関わらず、ダブルプレーもバックホームもできずに得点を許すからである。

しかし、この戦術にも注意を払わなければならない項目がある。痛烈なグラウンダーが内野の正面を襲えば、いとも容易くダブルプレーを献上してしまうからだ。

したがって、この戦術での最高の打球は、バットの芯を外したボテボテの当たりなのである。勝つためには、バットの芯で捉えることだけが称賛されるバッティングではない。

後述のアップステアーズとダウンステアーズでも類似の対処を説明するが、内角の投球に対してはバットを遅れて出し、バットの根元で詰まるように打球を転がし、外角であれば片手を離してペッパーのように力のない打球を飛ばすことを心掛けるのである。

アップステアーズとダウンステアーズ
悪球打ちの対処

ステアーズとは階段の意味である。メジャーリーグ用語で、アップステアーズといえば高めに外れていく投球のことを指す。したがってダウンステアーズなら低めに外れていく球である。

マッカーシーエンドランはヒットエンドランであるから、どんな球でもゴロを狙って打たなければならない。

特に高低の両極端が、アップステアーズとダウンステアーズである。マッカーシーエンドランを成功させるためには、この対処のためのバッティング練習をしておかないと、その場しのぎの結果となってしまう。

まずアップステアーズの対処は、トップハンド（グリップの上側の手）で押し込んでいなければ、ほぼ確実にゴロは転がらない。

トップハンドを押し込むためには、ボトムハンド（グリップの下側の手）とのグリップの間を少し開けて持てば、押し込む意識が強く働きゴロを打ちやすくなる（**写真❶**）。

次にダウンステアーズの打ち方であるが、特に低めのアウトコースに流れていく変化球の対処が難しい。

無理やりその球をゴロにしようとすれば、擦って逆にフライになってしまうし、無理に振り切ろうとすれば、バットが届かず空振りを喫することになる。

ダウンステアーズに対しては無理にヘッドを返さず、ボトムハンド一本でバットを振り切らずに、当てるだけのバットコントロールで球は転がる。

そのための練習としては、身体と肩を閉じたままボトムハンドだけでボールを追うわけだが、その際に軸足をステップする足側に滑らすようにしていくと、上手くボトムハンドの腕がコースに伸びていく（**写真❷**）。

［写真❶］

アップステアーズの対処としてグリップを開けて持ち、かぶせるようにして打つ

［写真❷］

ダウンステアーズの対処は軸足を滑らすようにして片手だけで球を追う

ディレードエンドラン

無死または一死で走者一塁のケースにおいて、カウントが3ボール2ストライクとなった時の考察である。

平凡な打力と並みの走力の打者と、鈍足の一塁走者の時にフルカウントで用いるヒットエンドランは、リスクが付きまとう。

たとえ打者がライト前にヒットを放っても、一塁走者は鈍足であるがゆえに三塁まで到達することが難しく、また打者が空振りの三振を喫すれば、容易く二塁でアウトになりダブルプレーの完成となるからである。

そんな時にお勧めしたいのが、ディレードスチールのヒットエンドランである。

ディレードながらスタートは切っているため、たとえ内野ゴロであっても、打球によっては二塁でセーフになることが期待できるし、何よりも空振りをした時に盗塁がアウトになる確率が格段に減る。

なぜならディフェンスは、ランエンドヒットを8割程度予想しながら守っているため、通常のスタートでなければ、想定を覆して打球に専念しようとするからである。

運を天に任せて、根拠なくサインを出すヒットエンドランよりは、遥かに確率も高く得策である作戦だと思う。

よく、機動破壊の奇策を教えてほしいと訊ねてくる指導者がいる。奇策は派手でインパクトが強烈だが、実は地味で表に出にくい道理に適った走塁こそが、機動破壊には内在しているのである。

盗塁や奇策はあくまでも走塁の中の一環であり、反対から見れば基本の走塁ができていないチームには盗塁はもちろんのこと、一夜漬けのような奇策が通用するはずはないと思う。

送球させて得点する「アリウープ」

この作戦を敢行する状況としては、一死二塁一塁で打者のヒットが期待できない場面で、二人の走者が一斉にスタートを切って、打者はバントエンドランでピッチャーの正面に転がす。三塁前への角度が甘いバントでも、間に合わない三塁への送球を諦めて、打者走者をアウトにすべくピッチャーは一塁に送球する。

そして、一塁走者は二塁ベースを回ったところで大きくオーバーランして、一塁ベースコーチが「戻れ！」と一塁手に聞こえるように叫び、それに釣られた一塁手が帰塁しようとする走者をアウトにすべく送球する。

そして二塁走者は、三塁ベースを回ったところで一塁手の動きを洞察し、二塁に送球する瞬間に一気に本塁を狙う。

「アリウープ」はバスケットボール用語であり、簡単に説明すると空中でパスをキャッチして、そのままダンクシュートを決めることを言う。つまり、パスに見せかけて得点をするプレーである。

語源はフランス語で「よっこらしょ」というような、掛け声で使う時の意味らしい。

ここでのバントエンドランのセットプレーでも、送球させて得点することからアリウープと命名した。

このプレーに関しては、私が杜若高校の監督時代から何十回となく試合で用いた十八番の一つでもある。実戦でのイメージは本書の第3章、「もう一つの奥の手『アリウープ』」を参照していただきたい。

また、第4章での「充実した敗戦①～4時間17分の死闘～」をもたらせたのは、最終回の1

点ビハインドで用いたアリウープからだった。

このプレーは点差が開いている時や、試合の前半や中盤で使うものではなく、あくまでも切り札として、勝敗を分ける決死のプレーであると認識してもらいたい。

大リーグの格言からヒントを得た走塁「ジャッカル」
一死二塁一塁で、捕手の一塁送球の間に三進してホームイン

古くから大リーグには、「捕手は二塁一塁では、一塁にピックオフするな」といった格言がある。

私は、古い書物でこのような一文を読んだことがあるが、読んですぐには意味が分からなかった。そこには、次のような説明が付け加えられていた。


「捕手は一塁に送球してはならない。なぜならば、送球の間に二塁走者は容易く三塁を陥れてしまうだろう」

そう書かれていて、私は唖然とした。日本の野球では、プロも通じてそのシチュエーションで三塁に走るという発想がなかったからである。

私は逆を考えてみた。「容易い」というのであれば、試してみようと。練習で何度も何度も試してみた。すると、容易かった……！

大リーグの格言通り、捕手の一塁送球間の三進は何度やってもセーフになった。それどころか、一塁手が三塁への送球を諦めるようなタイミングが多かった。

私はまた考えた。一塁手が送球を諦めてしまったら、わざと挟まれた一塁走者はどうなってしまうのか？　思案を巡らせた結果、「アリウープ」と小判ザメを組み合わせたような戦法へと答えが導き出された。

つまりこうだ。一塁走者は大きめの偽装スタ

ートを切り、捕手の送球を促す。それを待ち構えた二塁走者は、捕手の送球と同時に三塁を陥れる。

挟まれてしまった一塁走者は、小判ザメの要領で一塁手と一瞬目を合わせた後、急転回して二塁ベースに向かって走り出す。

一塁手が慌てて二塁ベースへ向けて送球する。次に送球を受けた遊撃手は、三塁に達した二塁走者を気にしながら、走者の背後を追いかける。

次が最大の走塁ポイントとなる。三本間の小判ザメの要領で一塁走者は体を捻らせて、一塁と二塁を結んだライン上から外野ゾーン側に、へたれ込むようにしてタッグされる。

どうしてかといえば、説明するまでもなくタッグの姿勢が本塁に背を向けることになり、送球が遅れるからである。

そのタッグに行く時が、三塁を回った二塁走者のスタートの合図となり、あとは猛然と本塁を目指して走り、捕手のタッグを掻い潜るようにフックスライディングをするだけである。

「ジャッカル」とはラグビー用語であるが、本来は主に南アジアから中東、アフリカに生息する狼のような獣のことである。ジャッカルは、猛獣たちに襲われた動物の肉の残りを漁ることから、ラグビーでは、タックルを受けて横たわった相手から立ったままボールをむしり取るようにして奪うプレーを、こう名付けたそうだ。

ここでの野球のプレーも、一死二塁一塁からバントも盗塁もせずに得点を挙げるというより、点をむしり取るイメージから「ジャッカル」と名付けた。

効率的な右中間の中継プレー

近年、大きな規格のスタジアムが増えてきている。両翼が100m以上、あるいはそれに準ずるサイズはザラにあるといってもいいだろう。

特に右中間を破られた時のディフェンスは最も重要であり、また対処も難しく、勝敗を分ける局面となり得るのである。ちなみに、甲子園球場は中堅118mに対して、右中間も同様に118mの膨らみがある。

通常は、あるいはセオリー的には右中間の打球に対しては、中堅手と右翼手がフェンス近くまで球を追ってどちらかが打球を処理し、もう一方の外野手はどの方向に返球するかの指示を出す。

打球と一緒に球を追った二塁手は、フェンスの30m近くで中継のためのリレーマンとして返球を待ち、さらにその二塁手の後方5m近くで遊撃手が悪送球に備えてトレーラー（バックアップマン）としてセーフティガードする。

多くのチームでは、二塁手と遊撃手とを比べた場合、肩の強い方の選手が遊撃手となり、どちらかといえば肩の弱い選手が二塁を守ることになる。

右中間からの返球を二塁手が中継した場合、肩の弱い二塁手が三塁に送球するには大遠投となり、三塁でアウトにするのが難しいばかりか、ジャッグル等のわずかなミスが重なれば、打者走者が長軀生還となって得点を許してしまう。

初めにあえてセオリーの中継と形容したが、何に対してのセオリーかは不明である。本来セオリーとは、各々のチーム状況に対してあるべきだと思う。

特に、遠投力に不安のある二塁手を抱えるチームであればなおさらであり、チームによっては工夫がなされて遊撃手をトレーラーに付けず、右中間と三塁ベースを結ぶラインに均等に配置することも見受けられる。

あるいは、いわゆるセオリーで遊撃手のトレーラーを置き、本来二塁ベースカバーに入っている一塁手を中継と三塁ベースの中間あたりに、もう一枚のリレーマンとして配置させるチームもある。

そこで、私の考える右中間の打球に対しての効率的な中継プレーは、次のようなフォーメーションである（図❶）。

右中間に打球が飛び中堅手と右翼手が球を追うわけであるが、いち早くクッションボールを処理する側の選手を決定し、もう一方の外野手がリレーマンとなって中継に加わり、本来は外野手からの中継を担うはずの二塁手は、トレーラーとなって外野手からの悪送球に備えるので

［図❶］ **右中間への三塁打**

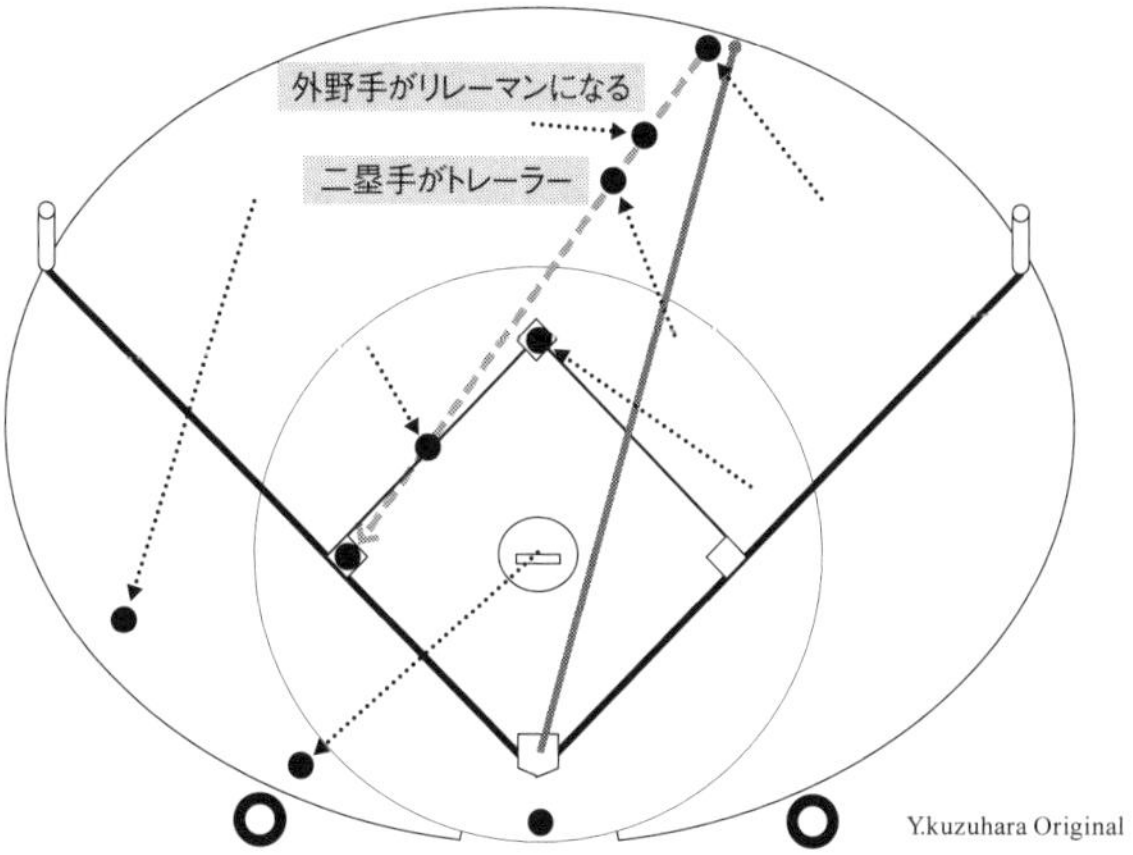

ある。

元来、中堅手と右翼手は強肩の選手が配置されているはずであり、リレーマンとなっても遠投力に関しての不安はなくなる。さらに肩の弱い二塁手がトレーラーであれば、三塁ベースまでの距離は短くなり遠投力の不安は軽減される。

通常ならば、二塁手への送球のバックアップをする遊撃手は、最後の砦のリレーマンとなって盤石の中継プレーが完成されるのである。

走者二塁の右前打での投手の動き

走者が二塁にいて外野に単打が打たれた場合、ピッチャーはまず間違いなく本塁のバックアップに向かう。これは至極当然のことである。

しかし、ライト前にシングルヒットが放たれた場合に限り、ピッチャーはあえて本塁と一塁の中間地点にマウンドから降りてきて、三塁ベースコーチが腕を回して本塁突入を企てたならば、ピッチャーは二塁走者が三塁キャンバスを踏む時と、右翼手の打球を処理する瞬間を見てある判断をするのである。

外野手が打球を捕球した後に二塁走者が三塁キャンバスを蹴れば、まず間違いなく本塁でアウトにすることができる。したがってピッチャーは通例通りに本塁のバックアップに向かう。

だが、その逆であれば本塁生還の可能性が高まる。本塁と一塁の中間地点に降りたピッチャーは、本塁でアウトにできないと判断するや、一塁ベースカバーに向かい打者走者のオーバーランのアウトを狙うのである（図❷）。

だが、このプレーに関しては、おそらくほとんどの監督やコーチは異議を唱えるだろうと思う。なぜならば本塁のバックアップが留守になるからである。

その度に私の考え方を述べるのは、挟殺プレーが行われないと判断したならば、遅ればせながら三塁キャンバスを蹴った二塁走者を追いかけるようにして、三塁手が本塁にバックアップに向かうしか手立てはない。

　確かに本塁のバックアップが手薄になり、本塁への返球が大きく逸れれば打者走者は易々と二塁を陥れるだろう。

　そして最後にこう付け加えるようにしている。1年間で行うゲーム数を80として、40試合を本塁のバックアップ、あとの40試合を一塁ベースカバーにして比べてみることだ。間違いなく後者の方が、チームにとって有益であることに気付くだろう。

　私の経験では、異議を唱えるチームの監督やコーチに限って、ピッチャーのバックアップが緩慢で、バックネットまで逸れた返球を捕手が追っている姿を何度も目撃したものである。

［図❷］ **走者二塁右前打**

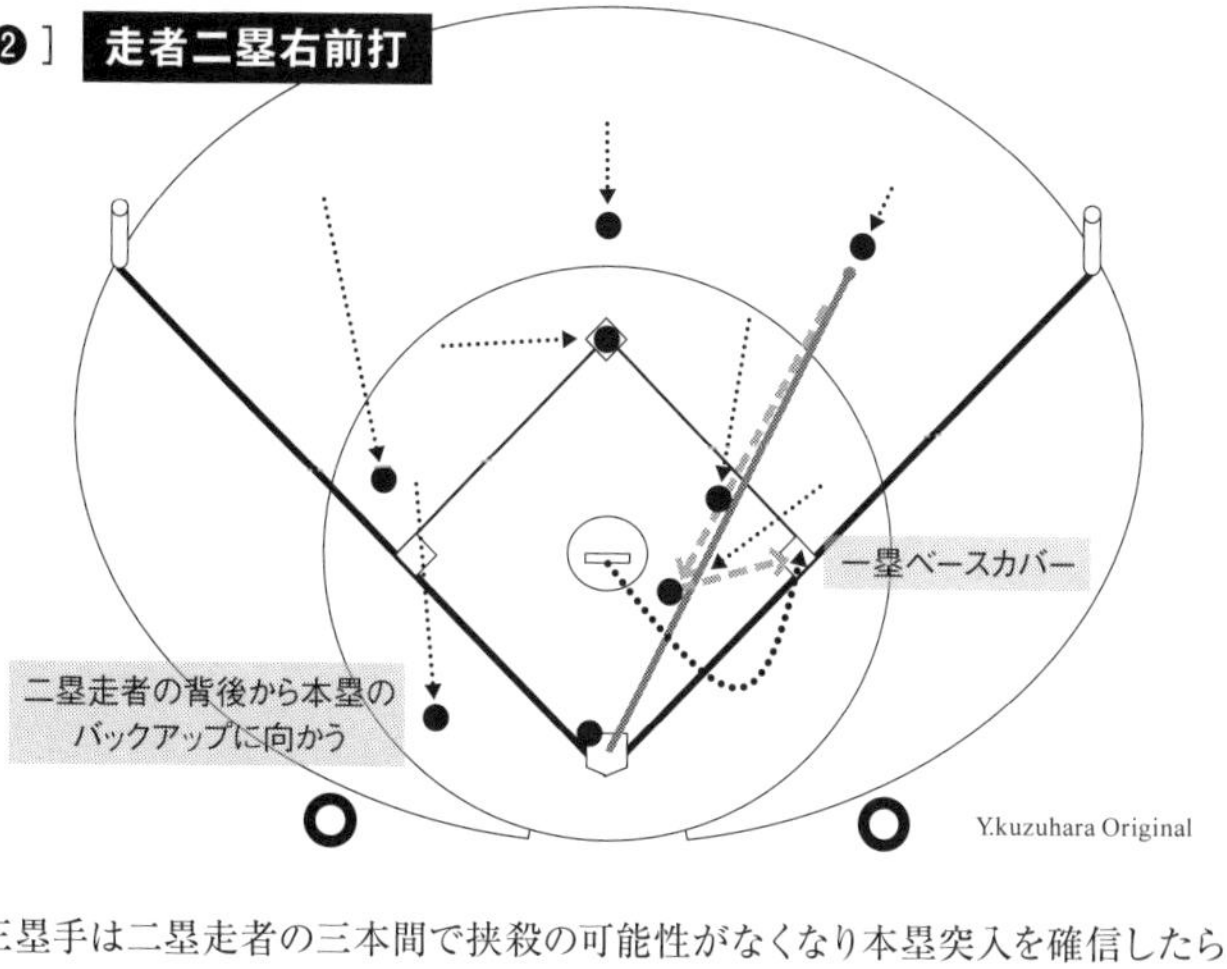

三塁手は二塁走者の三本間で挟殺の可能性がなくなり本塁突入を確信したら、急いで本塁のバックアップに向かう

フルハウス・トラップ

二死三塁一塁での2－2は意図的にフルカウントにする

前置きとして、右投手の時に限るとして話を進めたい。

さて、二死三塁一塁でカウント2－2から意図的にボール球を投げることに、果たして何の意味があるのだろうか？

ボールを投げれば、必然的に二死三塁一塁でフルカウントとなる。そう、このフルカウントこそが、この作戦の肝となるのである。

この状況では、ベンチがサインを送る必要もなく、オートマチックでのランエンドヒットが敢行される状況となる。

そこで、である。一塁走者はワンテンポ遅らせながら、二塁に向かってスタートを切ることになる。一塁走者がワンテンポ遅らせてスタートする理由は、牽制球でアウトにならないようにするためである。

ここまで説明すれば、もう答えはお分かりだろうと思う。右投手が三塁手に目配せして牽制球のサインを送り、自分の持つ一番巧みな三塁への牽制球を送るのである。しかしながら、この牽制球の目的は三塁走者を刺すためのものではない。三塁牽制を投球だと幻惑された、一塁走者をアウトにするための「ひと手間」である（写真❶～❸）。

ここで一つ気を付けておきたいのが、単独スチールのごとく素早いスタートを切る一塁走者もたまに存在するということである。

三塁手が悠長に牽制球を待っていると、二塁への転送が遅れてセーフにしてしまうことが稀にある。三塁手は一塁走者のスタートを確認するや、投手寄りに踏み込んで素早く二塁に送球しなければならない。

あと、若干のリスクは負うことになるが、無死や一死で同様のケースでも意図的にボール球を投げていい場合もある。ダブルプレーを防ぐために、ランエンドヒットを仕掛けてくるチームも多々存在するからである。予め相手チームの監督の傾向を知っておくことは大切だ。

どうしても勝負を避けたい打者であれば、躊躇することなくフルカウントにしてしまうことをお勧めしたい。

私がこのプレーを考えついたのは、三塁への偽投牽制が禁じられた頃だった。ひと昔前までは、三塁と一塁に走者を置くと判で押したように、右投手は三塁に偽投をしてから一塁に牽制を送ったものだった。

ところがこのプレーでアウトになるような、間抜けな一塁走者を見る機会はほとんどなかったものである。

三塁への偽投牽制が禁止されたことに対して、多くの監督たちが様々な議論を交わしていたが、結論めいた見解を示せることはなく、推移を見守っていくといった曖昧なものが多かった。

ただ、偽投ができないということは一塁走者のスタートが切りやすくなり、盗塁の成功率は増えるだろうという推察は広く支持された。

その時、私が脳裏に思い描いたのは逆のことだった。

「上手い三塁牽制を送れば、一塁走者は誰でも飛び出す」

そう予見した。「思惑は当たった」と、私の中では確信している。

ピンチはチャンスなのである。

ボークとか二塁への悪送球などのリスクがあるように思われるかもしれないが、現実的には三重海星で複数回トライしたが、ただの一度も失敗したことはない。唯一のミスといえば、一度だけ三塁手がボールを握り損なって、二塁への送球が遅れてセーフにしてしまったことだけである。

[写真❶]

打者に投球するようなテクニックを使って足を上げる

[写真❷]

三塁手とのサインプレーで三塁牽制に切り替えて一塁走者をスタートさせる

[写真❸]

三塁手は捕球と同時に一塁走者を二塁で刺せるように送球する

トライの場面さえ見落とさなければ、思いのほか簡単に引っかかってくれるトラップではあるが、要はその場面で引き出しが引けるかどうかだけなのだ。

スパイダー
走者三塁一塁で重盗阻止のために網を張る

スパイダーとはクモの意味。この作戦は、クモの巣のごとく網を張って待ち受け、決して網から逃さないようにして瞬殺する必殺プレーである。

高校野球で問題になるのが、走者三塁一塁の時の守りである。重盗を決められるのはもちろん、一塁走者をフリーパスにしてしまうようなチームでは上のレベルで勝負できない。

相手が「最低でも三塁二塁にできる」と思っている場面で、いかにアウトにできるか。これが流れを変えるプレーになる。

やり方は捕手がピッチアウトのサインを出し、二塁手はカットの位置、遊撃手は二塁ベースカバーに入る。ここまでは一般的だが、ポイントは一塁手。一塁手は、一塁走者が二塁へスタートしたと同時に、一塁走者の後を追って二塁方向へ走るのだ（写真❹〜❻）。

三塁一塁での重盗の場合、一塁走者は立ち止まったり、途中でスピードを緩めたりする。それを利用して、一塁手が一塁走者のすぐ後ろに付くのだ。捕手からの送球を受けた遊撃手が一塁手へ送球して一塁走者にタッグ。挟殺ではなく、送球を受けた瞬間にアウトにすることで、三塁走者にスタートをさせないというプレーである（写真❼〜❾）。

イメージとしては、一塁ランナーと一緒にファーストも盗塁する。だいたい5ｍ程度後ろを一緒に盗塁していく。どうして5ｍかというと、

［写真❹］

走者三塁一塁で重盗が予想される状況でピッチアウトのサインを送る

［写真❺］

一塁走者がスタートを切り打者が打ってこないことを視野の中で確認する

［写真❻］

一塁手は一塁走者のスタート後に追従するようにして後ろを追走する

［写真❼］

一塁走者が二塁ベース手前でストップしたら背後から遊撃手の送球を待つ

［写真❽］

三塁走者がスタートしていないことを視野に入れて遊撃手は送球する

［写真❾］

送球を受けた一塁手は踏み込んで送球を受けて間髪入れずにタッグする

一塁ランナーが二塁ベース手前で立ち止まった時、二塁ベースカバーの遊撃手から送球を受けて、一発でアウトにできる距離間だからである。

一塁ランナーが立ち止まることは想定内であり、やることが分かっているので防ぎにいく。止まった瞬間に瞬殺してしまうのだ（図❶）。もちろん、基本的にはピッチアウトでしか使えない。バッターが打ってきたら終わりだからだ。

捕手が高い送球をした時やギャンブルでスタートを切る場合を除いて、三塁走者は挟殺プレーの間に本塁へのスタートを切るのがほとんどだ。挟殺プレーをしなければ、スタートは切られない。

ひと昔までは、挟殺というのは若い方（後ろ）の塁へ追い込めというのが鉄則だった。そんな時に、巨人のV9時代の牧野茂ヘッドコーチが、両方の塁から詰めて真ん中で殺す〝挟み撃ちプレー〟というのを考案した。

三塁一塁で守れない、簡単に点を取られてし

［図❶］「スパイダー」の一連の動きのイメージ図

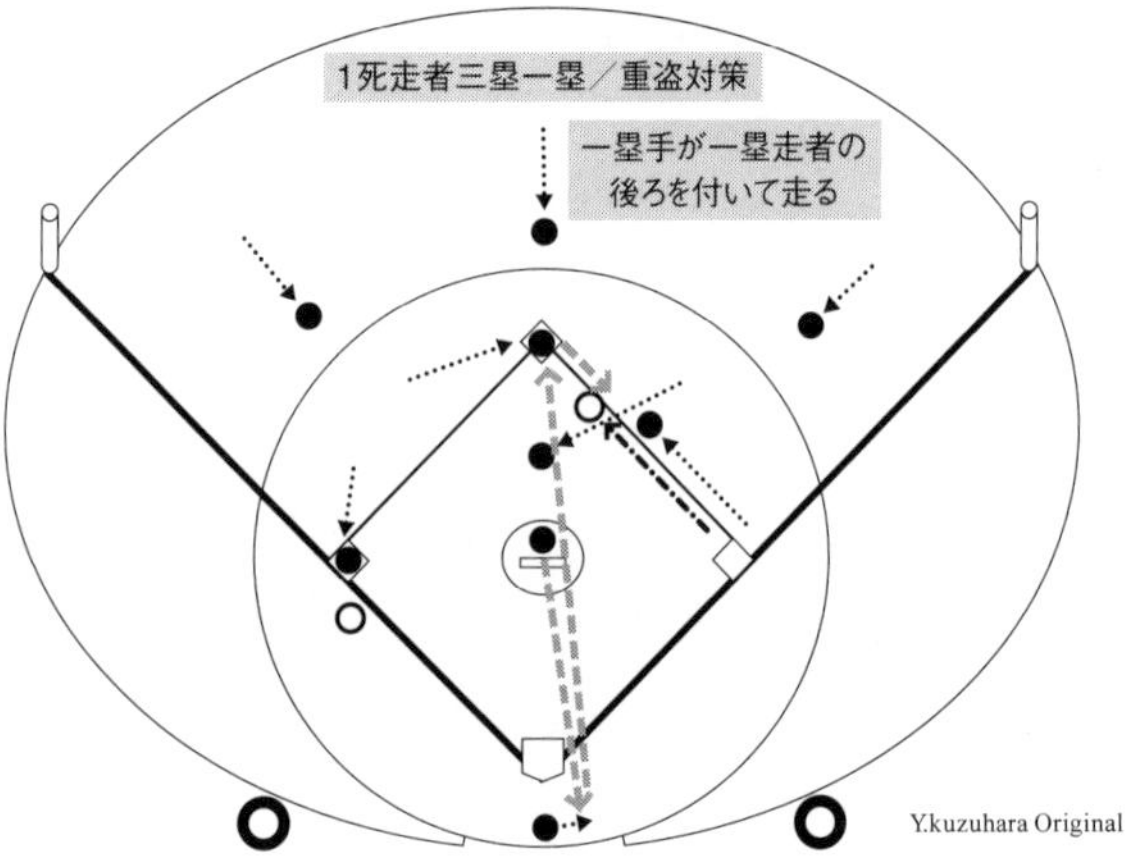

まうチームは勝てない。絶対に頭に入れておきたいプレーだといえる。

投手のバント処理①
最強の二塁送球

投手によるバント処理で、一番難しいのが二塁への送球である。何が難しいかといえば、まず処理した位置から二塁までの距離が長いことであり、次に投げる時に身体が開きやすく、シュート回転をしていくことである。

シュート回転する原因のほとんどは、バントされた打球に対して身体を半身にして捕ることが挙げられる。この捕り方は最悪で、ボールを待つ時間が長く踏ん張りが不十分で、体重が乗っていかないのである。

多くは次に示す捕り方で、甲子園の常連チームや社会人、プロでも大多数の投手が採用している。それは、内野手のようにボールの正面に入り両足を開いて捕球し、それから軸足を作ってつま先を真っすぐに二塁ベース方向に向けて投げる方法である。

一番ミスが少なく、安定した送球ができるバント処理だと一見思えるかもしれない？　が、やはり両足を揃えることで一瞬の間ができてしまう。

では、私の考えるもう一つ踏み込んだバント処理を紹介しよう。バント処理で最初に念頭に置くことは、バントの打球を捕りに来ることである。少しでも打席に近い地点に捕りに来るには、待っている時間はない。

グラブをはめている側の足のつま先の前で捕球するや否や、利き腕側の足を二塁ベースに対して直角に踏ん張り、体重を乗せながら送球するのである。

このやり方だと、どの処理よりも打球に早く到達し、しかも軸足を一連の流れで作ることが

［ 良いバント処理 ］

左足を二塁に踏み出す　右足は二塁と直角　左足の前で捕る

［ 良くないバント処理 ］

半身で捕るとシュートしやすくなる

正面で捕ると球を待ってしまう

でき、送球するボールには体重が乗りシュート回転しなくなる。

私の中ではこれに勝るバント処理はないと自負している。

投手のバント処理②
バックトスで三塁送球

無死二塁一塁でバント状況。ディフェンス側から見ると、一気に大量得点も頭を過る大ピンチである。

ファーストは、バッターに対して猛烈にチャージをかける。ピッチャーは、投球と同時に三塁線側にバント処理にダッシュする。

バッターは定石通りに三塁手に捕らせようと、バットの芯に当てて強めのバントを敢行する。

逆にピッチャーは少しでも打球の角度を甘くさせて、自らバントの処理をして三塁での封殺を画策している。バッター対ピッチャーのせめぎ合いである。

ピッチャーが封殺できるバント処理の目安は、投手板と三塁ベースを結んだ線の真ん中（A）までであり、それを越えると三塁手の処理範囲となる。

しかし、ここでバックトスを用いるというイノベーションがあれば、その境界線からさらに、三塁ベースの中間地点（B）まで封殺範囲は広がる（図❶）。

逆に言えば、ここの位置までが封殺範囲となれば、攻撃側のバントは針の穴を通すほどの精密さを要求されてプレッシャーとなる。

ただし、このプレーを常用化しようと思えば、三塁手との連携を徹底した練習を行い、「セイムページ」の域まで達することが必要である。

セイムページとは、頭の中で同じ絵を描いていることであり、以心伝心と同様の意味を持つ。

［図❶］

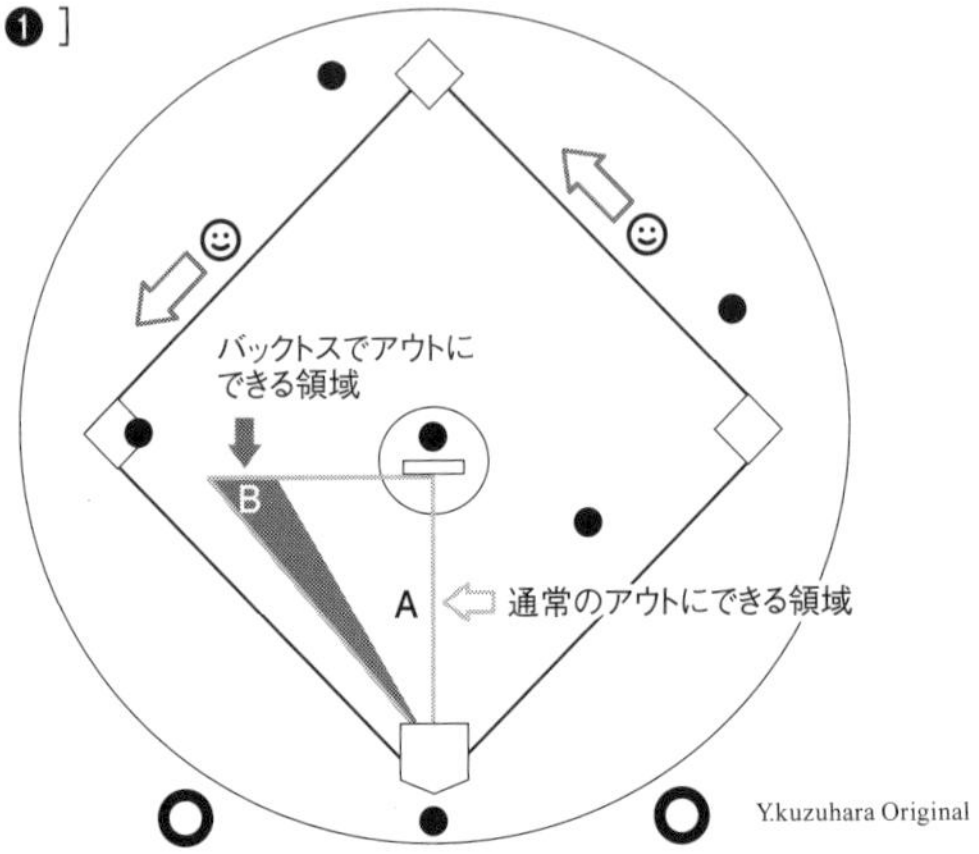

バックトスでのバント処理三塁送球

ボレートス
スクイズ阻止の必殺トス

スーサイドスクイズが敢行された場合、投手は瞬時に逆算して対処するものである。

投手の正面に強いゴロが転がれば、グラブで捕球した後にボールを利き手に持ち替えて、捕手にトスを送る。逆に、一塁線や三塁線に転がるとか、正面でもゴロの勢いが殺されていたら、本塁を諦めて打者走者をアウトにするべく一塁に送球する。

これらの判断は至極当然のプレーであるが、本塁で三塁走者を刺せるかどうかのギリギリのタイミングであればグラブトスをする。つまりグラブトスは、投手にとってスクイズを防ぐための究極のアイテムとなっていて、高校野球でも主流となっている。

では、次に私がここで紹介するのは、もう一段階上の刹那のプレーで、グラブトスをしても「間に合わない」タイミングにあえて挑戦するものである。

グラブトスは、サッカーで言うならば、パスされたボールを一瞬のトラップを入れてシュートする感じだろうか？

しかし、そのトラップが瞬時のゴールチャンスを逃すこともある。そんな時に度々用いられるのがボレーシュートである。これならばトラップの間に、相手ディフェンスに付け込まれる隙を回避でき、枠（ゴール）までの軌道を確保できるだろう。

話をボレートスに戻すと、グラブトスで起こるトラップの間を取り払い、グラブをラケットのイメージにして、転がったボールを「跳ね返す」のである（写真❶）。

実際に刹那のボレートスを見てもらうと、それはまるでサッカーのボレーシュートを連想させると思う。

このトスにはテクニックに加え、あるコツがある。

そのコツとは、グラブの親指・ウェブ・掌を除いた、3本の指の部分を使って、アイスホッケーのスティックでパックを跳ね上げるようにしてトスをするのである（写真❷）。

もちろんこのトスを実戦で使うためには、繰り返し練習する必要がある。また、ゲームで頻繁に用いるものでもない。つまり、このプレーはディフェンスにおける奥の手であり切り札なのである。

点を取られた瞬間にサヨナラ負けとなる状況で、スクイズが投手の目の前を襲ったらどうするか？

普通に捕ってトスしたらセーフになる。グラブトスでもサヨナラ負けは避けられない。私は若い頃によく考えた。サヨナラ負けのスクイズを、手を拱《こまね》いて見ているぐらいならば、転がってくるボールを蹴ってキャッチャーに返したら……。

最近はメジャーリーグの影響もあり、打球を足で止めようとするピッチャーは珍しくなくなってきた。しかし足で止めるのと蹴るのでは違う。マナーとしてどうなのか……。

そんな葛藤の中から考え出したのがボレートスなのである。私の若い頃には、高校野球界にグラブトスなどというものはなかった。バックトスもランニングスローも、ジャンピングスローもなかった。だが現在の高校野球界では、平気でこれらの難しいプレーを当たり前のように駆使している。

試すことこそすべて、なのだと私は考える。

[写真 ❶]

グラブをラケットのように使い、弾き返すイメージでトスする

[写真 ❷]

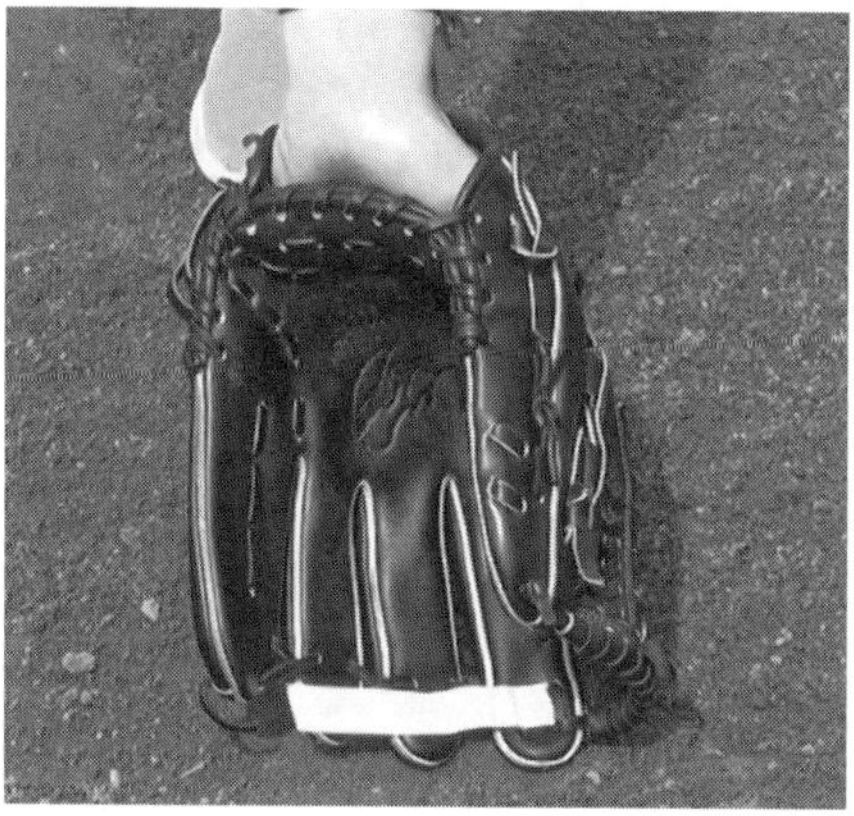

白いテープの部分で跳ね上げるようにトスする

ハヤブサ
タイブレークでの秘策

言うまでもなくタイブレーク方式は、延長12回までに決着がつかなければ、13回からは無死二塁一塁から試合が再開される。

多くの場合は犠牲バントが用いられることとなるが、守備側もそれを阻止すべく究極のバントシフト、ブルドッグ（図❶）で対抗する場面にも度々出くわす。

ブルドッグとは、本来はドジャース戦法と呼ばれたバントシフトのことで、無死二塁一塁で投球と同時に三塁手と一塁手が打者にチャージを仕掛け、ショートは三塁ベースカバー、セカンドは一塁ベースカバーに向かい、水も漏らさぬバントシフトにより二塁走者を三塁で封殺する戦術である。

余談ではあるが、このシフトの動きを上から眺めたときに、ブルドッグの垂れ下がった顔に見えるため名付けられたといわれている。果たして図❶でブルドッグの顔がイメージされるだろうか（笑）。

それに対して図❷のシフトは、ブルドッグと同様のシフトを仕掛けるが、投手はピッチアウトして捕手が一塁ベースにピックオフをするというものである。一塁ランナーは、背後からベースカバーに入った二塁手にタッグされるとは夢にも思わず、アウトになってしまうという秘策である。

勇猛果敢に正面から挑んでくるブルドッグに対して、どこからともなく背後を襲ってくるハヤブサをイメージして命名した。

ただリスクも伴う。一塁走者を捕手からの送球でタッグしてアウトを取れば問題はないのだが、一塁走者を釣り出した場合にリスクが生じてくる。

［図❶］ **無死二塁一塁のブルドッグ・シフト**

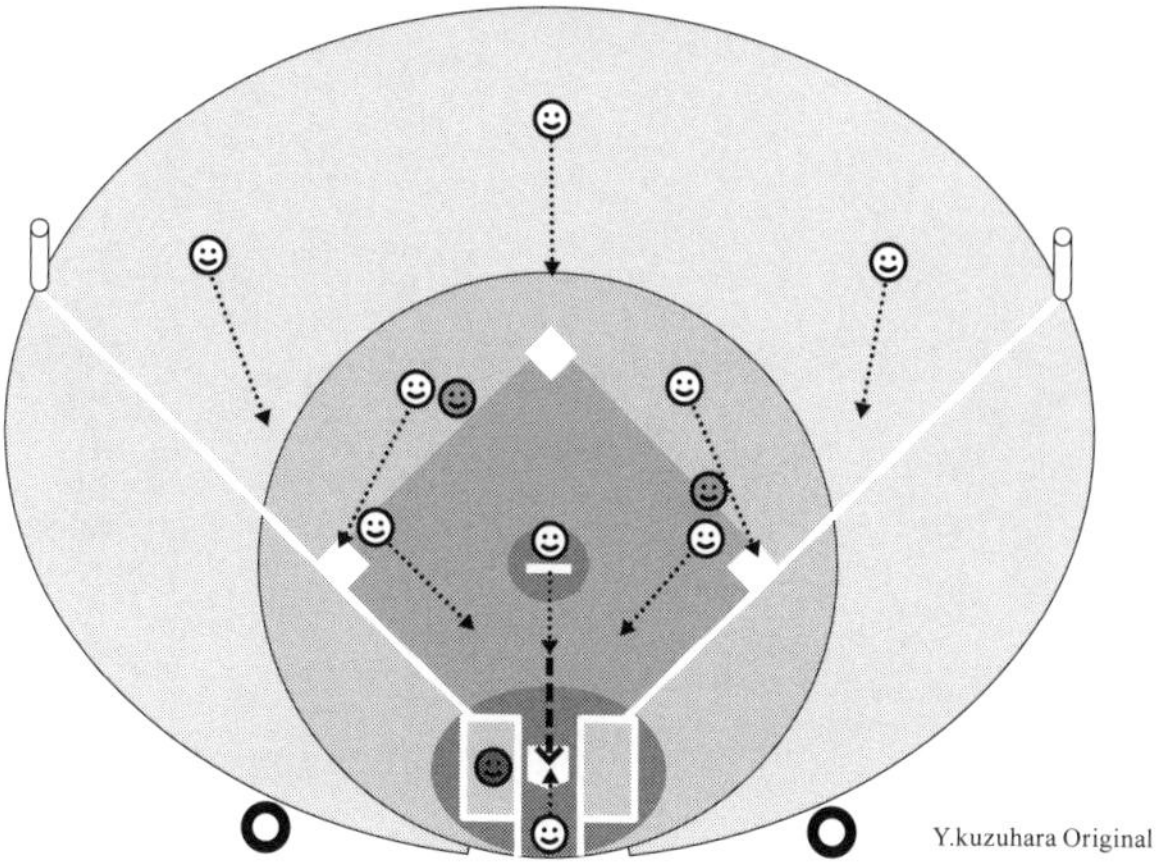

［図❷］ **無死二塁一塁のハヤブサ・シフト**

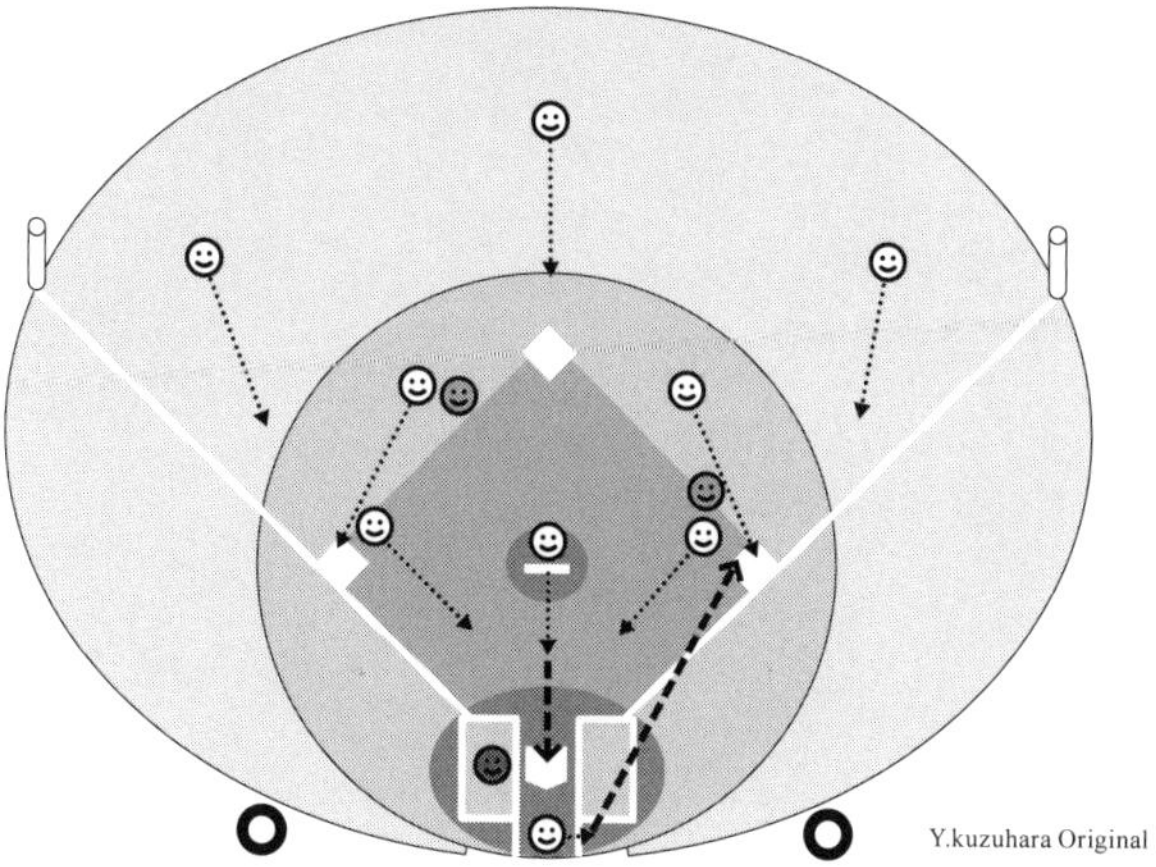

なぜならば二塁ベースはガラ空きの状態であり、一塁ベースカバーをした二塁手は、一塁走者を二塁ベースに追いやっていくことになる。そうなると自然に二塁走者は押し出されて三塁ベースに向かい、二塁と三塁間でのランダウンプレーとなってしまうからである。

それを想定して、一塁手や中堅手は二塁ベースのアシストに向かうことを忘れてはならない。

第6章

野球の追求と考察

世の中に氾濫するスキルメソッド

基本と理論の混同

よく「バッティングは肩を開かないことが基本」だとか、「ゴロを捕るのは腰を低くするのが基本」であるなどと耳にする。あるいは「投手は軸足を投手板に平行にして、踏み出し足はそれに対して直角で、つま先は真っすぐに踏み出すのが基本」であるなどとも表現されている。

なるほどこれらの言葉は、野球を長くやった者には頭の中に染み込んでいる内容である。しかし、よくよく考え直してみると、これらのことは基本ではなくて、基本を実践するための理論なのではないだろうか?

野球においての勝利の基本は、相手よりも1点多く取って試合を終えることである。そこで、相手が10点取っても11点を奪って勝つとか、相手に1点もやらずに、1点だけ取って勝つなどといった考え方、いわゆる理論が生じてくる。

打撃での究極の基本は、ヒットを打つことである。そこで、少しでも速く強い打球を打つという加撃原理の理論と、その正反対の考え方でのセーフティバントが生まれてくる。前者だけを取り上げれば、バットの芯でジャストミートすることが打撃の基本といえるだろう。

憂慮すべきは、もともとこの基本が備わっている選手に、現代の世に氾濫する無数の理論(技術)を当てはめようとして基本が崩れてしまうことであり、これはプロでも多く見受けられる。

ここで、実際にあったウソのような本当の話を紹介しよう。

ある球団に、ドラフト1位で入団した「金の卵」といわれた高校生投手がいた。入団1年目のキャンプから「プロは甘くない」と口癖のようにコーチから叱咤され、2年目のキャンプでは「高校野球のフォームでは通用しない」と一から矯正され、3年目に入ると「自分で考えろ」と突き放された。そして、4年目にコーチから言い放たれた言葉は「高校時代を思い出せ」だった。以前とは別人のようなフォームで5年が経過し、「金の卵」は孵化せず静かにプロを去った。

基本は真理であり不変であるが、理論は知識であり仮説も多数あって、不変と言い切れるものではない。

私は「基本は一つ、理論は無数」と考えている。今現在、指導者が教えている理論は、数年後、十数年後には「大ウソを教えた」ことになるのかもしれない。

野茂英雄のトルネード投法や、村田兆治のマサカリ投法、イチローの振り子打法に、落合博満の神主打法。さらには王貞治の一本足打法……等々、もしも形骸化された「基本」通りに矯正していたら、果たしてどのような記録を残しただろうか？

打順の考察

バッティング・オーダーに関しては、永遠のテーマであるように思っている。読売ジャイアンツのV9時代の通説は、1番打者は俊足で、2番はバントが上手くセカンドゴロが打てる。3番は打率が良くて、4番は一番勝負強い打者。古い話で恐縮だが、1番柴田勲・2番土井正三・3番王貞治・4番長嶋茂雄。この打順は、不動のスターティングラインナップだった。

だがしかし、近年は1番打者最強論や、2番打者最強論など、様々な組み合わせが論じられてきている。

あくまでも普遍的なものは存在しないことを前提に、私が考えるバッティング・オーダーをセイバーメトリクスの観点から考察してみたいと思う。

最初に決めるのが3番打者で、チーム最高の長打率を持つ打者を据える。次はOPS（出塁率＋長打率で、得点能力との相関性が高い）が一番優れた選手を4番とする。

まず長打率とは1打数における、打者が獲得できる塁数の期待値を表す指標であり、必ず初回に打順が回る3番打者に最も期待するものである。余談だが、長打率という響きから、〝長打を打つ確率〟と思っている人も多いがそうではない。長打を打つ確率を表した指標はIsoPである。

さて、次に4番打者を決める基準だが、打率や出塁率、長打率に比べてOPSの数値は得点との相関関係が強く、OPSの1位はクリーンアップ（4番打者）に相応しいからである。

1、2番は残りの選手で出塁率の良いものを選出するが、長打率が高い方の選手を2番とする。さらに、私のこだわりでは多少無理をしてでも、長打の打てる俊足の左打者を2番に置きたい。

なぜならば、バントをしなくてもダブルプレーになりにくいこと。1番打者が盗塁を試みても、左のバッターボックスで捕手が投げにくく、ディレードスチームも敢行しやすい。一・二塁間を抜けば一塁走者を三塁に進められる。

走者が二塁の時も、三塁前のセーフティバントがセーフになりやすく、打たせてもセカンドゴロの進塁や、転がらなくてもライトフライでタッチアップが可能になる。

たとえ1番打者が凡退しても、出塁率が高く俊足であるため盗塁も考えられる。何より長打力も兼ね備えているため、ひと振りで得点圏に進める可能性も秘めている。

昔、プロでは投手を8番にすることもあったが、現在に至るまで投手は9番が無難であるとされている。高校野球の場合、クリーンアップを打てる投手が多分に存在するが、私の考え方では、ピッチャーは投球のリズムを壊さないことが第一と考えているため、9番の固定でいいと思っている。

5番から8番までは打率や打点や出塁率ではなく、OPSの高い者から順番に並べていくことが賢明だと思う。

結果的に私の考え方は2番打者最強論となる。実際2018年の健大史上最強打線で、レギュラーの本塁打総数230発を誇ったチームでも、2番に通算75発の山下航汰を据えることを推奨したものだ。

判で押したような
ダブルプレーシフトは意味がない

まだまだ初回からバックホーム体制を敷くチームは数多く見られるが、やっと最近では走者が三塁にいる時でも、前半のイニングであれば後ろに守るようになってきた。

だがしかし、一死で走者が一塁に出ると、判で押したように何の疑いも持たずダブルプレーのシフトを敷く。3点リードした最終回であっても、一死から走者が出れば一塁手はベースに入って牽制球に備え、それ以外の内野手は二塁でのダブルプレーを取ろうとして中間守備を敷いている。

これはいったい何なのだろうか？

それなのに、外野に目を向ければ長打を警戒して深く守っている。完全に内野と外野とで意思の疎通が図られていない。

守備側チームは、2点で済めば勝利を収めることができるのである。逆に言えば、2点は献上しても差し支えない。ゆえに、一塁手はベースから離れて守り、遊撃手と二塁手は定位置で守ってアウトを重ねればいいのだ。

現実に東海地区のとある県で、甲子園を懸けた決勝戦で同様の場面を目撃した。その時の打球は遊撃手のわずか三遊間側に抜けていき、結果的に大逆転を許して甲子園は水の泡と消えた。

イニングと打者、得点差を考えてダブルプレーにこだわらないことも大切であり、百歩譲って一塁手がベースに入ったままで牽制球に備えても、キーストーンコンビだけは定位置で守ってもらいたいものである。

例えば特殊なダブルプレーシフトとして、次のようなシフトもディフェンスのアイテムに付け加えておくといい。それが5－6B（遊撃手が二塁ベースカバー）－3のダブルプレー戦術である。

このシフトは無死または一死でセカンドゲッツーを狙う場面において、三塁へのグラウンダーの打球に対しては、当然5－4B（二塁手が二塁ベースカバー）－3と転送してのダブルプレーを狙うが、県内に一人や二人は超高校級の左打者が存在するものである。そういった打者に対して中間守備はあまりにも危険で、どうしても二塁手を前進させられないケースがある。

超高校級の左打者に対しては、二塁手と一塁手を定位置より深く守らせて打者のみのアウトを狙うのだが、当たり損ねの三塁ゴロに対しては、遊撃手が二塁のベースカバーに入ってピボットマンとなり、5－6B－3のダブルプレーを狙うのである。

三塁手から二塁に送球されたボールを遊撃手が捕ることは、背後からやってくる送球を処理するわけであり、想像通りかなり難しい。ましてや、ピボットマンとなって一塁に転送することは、よほど普段から練習しておかなければできるプレーではない。

ただし、覚えておいて損のないプレーであるとはいえるだろう。

判で押したようなダブルプレーシフトに関連した「タラレバ」回顧

健大高崎×桐生第一：上毛新聞敷島球場
平成27年（2015）7月26日
第97回群馬県大会　決勝戦

私の好きなゲーム展開は、逃げ切りの残り3イニングだ。しかし、この残り3イニングは、まだゲームの3分の1が残っているとも考えられ、まだまだ勝負がどう動くか分からない。

多くのチームが、あと3回、あと2回、あと1回と勝ちを意識し始めて、勝負を勝手に急いでしまい逆転を許す……。そんな展開を今まで何度見てきたか分からない。

桐生第一との決勝戦を思い返せば分かりやすいと思う。逃げ切りの状況で決して考えてはならないのが、「あと何回」である。

私が回の後半で常に思うようにしている考え方は、「あとアウトいくつ」だ。桐一での例を挙げれば、5対2で3点リードでの8回、9回である。あの場面で考えるべきは、六つのアウトをどう取るかということだ。しかも2点はやってても構わないわけである。

8回先頭の速水隆成を、ラッキーなキャッチャーゴロで1アウトがもらえた。くどいようだが、3点のリードであとアウト五つを取ればいいわけである。

次打者の鏑木風雅（上武大）にセンター前ヒットを許した後、7番小野田凱（東洋大）の打球は三遊間を割っていった。あとアウト五つを積み上げるのみと考えれば、ダブルプレーシフトとはまた違った守備隊系が浮かんできたはずである。

もっと分かりやすく説明するならば、鏑木の単打が三塁打であったならばどうしたであろうか？　内野が前に出て来るわけがあろうはずはない。そうであれば一死一塁も同様である。二遊間が定位置で守っていれば、あの三遊間の打球は林賢弥が追いついて、二塁ベースカバーをした相馬優人に送られて二死一塁となり、あとアウト四つの状況に変わっていたであろう。

小野田に続く代打高田修平（東北福祉大）がセカンドフライで二死二塁一塁となったが、ラストバッターの石井翔太にレフト線へのツーベースを許し、5対4と1点差に詰め寄られてしまい、終盤に来て青息吐息の展開に変わってしまった。

最終回にも先頭打者の翁長賢太を四球で歩かせてしまい、次打者の3番柳谷参助にはレフト線を痛烈に抜かれてしまった。一塁走者の翁長が長軀生還を狙ったが、レフト佐藤望はクッションボールを処理すると、ショート林賢弥を中継して、本塁で待ち構えるキャッチャー柘植世那のミットにストライク送球が収まった。健大は九死に一生を得た。

そして、4番山田知輝をファーストゴロ、5番速水隆成のバットはチェンジアップに空を切って三振。薄氷を踏む思いで5対4の勝利を収めて甲子園に名乗りを上げた。

27個のアウトのうち、一番大事なアウトは25個目である。つまり9回の先頭打者のアウトである。その次に大切なアウトが、ゲームを決定する27個目になる。さらに言うならば22個目（8回先頭）、1個目（初回先頭）、16個目（グラウンド整備後の先頭）で、それぞれのアウトに意味がある。

桐一との決勝戦に戻れば、一番重要な25個目の状況をフォアボールで出塁させてしまい、一つ間違えば同点、逆転の展開となる紙一重の勝負だった。

また、4回戦の対戦相手の前橋工業は、エースのサウスポー金田泰成が2対1とリードしながら、9回裏の先頭で25個目のアウトを取れず、小谷魁星に痛恨の同点弾を浴びることになってしまったのである。

　試合も延長戦に突入して11回の裏、力尽きた金田投手は自らのバント処理の悪送球で、健大にサヨナラ負けを献上してしまった。

　25個目のアウトが、いかに勝負を分ける重要なアウトであるかが分かっただろうと思う。25個目のアウトを取るために、バッテリーだけではなく全員が心を一つにして「あといくつ」に徹して臨んでほしい。

三塁ベースコーチの疑問

　走者二塁でシングルヒットが飛ぶ。

　三塁ベースコーチは止めるのか？　本塁突入でキャンバスを蹴らすのか？　野球のスリリングな場面のワンカットである。

　ベースコーチは「ストップ」なら両手を広げ、「ゴー」なら腕をグルグル回す。何の疑いも持たない、至極ありふれた光景である。

　しかし、私は30年も前からその光景に疑問を持っていた。なぜわざわざ相手ディフェンスに、こちらの思惑を教えてしまうのだろうか？　逆に教えてくれているのならば、それを上手く利用すれば新しい戦術ができるのではないかと考えた。

　ベースコーチが腕を回していれば、躊躇なく本塁への返球に備えてリレーのラインを作ればいい。しかし、両手を広げているのであれば、二塁走者は三塁でオーバーランしてストップするのが分かっている。

　レフト前にシングルヒットが飛び、その「光景」が見えれば左翼手は三塁ベースに目掛けて送球して、オーバーランしている二塁走者を刺しに行けばいい。

[写真 ❶]

[写真 ❷]

[写真 ❸]

三塁手がリレーのダミーをして、遊撃手が三塁ベースカバーに入りタッグをする。三遊間のゴロのヒットであれば、打球を捕りに行った動きのままに遊撃手がカバーに向かえば、なおさら都合がいい。

そしてその逆も考えた。走者一塁での攻撃で二塁打性の打球が飛んだ時に、相手ディフェンスは三塁ベースコーチの動きに注目する。そこで両手を広げていれば自動的に「ストップ」と判断して、油断して打球を内野方向に緩慢な中継をするはずだ。

そこでベースコーチは両手を広げながらの、味方だけに分かるジェスチャーがあれば、相手の一瞬の油断を突いてホームインすることができるのである。

30年以上前の杜若高校時代から使っているジェスチャーをここに公開する。

①**両手を広げた姿勢から上下に動かす**（写真❶）

↓本塁を狙えるチャンス、シャッフルせよ

②**両手を広げた姿勢から肘を曲げ伸ばしする**（写真❷）

↓シャッフルからそのまま加速して本塁に突入しろ

③**両手を広げた姿勢から両手を前に伸ばす**（写真❸）

↓ストップしろ

一塁ベースコーチの立ち位置3パターン

一塁ベースコーチの立ち位置は、どの塁にランナーがいるかによって異なる。それを今から説明しよう。

［写真❶］

［写真❷］

［写真❸］

① 走者一塁の時

打者から一番遠い位置に立ち、走者と一緒に投手の一挙手一投足に着目する。

予め牽制球のパターンが分かっている場合には、念押しをしながら投手や一塁手にプレッシャーをかけていく（写真❶）。

② 走者二塁の時

打者に一番近い位置に立ち、走者のリード幅の目安となる。コーチスボックスのこの位置はベースから6mの地点にあり、限界リード幅として覚えておくと分かりやすい（写真❷）。

③ 走者二塁一塁の時

走者二塁と同様の位置で、背中は打者に向けるようにして立つ。立ち位置で二塁走者のリードの目安を作り、身体と顔は一塁走者とファーストに正対するようにして、サインプレーによる一塁牽制のファーストベースカバーを未然に阻止することを狙いとする（写真❸）。

左中間・中堅への大飛球で、一塁走者が二塁から逆タッチアップ

一塁走者のハーフウェイが小さすぎる傾向にある。左中間に大飛球が放たれているにも関わらず、本当にハーフ（半分）しか離塁していない走者がいかに多いことか。

この距離幅の感覚を磨くために、私は練習で二塁から一塁へのタッチアップの練習をさせている。

走者を二塁に置いて、中堅や左中間に向かってノックをするのである。飛距離が十分であれば一塁に向かってタッチアップ（写真❹）し、不十分ならば一塁ベースに対してのハーフウェイを取らせる。

これを実際にやらせてみれば、選手はもちろん指導者までも、今までどれだけ直接の意味でのハーフ（半分）だったかを思い知らされることになる。

そして次の段階の練習として、二塁からのタッチアップの走者と、一塁からのハーフウェイの走者を並列して一・二塁間を結ぶライン上に位置させて、ノックの打球判断をさせる。

最初のうちは二塁からのタッチアップの走者に比べて、一塁からの走者のハーフウェイはかなり小さめである。それが次第にその差がなくなり、習熟すれば両者が同じ位置で捕球を確認するようになる。

この練習で、一目瞭然に大飛球に対しての離塁位置を把握し、左中間への大飛球に対して二塁ベース上からでも十分に帰塁できることを知るのである。

［写真❹］

大飛球への距離幅の感覚を磨くための、二塁から一塁へのタッチアップ練習

中堅付近への長打性ライナーの二塁走者の5mハーフ

無死または一死で走者が二塁の時、中堅方面に長打性のライナーが放たれた時、多くの指導者は二塁ベース上で打球の判断をするように教えている。

理由として、その打球が外野手の素晴らしいプレーで捕られたら、そのままの位置からタッチアップ。もし頭を越えたならば間違いなく長打になるため、抜けてからでも生還できるというものである。

だが現実には、頭を越えれば間違いなく長打にはなるだろうが、二塁走者が生還できるという保証はどこにもない。

深い守備体系を敷いていれば、フェンスからのクッションボール次第では本塁でアウトになるとか、または三塁でストップを余儀なくされることも珍しくはない。

そこで、二塁走者は中堅方向の大飛球に対しては、5m程度のハーフウェイで打球を判断する。そして抜ければ三塁キャンバスを蹴って得点し、外野手のファインプレーで捕られれば、ハーフウェイから素早く帰塁して「遅いタッチアップ」を行う（写真❺）。遅いタッチアップでも、外野手の捕球体勢を考えれば十分に進塁は可能なのである。

スクイズの構え方と空白の50センチ

ここで述べるスクイズとは「スーサイドスクイズ」のことである。スクイズには、主にセーフティスクイズとスーサイドスクイズがある。

セーフティスクイズはストライクだけをバン

[写真❺]

中堅方向の大飛球に対しては、５m程度のハーフウェイで打球を判断。
捕られれば素早く帰塁して「遅いタッチアップ」を行う

トし、転がった場所や方向を見定めて三塁走者が得点する方法である。

一方のスーサイドスクイズは、一般に認識されているスクイズのことで、三塁走者は投手の投球と同時に本塁にスタートを切り、打者はすべての球に飛びついてでもバントして得点を挙げる戦法である。

余談ではあるが、スーサイド（Suicide）とは、英語で「自殺」を意味し、この用語はメジャーリーグで使われている言葉である。

ここでは、バントの構え方について持論を展開したい。

サクリファイスバント（犠牲バント）の構えは、基本的にはストライクゾーンの高め一杯の位置にバットを置いておき、バットの高さより上はボールなのでバットを引けばいい。バットより下の球で低め一杯までのストライクは、膝を曲げながらバントの形を崩さずに対処する（**写真❻**）。

しかしスーサイドスクイズの場合は、どんなボールが来てもバットに当てなければならない。頭より高い投球に対してはバットを立てて何とか転がそうとするものである。

さて、そこで問題である。ストライクゾーンの高め一杯から、頭までの高さは約50センチの幅がある。高め一杯のストライクならそのままの位置でバントすればいいが、バットの構えの位置から頭の高さまではどう対処すればいいのだろうか？

バットを平行にしたまま上に持ち上げるようにすれば、ほとんどがフライとなってしまい、バントの中で最も悪いやり方であるとされている。かといって、顔の高さでバットを立てて当てるのは、あまりにも窮屈で理に適っていない。

さすれば、いかにして対処するか？

答えは、バットを平行にして目の位置に構えるのである。低めは膝で調整しながら転がし、構えより上は頭の上なのでバットを立てて対処すればいい。

さらに私流のスクイズの形を述べれば、両足は投手に対して平行にすることは行わない。平行にしてしまうとピッチアウトされた時に、投手側の足が遠すぎてバットが届かない。

私のスクイズの形は、投球に際してのピッチャーの足が地面に着いた瞬間、バット・両肩・腰をバッティングのスタンスのまま、捕手側のつま先を回すようにして投手に正対させるのである（写真❼）。

こうすることによって、両足を投手に正対させるよりも、バッテリーにスクイズを察知される時間を短縮することができるし、何よりも無駄がなく構えもブレにくい。

また、ピッチアウトされても、投手側の足がホームプレートに近いため、その足を軸にして左打者なら右手一本で肘を伸ばせば、遠くに外されてもバットが届くのである。

[写真❻]

サクリファイスバントの構え

[写真❼]

スーサイドスクイズの構え

右打者でのディレードスチール

ディレードスチール（delayed steal）は、その意味の通り「遅らせた盗塁」のことである。

唯我独尊のようになるが、おそらくこの盗塁を東海地区で最初に敢行したのは私だと自負している。昭和60年（1985）には、当たり前のようにゲームプランの中に入っていた。

昭和63年（1988）、夏の準々決勝でディレードスチールを用いたところ、テレビの解説者が「今の盗塁はスタートが遅れましたね」と話していたように、この手の盗塁があることをまだ世間では認識されていなかったものである。

さて、前置きはこれくらいにして本題に入ることにする。指導者たちの多くが、ディレードスチールはバッターが左打者でなければできないと考えている。

通常のディレードは2シャッフルしてのスタートとなるが、私がその当時指導していた方式はそうではなかった。大きく3シャッフルして距離を稼いだ後のスタートで、右打者だろうが左打者だろうが関係なく3シャッフルだった。

私の記憶では、ほとんどアウトになった覚えがない。もちろん、ディレードスチールが普及していなかった時代であり、相手チームはポカンと眺めているだけだったことも事実である。

つまり私の頭の中では、右打者ではディレードのサインが出せないという概念が存在しない。逆に言えば、右打者には3シャッフルのディレードをさせれば通用するということになる。

試しに健大のB戦でやらせてみたところ、半分はアウトになった。やはりディレード全盛の今では、一塁走者のシャッフルに敏感になっているためだ。

そこで考えたのが4シャッフルのディレード

だった。3シャッフルだと不自然な大きめのシャッフルになるため、ワンシャッフル目で察知されてしまう。

ならば通常のシャッフルで距離を稼ぐには？　そう考えた時に、小さく速くシャッフルを増やして距離を稼ぐ方式を試してみたところ、四《し》分《ぶ》六《ろく》の確率で成功するようになった。

盗塁である限り100％などあり得ない。状況によって使い分ける、アイテムの一つに加えればいいと考えている。

スランプになりやすい左打者

調子よく打っていたのに徐々に打てなくなり、スランプに陥ると今度はなかなか這い上がれないのが左打者である。

大まかに見て原因は二つある。一つは「当て逃げ」に入って率を稼ごうとすることで、バットを振り切らずに三遊間方向にチョコンと当ててセーフになろうとするためである。

この打法は便利で安易である反面、クセになると腰の据わったバッティングがなかなかできなくなってしまう。

そして二つ目が、「進塁打」というセオリーの呪縛である。右打者の進塁打ならば引き付けて逆方向に打つが、左打者は引っ張ることが進塁打となるために、悪いクセが付きやすいのである。

走者二塁でアウトローを強引に引っ掛けてセカンドゴロを打てば、セオリーに忠実ということでベンチからも賞賛される。本来は、こねたような悪い打ち方であってもナイスバッティングと称賛される。

右打者であれば、スランプ気味な時でも逆方向に打とうとすることで、ボールをよく見て引き付けて、バットをインサイドから出すようになる。自ずとスランプから脱出する糸口を見出すことができるのである。

ところが、左打者があえて逆方向に打とうとすると、どうしても当て逃げや「流す」打ち方となってしまい、しっかりと腰を回したスイングが難しくなる。

右打者が逆に打てば「押っ付けた」と表現されるが、左打者が逆に打った場合には「流した」といわれ、なかなか左方向に押っ付けたとは言わない。

私はスランプに陥った左打者に対しては、ショートバッティングでレフト方向に打ったら、三塁ベースを目指して走らせている。そうすることによって、流し打ちから脱却することができるのである。

参考にはならない本塁打のフォーム

ホームランを打った時の形は美しい。インパクトの瞬間、バットが伸びていく時、フォロースルーと、どれを見ても完璧に近いスイングだといえる。

逆に言えば、理想のスイングができるあたりに来たボールを打ったともいえよう。理想のスイングで厳しい内角を打てば、バットの根元に詰まってしまうし、アウトコース一杯を打とうとすれば、バットが届かないか先端にしか当たらないだろう。

コースを打つにはコースの打ち方がある。試行錯誤しながら練習するしかない。ただ、一つ言いたいのは練習のやり方である。

どこで誰を見ても、真ん中付近を気持ち良

く？　打つ練習を、漫然と繰り返しているだけのように映る。フリーバッティングでも簡単にコースを見逃すし、マシン打撃にしても自らホームプレートに近付いたり、離れたりしてテーマを持って練習している者がいない。

少なくともネットに向かって打つトス打撃か、ティー打撃だけでもコースを設定して取り組めないものだろうか？

その練習として、両コースの打ち方の例を挙げておこう。

まずはアウトコース打ちの対処の練習である。両足を大きく開き、ホームプレートと軸足との中間あたりにトスを入れてもらい、軸足の踵を返さないようにして両腕を伸ばすようにしてネットに打ち返す（写真❶❷）。

腰を回してしまうとバットがアウトコースに届かなくなってしまうため、足を大きく開くことで腰の開きを抑えて、バットをなるべくアウトコースに届かせることを目的としている。

[写真 ❶]

[写真 ❷]

次にインコース打ちの対処の練習である。大事なことは真正面の上から投げてボールをインコース一杯に入れる（写真❸）。その際にバッターの前足（右打者は左足）でボールを踏ませておく（写真❹）。

バッターはインコース一杯に来ると、無意識に足を開いてアウトステップをして打とうとするものである。ボールを踏んでいることでアウトステップを防ぎ、肘をたたんで打つことを覚えられる。

また、頭や身体が投手方向に突っ込んでしまうと、ボールを踏んだ前足に体重が乗ってしまい、バランスを崩して引っくり返りそうになるのである。

コースに対処するには、理想的なスイングで打つことは難しい。真ん中ばかりを何千本振っても、コースや変化には永遠に対応できないだろう。

［写真❹］

［写真❸］

オノマトペを用いた指導

ある料理番組を見ていて感じることがあった。それはレシピの伝え方であり、エリンギ115g、カップ1／5、水70cc、こしょう2g……などと説明されていた。

「分かりづらいな……」

正直そう思った。それに比べて、昔の料理人のレシピは多くの擬音で埋め尽くされている。代表的な表現としては、もやしを「グッ」とひと摑みして、「ササッ」と炒めて、塩こしょうを「パラパラッ」と振りかけ、しょうゆを「サーッ」とかける。

これだと何となく分かりやすい。音がないものを表す言葉を擬態語や擬声語、または「オノマトペ」と呼ぶ。人はこれらの言葉を用いた方が、イメージとして頭の中で展開しやすいのである。

野球も同じで、非常にデリケートで微妙な感覚はなかなか言葉では伝えにくいものである。よく長嶋茂雄さんのバッティング指導を、茶化した例としてネタにされることがある。長嶋さんの指導は天才にしか分からないとでも言わんばかりに、面白半分に伝えられたものである。

球がこう「スッ」と来るだろ。そこを「グゥーッ」と構えて腰を「ガッ」とする。あとは「バァッ」といって「ガーン」と打つんだ。

カーブの打ち方については、ボールが「キューッ」と来るだろ。そして「ググッ」となったら「ウンッ」と溜めて「パッ」と打つ。

しかし、こうしたオノマトペを使った指導は、本当に分かりづらいのだろうか？　そもそも動作とは動いている本人ではなく、それを見ている者が感じる感覚であり、当の本人は自分がどんなフォームをしているのかは分からない。

オノマトペを用いた指導は、思いのほか正しい動作や感覚を伝えるのに優れており、実は選手には伝わりやすい指導なのである。

私は、ピッチャーの変化球の投げ方の指導の中で、オノマトペを積極的に用いるように心掛けている。次に列挙するのが、その指導表現の一例である。

・カーブ→ボールを深めに握り、簡単に放さず「ベターッ」と投げる。
・スライダー→カーブのように捻ることなく、中指で「グリッ」と押し込むようにして投げる。
・カットボール→ボールの半分を握り、スライダーのように押し込むのではなく、「ピッ」と人差し指で弾くように投げる。
・シュート→ボールの縫い目に2シームのように指を掛け、投げる瞬間に人差し指に「シュッ」と力を加えて投げる。
・スプリット→握りは基本的にはフォークと同じだが、フォークほど深くは握らずに、人差し指と中指の内側で「クン」と投げる。
・パーム→人差し指、中指、薬指の3本をボールから離し、手の平で包むようにして持ち、手首を使わずに「フワッ」と投げる。
・バックドアのスライダー→外のボールコースからホームプレートの捕手寄りの角を使うため、「ブーン」とより大きな変化をイメージして投げる。
・フロントドアの変化球→バックドアのように大きな変化は必要ないため、内のボールコースから「グー」と捻り込むようにして投げる。

キャンバス（ベース）の形状と走塁

自慢話のようなテーマからスタートして恐縮

であるが、私は試合でベンチに入る時は、各球場のキャンバス（ベース）を注視する。これは、キャンバスの形状を確認するためである。

野球のキャンバスには主に2種類があり、丸みのある面を持ったものと、角ばっていて硬そうに見えるものである。

その形状を見ながら思い描くことは、角ばっていればフックスライディングでも角に足が掛かりやすくなる。一方で、丸型は同じケースでも足がキャンバス上を滑っていき、タッチされてアウトになることがある。

キャンバスの形まで気にして見ているのは、「全国広しといえども俺ぐらいだろう」そんな風に自己満足に浸っていたが、ある記事を目にしてそんな優越感は吹っ飛んだ。

書いたのは『機動破壊』シリーズで執筆してもらった、スポーツライターの田尻賢誉氏である。その記事の内容は、次の通りであった。

甲子園など多くの球場は丸形だが、昨年までの高崎城南球場は箱型だった。

この違いに、ほとんどの高校生は気が付かない。というよりも、気にもしない。だが、健大高崎3年・山下航汰（右投左打／外野手）は違った。

「ベースを踏む時、丸いとクッションがあるから（踏む時の衝撃を）吸収してくれる。その勢いを使ってふくらまずに走塁できるんですけど、角ばっていると硬くて凹まないので、失速するし足も挫くんです」

一塁ベースを回る際、健大高崎では左足でベースの本塁側の側面を踏むことになっているが、高崎城南球場に限っては、山下はベースを踏む足を右に変え、踏む位置も本塁側の進行方向の角に変えていた。それでもしっくりこなかったため、踏む位置を微妙にずらし、足の角度も修正。スパイクのつま先側の刃をベースにかけ、ベースを陸上のスターティングブロックのように使えるようにした。

「そのままやったら絶対に怪我するじゃないですか。それと、ベースの角を踏んでも加速する勢いが出なかったので……」


以上が、山下とのインタビューでのやり取りである。

「恐れ入った……」

これが正直な私の感想である。世の中に私の他にもキャンバスの形状を見ていた者がいたとは……。それも高校生が。しかも同じチームの選手が。

丸形キャンバスの方に、私は苦い経験がある。それは平成27年（2015）8月10日の第97回甲子園大会初戦。健大高崎×寒川との試合でのことだった。

それは一死二塁に小谷魁星を置いて、左打者佐藤望のサードゴロの状況で起こった。小谷は、三塁手が一塁送球する間に果敢に三塁を狙った。タイミングはノータッチでセーフに思えたが、フックスライディングをした際、丸形キャンバスの上をスパイクが滑っていき、ベースを越えてしまいタッグされてダブルプレーを喫してしまったのだ。

あのキャンバスが角形だったなら……。そんな風に思ったことを思い起こす。


また、それぞれの一塁キャンバスの形状における走塁については、丸型キャンバスは通常のベースランニングの要領で、身体をマウンド方向に倒しながら左足で小さく回ることを念頭に置く（図❶）。

それに対して角形キャンバスは、丸型キャンバスほど小さく回れない代わりに、本塁寄りで進塁側の角を右足で思い切り蹴るようにして加速する（図❷）。

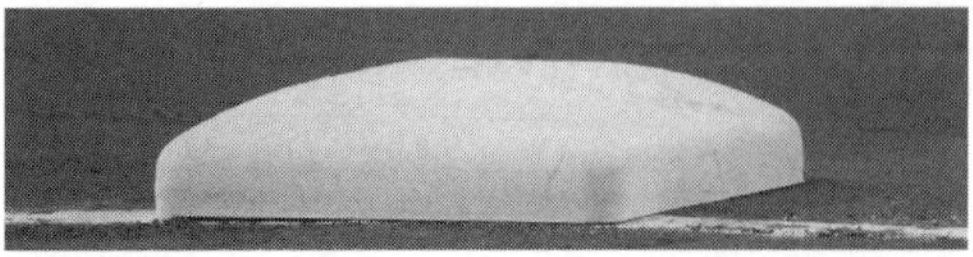

なだらかな傾斜のキャンバス

膨らみのない角形キャンバス

丸形キャンバスはフックスライディングの際に足が滑っていきやすい

角形キャンバスはフックスライディングで足が外れにくい

［写真❶］

丸形キャンバスの踏む位置

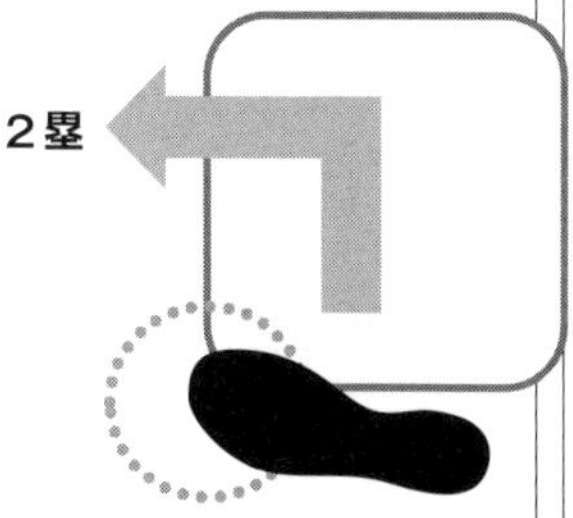

本塁寄り角の側面を左足で踏む

［写真❷］

角形キャンバスの踏む位置

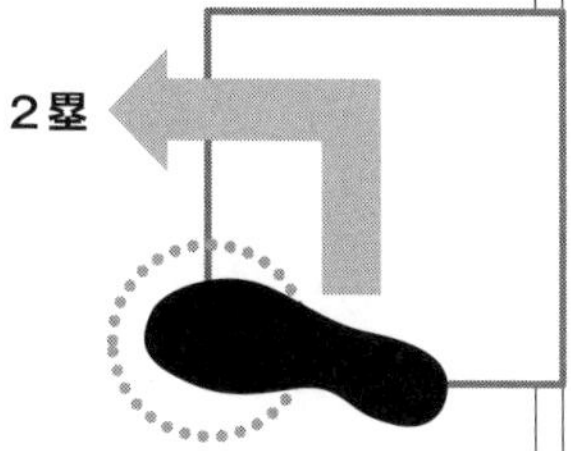

本塁寄り角の進塁側を右足で踏む

フックスライディングは武器になる

コリジョンルールが定着してきた。

これは、本塁での衝突（コリジョン）を防止するための規則で、本塁での過激な接触プレーによる負傷者が後を絶たなかったことから、平成26年（２０１４）にメジャーリーグで採り入れられ、日本野球機構においても平成28年（２０１６）より採用された。

捕手が三塁線のラインを股いで返球を待つという姿勢は、走塁妨害と見なされる。したがって、捕手はラインの内側に位置するため、外側に滑り込んだ走者をタッグするのが難しくなってきている。

卓越したフックスライディングは、明暗を分ける武器になり得るはずだ。そのためには、徹底的にフックスライディングの練習を見直すべきだと思う。プロでもそうだが、本当のフックスライディングのできる選手がほとんどいないのが現状である。

このスライディングのコツは、ホームプレートを通過点と考えるような意識を持つことが極めて大切である。

そこで私は、海星で次のような練習法を取り入れている。

ホームベース上にサッカーボールを置き、走者はボールを目掛けて加速しながら滑り込んでいく。そしてフックスライディングの瞬間には、地面とボールの下部あたりにつま先を入れる。この時の注意点としては、決してボールを足で蹴るのではなく、スピードの勢いでボールを飛ばすということである（写真❶）。

この練習を行うことで、選手たちのフックスライディングの技術は、着実に高まっている。

捕手のタッグを掻いくぐる見事なフックスライディング

[写真 ❶]

サッカーボールを目掛けて
加速しながら滑る

▼

地面とボールの下部にスパ
イクのつま先を入れていく

▼

ボールを蹴らずスピードの
勢いでボールを飛ばす

投手陣必修の4種類の2シーム

個人的な見解で恐縮だが、私は抜いて投げる球が好きではない。どうしてかといえば、球を抜いて投げようとすると、肘も一緒に抜く（落とす）投げ方に移行しやすいからである。

肘を抜く投げ方になると、必ずといってよいほどストレートに角度が付かなくなってしまう。速球投手が冬場にチェンジアップを覚えたために、夏になる頃には生命線であったはずのストレートが打ち込まれるようになった。そんな話はよく耳にすることである。

そんな理由もあり、私はチェンジアップやフォークの代わりに、2シームをブレンドして教えるようにしている。

①チェンジアップ系2シーム（サークル2シーム）

4種類ある2シームの中で、唯一空振りを狙える球種である。チェンジアップの代表格のサークルチェンジは、指を掛けない抜き球となるが、この球はしっかりと指を縫い目に掛けてボールに回転を加えて投げる。そんな特性から私はサークル2シームと呼ぶ。

回転を加えるため、一旦は浮き上がる軌道を取る。しかし、中指と薬指で握るため必然的に力の弱い薬指の回転が弱くなり、シンカーのように沈んでいく（写真❶）。

②シュート系2シーム

2シームの代表的な握りで、縫い目の一番狭い部分に指を掛ける。右投手なら右打者のインコースに投げれば、打者に食い込んで詰まらせることができる。

左打者のアウトコースならば、空振りやファウルになりカウントを稼げる（写真❷）。

［写真❶］

［写真❷］

③スプリット系2シーム

スプリットとほぼ同じ握り方になるが、スプリットほど指を開かずシュート系2シームとの中間あたりに指を置く。スプリットは基本的には抜くように投げるが、2シームでは縫い目に掛けて回転を与えて投げる。

スプリットよりも落差が小さくスピードも速いため、空振りは取りにくくなるが、ゴロやファウルを打たせることができる（写真❸）。

④ナックル系2シーム（ディンプル2シーム）

硬式ボールには、硬い場所と柔らかい場所がある。一番硬い部分は、縫い目の真上になる。逆に一番柔らかい部分は、縫い目に沿った皮の部分である。

この球は少しコツがあり、縫い目に指を掛けずに柔らかい場所に指を立て、くぼみ（ディンプル）を作るように強めに握るため、私は「デ

[写真❹]

[写真❸]

左からチェンジアップ系２シーム・シュート系２Ｓ・
スプリット系２Ｓ・ナックル系２Ｓ

ィンプル2シーム」と呼んでいる。

球筋は2シームでありながら回転が少ないため、ナックルのように不規則に揺れるが、押し出さずに2シームの回転を与えているので、真っスラのような変化を見せる。タイミングを狂わせながらスライダー回転もするため、当たり損ねや空振りも思ったよりも取れる（写真❹）。

まったく新しい発想の魔球

●スプリット系1シーム（スプリットフィンガード1シームボール）

おそらく、まだ世に出ていない握りのボールだと思う。スプリットの握りを人差し指と薬指で挟み、一番長くて力も加えやすい中指を1シームの縫い目に掛けて不規則回転を加える。

簡単に言えば、スプリットは回転を与えずに球を抜くことで落とすが、この球は抜きながら回転も与えて落とすことになる。

スプリットはストレートが急激に落下するイメージだが、私のオリジナルの「スプリットフィンガード1シームボール」は、スピードがなくなるようにして沈んでいく。

スプリットは、高めに入ると球が抜けずに棒球となって長打を浴びやすいが、この球は高めに入っても1シームの不規則回転が生じているため、結果的に打ち損なってくれることも多い（写真❺❻）。

［写真❺］

［写真❻］

フォークボール時の握りを読む

今や、ボーイズやシニアリーグでも、フォークボールを1球目から平気で投げてくる時代になった。高校野球のピッチャーでは、フォークは投げることができて当たり前のような感覚になっている。

そのために、高校野球でも予めボールを挟んでサインを見ている姿をよく見かける。なぜならば、グラブの中で挟もうとすると、ゴソゴソと動いてしまって握りを察知されやすいからである。

予め挟んでおけば、フォークならばそのまま。ストレートに変える時はさほど難しくなく、すんなりと握り替えができる。

しかし、案外フォークの握りは発見できるこ

フォークの握り（手首が長くなる）

ストレートの握り

とが多い。握り方に多少の浅い深いはあっても、大体はボールの中間の位置で挟むことになる。つまり、ストレートに比べてフォークの時は、グラブからボール半分程度の3～4㎝ぐらい手首が出ていることになる。

その程度の違いで分かるのか？　と思われるが、何千試合も見てきていると、その数センチに違和感を持つものなのである。

令和元年（2019）の9月に行われていた、NPBの侍ジャパンの対戦相手の韓国の投手もこの種のクセが出ていた。

ブルペンはピッチングだけの場所ではない

ブルペン（bullpen）は、英語でもともと「牛を囲う場所」という意味である。それが、どうして投球練習場を意味するようになったのかは不明であるが、おそらく風などを防ぐ意味でも、四方を囲われていたためではないかと推察する。

語源はさておき、私はブルペンに関しては、40年前の杜若高校時代からこだわりを持っていた。こだわりの一つは芝生を張ることである。手入れが行き届いたグラウンドを所有しているチームであっても、なかなかブルペンの管理まで行き届いているチームは少ない。

多くのチームのブルペンは、部員が往来する通路になってしまうことが多く、雨上がりの投手板とホームプレートの間は、人が歩いた足跡で見るも哀れな姿に変わり果てている。

実際に、健大高崎のブルペンもそうであった。グラウンドや雨天練習場などは優れた環境であるにも関わらず、ブルペンだけはそのような状態だった。

私は青柳監督に許可を得ると、高麗芝をベースにして西洋芝の「バミューダグラス・リビエラ」の種を蒔き、雨天練習場の通路と化していたブルペンを、見た目も美しい緑のカーペットに変えた。

芝生というのは匍匐茎《ほふくけい》といわれる繁殖用の茎を、横に伸ばしながら広がっていくものであり、別の名前を「ランナー」という。「機動破壊」を唱えている私には、語呂合わせとしても気に入ったワードであり、同時になくてはならないツールにもなった。

グリーンの芝生上では、投手陣がストレッチや体幹トレーニングに勤《いそ》しみ、時にはマットの代用として、前転や後転などを織り交ぜた調整力のトレーニングにも利用した。

また、芝生は油断すると即座に雑草が蔓延《はびこ》るものである。投手陣には一人ずつ雑草抜き用の除草フォークを与え、時には一心不乱に草を抜かせた。一言も言葉を発せず黙々と作業を続けることが、投手に一番大切な集中力と根気強さを育成する根幹になるものだと確信していたからである。

私のもう一つのこだわりとして、必ず投球練習用のプレートの隣には、一塁牽制練習用のプレートも埋め込んである。

きちんと距離と角度を計算して埋めてあり、縦に埋めたプレートに軸足を掛ければ、ホームプレートが一塁ベースと同様の位置になる。

試合で、投手が走者を塁に置いてのピッチングは、全投球数の約半分である。つまり、投球と牽制球はセットとして考えるのが至極当然だと考えている。

ピッチング練習では必ず牽制球を織り交ぜ、常にランナーをイメージしながら実戦の感覚を持たせていくのである。

そして新しく着手した海星のブルペンには、伝統ある海星高校の投手陣であるという自覚と誇りを抱かせる意味で、投手板の後方には巨大なＫＡＩＳＥＩのロゴと、側壁には歴代のプロに進んだ投手６名のプロフィールを掲示した。

プロも顔負けの健大高崎のピッチングパーク

投球練習用プレートの隣には一塁牽制練習用プレートが

一塁牽制用プレートとKAISEIのロゴを追加したブルペン

誇りを持たせるため、側面にはプロに進んだ歴代投手6名のプロフィールを掲示。次は俺がプロに進んで追加の掲示を……と、ピッチングにも自ずと熱が入る

第7章

配球に関する考察

配球とは

配球について語る前に、私の考えを知ってもらう意味で『機動破壊の秘策』（竹書房）より次の一文を紹介したい。

野球には勝敗を決定するような局面が必ずある。勝負どころの「決定打」とか、「失投」等がその典型的な例であり、そこの部分だけがクローズアップされる。

打たれた投手や指導者、マスメディアたちは「1球の失投」だけに敗因の全責任を擦り付ける。まさに「木を見て森を見ず」の表現がぴったりと当てはまる。

私は、決定的な部分だけがすべてではないと常々考えている。そこに至るまでのプロセスこそが、私が探求している機動破壊なのである。

決定打が打てたという結果よりも、どうして決定打が打てたのか？　なぜピッチャーは打たれることになる「1球」を投じてしまったのか？

（※プロセスに関しては中略）

それらは華やかな記録としては残らない。どのように勝負に影響したかも不透明な部分であり、直接的な勝敗の評価にはつながらない。

「1球の失投」には、実はコースや球威以外のまったく別の部分に大きな課題があったのかもしれない。

（※詳しくは『機動破壊の秘策』参照）

配球とは「答えのないもの」である。

この言葉は、野球界において度々使われる文言である。確かに野球において結果がすべてであり、とりわけバッテリーの配球に関しては、常にやり玉に挙げられる項目である。

投球後の結果は未知ではあるが、好結果を導き出す確率というプロセスや伏線は、投球前に存在するのである。

見逃しの2ナッシングは3球勝負

コントロールが悪い投手なら、1球外したことで四球を与えたり、あるいはウイニングショットのない投手なら、平行カウントまでいって簡単に打たれたりすることも多い。

2ストライクまでのプロセスが「空振り・空振り」なのか、同じ球種の「見逃し・見逃し」なのかでは考え方も違ってくるが、初球の甘いストレートを見逃して1ストライク。次の2球目もドロンとした打ち頃のカーブで、2ストライクと追い込まれる。ベンチでは「何を打つんだ！」と、監督どころか選手たちも大声で怒鳴っている。

実際よく見る光景である。この状況でのバッターは、よほどの優れた「ゲスヒッター」（配球を予測して打つ打者）でない限り、迷いが生じているバッターであるといえよう。

昔の大リーグでは、ストレートも変化球も見逃して2ストライクになった打者には、3球勝負してもいいという格言がある。

迷っている打者には、遊び球や釣り球を使うことで、迷いを解消するヒントを与えてしまうことになる。この格言は実に的を射ていると感心する。

打者にとっては3球三振が最悪であり、一番屈辱感が残る。明らかなボールで外してくれるのは、打者としては恥をかかされず気持ちが楽になるものなのである。

伏線としてのカーブ

①カーブ＋スプリット＝空振り
②カーブ＋スライダー＝見逃し

何となく理解できるだろうか？

カーブとは、ある意味究極の伏線球である。カーブを狙われればそれまでではあるが、あくまでもストレート狙いを前提とした話である。

バッターというのは、基本的にはストレートを待っているものである。そこにカーブが来ると、スピードと軌道がまったく違うため見送ることが多い。そして次に考えることは、「この次はストレートが来る」という勝手な思い込みである。

そこにスプリットを投げ込めば、球速と軌道がストレートとほぼ変わらないため、「来た」と思ってボールになるスプリットでも振ってしまう。

次に、カーブの後にスライダーを投げるとどうなるのか？

スライダーは球速がストレートとカーブの中間のような球である。ストレート狙いの打者は何となく違和感を覚え、バットを振ることを躊躇してしまうのだ。

ウイニングショットとなるような鋭い回転のカーブを持ち合わせていない投手であっても、カーブという球種はお勧めの伏線球なのである。

未知の空間アウトハイ

配球の中には「インハイ」を見せろ、とか「アウトロー」に集めろ、「インロー」を打たせてダブルプレーを取れ、等の格言的なものが存在する。

ならば「アウトハイ」は……？

アウトハイの使い方に関してはほとんど聞いたことがないし、そこを攻めろというのも皆無に近い。だが打者との条件さえ整えば、非常に効果的なアイテムに成り得るのである。では、打者との条件とはどんな状況なのだろうか？

それは、粘りを身上としているファウル打ちの上手い選手の場合で、このタイプの打者が追い込まれた後にカットに入った状況が効果的なのである。

カット狙いに入った打者は、基本的には限界まで引き付けておいて逆方向を狙う。意外なようだが、カットの得意なバッターはインコースをファウルにするのが上手いので、インコースならいつまででもファウルにできる。

だが、打つべき球も1か所は決めてあるものであり、大抵のバッターは甘い高めのアウトコースなら打つと決めている。そういった心理からか、アウトハイの高めのボール球に対しては、思わず振ってしまうことが往々にして見られる。

その時のバッターは例に漏れず、必ず「しまった」という不本意な表情を浮かべながらバッターボックスを後にするのである。

生まれてくる空振りゾーン

アウトハイは案外と奥が深く、カット系の打者だけではなくスラッガーに対しても使える状況になってしまうこともある。微妙な言い回しであるが、最初から狙ってできる配球ではないからだ。

最近は高校野球でも、スラッガーに対しては初球にフォークボールやスプリットの決め球から入ることが稀に見られる。そして、次の球は緩急や高低を意識させるつもりで、インハイに見せ球を使ったりするものである。

大抵の打者は、緩急を意識して次の高めのストレートを狙ってくるものであり、100%に近く同じ球が来る意識は持っていないはずだ。

そこで、裏をかいてもう1球続けてフォークボールを配すると、打者は連続して空振りする公算が高い。なぜならば、フォークボールは投げた瞬間はストレートに見えるからである。

その状況になった時こそ、アウトハイの空振りゾーンが新しく生まれてきて、思いがけず使える状況になってしまうのだ。

フォークボールを2球続けて投じられ、しかもそれが空振りとなれば、どんな強打者であっても低めの意識が異常に働いてしまい、グリップが下がってバットが下から出るようになる。

そこで、高めのボールにイメージ通りのスイングをしても、バットが遠回りになって空振りすることが多くなる。インハイは釣り球として予め予測するため手は出しにくいが、アウトコースに投げることで釣り球ではなく、「しめた」とばかりに反応してしまうのだ。

また、アウトハイは左打者の進塁打を防ぐためにも有効だ。

無死で走者が二塁にいる場合、左打者なら一般的には進塁打は打ちやすいといわれている。説明するまでもなくインコースや真ん中付近は通常通りに打ち、アウトコースなら強引にでも引っ掛けて右方向に打てば進塁打となる。

特にアウトコースの低めのストレートや変化球は、案外引っ掛けやすいもので、バッターの肘が伸び切った後は手首を返してしまえばいいだけだからだ。

だがしかし、アウトハイの速球となると立ち遅れてしまい、肘を伸ばす時間がなくなって引っ張り切れない状況となる。

基本に忠実に鍛えられたチームほど、ベンチの指示通りに少々無理をしてでも進塁させようとするので、アウトハイは有効なボールとなるのである。

右サイド投手と左打者

私の四日市工業のコーチ時代に、安田雄一という右腕のサイド投手がいた。冷静沈着であり、持ち味はもちろん右打者への切れ込むシュート系で、この球を武器にチームを甲子園へ春夏連続で導いた。

右の強打者には特にこのボールが効力を発揮したが、左打者にはよく打たれたものである。

右のサイドは左打者に弱い。

これは、野球界の常識ともなっているが、どうしてなのだろうか?

私はこの冷静な投手が左打者にイライラするのを見て、試合後にその原因を尋ねてみると、左打者に投げるシュート系の球をストライクに取ってくれないと答えた。この理由は私の予想通りで、同じボールを同じコースに投げているのに、右打者だとストライクで左打者だとボールになる。

不思議としか言いようがないのだが、この傾向はしっかりと把握しておくことが大切である。おそらく右打者だと食い込んだという感じになり、左だと遠くに流れたと球審の目の錯覚を生むのだろうと推察する。

そのため、左打者にこのボールでカウントを取ることは至難の業となる。右腕のサイドは左打者に弱いという定説は、そんなところからも影響しているのかもしれない。

健大高崎のコーチをやっている時にも、三重県出身の伊藤敦紀という長身サイドの投手がいた。やはりサイド特有のシンカーやツーシームを巧みに操り、チームをセンバツに導いた。

伊藤には四日市工業時代の経験を踏まえて、

左打者へのカウント球をホームプレートに近づいてくる、バックドアのスライダーにすることを進言したものである。

ホームプレートの幅と奥行を使う

投手板の幅は約61㎝、ホームプレートの幅は約43㎝である。

以前のルールでは、「ピッチャーの軸足は投手板からハミ出してはならない」とあったが、平成25年（２０１３）からは軸足さえ投手板に触れていれば、両端にハミ出しても問題はなくなった。

つまり両端を目一杯に広く使えば、約１ｍの幅で利用可能となるわけだ。通常、幅を使ってピッチングの組み立てをしようとすると、ホームプレートの幅ばかりに考えが及んでしまうが、投手板はその倍以上にも使えるわけである。

ここまでだけ読むと、幅の話だけに終始しているようだが実はそうではない。「幅」が広く使えれば、次に「奥行」が使えるようになるのである。

ほとんどのバッテリーは、ホームプレートの前の角しか使うことを考えていない。そこで、後ろの角を使うことによって、奥行の発想にまで考え方を高めてみよう。

一般的に投手板の幅を広く使うのと同時に、ホームプレートの前角の内角と外角といった横の角度（幅）を使えば、ストレートだけでも効果は十分に期待できる。（図❶）

だが、実際には投手板の幅を利用しているピッチャーは、ほとんどいないのが現状である。

そこでもう一歩踏み込み、向上心を持って投手板の幅を使うことを覚えれば、今度はホームプレートの後ろの角を利用することが見えてくるはずである。

フロントドアとバックドア

本題の「奥行」に入る前に、まずは「フロントドア」と「バックドア」について、右投手を題材として説明しておこう。これは、ホームプレートの後ろの角を利用して異なる球道の変化球を使うもので、メジャーリーグで黒田博樹投手や田中将大投手らが駆使したことで、日本でも話題になった投法である。

［図❶］

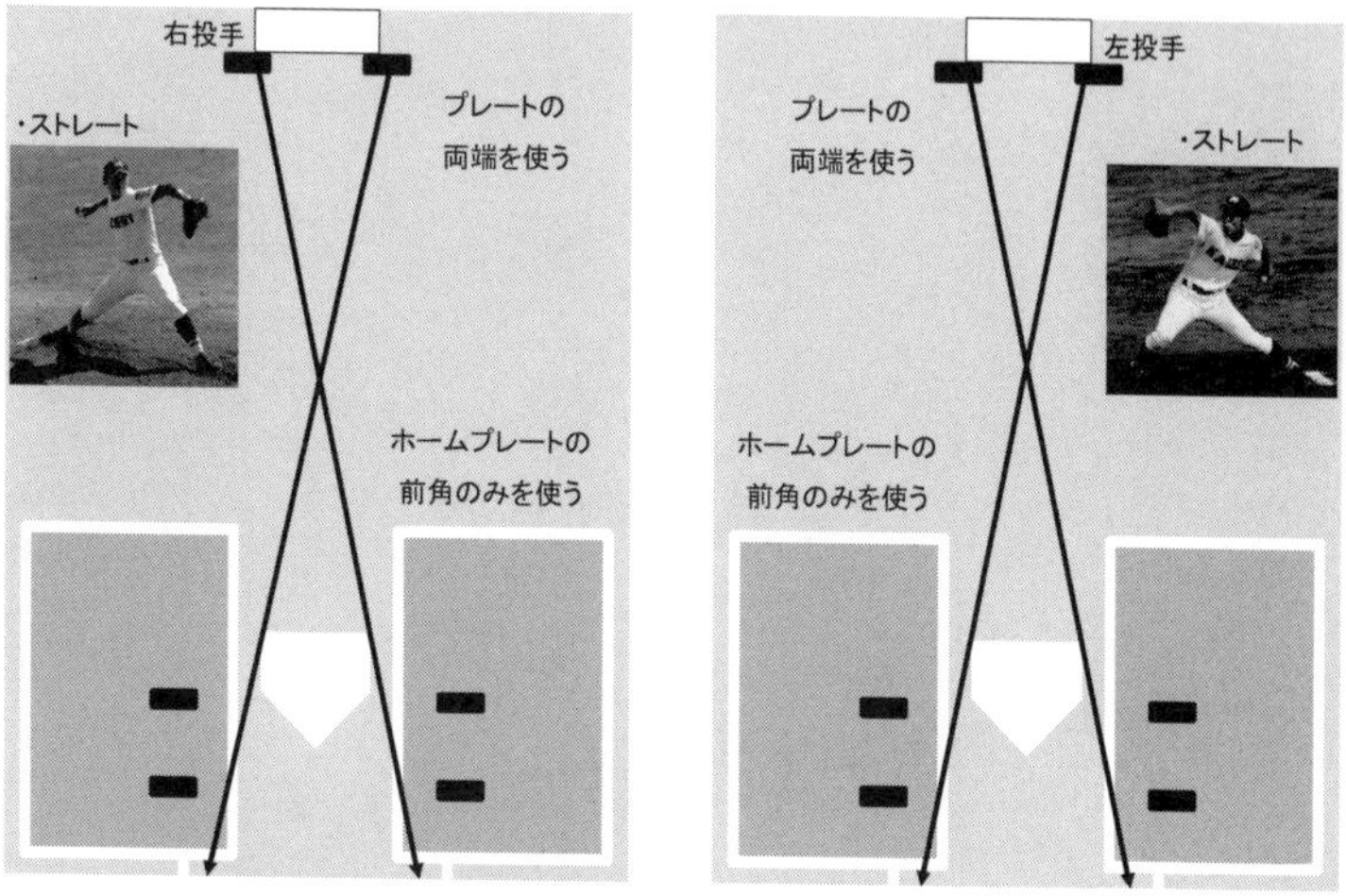

●右投手 vs 右打者の場合（図❷）

・フロントドア→打者の体に当たりそうなコースから、ストライクゾーンにスライダーやカットボールなどを投げてストライクを取る→一瞬死球を覚悟

［図❷］

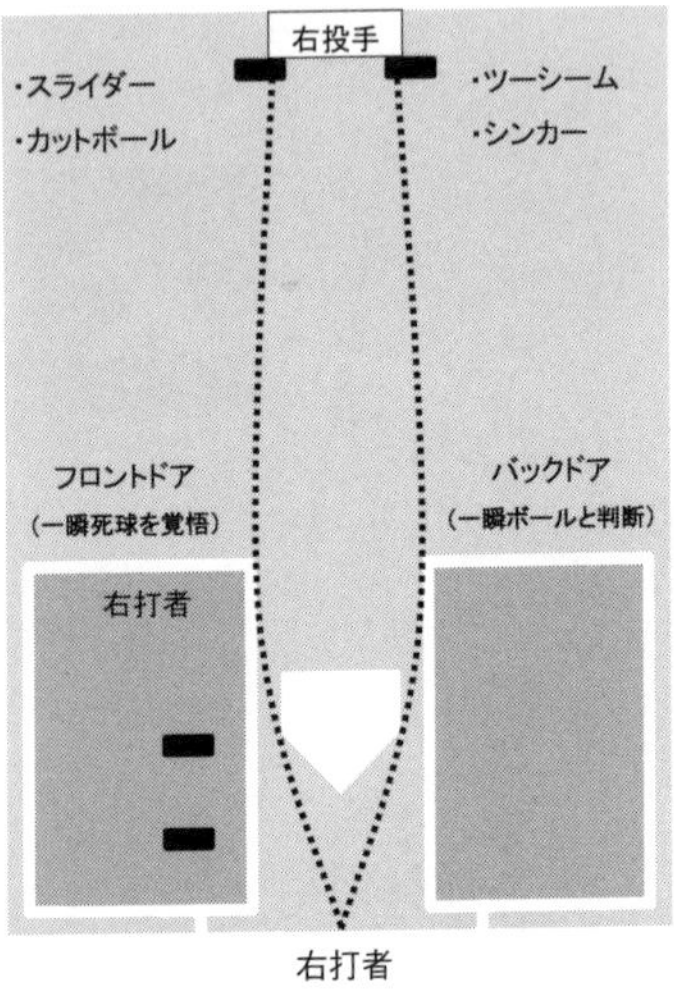

［図❸］

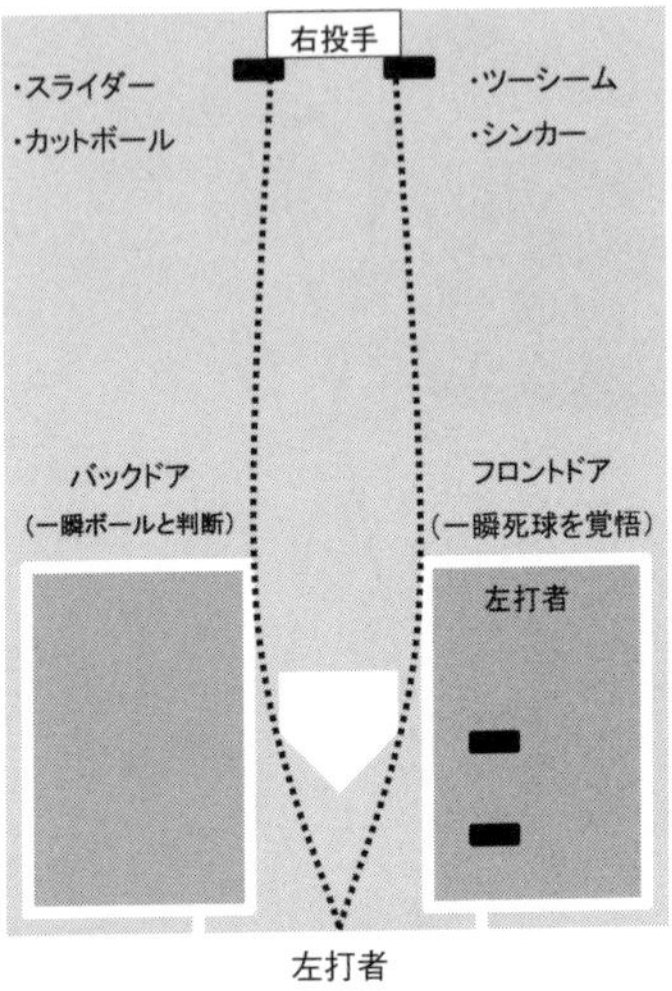

・バックドア↓外角ボールゾーンから、ツーシームやシンカーなどで打者の手元で内側に曲がり、ストライクゾーンに入る↓一瞬ボールと判断

●右投手 vs 左打者の場合（図❸）

・フロントドア↓ツーシームやシンカーなどを、打者の体に当たるような内角に投げ、そこからストライクゾーンに曲げる↓一瞬死球を覚悟

・バックドア↓スライダーやカットボールなどで外角ボールゾーンに投げ、そこから内側に曲げてストライクゾーンに入れる↓一瞬ボールと判断

投手板の幅とホームプレートの奥行

［図❹］

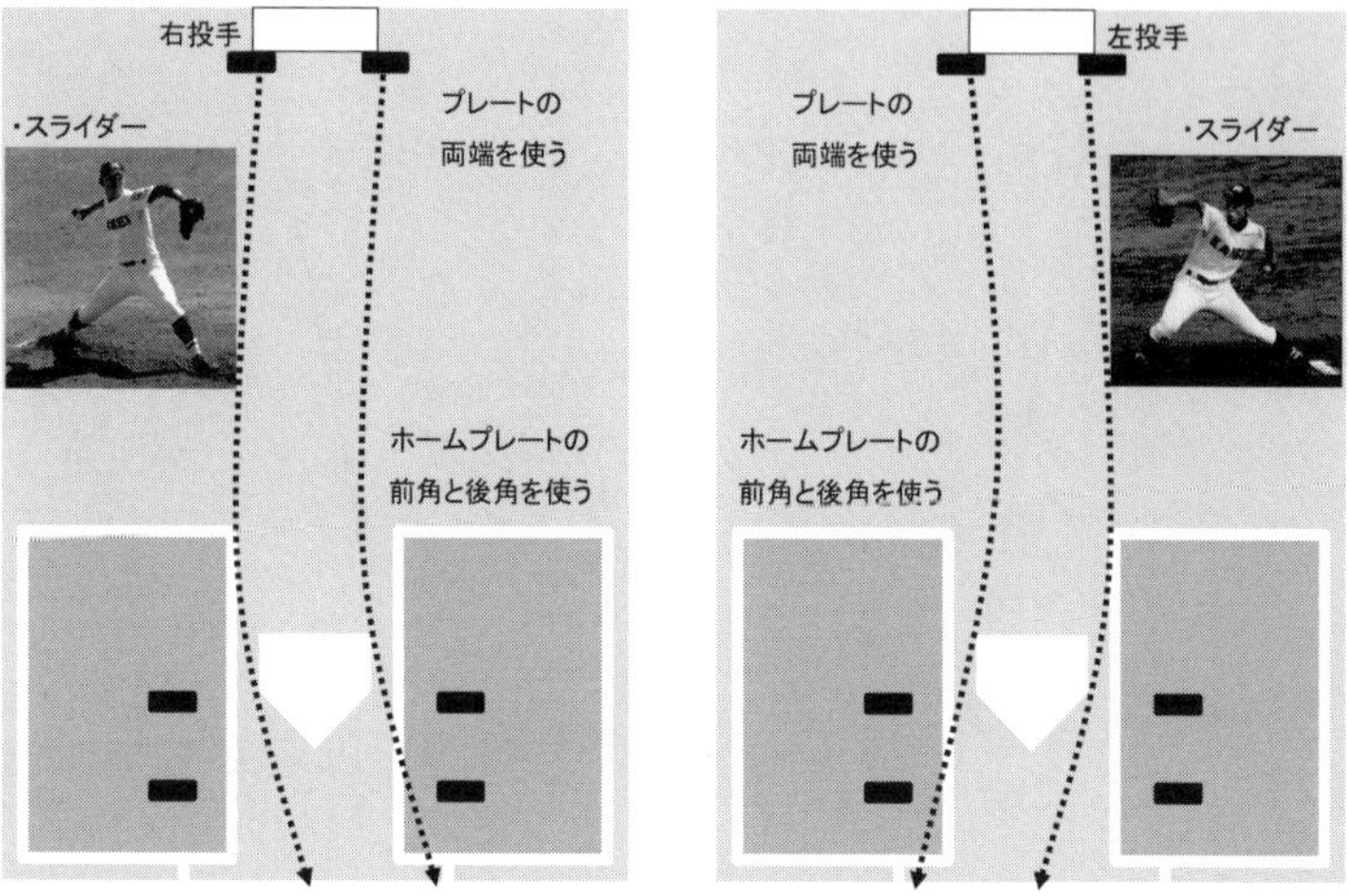

さて、ここからが本題である。フロントドアとバックドアの考え方をさらに拡張させ、投手板の幅を最大限に利用することで、より深い奥行を生み出すことが可能となる。今から、いくつかの方法を示していきたいと思う。

①同じ球種を使い、ホームプレートの幅と前角・後角を利用して奥行を作る

スライダーだけを投手板の両端から、ホームプレートの前角と後角にコース別に投げ分けることで、ストライクからボールになるようなコースと、ボールからストライクになる球道を生み出すことになり奥行ができる。（図❹）

②二つの球種を使い、ホームプレートの幅と前角・後角を利用して奥行を作る

投手板の片側だけでストレートとスライダーを使い、ホームプレートの前角と後角に投げ分けることでスピードの変化・幅・奥行の三つを

［図❺］

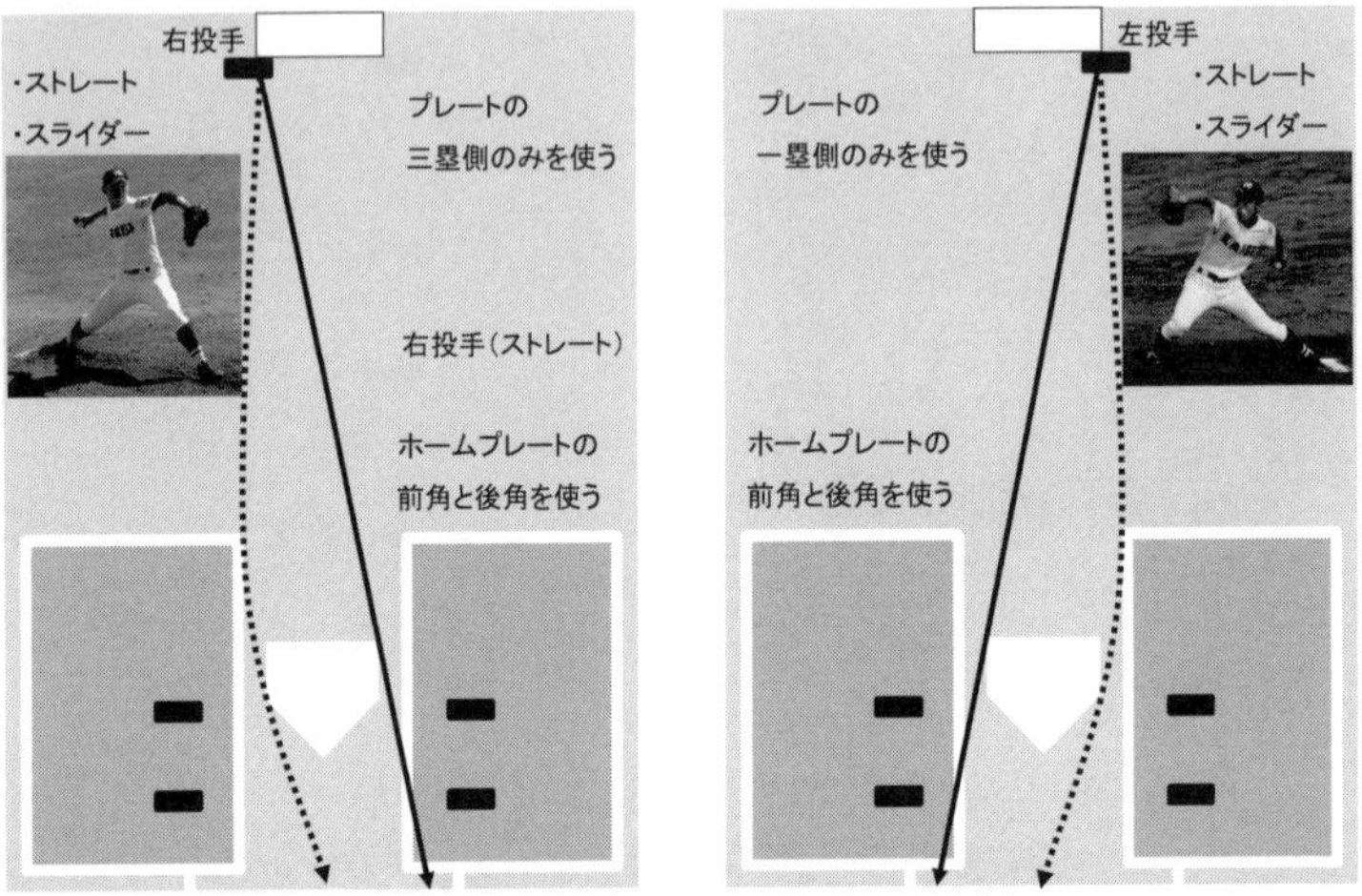

作り出す。（図❺）

③投手板の両端を使用して二つの球種を使い、ホームプレートの同一コースの前角・後角で奥行を作る

投手板の両端を利用し、同一コースでホームプレートの前角と後角を使うことでスピードの変化・奥行と、より近い感覚・より遠い感覚で幻惑する。（図❻）

④投手板の片側だけで二つの球種を使い、ホームプレートの同一コースの前角・後角で奥行を作る

投手板の片側だけを使い、まったく逆の軌道を通る変化球で同一コースながら奥行を利用することで、ストライクからボールになるようなコースと、ボールからストライクになる球道を生み出す。（図❼）

[図❻]

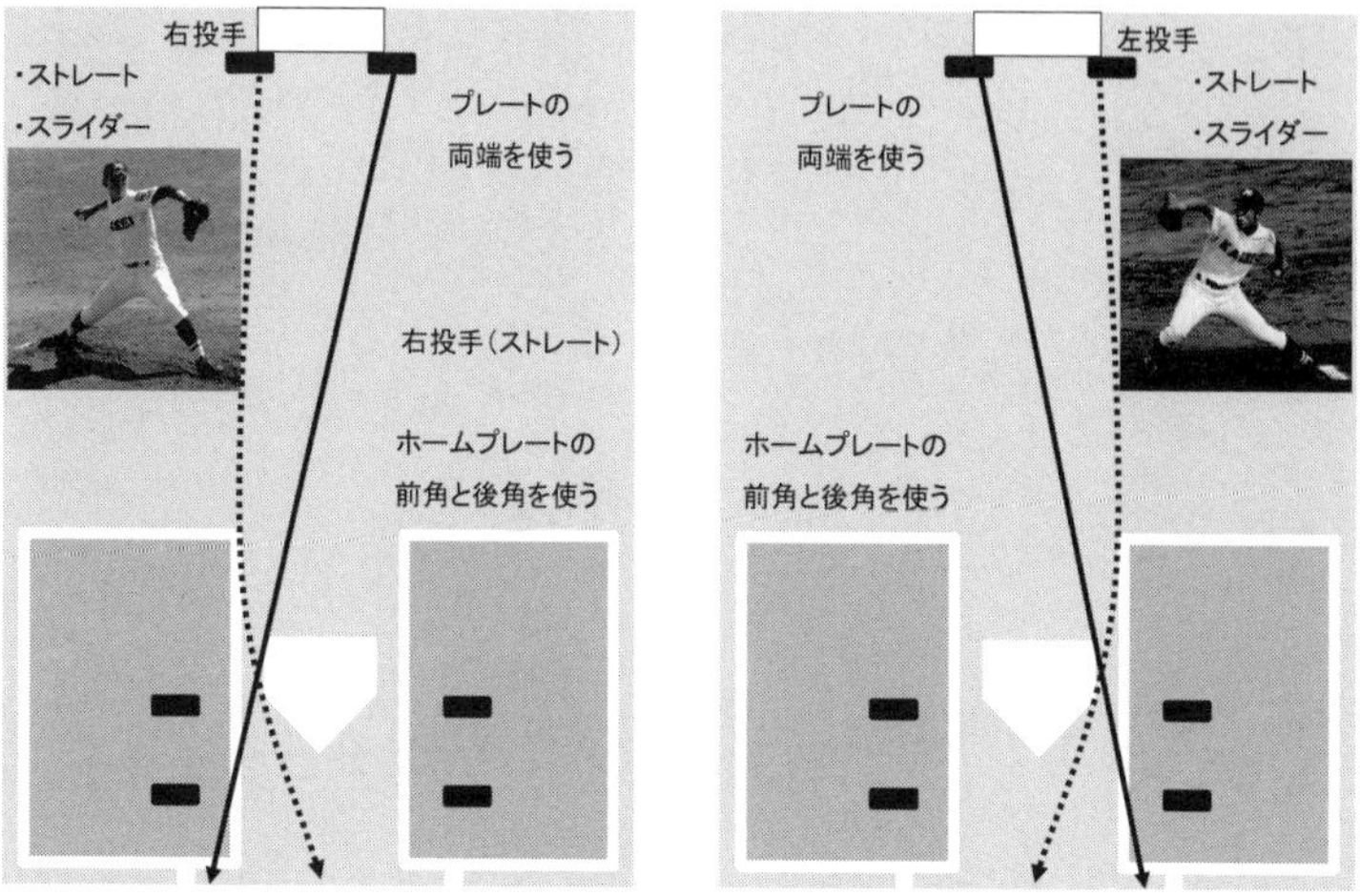
右投手
・ストレート
・スライダー
プレートの
両端を使う
右投手(ストレート)
ホームプレートの
前角と後角を使う
左投手
・ストレート
・スライダー
プレートの
両端を使う
ホームプレートの
前角と後角を使う

[図❼]

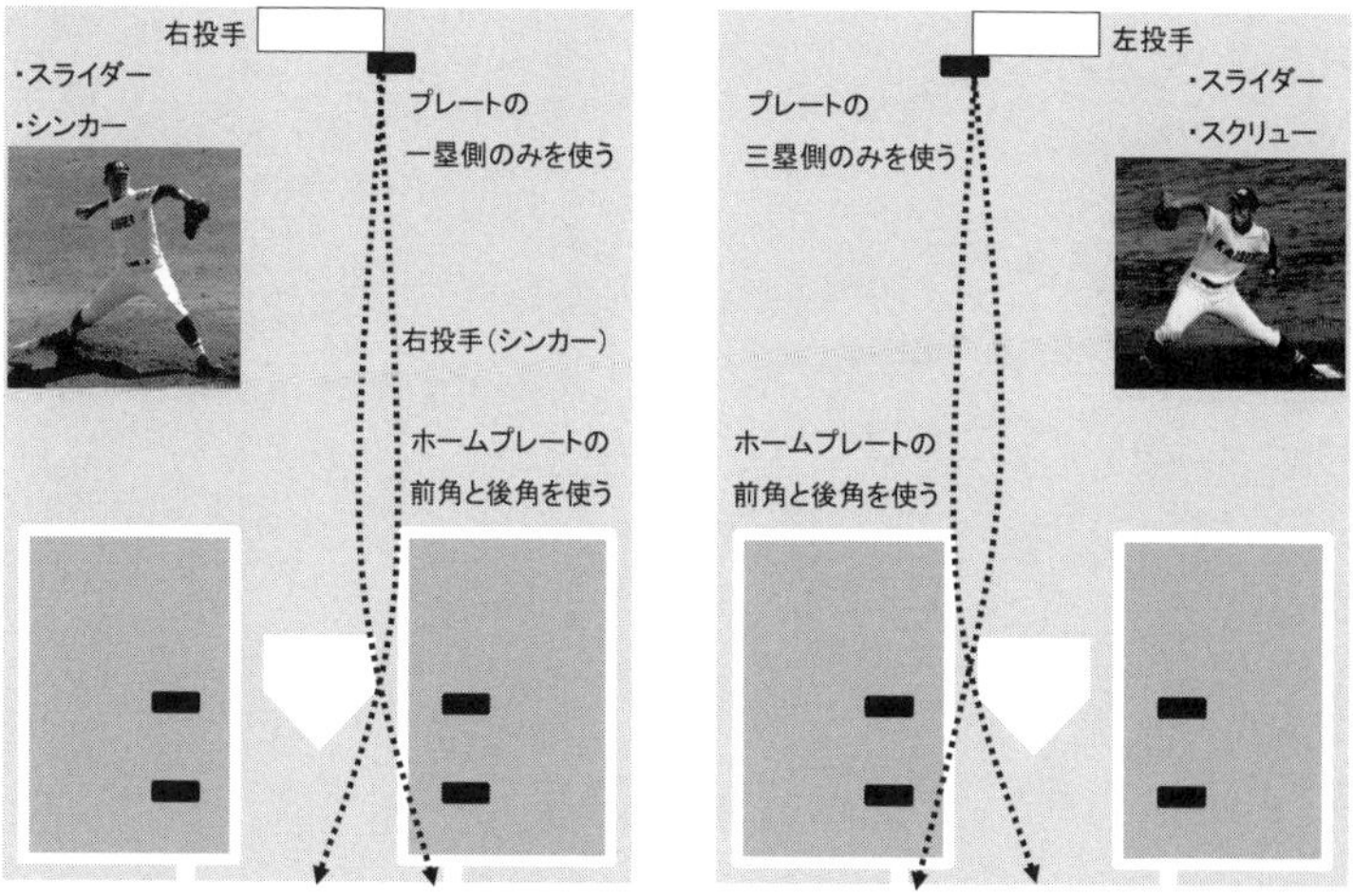
右投手
・スライダー
・シンカー
プレートの
一塁側のみを使う
右投手(シンカー)
ホームプレートの
前角と後角を使う
左投手
・スライダー
・スクリュー
プレートの
三塁側のみを使う
ホームプレートの
前角と後角を使う

[図 ❽]

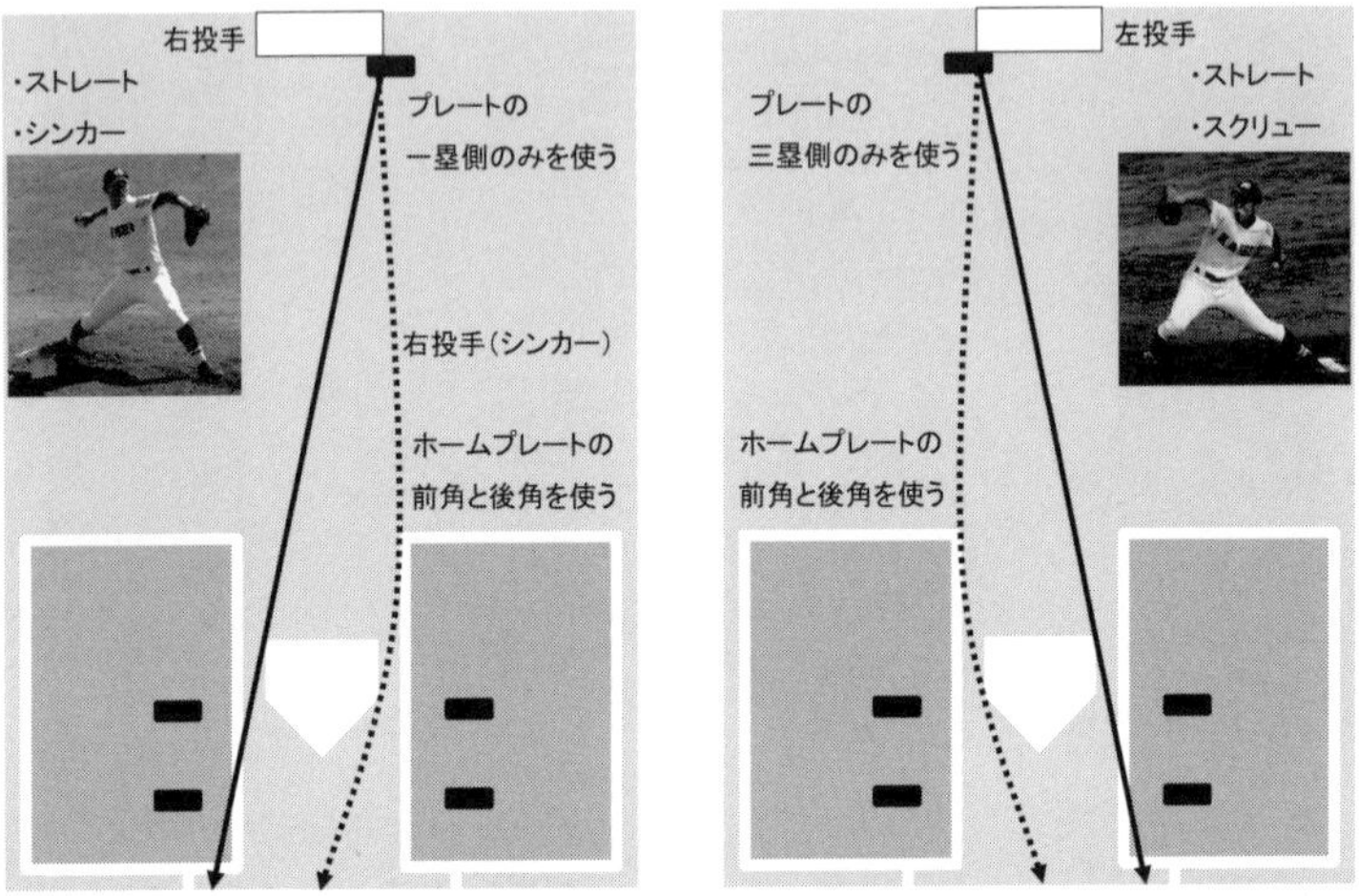
右投手
・ストレート
・シンカー
プレートの
一塁側のみを使う
右投手(シンカー)
ホームプレートの
前角と後角を使う
左投手
・ストレート
・スクリュー
プレートの
三塁側のみを使う
ホームプレートの
前角と後角を使う

[図 ❾]

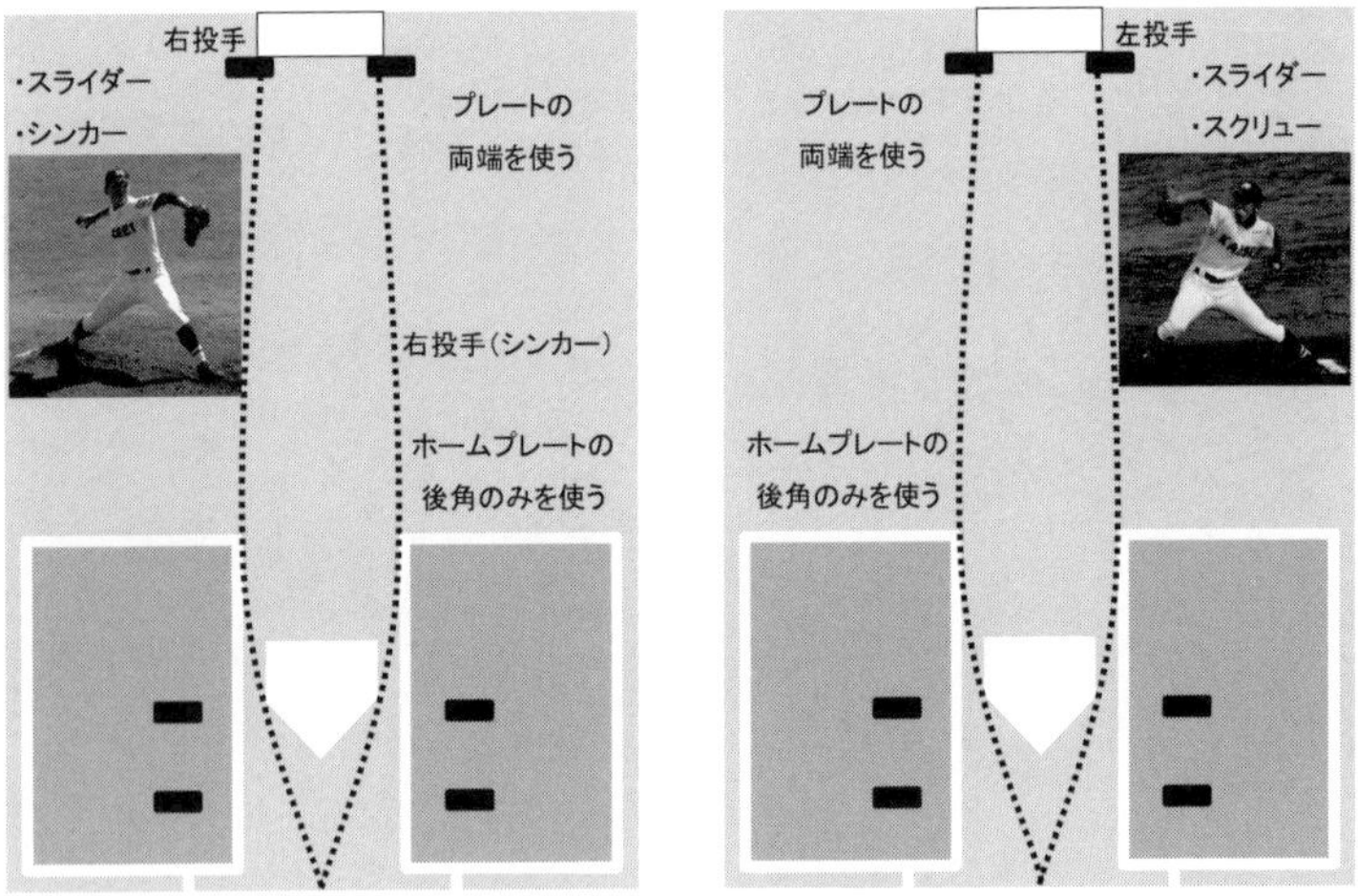
右投手
・スライダー
・シンカー
プレートの
両端を使う
右投手(シンカー)
ホームプレートの
後角のみを使う
左投手
・スライダー
・スクリュー
プレートの
両端を使う
ホームプレートの
後角のみを使う

⑤二つの球種を使い、ホームプレートの幅と前角・後角を利用して奥行を作る

投手板の片側だけでストレートとシンカーやスクリューを使い、ホームプレート両端の前角と後角に投げ分けることで、スピードの変化・幅・奥行の三つを作り出す。（図❽）

⑥投手板の両端を利用して軌道の異なる二つの変化球を使い、ホームプレートの後角のみで最大級の幅を作る

死球を覚悟するかのような内角からストライクにするとか、一瞬ボールと判断するような外角ボールゾーンから、ホームプレート上に曲げてストライクにする。（図❾）

カウント1－1からのシート打撃では投手は育たない

バッテリーにとって、2球目こそが配球を支配する――。

そう言ってしまうのは、言いすぎだろうか？練習時間の省略や、ただ単に平行カウントだということで、カウントを1－1に設定してのシートバッティングが昔から横行している。

だが、初球を何らかの形のストライクと仮定しただけでも、その1球には重要な意味と要素が盛り込まれている。したがって、次に投じる2球目は「根拠」の詰まった球でなければならず、バッテリーは観察と感性を研ぎ澄ませながら、次の1球を導き出すものである。

この後に説明する「配球編～初球の洞察からの2球目の選択～」を参照していただければ、

何のためらいもなく、いとも容易く1－1スタートとは言えなくなるだろうと思う。

それでは、1球目のプロセスから導き出す2球目を「はじめの一歩」のセオリーとして、分かりやすく説明していくことにする。

例えば、1球目が厳しいコースに投げられて（ボールでもストライクでも同様）、2球目が同じコースでしかもカウント球のストライクであれば、打者は「絶好球」だと感じるに違いない。

甘い球だと感じれば当然打者は狙ってくるだろうし、その思い切りからヒットや長打になる可能性も膨らんでくる。打者は1球目の残像が頭に残り、コースへの「慣れ」が生じている。そのためにも、必ず前の1球のことを考えて投げるべきなのである。

初球が外角ならば2球目は1球目よりも外に投げ、逆に初球が内角であるならば、やはり2球目は1球目よりも内に投げることである。

例えばプールの飛び込み台で、最初に3mの高さから飛び込んだ後に2mの高さから飛べば、最初よりも緊張感が和らぐだろうが、逆に4mの高さになれば新たな緊張感が生じてくるであろう。

配球の基本は残像と慣れを打者の立場になって頭に描きながら、根拠のある1球を選択していくことの繰り返しなのである。

2球目に逆のコースに投げた場合では、そのコースがさほど厳しいコースでなくとも、打者はより近く、あるいは逆により遠くへと感じるものである。

テレビ中継などで、解説者が「今の甘いコースは手を出してほしかったですね」などとよく口にしているが、ひょっとしてその見逃しにはこのような残像が関与していたのかもしれない。

配球編

初球の洞察からの2球目の選択

●ストレートへの反応

①初球の外角低めのストレートを見逃す

A　1球目よりも外の厳しいコース

同じコースは残像として頭に残ってい て甘く感じるため、1球目よりも外に投げないと打たれてしまう。

B　内角に厳しいストレート

1球目に遠い外角を見た後では、内角は通常よりも近く感じて手が出ない。

C　変化球を投げる

1球目の外角低めを見逃したことで甘い直球狙いと判断して、待っていない変化球を投げる。

②初球の外角低めのストレートを、タイミングが合った空振りをする

A　同じコースに投げるならば、球種に関係なくボールゾーン

ストライクならすべて振ってくるタイプで、タイミングが合った空振りはファウルチップよりも怖いものと判断して、ボール球で選球眼を見極める。

B　内角に厳しいボール気味のストレート

打ち気を利用して、ボール気味の直球で詰まらせることを念頭に置く。

③初球の外角低めのストレートを、タイミングが合わない空振りをする

A　同じ球を続ける

修正能力がないと判断した打者で、効果があると思った球は迷わず続ける。

④初球の外角低めのストレートを、バックネッ

トへ鋭い当たりでファウルする

A　インハイのボール球

通常はバックネットへのファウルチップは危険とされているが、ボールの下を振るということは直球に対して力負けか、バットが下から出ている証拠でもある。タイミングが合った空振りに比べて確固たる証拠が示される。

B　外角のストライクからボールになる変化球

タイミングが合ったファウルで、打てそうな気になり積極的に振ってくるので、打ち気を利用してボールになる変化球で誘う。

⑤初球の外角低めのストレートを、タイミングが遅れてファウルする

A　1球目よりも厳しい外角低めにストレート

タイミングを修正してポイントを前に対応してくるので、1球目よりもバットが届きにくいコースに投げる。

⑥初球の外角低めのストレートを、引っ張ってファウルする

A　内角にボール気味の厳しいストレート

遅れた時とは逆で、タイミングを修正してポイントを遅らせてくるため、内角に投げて空振りを狙うか詰まらせることを考える。

⑦初球の外角低めのストレートを見逃してボール

A　変化球でストライクを取る

変化球待ちの場合も考えられるため、見送りのタイミングをしっかり見極めてから、甘い直球を狙っていると判断した場合には、狙い球の球種の逆の変化球で

カウントを稼ぐ。

●変化球への反応

①初球の外角低めの変化球を見逃しでストライク

A　外角低めへ厳しい変化球

コースと球種の残像の残る1球目より遠くへのセオリー。

B　外角にストレートのボール球

高い確率で直球にヤマを張っていると判断した場合は、直球をボールコースに投げて誘う。バッターは待っていた直球に対して「来た」とばかりに手を出してくる。

C　インハイにストレートのボール球

Bと同様の考え方になるが、より打ち気がありパワーのある打者に対しては効果が倍増する。

②初球の外角低めの変化球を、タイミングが合った空振りでストライク

A　外角のボールゾーンにストレート

初球の変化球を狙う打者は要注意打者と考え、伏線としてのボール球を使う。

B　インハイのボールゾーンにストレート

最大級の警戒打者と判断したときは、緩急および対角線としても効果があるインハイを伏線としてボール球にする。

③初球の外角低めの変化球を、タイミングが合わない空振りでストライク

A　同じボールを続ける

直球狙いのバッターが思わず振ってしまっただけと考え、あまり神経質にならないようにして変化球を続けて一気に追い込む。

④初球の外角低めの変化球を、バックネットへ

鋭い当たりでファウルする

Ａ　内角にボール気味の厳しいストレート

　直球のケースでも述べたように、タイミングが合った空振りは未知の不気味さが残る。だがファウルは確固たる結果が残って打者との力加減が分かるので、腰を引かせる厳しい内角球で一気に崩すことを考える。

⑤初球の外角低めの変化球を、タイミングが遅れてファウルする

Ａ　同じボールを続ける

　突っ込んでヘッドが下がっている非常に悪い状態で、変化球は打てないと判断して強気に攻めて追い込む。

⑥初球の外角低めの変化球を、引っ張ってファウルする

Ａ　ストレートを外角にボールにする

　このタイプは最もタイミングが合っていて、変化球にも対応している要注意打者として捉える。同じ球は極めて危険なので、伏線として同じコースのボール球を考える。

Ｂ　ストレートを内角にボールにする

　さらに打者がパワーヒッターの場合には、ひと手間を加えて、崩す意味での伏線のボール球のインコースを使う。

⑦初球の外角低めの変化球を見逃してボール

Ａ　打つ気がなければ同じ球を続ける

　タイミングが完全な直球狙いで、変化球に見向きもしなければ同じ球でいい。

Ｂ　打つ気があれば外角のボールゾーンにストレート

　打つ気満々で踏み込んで見送った場合は、狙っている可能性が高くボールゾーンで誘って様子を見る。

初球は、これから始まる物語のプロローグだと捉えるべきである。

基本的には、ほとんどの打者が初球は直球狙いをしてくると考えておく。また、逆に思い切った決め打ちをしてくる場合もあるという、未知への推察を張り巡らせるための伏線とも捉えるべきである。

それに対して見逃しや空振りファウルは、その傾向を知る大きな手がかりや証拠となる。そういった意味でも、簡単に2球目を打たれることには納得がいかないことが多い。

ただし、打たれた時の考え方で非常に大切なことは、配球のミスで打たれたのか？　それともコースに行かなくて打たれたのか？　変化球が切れずに打たれたのか？　それらを正しく判断することが最も重要である。

この項のまとめとして一言で述べるならば、「配球に答えはない。されど根拠のある1球はある」

そう締め括りたい。

配球の妙技

●妙技①　スラッガーに、1ボール2ストライクからカーブを3球続けて、見逃し三振を取る

カウント1ボール2ストライクの後、二つのカーブをわざとボールにして、カウントをフルカウントにする。

すると打者は、「この投手はカーブが苦手のようだ。次の球は絶対に直球を選んでくるだろう」と考える。その結果はといえば、絶好のカーブが来て打者は見逃しの三振となる。

「火の玉投手」と呼ばれたボブフェラーが台頭してくる以前、1935年と1936年に大リ

妙技① スラッガー編1

意図的にアウトコースに外れるカーブを投げる。

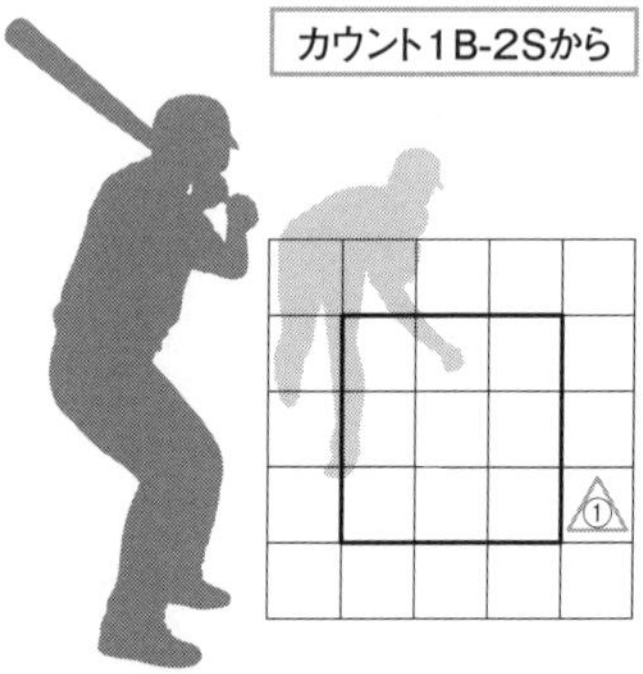

スラッガー（右）との対戦

妙技① スラッガー編2

次にコースも高さもさらに大きく外して首を傾げ、カーブではストライクは取れない雰囲気を出す。

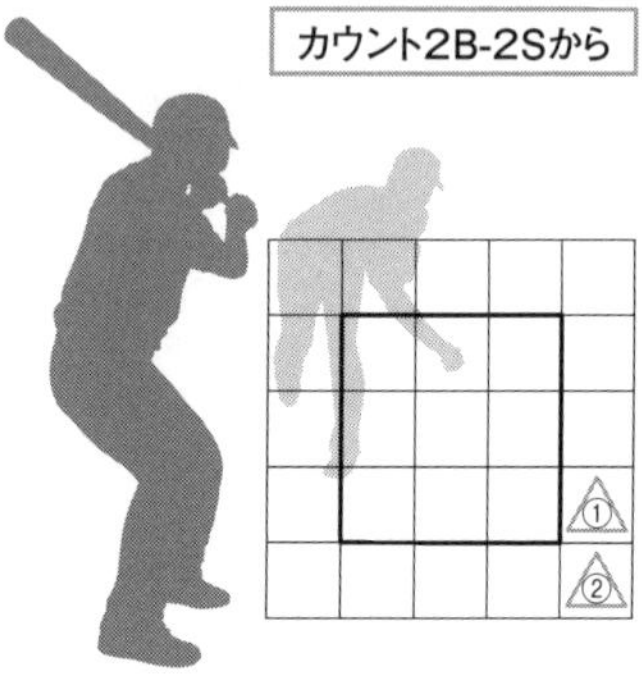

スラッガー（右）との対戦

妙技① スラッガー編3

最後にコースも高さも甘くして、完全に打者の予想に反したカーブのストライクを投げて、見逃しの三振を狙う。

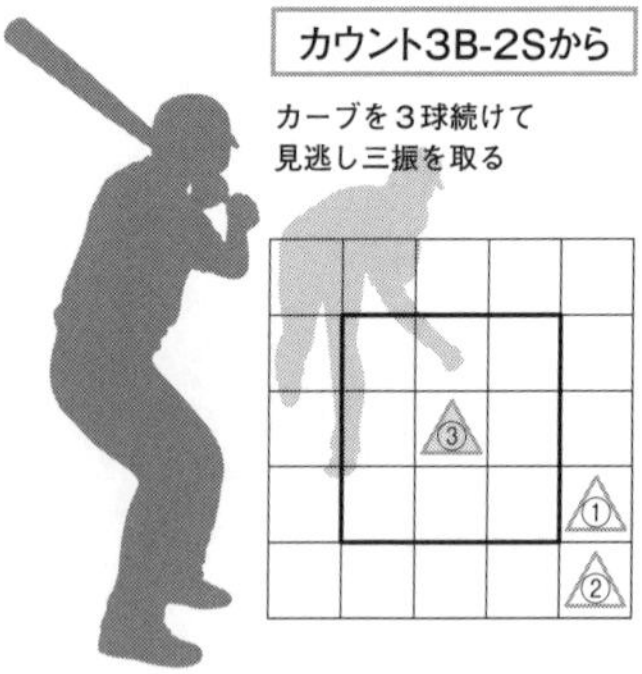

スラッガー（右）との対戦

ーグの最多奪三振を記録した投手である、デトロイト・タイガースのトミー・ブリッジスが度々用いた頭脳的な配球でもある。

●妙技② 0ボール2ストライクから、強打者のプライドを傷つける配球

2ナッシングから、強打者に対してインハイにウエストボールを投げた後、落ちる系の変化球を使わずに内角のストライクで勝負する。

強打者ほどインハイを落ちる系の前の釣り球だと認識していて、次の落ちる球をほぼ100%見極めようとするものである。そこに内角で勝負されると、至ってプライドを傷つけられた気になり、今後の勝負に尾を引くと考えられる。

●妙技③ 変化球と同じ軌道で、直球を投げて振り遅れを狙う

たとえスピードの遅い投手であっても、工夫次第では振り遅れを誘うことが可能になる。1

妙技② スラッガー編1

いわゆる強打者への定番である釣り球を厳しくインハイに投げる。

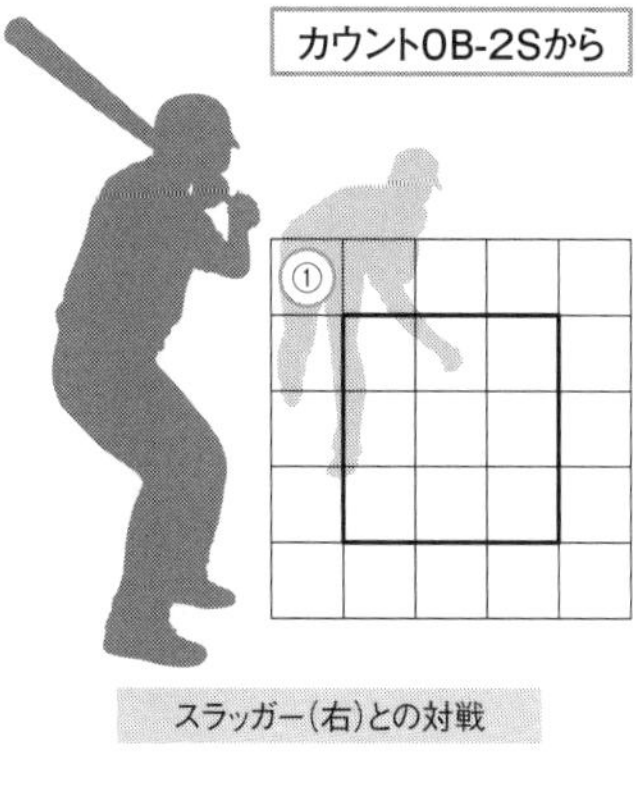

スラッガー（右）との対戦

妙技② スラッガー編2

強打者が予想する低めにボールになる落ちる系でなく、インコースにストレートをズバッと投げて見逃しの三振を狙う。

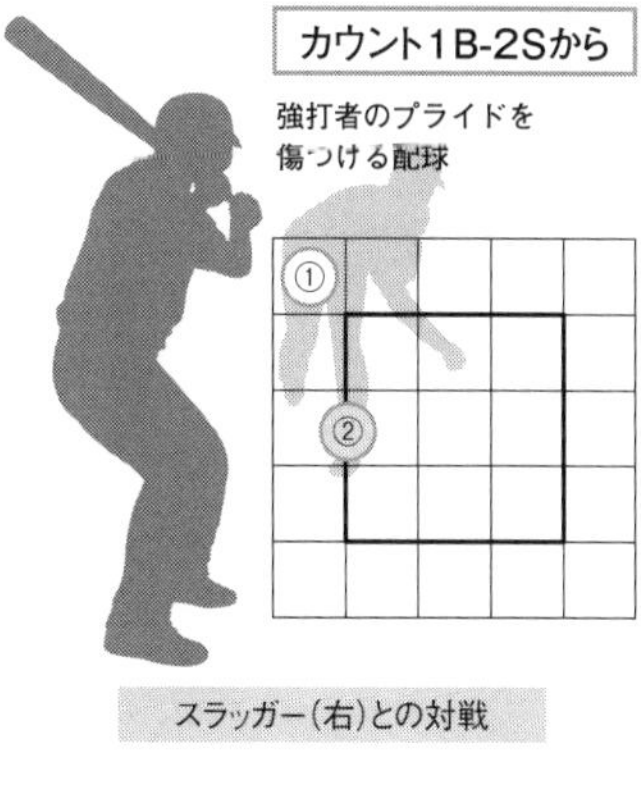

スラッガー（右）との対戦

妙技③ 普通打者編1

ボールからストライクになるカットボールで、ファウルを打たせる。

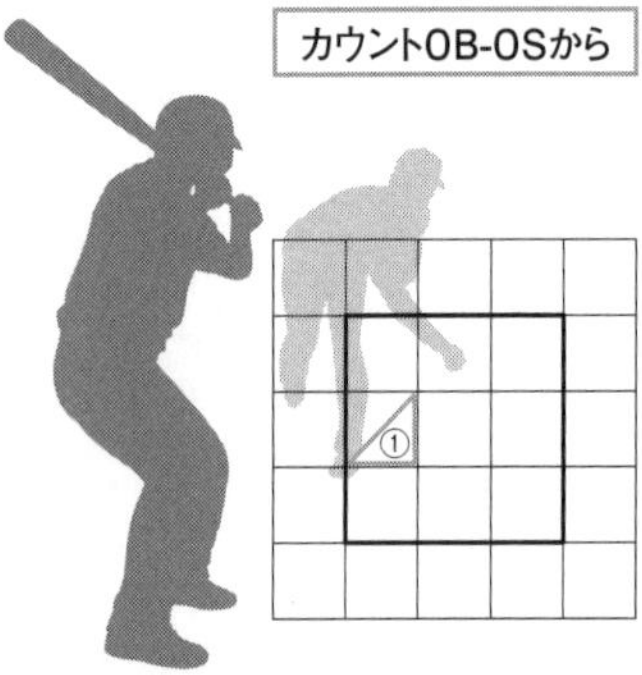

普通打者(右)との対戦

妙技③ 普通打者編2

インコースを意識させるために、厳しいインコースにボール球を投げる。

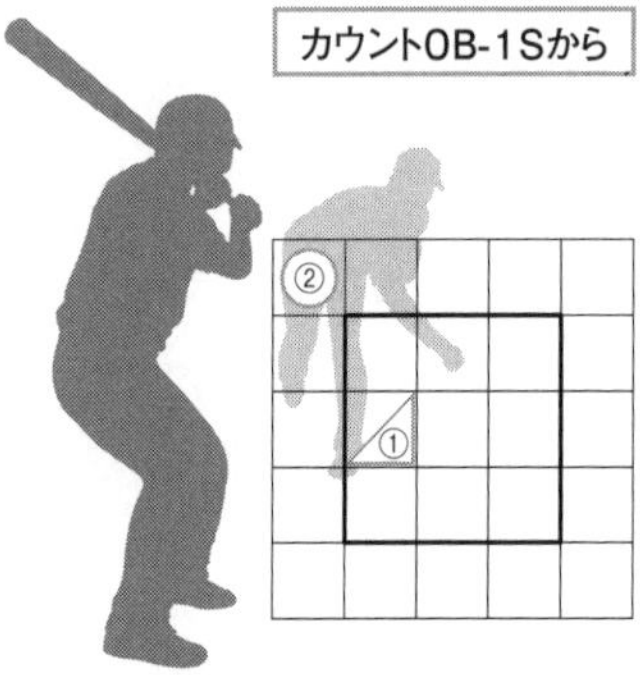

普通打者(右)との対戦

妙技③ 普通打者編3

インコースに意識があるときに、アウトコースの甘いスライダーでストライクを取る。

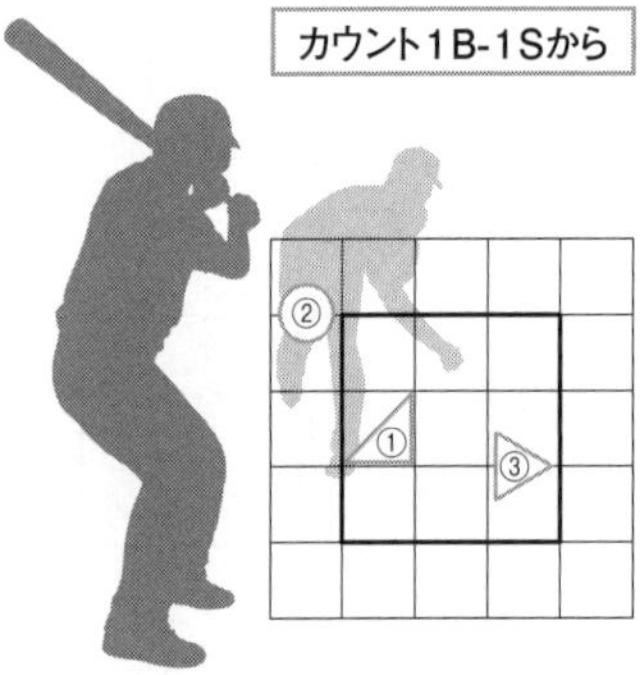

普通打者(右)との対戦

妙技③ 普通打者編4

3球目のスライダーと同じ軌跡でストレートを投げ、振り遅れを狙う。

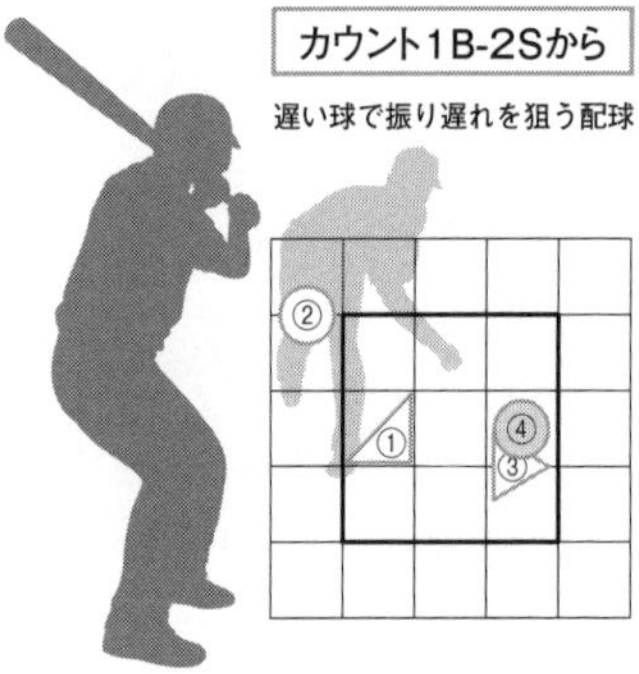

普通打者(右)との対戦

球前の同じ軌道から変化球で空振りをさせる配球は一般的だが、ここでは逆転の発想で、1球前に変化球を投げて次に同じ軌道から直球を投げ込む。打者は残像からこのコースは球が変化すると思い込み、遅い直球であっても思わず立ち遅れてしまうのである。

1球目からのプロセスは、右打者の内角にまずボールからストライクになるカットボールを投げて、見逃しかファウルで1ストライク。さらに内角を意識させるため、ボール球を厳しい内角に投げ込んで1ボール1ストライク。内角に意識がいったところで、外角にスライダーを投じて1ボール2ストライク。最後は3球目と同じ軌道にストレートを投じて振り遅れを誘うというものだ。

●妙技④　バッティングカウントの3ボール1ストライクで、死球か振らせるかの内角勝負

このカウントからは、通常ではスラッガーに対して、直球やスライダー系に関しては外角低めにボール気味に投げるか、カウントを整える意味で低めにカーブを投げて、フルカウントに持っていこうとするものである。

だが、それらの配球は少しでも外れればフォアボールとなり、打者を一塁に歩かせることになる。そこでどうせ際どい球を使うのであれば、内角にぶつけるか振らせるかの強い意志を持って投げ込むのである。

打者は狙っている直球が内に来たことで、フルスイングをしようとするが、結果的にはボール気味のコースに詰まってしまうことになる。

●妙技⑤　1ストライクから、超スラッガーをボール球だけで牛耳る

長打が望めず、まず見送るであろう初球の外角低めの緩いカーブをプロセスとする。見送ったものの打ち頃の球でストライクを取られたこ

妙技④ スラッガー編1

通常は狙っているストレートを、アウトローにボール気味に投げようとする。

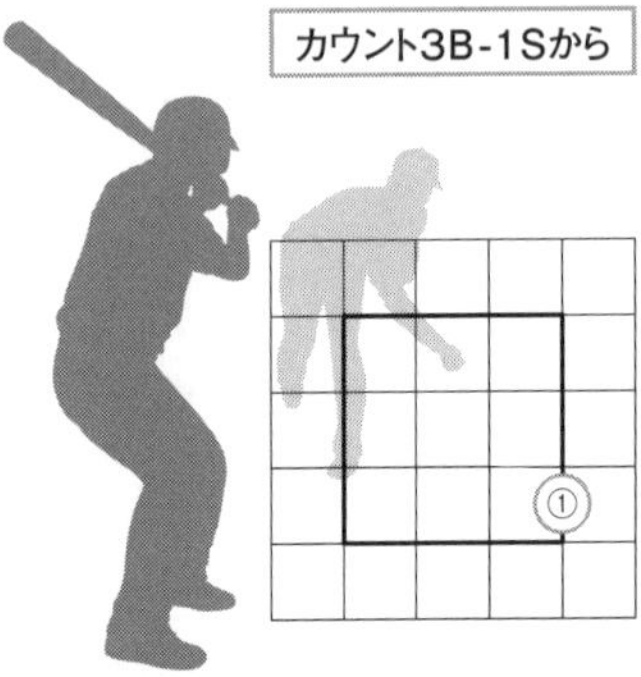

スラッガー（右）との対戦

妙技④ スラッガー編2

またはスライダーをボール気味に、アウトコースに投げて空振りを狙う。

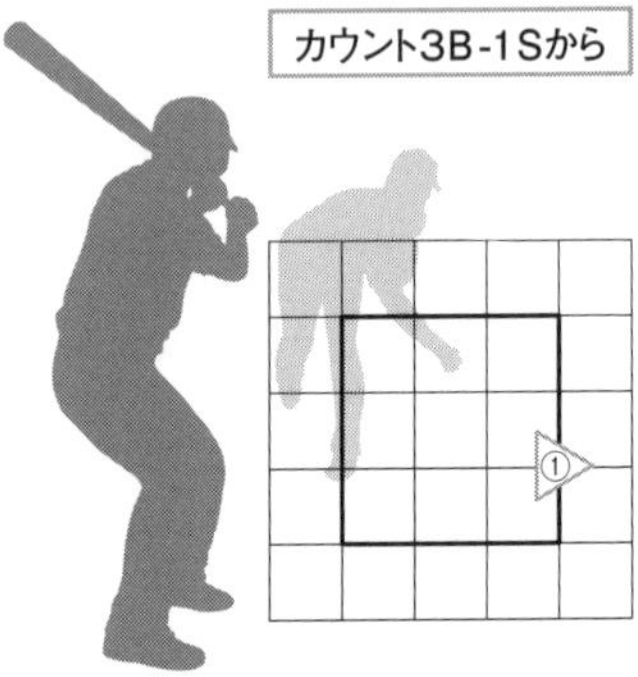

スラッガー（右）との対戦

妙技④ スラッガー編3

あるいは安全策で、カーブでストライクを取りカウントを整えようとする。

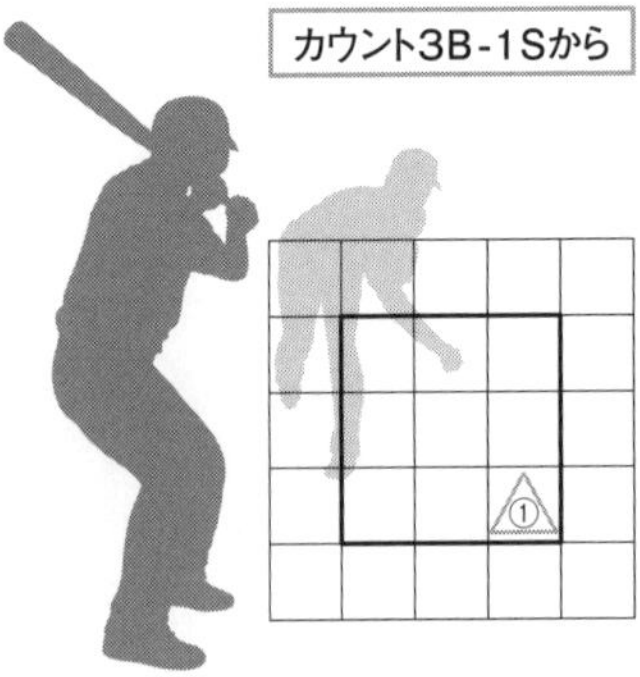

スラッガー（右）との対戦

妙技④ スラッガー編4

狙っているストレートを死球か振らせるかの気持ちで腕を振り、インコースで詰まらせる。

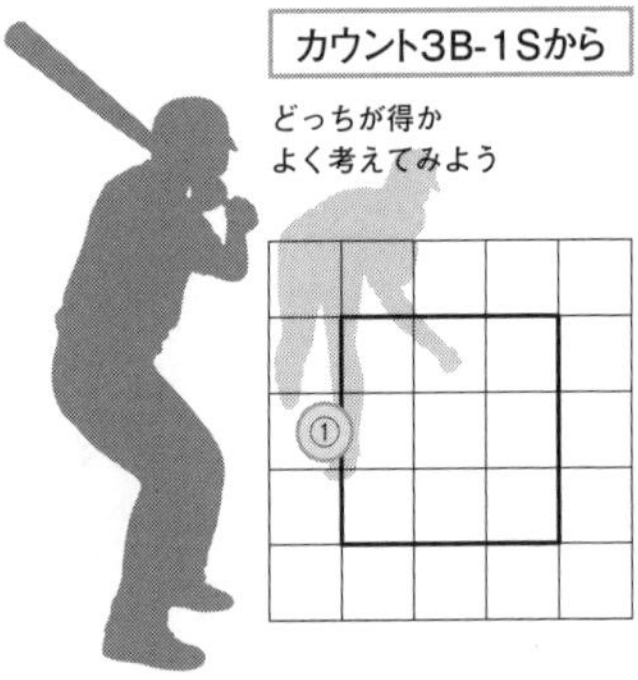

スラッガー（右）との対戦

妙技⑤ 超スラッガー編1

長距離打者は基本的に振ってこない球。しかし緩いカーブだったので後悔も残り、次にこの辺に来たら打とうと気持ちが動く。

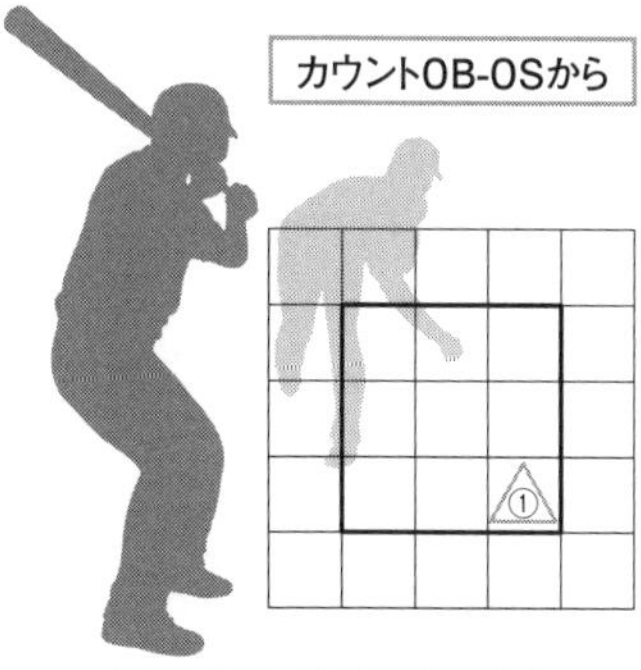

スラッガー（右）との対戦

妙技⑤ 超スラッガー編2

気持ちが動いたことでストライクゾーンの意識が低めのボールゾーンまで広がる。さらに意識させるため低目のフォークをボール球にして伏線とする。

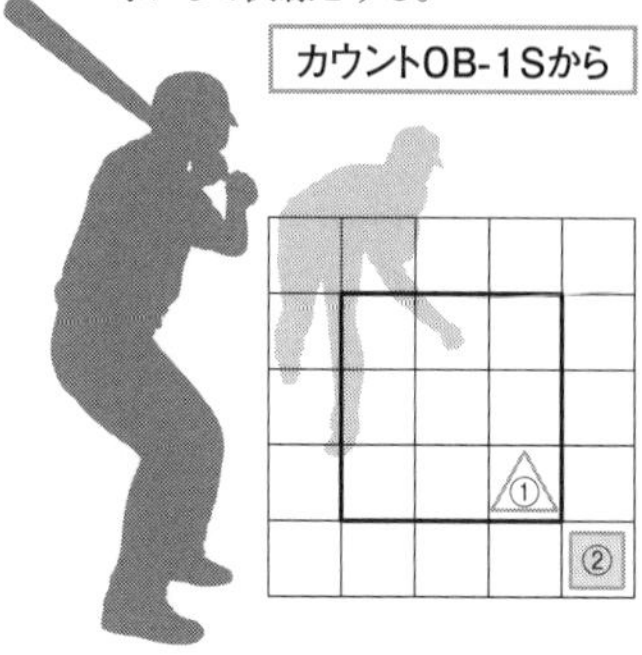

スラッガー（右）との対戦

妙技⑤ 超スラッガー編3

十分に低めに意識がいったところで、高さはボールのまま、コースを甘くしたフォークで空振りを狙う。

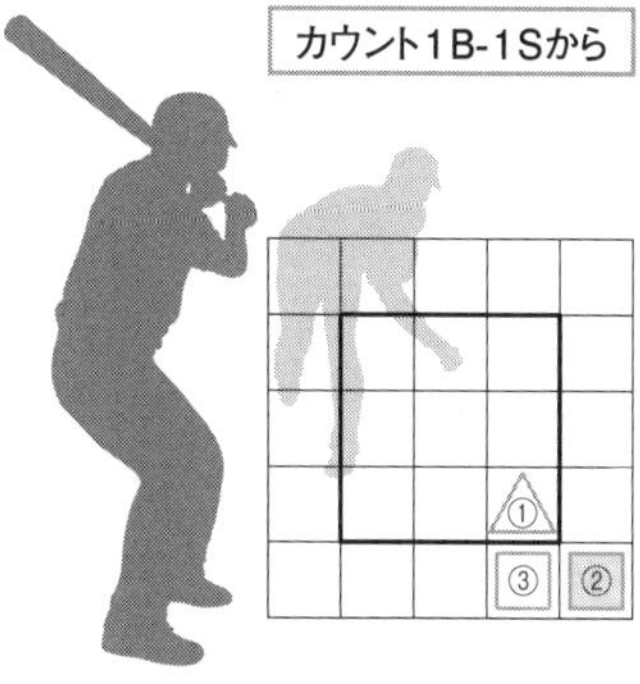

スラッガー（右）との対戦

妙技⑤ 超スラッガー編4

カウント１Ｂ２Ｓ。最初から狙っていた高めに直球をボールにすると「しめた」と振ってきて三振が狙える。

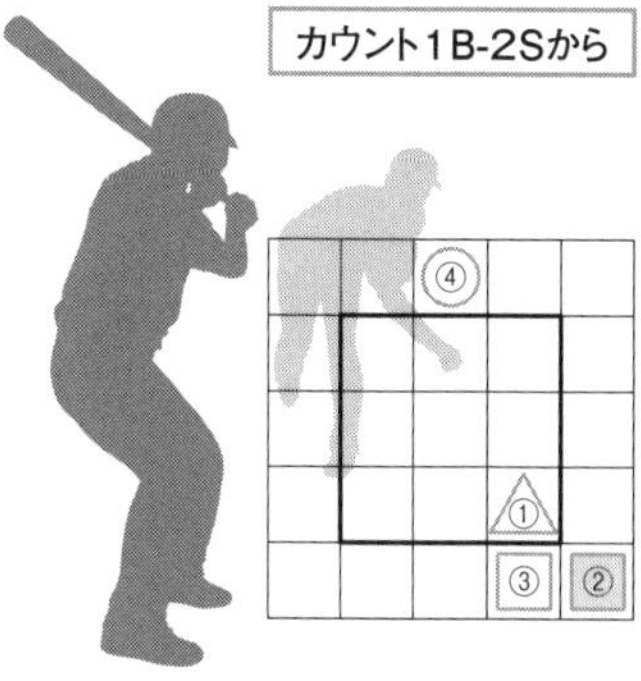

スラッガー（右）との対戦

妙技⑤ 超スラッガー編5

もし4球目を見送られたり、ファウルだったりしたときは、意識過剰にさせた低めに、3球目と同じボールで三振を狙う。

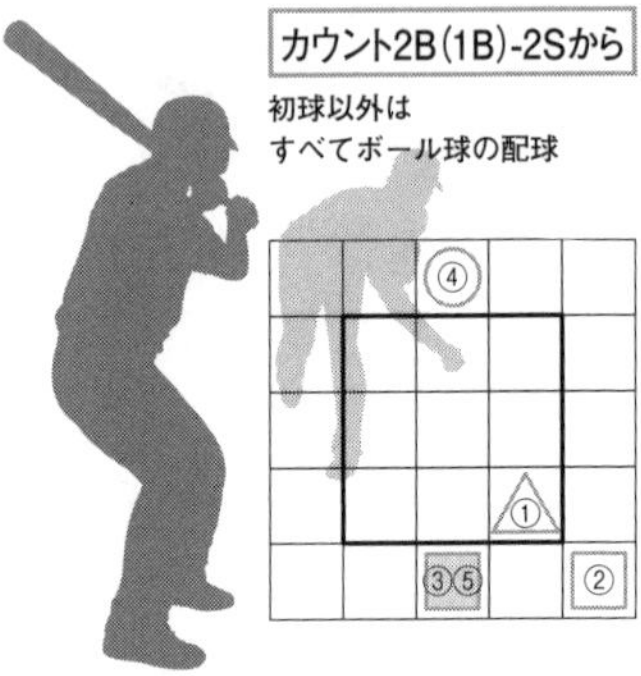

スラッガー(右)との対戦

とで、次にこの辺に来たら打とうとする意識が芽生えてくる。

低めを広く待つイメージをさらに強くさせるために、2球目はボール球のフォークボールをプロセスに盛り込む。低めに意識のある打者は、これを空振りする場合もあるだろうが、見送ったとしよう。こうして十分に低めへの意識を持たせたところで、3球目はコースを甘くした低めのフォークを投げて空振りをさせる。打者はコースが甘くなったことで食い付いてくる。

そして、最初から狙っていた直球を真ん中高めの釣り球にして空振りを取る。もしも見送られても、最後は散々意識させた低めに、フォークボールをボールにして投げて三振を奪うのである。

●妙技⑥ 右狙いの打者を、狙っていた外角で見逃しをさせる

進塁打を狙う右打者は、初球の内角を振ってはこない。カウント球として内角を使った後に、2球目は狙っている外角にストライクからボールにして空振りを誘う。

プロセスとして内角を強く意識させるために、3球目は内角に厳しくボール球を投げ込む。これで打者は内を右に打とうとして意識が内角だけになるため、次に外角に来た直球には手が出なくなってしまう。

妙技⑥ 進塁打編1

右狙いの打者は初球のインコースには絶対手を出してこない。

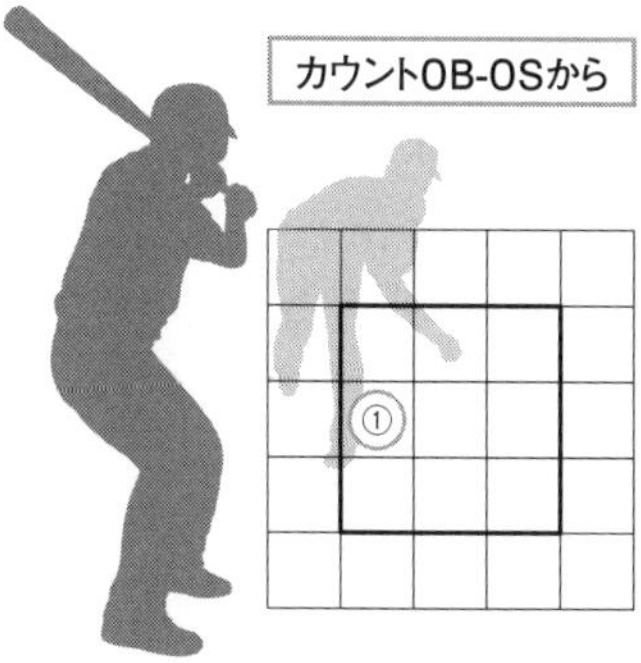

右狙い打者（右）との対戦

妙技⑥ 進塁打編2

狙っているアウトコースに来たことで
思わず手を出してしまう（空振り）。

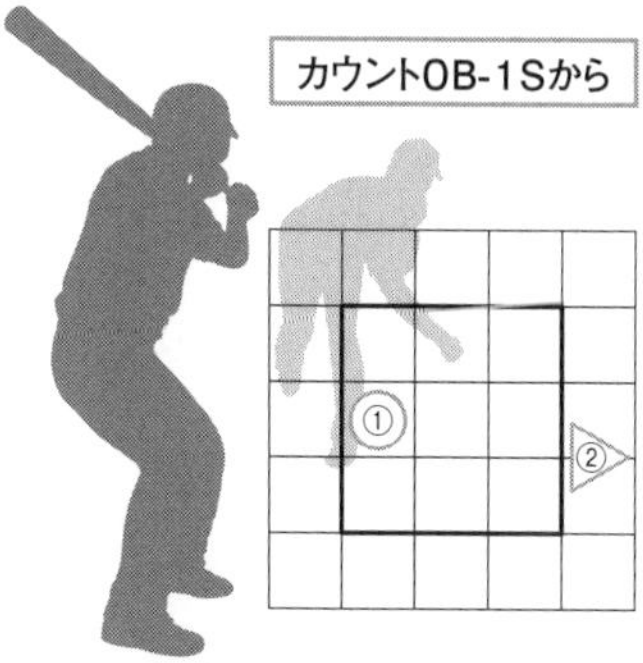

右狙い打者（右）との対戦

妙技⑥ 進塁打編3

インコースを意識させるために厳しいインコースにボール球を投げる。

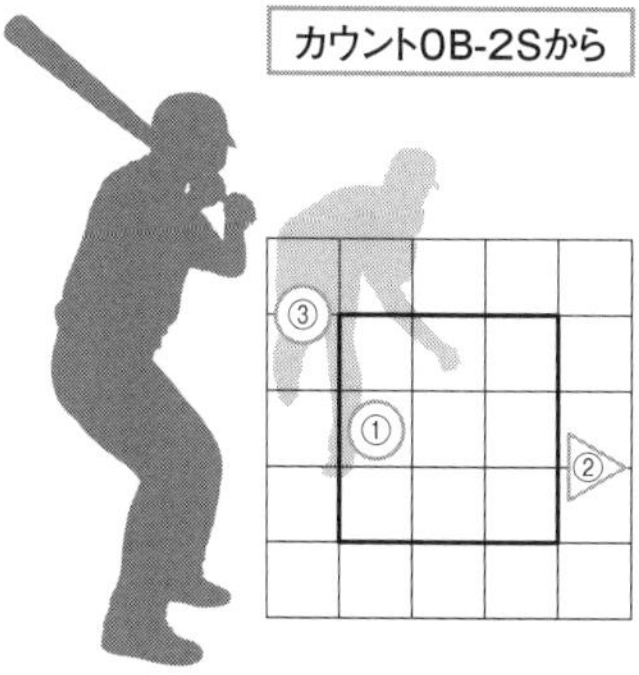

右狙い打者（右）との対戦

妙技⑥ 進塁打編4

厳しいインコースに対処しようとして、インコースを打とうとするため、アウトコースに手が出ずに見逃してしまう。

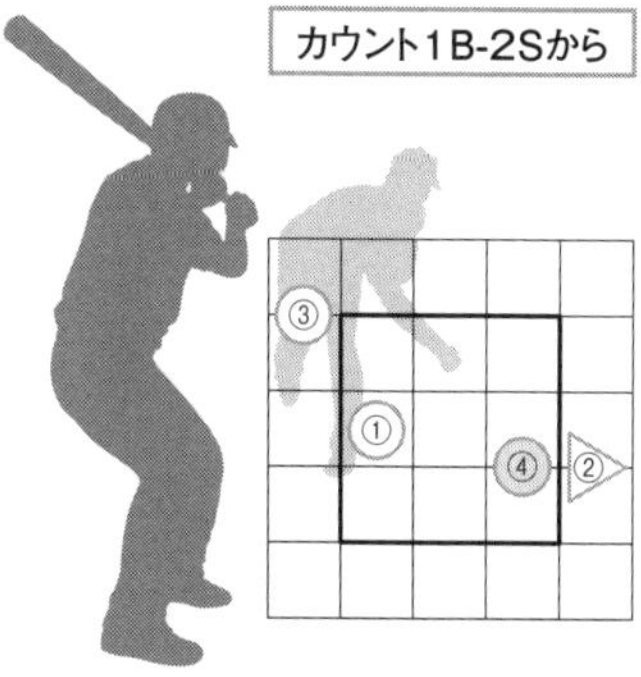

右狙い打者（右）との対戦

第8章

セイバーメトリクスを有効活用する方法

セイバーメトリクスの意義と役割

セイバーメトリクスとは、ビル・ジェイムズという人物によって提唱された、野球についての客観的・統計的な研究のことである。

メジャーリーグでは、実際にチームの運営に利用している球団も多くあり、特にオークランド・アスレチックスが、セイバーメトリクスを用いてチームを改革した物語が『マネー・ボール』という本で描かれ、その後ブラッド・ピット主演で映画化もされて大いに話題になった。

野球に用いられている数字、例えば打率・本塁打・打点などは、その選手の価値を的確に表しているのか徐々に疑問視されてきた。

打率はあくまで打数のうちの安打の割合を表しているに過ぎず、長打や四球を考慮していないため、貢献の大きさは打率ランキング通りになるかどうかは不明である。

打点は同じ打撃内容でも、打った時の走者の数に大きく左右される数字であり、本人の力による貢献とは言い切れないものも存在する。

そこで、実際にはどのような要素が選手の能力、勝利に結びついているのか？　ということを研究することで、野球の構造が客観的に分かり、勝利への貢献について公正な評価を下すことができるようになるのである。

考えてみてほしい。3割の打者と2割7分5厘の打者を、目で見るだけで区別することは絶対にできない。ポストシーズンは4月～9月(約6ヶ月で約24週)で年間162試合。計算すると、2週間にヒット1本の差しかない。

事実、もし年間15試合観戦するとすれば、2週間で約3試合観る計算となり、目の前でたまたま2割7分5厘の打者が3割打者より多くヒットを打つ確率が40パーセントもある。

要するに、優れた打者と平均的な打者の違いは、目には見えない。違いはデータの中だけにあるのだ。

基本的な考え方は、主観に頼らない

評価を行う際に主観に頼らないことは、セイバーメトリクスで最も重視される考え方の一つである。

誰かがある選手を見て、バッティングフォームが美しいからこのチームで最も優れた打者に違いないと確信したとしても、その打者が実際によく打っているかどうかは分からない。

好きなチームの試合をたまに見るファンが、ある打者がよく打っていると感じたとしても、それはたまたま見ている時にその打者が打っていただけであり、シーズン全体ではさほど活躍していないかもしれない。

人は最初に選手を見た時の印象が悪ければ、その後はいくら活躍しても悪いように見てしまいがちになる傾向がある。これは、人生においても往々にしてあることだろう。

客観的に選手を評価するには、「あの打者がよく打っているイメージがある」などの主観に頼らず、どれだけの安打を打ったのか、四球を選んだのかなど誰にも同じように確認できて、記録に残っていることをもとに評価することが肝要となる。

そうすることによって、実際はよく勝利に貢献している選手なのに、見た目が地味なために主観的判断では評価されにくい選手も、公正に評価されるようになる。また、思い込みを覆して新たな戦略・戦術を生み出す契機になる可能性もある。

セイバーメトリクスによる評価は、単にイメージで語ることではなく、誰にでも確認可能な記録からの評価を基本としているのだ。

出塁率と長打率を加味したOPS指標

得点能力との相関性の高い指標が「OPS」である。セイバーメトリクスでは、打率以上に出塁率が選手を評価する上で重要な指標であると考えられている。

ただ、出塁率だけでは、単打とホームランの重みが同等とされているため、そこに長打率を加算したOPSという指標が考案された。

計算式は簡単で、出塁率＋長打率で表すことができる。

出塁率＝（安打数＋四球＋死球）÷（打数＋四球＋死球＋犠飛）

長打率＝塁打数÷打数

例えば、10打数3安打で打率3割という打者が3人いたとする。

①単打・単打・単打
打率　3÷10＝3割

②二塁打・本塁打・単打
打率　3÷10＝3割

③単打・四球・二塁打・四球・単打
打率　3÷10＝3割

3人とも「打率3割」という一括りの結果で、評価をつけるのはいかがなものだろうか？　だが、これをOPSで評価してみると次のようになる。

①単打・単打・単打
出塁率　3÷10＝3割
長打率　3÷10＝3割
OPS＝600
評価「悪い」

3割打者ながら長打率が反映されず、水準以下の評価となった

②二塁打・本塁打・単打

出塁率　3÷10＝3割

長打率（2＋4＋1）÷10＝7割

OPS＝1000

評価「一流」

長打率が大きく反映されて、3割打者の中でも最上級の評価

③単打・四球・二塁打・四球・単打

出塁率（3＋2）÷（10＋2）＝4割2分

長打率　4÷10＝4割

OPS＝820

評価「良い」

二塁打と四球での出塁が加味されて、3割打者の中で良いという評価

このように、長打率と出塁率まで考慮に入れるべきで、両方の要素を加味したものがOPS指標なのである。

長打率の欠点とIsoP指標

数あるデータの中で、勘違いが最も起こりやすいものの一つが長打率の計算である。長打率という響きから、〝長打を打つ確率〟と思っている人も多いのではないだろうか？

この指標は真の「長打力」を測る上では問題点があり、塁打数の計算に単打が含まれているということだ。

つまり長打率は〝1打数あたり、どれだけの塁打を期待できるか〟を示すもので、計算式は「塁打／打数」となり、単打だけでも長打率は上昇する。

もう少し簡単に説明すると、「1打数あたり何塁まで行けるか」を表している数値であり、

例えば長打率が3割ならば「1打数で3塁まで進む」ということになる。

次に挙げる例を見ると分かりやすいだろう。

・打撃結果と打率、長打率、ＩｓｏＰの違い

長打率＝塁打数÷打数

ＩｓｏＰ＝長打率－打率

打撃結果	打率	長打率	ＩｓｏＰ
①100打数40単打	4割	4割	0・000
②100打数20二塁打	2割	4割	0・200
③100打数10本塁打	1割	4割	0・300

3人とも「長打率4割」という評価で統一されるが、その長打との因果関係は大きく食い違ってくる。したがって純粋な長打力を図る指数としては、ＩｓｏＰが最も適している指標だといえよう。

さらに補足するならば、ＩｓｏＰをもっと簡単に説明すると長打率と打率の差分であり、「単打＝0、二塁打＝1、三塁打＝2、本塁打＝3」として計算している。そのため、次の式でも表現することができる。

ＩｓｏＰ＝（二塁打×1＋三塁打×2＋本塁打×3）÷打数

長打率と違うのは、ＩｓｏＰでは単打を評価の対象にしていないということだ。二塁打・三塁打・本塁打のみを評価した指標。つまりＩｓｏＰは打者の純粋な長打力を評価しているといえる。

セイバーメトリクスからの示唆

次に、具体的なデータを挙げながら、セイバーメトリクスの各指標の説明をしていきたい。用いたデータは年末に行われる健大高崎の沖縄

キャンプミーティング資料（2015〜2017データファクトリーより抜粋）で、現役選手を排除した卒業後の選手たちのデータのみを記載している。また▲は規定打席不足で、参考記録とする。まずは打者編から。

打者編

・OPS（On Base Percentage Plus Slugging Percentage）

出塁率と長打率とを足し合わせた値

＝出塁率＋長打率

打者の実力を忠実に表す最もメジャーな指標。

1000以上は一流で、900以上がレギュラークラス。2017年は控えの日野駿之介が903と健闘。ランキング外の大柿792、古谷787は失格。規定打席に達した他の選手では、田口661、稲村709と劣悪。打席数100以上の参考記録では、是澤1022、嶋本994がレギュラー獲りに参戦するも、辻の653は厳しすぎる。

結果的に、夏には嶋本翼がスタメンで現実のものとなった。2017年の山下航汰は1314、2013年の脇本直人は1167でプロに進んだ。特筆すべきは、2016年小野寺大輝の1217で、本塁打3本ながら四死球の獲得率と、セーフティバントでの出塁率。さらに、二塁打・三塁打を量産して長打率を稼いだ。

・IsoD（Isolated Discipline）

「四死球によってどの程度出塁したか」を測る四死球占有率

＝出塁率－打率

0・1以上は秀逸で0・09以上が優秀。0・07〜0・08は合格点。0・06以上は普通。0・05以上は悪い。0・05未満は劣悪で0・03以下が深刻。

OPS 2017

	順位	選手名	OPS
	1	山下航汰	1314
	2	享保　駿	1140
	3	髙山遼太郎	1077
	4	大越弘太郎	1009
	5	今井佑輔	948
	6	小林大介	923
	7	日野駿之介	903
▲		柳澤海星	3000
▲		大草裕哉	1150
▲		山本陸人	1102
▲		奥田拓真	1100
▲		是澤涼輔	1022
▲		竹内孝介	1000
▲		井上壱悟	1000
▲		嶋本　翼	994
▲		柱本健太	918
▲		宮石悠生	908
▲		西﨑弘法	875
▲		藤原寛大	856
▲		髙橋晃希	833

OPS 2016

	順位	選手名	OPS
	1	小野寺大輝	1217
	2	山下航汰	1181
	3	今井佑輔	1024
	4	安里樹羅	1022
	5	湯浅　大	997
▲		西原知弥	4000
▲		日野駿之介	3000
▲		岩井洸樹	2667
▲		髙橋魁斗	2000
▲		長島光希	1500
▲		嶋本　翼	1500
▲		八須賀亮人	1429
▲		七原　執	1000
▲		古屋一輝	1000
▲		髙山遼太郎	996
▲		木村太一	972
▲		津布久紫音	966
▲		小野大夏	949
▲		茂木敬吾	946
▲		大越弘太郎	940

OPS 2015

	順位	選手名	OPS
	1	川村尚輝	1028
	2	宮本隆寛	979
	3	高山竜哉	940
	4	八須賀亮人	904
	5	高橋翔大	891
	6	湯浅　大	889
	7	渡口大成	836
▲		深津啓人	1346
▲		竹本甲輝	1334
▲		木村優希	1098
▲		宮嶋大輔	1000
▲		池田悠真	1000
▲		石井篤磨	1000
▲		小野大夏	1000
▲		根井大輝	1000
▲		宮崎滉陽	995
▲		金城大将	948
▲		蔵本京太郎	929
▲		伊藤敦紀	922
▲		永渕　遼	842

IsoD 2017

	順位	選手名	IsoD
	1	小林大介	0.095
	2	田口夢人	0.087
	3	稲村　紀	0.085
	4	大柿廉太郎	0.083
	5	髙山遼太郎	0.066
	6	日野駿之介	0.064
	7	今井佑輔	0.060
		山下航汰	0.060
▲		西原知弥	0.500
▲		吉井直孝	0.333
▲		柳澤　寛	0.151
▲		大草裕哉	0.150
▲		髙橋晃希	0.133
▲		柱本健太	0.111
▲		春原廣陽	0.102
▲		柳澤光星	0.101
▲		奥田拓真	0.100
▲		西﨑弘法	0.087
▲		嶋本　翼	0.075
▲		藤原寛大	0.064

IsoD 2016

	順位	選手名	IsoD
	1	大柿廉太郎	0.124
	2	湯浅　大	0.115
	3	小野寺大輝	0.108
	4	今井佑輔	0.077
	5	伊藤敦紀	0.076
	6	渡口大成	0.075
▲		古屋一輝	1.000
▲		柳澤　寛	0.375
▲		岩井洸樹	0.167
▲		向井義紀	0.164
▲		石井篤磨	0.150
▲		竹本甲輝	0.139
▲		津布久紫音	0.129
▲		長島光希	0.125
▲		片倉雅史	0.113
▲		是澤涼輔	0.097
▲		茂木敬吾	0.089
▲		髙山遼太郎	0.082
▲		齋藤龍二	0.080
▲		上野健助	0.078

IsoD 2015

	順位	選手名	IsoD
	1	湯浅　大	0.093
	2	宮本隆寛	0.081
	3	渡口大成	0.074
	4	八須賀亮人	0.067
	5	高橋翔大	0.063
	6	安藤　諭	0.060
▲		池田悠真	1.000
▲		根井大輝	1.000
▲		長島光希	0.250
▲		斉藤 勇太	0.190
▲		石毛 力斗	0.112
▲		宮崎 滉陽	0.112
▲		赤坂 崚太	0.109
▲		金城 大将	0.102
▲		木村太一	0.102
▲		北川浩久	0.096
▲		片倉雅史	0.089
▲		阿部 竜也	0.077
▲		永渕　遼	0.073
▲		上野健助	0.067

この指標は地味ではあるが、「機動破壊」を掲げる健大高崎としては大事な評価といえる。2016年は大柿廉太郎が首位で何とか面目躍如したが、2017年は大幅ダウン。OPSで酷評された田口、稲村が登場。レギュラーでは高山、今井が淡白さを露呈して失格。ランキング外の古谷の0・04は劣悪。

・IsoP（Isolated power）

二塁打・三塁打・本塁打のみを評価した指標

＝長打率－打率

長打率より、純粋に長打力を評価するために作られた指標である。

0・300前後はトップクラスで、0・200前後が主力クラス。高校生には最も難しい数字。2016年の示唆で「3年にわたり真の長距離砲は一人も出現しておらず山下に期待」と書いたが、期待に応えて山下の0・300越えは2013年の脇本以来で過去最高。享保駿も長距離砲型として登場。

プロを目指すためには、0・300以上が打者としての指標となる。山下が0・256から1年後に0・354に到達したことから、1年生で0・250近い指数を得れば、努力次第ではプロへの可能性も秘めるといえよう。

・SecA（Secondary Average）

長打力と出塁率の高い選手を見つけ出す指標

＝（塁打数－四死球＋盗塁－盗塁失敗）／打数

打率から長打と盗塁の要素を抽出

SecAは長打力（二塁打、三塁打、本塁打を打つ能力）と出塁率の高い選手を見つけ出すために開発された指標である。

直訳すれば「第二の打率」ということで、打率だけでは表せない隠れた貢献度を示す指標であり、四球や盗塁でも多くの塁を奪う打者ほど高くなる。

盗塁成功を長打と判断する指標でもあり、

IsoP 2017

	順位	選手名	IsoP
	1	山下航汰	0.354
	2	享保　駿	0.271
	3	髙山遼太郎	0.265
	4	大越弘太郎	0.228
	5	今井佑輔	0.138
	6	田口夢人	0.106
	7	大柿廉太郎	0.099
	8	日野駿之介	0.087
▲		柳澤海星	1.000
▲		大草裕哉	0.500
▲		井上壱悟	0.334
▲		髙橋晃希	0.300
▲		是澤涼輔	0.259
▲		宮石悠生	0.200
▲		山本陸人	0.200
▲		嶋本　翼	0.131
▲		西浦一輝	0.111
▲		辻　憲伸	0.110
▲		西﨑弘法	0.096
▲		関口康介	0.077

IsoP 2016

	順位	選手名	IsoP
	1	安里樹羅	0.256
	2	山下航汰	0.252
	3	安藤　諭	0.216
	4	小野寺大輝	0.213
	5	今井佑輔	0.185
	6	湯浅大	0.168
	7	伊藤敦紀	0.167
▲		西原知弥	2.000
▲		岩井洸樹	1.500
▲		髙橋魁斗	1.000
▲		日野駿之介	1.000
▲		長島光希	0.625
▲		嶋本　翼	0.500
▲		八須賀亮人	0.429
▲		木村太一	0.307
▲		茂木敬吾	0.285
▲		髙山遼太郎	0.228
▲		津布久紫音	0.209
▲		大平幸輝	0.200
▲		永渕　遼	0.180

IsoP 2015

	順位	選手名	IsoP
	1	川村尚輝	0.244
	2	高橋翔大	0.172
	3	宮本隆寛	0.164
	4	高山竜哉	0.143
	5	安藤　諭	0.137
	6	八須賀亮人	0.109
	7	堀江悠介	0.099
	8	渡口大成	0.098
	9	湯浅　大	0.090
▲		金城大将	0.384
▲		深津啓人	0.384
▲		大平幸輝	0.375
▲		木村優希	0.193
▲		伊藤敦紀	0.174
▲		永渕　遼	0.093
▲		上野健助	0.078
▲		木村太一	0.077
▲		蔵本京太郎	0.071
▲		石毛力斗	0.065
▲		今井大樹	0.062

SecA 2017

	順位	選手名	SecA
	1	山下航汰	0.820
	2	享保　駿	0.664
	3	高山遼太郎	0.582
	4	今井佑輔	0.563
	5	大越弘太郎	0.550
	6	日野駿之介	0.490
	7	古屋一輝	0.449
	8	小林大介	0.404
▲		柳澤海星	1.500
▲		井上壱悟	0.667
▲		山本陸人	0.667
▲		宮石悠生	0.644
▲		是澤涼輔	0.529
▲		大草裕哉	0.500
▲		花澤大輝	0.500
▲		嶋本　翼	0.424
▲		西﨑弘法	0.404
▲		春原廣陽	0.385
▲		柳澤光星	0.368
▲		奥田拓真	0.353

SecA 2016

	順位	選手名	SecA
	1	小野寺大輝	0.639
	2	安里樹羅	0.623
	3	山下航汰	0.590
	4	今井佑輔	0.577
	5	湯浅　大	0.521
	6	安藤　諭	0.488
▲		西原知弥	3.000
▲		日野駿之介	2.000
▲		岩井洸樹	1.500
▲		嶋本　翼	1.333
▲		髙橋魁斗	1.000
▲		八須賀亮人	1.000
▲		長島光希	0.750
▲		大平幸輝	0.600
▲		享保　駿	0.594
▲		木村太一	0.538
▲		齋藤龍二	0.526
▲		永渕　遼	0.520
▲		大越弘太郎	0.506
▲		七原　執	0.500

SecA 2015

	順位	選手名	SecA
	1	川村尚輝	0.634
	2	宮本隆寛	0.527
	3	高山竜哉	0.518
	4	湯浅　大	0.491
	5	高橋翔大	0.480
	6	八須賀亮人	0.382
	7	堀江悠介	0.374
	8	安藤　諭	0.366
	9	安里樹羅	0.360
	10	渡口大成	0.337
▲		小野大夏	1.000
▲		深津啓人	0.769
▲		木村優希	0.750
▲		竹本甲輝	0.667
▲		蔵本京太郎	0.643
▲		宮嶋大輔	0.500
▲		石井篤磨	0.500
▲		大平幸輝	0.500
▲		金城大将	0.462
▲		伊藤敦紀	0.391

0・500以上ならトップクラス。山下の0・820は全国でもベスト10に入るだろう。享保の0・664は秀逸。今井が足で稼いで0・500超。

・TA（Total Average）

打者が1アウトでどれだけの塁を得ることができたかを示す指標

＝（塁打数＋四死球＋盗塁－盗塁失敗）／（打数－安打＋盗塁失敗＋併殺打）

1・3以上が秀逸で1・2以上は優秀。1・1以上で良い。1・0以上が普通で0・9以上は悪い。0・8以上は劣悪で0・8未満が深刻。7名がトップクラスで日野が健闘。ランキング外の古谷の0・87は力不足。

・RC27（Runs Created per 27 outs）

27個（1試合）のアウトでその選手の生み出す得点を表す指標

RC27＝RC÷（打数－安打＋盗塁死＋犠打＋犠飛＋併殺打）×27

RC＝｛（A＋2・4×C）×（B＋3×C）÷（9×C）｝－0・9×C

A＝安打＋四球＋死球－盗塁死－併殺打

B＝塁打＋｛0・24×（四球－故意四球＋死球）｝＋0・62×盗塁＋｛0・5×（犠打＋犠飛）｝－0・03×三振

C＝打数＋四球＋死球＋犠打＋犠飛

つまり、1番から9番まで山下でチーム編成すれば、1試合で13点近く取れるという意味になる。2017年の平均得点8・59から単純比較すると、今井、大越、日野、小林は平均以下。山下以外に、過去で10以上は昨年の小野寺の11・3と脇本の10・3のみ。

・PS（Power-Speed-number）

パワーと機動力を兼ねた選手の指標

（本塁打×盗塁×2）／（本塁打＋盗塁）

TA 2017

	順位	選手名	TA
	1	山下航汰	1.839
	2	享保　駿	1.295
	3	髙山遼太郎	1.283
	4	小林大介	1.214
	5	今井佑輔	1.127
	6	日野駿之介	1.092
	7	大越弘太郎	1.060
▲		山本陸人	1.412
▲		奥田拓真	1.400
▲		大草裕哉	1.333
▲		宮石悠生	1.129
▲		嶋本　翼	1.094
▲		柱本健太	1.088
▲		是澤涼輔	1.028
▲		西原知弥	1.000
▲		西﨑弘法	0.949
▲		藤原寛大	0.929
▲		柳澤光星	0.929
▲		春原廣陽	0.900
▲		髙橋晃希	0.875

TA 2016

	順位	選手名	TA
	1	小野寺大輝	1.933
	2	山下航汰	1.438
	3	湯浅　大	1.382
	4	今井佑輔	1.264
	5	安里樹羅	1.096
	6	伊藤敦紀	0.922
▲		嶋本　翼	2.667
▲		岩井洸樹	2.500
▲		長島光希	2.000
▲		八須賀亮人	2.000
▲		津布久紫音	1.226
▲		大越弘太郎	1.041
▲		小野大夏	1.000
▲		木村太一	1.000
▲		髙橋魁斗	1.000
▲		茂木敬吾	1.000
▲		髙山遼太郎	1.000
▲		七原　執	1.000
▲		永渕　遼	0.970
▲		享保　駿	0.950

TA 2015

	順位	選手名	TA
	1	宮本隆寛	1.204
	2	湯浅　大	1.200
	3	川村 尚輝	1.165
	4	高橋 翔大	0.959
	5	高山 竜哉	0.948
	6	八須賀亮人	0.907
	7	渡口大成	0.819
	8	安藤　諭	0.730
▲		小野大夏	2.000
▲		竹本甲輝	2.000
▲		深津啓人	1.714
▲		木村優希	1.387
▲		蔵本京太郎	1.125
▲		宮崎滉陽	1.091
▲		金城大将	1.000
▲		宮嶋大輔	1.000
▲		石井篤磨	1.000
▲		永渕　遼	0.771
▲		伊藤敦紀	0.765
▲		上野健助	0.702

RC27　　2017

	順位	選手名	RC27
	1	山下航汰	12.8
	2	享保　駿	9.1
	3	髙山遼太郎	8.9
	4	今井佑輔	7.8
	5	大越弘太郎	7.3
	6	日野駿之介	7.0
	7	小林大介	6.9
▲		大草裕哉	12.0
▲		西原知弥	10.3
▲		奥田拓真	10.0
▲		山本陸人	9.9
▲		塚原悠雅	9.8
▲		三浦聖斗	9.8
▲		井上壱悟	8.3
▲		宮石悠生	8.1
▲		是澤涼輔	8.0
▲		嶋本　翼	7.5
▲		花澤大輝	7.4
▲		西﨑弘法	6.8
▲		髙橋晃希	6.7

RC27　　2016

	順位	選手名	RC27
	1	小野寺大輝	11.3
	2	山下航汰	9.9
	3	今井佑輔	8.3
	4	湯浅　大	8.2
	5	安里樹羅	8.0
▲		岩井洸樹	21.4
▲		七原　執	19.4
▲		髙橋魁斗	17.8
▲		八須賀亮人	17.2
▲		嶋本　翼	17.1
▲		長島光希	13.4
▲		関口康介	10.0
▲		奥田拓真	9.8
▲		宇田川柾	9.0
▲		茂木敬吾	8.8
▲		木村太一	7.6
▲		津布久紫音	7.6
▲		大平幸輝	7.5
▲		享保　駿	7.3
▲		永渕　遼	7.1

RC27　　2015

	順位	選手名	RC27
	1	川村尚輝	8.0
	2	宮本隆寛	7.7
	3	高山竜哉	6.9
	4	湯浅　大	6.5
	5	高橋翔大	6.4
	6	八須賀亮人	6.0
	7	渡口大成	5.6
▲		石井篤磨	19.4
▲		宮嶋大輔	17.8
▲		深津啓人	14.3
▲		小野大夏	12.2
▲		竹本甲輝	10.0
▲		向井義紀	9.8
▲		木村優希	9.4
▲		蔵本京太郎	8.9
▲		宮崎滉陽	8.5
▲		金城大将	7.8
▲		伊藤敦紀	6.8
▲		永渕　遼	5.7
▲		山口隼輝	5.2

PS 2017

順位	選手名	PS
1	山下航汰	33.3
2	大越弘太郎	20.4
3	享保　駿	9.9
4	高山遼太郎	9.1
5	田口夢人	5.3
6	今井佑輔	3.8
7	小林大介	2.0
8	日野駿之介	1.9
9	大柿廉太郎	1.8
▲	是澤涼輔	3.4
▲	嶋本　翼	3.1
▲	柳澤光星	1.6

PS 2016

順位	選手名	PS
1	安里樹羅	12.8
2	山下航汰	9.3
3	安藤　諭	7.4
4	湯浅　大	5.7
5	小野寺大輝	5.7
6	今井佑輔	5.6
7	渡口大成	5.1
8	伊藤敦紀	1.5
▲	津布久紫音	3.5
▲	小野大夏	2.4
▲	高山遼太郎	2.0
▲	永渕　遼	1.5
▲	嶋本　翼	1.3
▲	八須賀亮人	1.0

PS 2015

順位	選手名	PS
1	川村尚輝	7.5
2	宮本隆寛	7.3
3	高橋翔大	6.7
4	安藤　諭	5.5
5	高山竜哉	3.7
6	渡口大成	3.4
7	湯浅　大	1.9
8	八須賀亮人	1.5
▲	木村優希	1.8
▲	上野健助	1.7

15を超えたら一流で20以上は超高校級。本塁打数が二桁はないと対象になりにくい指標で、20以上は過去3年間ゼロだったが、山下と大越弘太郎の2名が登場。山下の33・3は秀逸を飛び越えて驚愕。今井の3・8は極めて寂しい。20以上はプロの対象となる数字。

・BB/K（Bases on Balls per Strikeout）

三振1個に対していくつの四球を取れるかを表した指標

四球/三振

単純に三振よりも四球が多ければ優秀となる。2・5以上は驚愕で2・0以上が秀逸。1・5以上は良い。1・2～1・4以上は普通で1・0～1・1以上は悪い。1・0未満は劣悪。過去には、2016年の湯浅大（読売巨人）の2・6や、相馬優人の4・0などとんでもない驚愕の記録がある。2017年は山下がそれに迫っている。

・PA/K（Plate Appearances per Strikeout）

1三振するまでにかかる打席数

打席/三振

40以上は驚愕で35以上が秀逸。20～30以上は良い。15～20は普通で10～15は悪い。10未満が劣悪。レギュラーならば15以上は必要。山下の41・3は過去最高。今井、小林、稲村は三振が多すぎる。特に早打ちの今井が多いのは、打ち損ないのファウルが多いからだろう。

三振をしないということは、勝敗を分ける打席で何とかバットに当ててくれるという期待感がある選手である。

例えば、2018年夏の決勝戦での育英戦。9回同点の一死三塁二塁の局面で結果を残す可能性の高い選手といえよう。

・AB/HR（At bats home run）

1本塁打を記録するまでにかかる打数

BB/K 2017

	順位	選手名	BB/K
	1	山下航汰	3.78
	2	大柿廉太郎	2.33
	3	大越弘太郎	2.14
	4	小林大介	1.82
	5	髙山遼太郎	1.78
	6	日野駿之介	1.71
	7	享保　駿	1.33
		田口夢人	1.33
	9	古屋一輝	1.29
	10	稲村　紀	1.13
▲		奥田拓真	4.00
▲		嶋本　翼	3.25
▲		柱本健太	2.00
▲		吉井直孝	2.00
▲		辻　憲伸	1.75
▲		柳澤　寛	1.33
▲		春原廣陽	1.00
▲		西﨑弘法	0.88
▲		宮石悠生	0.75
▲		山本陸人	0.67

BB/K 2016

	順位	選手名	BB/K
	1	山下航汰	2.88
	2	湯浅　大	2.63
	3	小野寺大輝	1.53
	4	大柿廉太郎	1.47
	5	伊藤敦紀	1.14
	6	安里樹羅	0.93
	7	今井佑輔	0.79
	8	安藤　諭	0.61
▲		髙山遼太郎	6.00
▲		片倉雅史	5.00
▲		大澤侑馬	2.50
▲		津布久紫音	1.88
▲		竹本甲輝	1.50
▲		向井義紀	1.50
▲		木村太一	1.00
▲		長島光希	1.00
▲		茂木敬吾	1.00
▲		大越弘太郎	1.00
▲		柳澤　寛	1.00
▲		小野大夏	0.75

BB/K 2015

	順位	選手名	BB/K
	1	高山竜哉	2.00
		安里樹羅	2.00
	3	渡口大成	1.57
	4	宮本隆寛	1.38
	5	八須賀亮人	1.22
	6	高橋翔大	0.86
	7	湯浅　大	0.85
	8	堀江悠介	0.67
	9	川村尚輝	0.54
▲		金城大将	2.00
▲		片倉雅史	1.00
▲		木村太一	1.00
▲		長島光希	1.00
▲		永渕　遼	0.88
▲		北川浩久	0.60
▲		赤坂崚太	0.58
▲		阿部竜也	0.50
▲		伊藤敦紀	0.50
▲		山口隼輝	0.50
▲		石毛力斗	0.46

PA/K 2017

	順位	選手名	PA/K
	1	山下航汰	41.3
	2	享保　駿	31.1
	3	大越弘太郎	27.2
	4	日野駿之介	25.1
	5	髙山遼太郎	22.9
	6	古屋一輝	22.4
	7	大柿廉太郎	21.2
	8	田口夢人	18.3
	9	今井佑輔	14.5
	10	小林大介	13.2
	11	稲村　紀	10.9
▲		嶋本　翼	28.5
▲		辻　憲伸	28.0
▲		奥田拓真	21.0
▲		吉田翔	20.5
▲		柱本健太	17.0
▲		関口康介	14.0
▲		宮石悠生	12.0
▲		山本陸人	11.0
▲		西浦一輝	10.0

PA/K 2016

	順位	選手名	PA/K
	1	山下航汰	30.8
	2	安里樹羅	22.8
	3	小野寺大輝	19.3
	4	湯浅　大	18.7
	5	今井佑輔	15.7
	6	伊藤敦紀	11.7
	7	大柿廉太郎	11.4
	8	安藤　諭	10.8
▲		髙山遼太郎	83.0
▲		片倉雅史	62.0
▲		大澤侑馬	50.0
▲		享保　駿	16.5
▲		木村太一	16.0
▲		竹本甲輝	16.0
▲		八須賀亮人	15.0
▲		大越弘太郎	14.3
▲		津布久紫音	13.8
▲		小林大介	12.0
▲		小野大夏	10.6
▲		永渕　遼	9.0

PA/K 2015

	順位	選手名	PA/K
	1	安里樹羅	36.4
	2	高山竜哉	35.1
	3	宮本隆寛	18.0
	4	渡口大成	15.6
	5	八須賀亮人	14.4
	6	堀江悠介	12.1
	7	高橋翔大	11.1
	8	川村尚輝	10.8
	9	湯浅　大	10.0
▲		金城大将	15.0
▲		阿部竜也	11.0
▲		片倉雅史	11.0
▲		永渕　遼	9.5
▲		今井大樹	8.0
▲		木村太一	7.5
▲		木村優希	7.1
▲		蔵本京太郎	7.0
▲		山口隼輝	7.0
▲		北川浩久	6.6
▲		伊藤敦紀	6.5

AB/HR 2017

順位	選手名	AB/HR
1	山下航汰	12.9
2	大越弘太郎	17.8
3	享保　駿	20.2
4	髙山遼太郎	25.3
5	田口夢人	62.7
6	今井佑輔	80.0
7	日野駿之介	149.0
8	大柿廉太郎	213.0
9	小林大介	285.0
▲	柳澤海星	2.0
▲	髙橋晃希	10.0
▲	柳澤光星	19.0
▲	是澤涼輔	34.7
▲	嶋本　翼	49.5

AB/HR 2016

順位	選手名	AB/HR
1	山下航汰	30.0
2	安里樹羅	33.0
3	安藤　諭	42.6
4	今井佑輔	63.0
5	渡口大成	76.3
6	小野寺大輝	76.7
7	湯浅　大	79.3
8	伊藤敦紀	144.0
▲	岩井洸樹	2.0
▲	嶋本　翼	6.0
▲	長島光希	8.0
▲	木村太一	13.0
▲	八須賀亮人	14.0
▲	髙山遼太郎	35.0
▲	小野大夏	37.5
▲	津布久紫音	43.0
▲	永渕　遼	50.0

AB/HR 2015

順位	選手名	AB/HR
1	川村尚輝	21.8
2	安藤　諭	38.3
3	高橋翔大	51.0
4	宮本隆寛	61.3
5	渡口大成	96.5
6	八須賀亮人	110.0
7	高山 竜哉	112.0
8	湯浅　大	167.0
▲	大平幸輝	8.0
▲	金城大将	13.0
▲	深津啓人	13.0
▲	木村優希	52.0
▲	上野健助	77.0

打数／本塁打

打者のタイプもあり一括りにはできないが、クリーンアップトリオを対象とすれば、15～20未満が秀逸で20～25未満は優秀。25～30未満は普通で30以上が悪い。２０１６年、「山下が本塁打１本打つのに30打数もかかるのは情けない」と辛辣な示唆をしたが、今年は奮起して３試合に１本の割合でホームランを打つまでに成長した。

では、次に投手編の指標を見ていくことにしよう。

投手編

・ＷＨＩＰ（Walks plus Hits per Inning Pitched）

１イニングあたり何人走者を出したかを表す

＝安打＋四球／回数

１・００未満は県内注目投手。１・１未満は主戦級。１・２未満は公式戦で使える投手。１・３未満は練習試合専門投手。１・３台になると背番号を付けるのは難しい投手。１・４以上は試合を壊す可能性がある投手。吉田の１・36は厳しい。

・Ｋ／ＢＢ（Strikeout to walk ratio）

数値が高いほど三振を取れて四球が少ないことを表す

＝奪三振／与四球数

５以上は県内で一目置かれる投手。４前後は主戦級。３前後はベンチ入り。２前後は練習試合要員で、１台では背番号は難しい。これは投手の勲章といえる指標。２０１７年は４以上がゼロ。奪三振率から考えると四死球過多が原因。

２０１６年の竹本甲輝（５・93）、２０１５年の石毛力斗（７・50）の秀逸な成績に反して、２０１７年は栁澤寛の（３・03）が最高と、ベンチ入りの数値クリア程度では優勝は厳しい。

WHIP 2017

	順位	選手名	WHIP
	1	柳澤　寛	0.87
	2	柱本健太	1.06
	3	吉田　翔	1.36
▲		坂本大河	0.50
▲		辻　憲伸	0.88
▲		藤原寛大	0.94
▲		久保田悠斗	1.07
▲		塚原悠雅	1.08
▲		柳澤海星	1.08
▲		古屋一輝	1.20

WHIP 2016

	順位	選手名	WHIP
	1	竹本甲輝	0.83
	2	伊藤敦紀	1.01
▲		古市尚規	0.50
▲		小野大夏	0.85
▲		柳澤　寛	0.88
▲		松田尚大	0.89
▲		髙橋晃希	0.94
▲		向井義紀	1.00
▲		長島光希	1.01
▲		片倉雅史	1.12

WHIP 2015

	順位	選手名	WHIP
	1	石毛力斗	0.74
	2	伊藤敦紀	1.08
	3	宮崎滉陽	1.11
▲		阿部竜也	0.50
▲		深津啓人	0.93
▲		長島光希	0.94
▲		渡口大成	1.00
▲		片倉雅史	1.16
▲		向井義紀	1.16
▲		山口隼輝	1.18

K/BB 2017

	順位	選手名	K/BB
	1	柳澤　寛	3.03
	2	柱本健太	2.32
	3	吉田　翔	1.66
▲		塚原悠雅	2.67
▲		藤原寛大	2.30
▲		久保田悠斗	2.00
▲		古屋一輝	1.60
▲		伊藤雄紀	1.59
▲		西浦一輝	1.45
▲		柳澤海星	1.33

K/BB 2016

	順位	選手名	K/BB
	1	竹本甲輝	5.93
	2	伊藤敦紀	2.81
▲		西浦一輝	6.00
▲		小野大夏	5.00
▲		松田尚大	5.00
▲		向井義紀	4.53
▲		阿川直杜	3.00
▲		柳澤　寛	2.64
▲		片倉雅史	2.63
▲		柱本健太	2.50

K/BB 2015

	順位	選手名	K/BB
	1	石毛力斗	7.50
	2	伊藤敦紀	2.87
	3	宮崎滉陽	2.26
▲		向井義紀	5.50
▲		長島光希	4.50
▲		片倉雅史	4.00
▲		阿部竜也	3.00
▲		深津啓人	2.63
▲		高原　蓮	2.14
▲		山口隼輝	1.53

・BB／9（Base on balls allowed per 9innings pitched）
9イニング投げるといくつの四球を出すのか
＝与四球数×9／投球回数
与四死球率との違いは死球を排除した指数で、アメリカでは四球と死球は完全に区別されていて、「与四死球」という概念そのものがない。
2・5までが投手陣の一角を担う数字。3・0以上は不安定。3・5以上は失格。順位をつけるのもはばかられる内容である。与四死球率でも「2017年の投手陣は誰一人として信用を得ていない」としたが、死球を排除しても同様の結果である。四球が多すぎる投手陣というのが現状。

・BABIP（Batting Average Ball in Play）
本塁打以外の打球がフェアゾーンに飛んだ時にヒットになる確率
＝（安打－本塁打）／（打数－奪三振－本塁打＋犠飛）
0・23以下が秀逸、0・24以下は主戦、0・25以下はベンチ入り、0・26前後は当落線上で0・27以上は厳しい。柳澤と参考記録ながら藤原が秀逸。柱本は当落線上、吉田は厳しい。参考記録では、西浦が当落線上でランキング外の伊藤は厳しい。

・ERC（Component ERA）
単純に打たれなかった投手を優秀とするリリーフ投手の指標
＝（被安打＋与四球＋与死球）×PTB／（打者×投球回）×9×0・75
PTB＝0・89×（1・255×（被安打－被本塁打）＋4×被本塁打）＋0・56×（与四球＋与死球－故意四球）
0・02台がエース級。0・030〜0・035はベンチ入り当落線上。0・035を超えると厳しい。柳澤と参考記録の藤原がエース級、

BB/9 2017

順位	選手名	BB/9
1	柱本健太	2.8
2	柳澤　寛	2.8
3	吉田　翔	2.9
▲	辻　憲伸	2.3
▲	古屋一輝	2.5
▲	藤原寛大	2.9
▲	久保田悠斗	2.9
▲	塚原悠雅	3.2
▲	柳澤海星	3.2
▲	西浦一輝	3.6

BB/9 2016

順位	選手名	BB/9
1	竹本甲輝	1.2
2	伊藤敦紀	2.3
▲	松田尚大	0.8
▲	西浦一輝	0.9
▲	片倉雅史	1.5
▲	向井義紀	1.7
▲	柱本健太	2.5
▲	柳澤　寛	2.5
▲	小野大夏	2.7
▲	長島光希	3.2

BB/9 2015

順位	選手名	BB/9
1	石毛力斗	0.9
2	伊藤敦紀	1.9
3	宮崎滉陽	2.6
▲	向井義紀	0.9
▲	長島光希	1.2
▲	片倉雅史	1.2
▲	宮本隆寛	2.1
▲	深津 啓人	2.2
▲	山口隼輝	3.2
▲	竹本甲輝	3.3

BABIP 2017

順位	選手名	BABIP
1	柳澤　寛	0.217
2	柱本健太	0.260
3	吉田　翔	0.303
▲	七原　執	0.134
▲	稲村　紀	0.178
▲	辻　憲伸	0.197
▲	藤原寛大	0.217
▲	柳澤海星	0.237
▲	久保田悠斗	0.258
▲	西浦一輝	0.263

BABIP 2015

順位	選手名	BABIP
1	竹本甲輝	0.248
2	伊藤敦紀	0.256
▲	深澤洸貴	0.152
▲	髙橋晃希	0.186
▲	長島光希	0.210
▲	柳澤　寛	0.214
▲	山口 隼輝	0.245
▲	松田尚大	0.248
▲	片倉雅史	0.275
▲	向井義紀	0.288

BABIP 2015

順位	選手名	BABIP
1	石毛力斗	0.233
2	宮崎滉陽	0.259
3	伊藤敦紀	0.274
▲	深津啓人	0.241
▲	山口隼輝	0.242
▲	長島光希	0.251
▲	渡口大成	0.263
▲	蔵本京太郎	0.268
▲	片倉雅史	0.305
▲	向井義紀	0.319

柱本はベンチ入り当落線上、吉田、西浦、伊藤は厳しい。

・ＩＲ％（Inherited runners %）

前の投手が残していった走者を本塁に生還させてしまった割合

ＩＲ生還数／ＩＲ（登板時に背負っている走者数）×１００

データが少なく評価が難しい指標であるが、クローザーを対象として判断する。１・０点未満は秀逸で１・０〜１・５未満が優秀。１・５〜２・０未満は良い。２・０〜２・５未満は普通で２・５〜３・０未満は悪い。３・０以上は劣悪。

２０１７年はＩＲのデータ不足（機会の不足）の感が否めないが、数値から見ると吉田や藤原はセットアップかクローザー向きなのかもしれない。伊藤と享保は不向きといえる。

IR%　2017

	順位	選手名	IR%
	1	吉田　翔	1.39
▲		藤原寛大	0.92
▲		古屋一輝	3.08
▲		伊藤雄紀	4.17
▲		享保　駿	5.83

IR%　2016

	順位	選手名	IR%
	1	竹本甲輝	2.31
	2	伊藤敦紀	8.00
▲		小野大夏	1.35
▲		片倉雅史	1.43
▲		向井義紀	2.17

IR%　2015

	順位	選手名	IR%
	1	宮崎滉陽	1.29
▲		深津啓人	6.25
▲		高原　蓮	6.67
▲		宮本隆寛	13.33
▲		片倉雅史	16.67

ERC　2017

	順位	選手名	ERC
	1	柳澤　寛	0.022
	2	柱本健太	0.035
	3	吉田　翔	0.055
▲		坂本大河	0.014
▲		辻　憲伸	0.024
▲		藤原寛大	0.026
▲		七原　執	0.031
▲		稲村　紀	0.031
▲		柳澤海星	0.033
▲		塚原悠雅	0.034
▲		西浦一輝	0.044
▲		古屋一輝	0.049
▲		吉井直孝	0.049
▲		伊藤雄紀	0.051
▲		享保　駿	0.058
▲		久保田悠斗	0.060
▲		清水達哉	0.063
▲		矢幡陸斗	0.069
▲		嶋本　翼	0.138
▲		平田伊吹	0.284

ERC　2016

	順位	選手名	ERC
	1	竹本甲輝	0.028
	2	伊藤敦紀	0.033
▲		古市尚規	0.006
▲		小野大夏	0.021
▲		髙橋晃希	0.022
▲		柳澤　寛	0.025
▲		松田尚大	0.033
▲		山口隼輝	0.033
▲		長島光希	0.034
▲		阿川直杜	0.035
▲		向井義紀	0.036
▲		片倉雅史	0.044
▲		西浦一輝	0.046
▲		深澤洸貴	0.058
▲		七原　執	0.068
▲		柱本健太	0.091
▲		平田伊吹	0.132

ERC　2015

	順位	選手名	ERC
	1	石毛力斗	0.022
	2	宮崎滉陽	0.037
	3	伊藤敦紀	0.042
▲		阿部 竜也	0.006
▲		柏原將人	0.012
▲		深津啓人	0.029
▲		長島光希	0.031
▲		山口隼輝	0.036
▲		蔵本京太郎	0.047
▲		片倉雅史	0.052
▲		渡口大成	0.055
▲		向井義紀	0.056
▲		高原　蓮	0.070
▲		宮本隆寛	0.077
▲		竹本甲輝	0.097
▲		八須賀亮人	0.215
▲		深澤洸貴	0.331

第9章

継投策を成功させる方法

武田信玄の言葉

「人は城　人は石垣　人は堀」

これは、〝風林火山〟で有名な武田信玄の『甲陽軍鑑《こうようぐんかん》（武田信玄の戦略・戦術を記した軍学書）』の中にある「勝利の礎」からの言葉である。勝敗を決する決め手は、堅固な城ではなく人の力である。個人の力や特徴を摑み、彼らの才能を十分に発揮できるような集団を作ることが大事との意味である。

戦乱の世、他国は堅固な城を築いている中にあって、武田信玄は城を持たなかった。それでも戦国最強といわれるまでになったこの言葉には、重みがあり説得力がある。

平成26年（２０１４）の夏の陣にも、逸材と称される投手が数多く存在した。

全国を俯瞰しながら列挙すれば、済美の安楽智大（東北楽天）を筆頭に、佐野日大・田嶋大樹（ＪＲ東日本→オリックス）、浦和学院・小島和哉（早稲田大→ロッテ）、盛岡大付属・松本裕樹（福岡ソフトバンク）、日本文理・飯塚悟史（横浜ＤｅＮＡ）、東海大相模・青島凌也（東海大→Ｈｏｎｄａ）、沖縄尚学・山城大智（亜細亜大→トヨタ自動車）。

そして群馬には、前橋育英・高橋光成（埼玉西武）、喜多川省吾（中央大→日本生命）、桐生第一・山田知輝（東洋大→ＳＵＢＡＲＵ）、樹徳・ホジャティ博和（旭川大）、葭葉ニコ（上武大）、沼田・細谷琢真（中央大）等々の先発完投型の投手が目白押しであった。

一方の健大高崎は、93回の夏の甲子園初出場以来、確立されつつある継投策での戦いとなった。この年も5人の投手を擁しての必勝リレーで、夏の長丁場を乗り切ろうとしていた。

とかく高校野球界では、先発完投型の投手を好んで称賛される傾向にある。それに反して、健大高崎が近年に指摘されることは「投手力に不安を残す」、「絶対的なエースの不在」、「完投能力の欠如」等の批評である。

そういった育英の高橋光成と、桐一の山田知輝を「真」として意識した下馬評に対して、私が打ち出した戦略は「健大高崎は『投手陣』として戦う」というフレーズであった。

ここでも「言葉の力」を前面に押し出し、言葉による「理論武装」を展開しようと考えていた。ありがたいことに、青柳監督も事あるごとに選手にはもちろん、マスコミに対してもこの『投手陣』という言葉を発信し続けてくれた。

ただ間違ってほしくないのは、私は単に言葉だけで選手を鼓舞しようと考えていたわけではない。現実に手元にあるデータから、個々の投手の力を算出しての考察である。

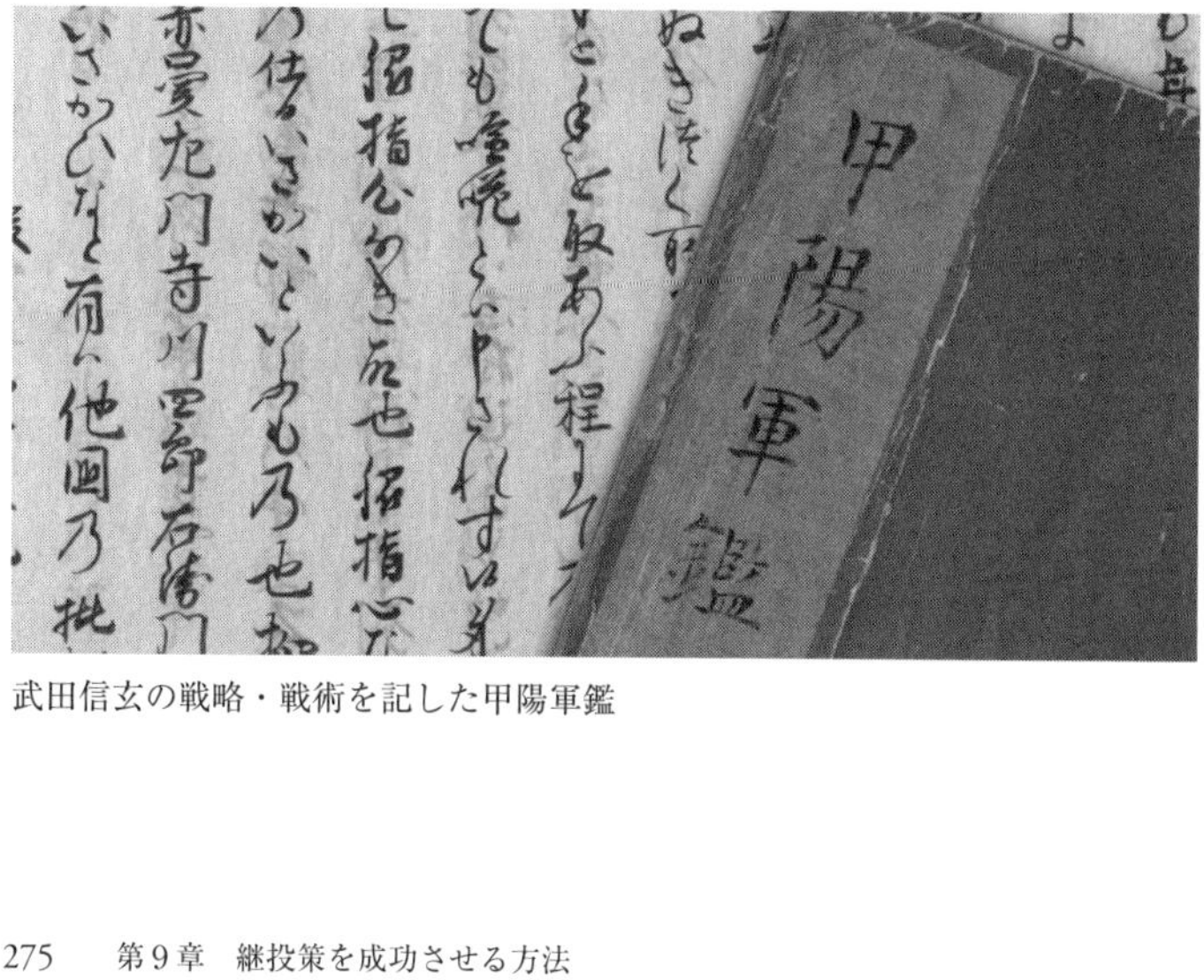

武田信玄の戦略・戦術を記した甲陽軍鑑

データを根拠とした強力な投手陣

ＷＨＩＰ「Walks plus Hits per Inning Pitched」（1イニングあたり何人の走者を出したか）という、投手の安定度を示す指標がある。プロ野球界では1・00未満なら球界を代表するエースとされ、1・20未満ならエース級といわれている。

平成26年（２０１４）、健大の高橋和輝（東京ガス）は1・００の数字を誇り、松野光次郎（上武大）は1・18で続き、川井智也は規定投球回数にわずかに達してはいなかったものの、なんと0・86の指数を弾き出した。

他にも、1年生ながらベンチ入りした石毛力斗は、ＢＢ／９「Base on balls allowed per 9 innings pitched」（9イニング投げるといくつの四球を出すのか）では、規定投球回数不足とはいえ、０・7という信じられない数字を示し、高橋涼輔（愛知東邦大）は、Ｋ／ＢＢ「Strikeout to walk ratio」（三振が取れて四球が少ない投手を表す）が３・04で1位。プロ野球の平均が2・39であることからしても、その数字の秀逸さが伺えよう。

これらの数字を実証するように、健大高崎の群馬予選での失点は、6試合を戦って「6」。そして、その内訳は次の通りである。

2回戦　vs 渋川工業　10－0（6回コールド）
高橋和－松野の継投零封
3回戦　vs 前橋育英　6－2
川井－高橋和－松野の継投
4回戦　vs 桐生工業　7－0（7回コールド）
石毛－高橋涼の継投零封
準々決勝　vs 沼田　7－0（7回コールド）
川井－高橋和の継投零封

準決勝　vs 桐生第一　5－4
川井－高橋和－松野の継投
決勝戦　vs 伊勢崎清明　1－0
川井－高橋和－松野の継投無安打無得点

6試合のすべてを継投でまかない、平均失点が1。継投での零封が4試合、決勝戦は3人の投手リレーによるノーヒットノーラン。そして甲子園ではベスト8に進出した。この実績から見ても、逸材と称される先発完投型を有するチームに、十二分に対峙できる材料であると確信する。

だがしかし、これだけの実績を残していても「健大には1試合を任せられる投手がいない」と、最後の最後まで辛辣な言葉を浴びた。

逆に私はそういった声を聞くたびに、健大高崎の群馬を席捲する趨勢は揺るがないと安堵していた。なぜならば、私は健大高崎の「継投策」は、近代高校野球において極めて高い水準にあると自負していたからだ。

なのに、実績に目を向けることなく、あるいは分かっていないのか、それとも分かっていてあえて看過しているのかは定かではないが、県下の高校野球関係者やファンを含めて、「先発完投型」にこだわりを抱き続ける。

だが実は、そういったものの見方は、アナリストとしての立場からは策を講じやすいのである。投手の分析に費やす時間と資料は莫大な量に及び、配球やクセ、牽制に球種の判別、さらには性格の把握等々、根気と困難が付きまとう。

しかし、一人のエースを丸裸にすることは可能である。対戦までの期間、朝から晩まで寝ても覚めてもその投手のことばかりを思い描いていれば、ない知恵でも時として良い閃きに遭遇したりするものなのである。

逆に、相手チームは健大高崎対策を、いったいどのようにして講じるのであろうか？　まずは先発投手を読まなければならず、オーダーの組み方に関しても、一考を要する必要があろう。

さらに、タイプの違う投手に対して、果たして各打者は機械のようにスイッチの切り替えが可能なのであろうか?

答えは「否」である。好投手に対しての対策というのは、試合が始まってから円陣の中で与えて、容易く実行できるほど甘いものではない。

試合前日までに詳細なデータをインプットして、何度も何度もメンタルリハーサルを繰り返し、脳にイメージとして擦り込む。それを当日の試合でアウトプットし、微調整を繰り返しながら対応させる。だが、この微調整が、継投策にはなかなか通用しないものなのである。

平成26年（2014）の秋季関東大会準々決勝においては、大会ナンバーワンと称された、松戸国際の植谷翔磨投手（日大）に対して、用意周到の上で想定以上の攻略を果たすことができた。

しかし、投手力が弱いとされた初戦の明秀日立に対しては、4投手の継投策が分かっていても苦しめられたものである。

私が敵側のアナリストであれば、健大高崎の分析と対策だけはご免である。

ここで、武田信玄の「甲陽軍鑑」になぞらえて私なりの表現をするならば、

「勝敗を決する決め手は、堅固な城（一人の剛腕投手）ではなく、人の力（継投策）である。個人の力や特徴を摑み、彼らの才能を十分に発揮できるような集団（投手陣）を作ることが大事である」

となる。

セイバーメトリクスによる特性を考慮

WHIPがいい投手は、試合を作るという意味で先発が向いている。

また、ＢＢ／９は９イニング投げたときの平均与四球率を示す数字で制球力を表し、無駄な四球を出さない投手はセットアップには欠かせない。

そして、Ｋ／ＢＢは奪三振と与四球の比で、三振が取れて四球が少ない投手はクローザーとして最も適任といえる。

防御率は低いのに、なぜか出てくると得点されている気がする投手がいる。これは自責点という落とし穴で、前の投手が残してきた走者を生還させても自責点にはならないからだ。

しかし、ベンチが求めているのは塁上の走者にホームを踏ませないことで、残塁の山を築いてくれる投手こそが真のクローザーで、ＩＲ％の優れた投手が適している。

ここに、先ほども紹介した平成26年（２０１４）の健大高崎投手陣の数値を、表にまとめたものを示す。

WHIP

順位	選手名	WHIP
1	川井智也	0.86
2	高橋和輝	1.00
3	松野光次郎	1.18

K/BB

順位	選手名	K/BB
1	高橋和輝	2.80
2	川井智也	2.70
3	松野光次郎	1.97

BB/9

順位	選手名	BB/9
1	高橋和輝	2.10
2	川井智也	2.60
3	松野光次郎	3.80

奪三振率

順位	選手名	奪三振率
1	松野光次郎	7.53
2	川井　智也	7.12
3	高橋　和輝	5.74

IR%

順位	選手名	IR%
1	松野光次郎	1.35
2	高橋　和輝	2.31
3	川井　智也	8.00

この年の投手陣は、セイバーメトリクスによる特性を考慮して、スターターに川井智也、セットアップに高橋和輝、そしてクローザーに松野光次郎で編成した。

WHIPが0・86と走者を出さない川井がスターターで試合を作り、BB／9が2・10とチーム一制球力のある高橋がセットアップでつなぎ、K／BBは1・97と、やや制球に不安があるものの、奪三振率が7・53とチーム一の三振奪取を誇る松野がクローザーで締めた。

川井も松野に次ぐ7・12の奪三振率でクローザーの候補だったが、IR％が8・00と悪く、塁上の走者をきれいに還してしまう。松野は制球はアバウトだが、サイドから140キロの速球と大きく曲がるスライダーが武器で、ボール球を振らせることができてIR％1・35と後ろを任せることができた。

事実、3人の継投によるノーヒットノーランで甲子園のかかった最終回。無死から松野は二人の走者を四球で出したものの、犠打封殺と二つの内野ゴロで優勝を果たすことに貢献した。

私の描く継投策

まずは、「スターター」、「ミドル」、「セットアップ」、「クローザー」という投手の配置図を描く。言うまでもなくスターターは先発であるが、ミドル・セットアップ・クローザーはすべて「リリーバー」である。

継投策でのスターターは、絶対に立ち上がりの1回が安定していることが大条件。極端なことを言えば、1回をゼロでスタートしてくれれば、役割の半分は済んだと判断してもいい。

残り半分の役割は、3イニングを悪くとも1失点で終えることか、5イニングを1～2失点で凌ぐこと。5回を2失点なら許容範囲で3失点ならスターターは失格である。

ミドルの使い方は無限であり、ある意味これが一番采配の手腕を発揮する部分といえる。なぜならば、スターターの出来次第での投入となり、1回の途中から、いや打者一人に相対しただけでも、その出来如何では出ていくことも考えなくてはならない。また、イニング数も決められるものではなく、打者一人で交代から複数イニングにまたがることもある。

重要なことは、イニング数を計算しないことである。特にその投手が次の攻撃の時に打席が回る場面で、どうしても代打を使いたいがために引っ張ってしまうことが多々ある。だが、ダメだと思えばすぐに交代させることを念頭に置くことが重要である。

ミドルがマウンドに行った時に指揮官が思い描くことは、「いつ代えようか?」、「どこで代えようか?」と戦況を見守ることだ。言い方を換えれば、いずれ代えるために送り出すのがミドルであるともいえよう。

スターターが前半で早々と打ち込まれた場合には、先発に代わって試合を立て直す「ロングリリーフ」の投入も視野に置いておかなければならない。したがって、ミドルは最低でも2名は必要である。

次にセットアップで、7回もしくは7、8回を投げてクローザーにつなぐ役割となる。セットアップの領域には、左の強打者を迎えた時にワンポイント的に登板する「レフティ」と呼ばれるサウスポーもある。正しくは、「シチュエーショナルレフティ」(Situational Lefty)と呼ぶ。

基本的には、クローザーは三振を取れる投手が担当することになり、それとは違うタイプがセットアップに向いているといえる。回の終盤での登板になるので、簡単に四死球を出す投手は使えない。

最後にクローザーとなるが、前述したように三振の取れることが理想であり、力で押せる威力のあるストレートと、絶対的なウイニングショットが必要であろう。

なぜならば、回の後半において最少得点差での登板が想定され、余分な走者は一人たりとも出したくない状況だからである。

余分な走者とは、四死球はもちろんのこと、エラーやテキサスヒット等、つまり打球が前に飛べば何らかのアクシデントが生ずる可能性がある。だからこそ、できればバッテリーだけでアウトが取れる三振が理想なのである。

あと、本来はミドルだが、連戦が続いたりして先発が足りなくなった時に、スターターに回る役割のピッチャーを、「スウィングマン」(Swing Man)と呼び、この役割はロングリリーフ用のミドルが適任者だろう。

ついでにもう一つ、公式戦では必要ないが、オープン戦ではゲーム終盤で大量得点差を付けられ、敗色濃厚となることがある。いわゆる「敗戦処理投手」を、正式には「モップアップ」(mop up)と呼ぶ。

モップアップには登板機会の少ない投手や、下級生投手を積極的に使うのがいいと思う。ベンチの側からすれば、立腹して見ているだけでも嫌なゲームでも、それらの位置にいる投手は必死になって投げるはずだ。

それがその投手の成長につながり、もしかしたら思わぬ拾い物が見つかるということもある。壊してしまったゲームでも、考え方次第で次へのステップになり得るのだ。

飛躍した独創的な継投

投手の起用法は無限だ。実在するデータで見ると、得点が最も動く回というのは初回となる。特に先発完投型の投手が、最も苦手とするのが立ち上がりである。ならば、先発の1イニングだけを受け持つ投手がいてもいいだろう。

近年ではメジャーで流行った「オープナー」が、日本のプロ野球でも採用されつつあるが、クローザーが前に来たと考えれば、それほど不思議な話でもなかろう。

他にも、先発して無死で走者を出せば交代という、セットポジション不要の変則モーション投手（例えば左のサブマリン）とか、「超遅球」の軟投派投手等々。

さらには、1点の攻防をめぐる回の後半において、無死二塁や無死二塁一塁の送りバント状況だけに登板する、三塁封殺のみに長けた野手型投手。この役目は、投手を一時的に他のポジションに入れておいて、内野手が「投手」となりワンポイントで受け持つのが理想的である。

発想の転換を図り、違う角度から物事を捉えていけば、自ずと良いアイデアは湧いてくるものだ。

余談にはなるが、第62回全日本大学野球選手権大会準決勝での一場面。平成25年（2013）6月15日の神宮球場での第2試合、日体大は8回裏に小柳卓也選手（4年・春日部共栄）のタイムリー三塁打で3－3の同点となり大熱戦となったが、決着はあっけない形でついてしまった。

9回の表、亜細亜大は無死二塁一塁のチャンスを作り、間違いなくバントが予想される場面となった。日体大は三塁フォースアウトを狙って、一塁手を茂原真隆選手（1年・前橋育英）に交替した。

ところが、思惑通りの犠牲バントに対して、三塁封殺を狙った茂原選手がジャッグル。慌ててボールを握り直して三塁に投じるも、これが悪送球となり二走者が生還してしまった。

私はこういった場合には、ポジションにこだわらなくて構わないと考えている。一般的に、内野守備の上手い選手は遊撃や二塁に配置されるはずであり、一塁手はどちらかといえば、打力優先の守備度外視で使われていることが多い。したがって、控え選手の二塁手か遊撃手をあえて一塁に入れて封殺を目指した方が合理的であろう。

　話を戻そう。クローザーであるが、高校野球の場合は１４０キロを超える速球で三振を奪えるような投手は、そうは簡単にいないだろう。私はここの位置に、下手投げの投手を持ってきても、役割を担えると考えている。

　確固たるデータで示せるわけではないが、昨今ほとんど見られなくなった「サブマリン」である。稀に先発で対戦することがあるが、分かっていても打てないし、また、マシンでの練習も困難だと思う。目が慣れた頃には、5回を過ぎていたりするものだ。それがクローザーとして、１イニングか2イニングを投げられたら堪ったものではない。

　平成27年（２０１５）11月19日プレミア12準決勝のＶＳ韓国戦。

　韓国はクローザーとして、一般的には考えられないサブマリンをマウンドに登らせ、捕手も一緒に交代させている。まさかプロや世界大会において、これを見るとは想像もしていなかった。三重にサブマリンの好投手が台頭してこないことを祈るばかりである。

真のクローザー

　自責点の低いクローザーであっても、なぜか出てくると得点されているような気がする投手がいる。これは、自責点の定義が関与している。

　クローザーの前に投げた投手が、ランナーを出してピンチを作る。ここでマウンドに登る投手が打たれて得点を許しても、残してきたランナーに関しては、前の投手に失点が付く。つまり、満塁のピンチを背負って登板した投手が、きれいに3失点を許しても自責点は「ゼロ」なのである。

しかし、ベンチの思惑はそうではない。残してきたランナーに本塁を踏ませることなく、残塁の山を築いてくれる投手こそが、信頼されるクローザーであろう。

ＩＲ％「インヘリテッド ランナーズ」(Inherited runners) という指標がある。算出方法は、ＩＲ生還数÷ＩＲ（登板時に背負っている走者数）×１００。これは、前の投手が残していった走者を生還させてしまった割合を見るものである。「真のクローザー」を目指すのであれば、自責点よりもＩＲ％にこだわるべきだと考える。

このＩＲ％にこだわるクローザーを育成するには、やみくもに走者がいる時にマウンドに上げるだけでは、結果オーライのクローザーしか生まれない。オープン戦で、それ相応のテーマを持たせたケースでの起用をしていかなければ、真のクローザーは育たないのである。

ではそのケースとは？

絶対的な条件は、当然のことながら走者を背負っての登板となる。無死ならば走者が一塁か二塁にいる場合で、簡単に犠牲バントをさせないというテーマを持たせる。

一死であれば、走者を三塁に背負ったケースでやすやすと犠牲フライを打たせない状況と、二塁一塁か三塁一塁でダブルプレーを狙うケースとがある。

二死ならば三塁二塁の一塁が空いている場面で、二人の打者のうちのどちらでアウトを取るかを考えながらの投球を覚えさせたい。

絶対的なエースとは？

「絶対的」とは、いったい何なのであろうか？

辞書で見れば、「何物とも比べようもない状態、存在である様」とある。

群馬県を代表する絶対的エースだった前橋育英の高橋光成は、平成26年（２０１４）夏の健大戦において6失点を喫した。他にも、樹徳のホジャティ博和は桐生戦で6失点。桐生第一の山田知輝も、同じく健大戦で5失点。

この年の甲子園に目を向けても、沖縄尚学の山城大智は二松学舎に5失点。大分の佐野皓大（オリックス）は日本文理に5失点。岩国の柳川健大（中央大）は健大高崎に5失点。三重の今井重太朗（中部大）は城北に5失点。日本文理の飯塚悟史は三重に5失点。大阪桐蔭の福島孝輔（同志社大→Ｈｏｎｄａ鈴鹿）は敦賀気比に9失点を喫している。

すべての投手が「先発完投」の結果である。

誤解してもらっては困るが、私は何も各県を代表する「大黒柱」にケチをつけているわけではない。何が言いたいのかといえば、どんな「絶対的エース」であっても、また「超高校級投手」や「プロ注目投手」であっても、完投すれば少なく見積もっても2点や3点は取られるという現実である。

ならば、どうせ点を取られるのであれば、一人の完投で疲労困憊の上に取られるのと、複数の投手で失点を分け合うのとでは、どちらが夏の長丁場の連戦を戦い抜き、たった1校だけに与えられる「甲子園行き切符」を手にするのに有利であろうか？

それだけではない。「切符」を手にしてから、2週間後には甲子園の開幕である。健大高崎の初出場がそうであったように、開会式直後の開幕試合もあり得るわけである。予選を先発完投で投げ抜いてきた投手が、万全で臨めるとはとても考えにくい。

戦力になり得るフルハウス投手

「フルハウス」とは言うに及ばず、カードゲームの「ポーカー」での用語であり、ワンペア（同位札が二枚）とスリーカード（同位札が三枚）との組み合わせを指すものである。

「フルハウス投手」とは、4番打者だろうが9番打者だろうが、お構いなしにカウントを3ボール2ストライクにしてしまう投手のことで、じれったくイライラする投手を揶揄した表現である。

野手が1球1球「さあ来い」と準備をしている時に、なかなか打球が飛んでこないと守りのリズムが狂ってしまい、エラーを誘発しやすくなる。

事実、走者のいる状況でこのカウントを作られると、必然的にランエンドヒットの場面が多くなり、ベースカバーなどの対応に追われて神経を使い、味方にとってこれほど迷惑な投手はいない。

フルハウス投手は当然のことながら球数が多くなり、1試合平均で150球以上の投球は想定内のピッチングといえよう。

これらの理由で、フルハウス投手は野手から「嫌われ投手」と相成ってしまいがちであるが、投手の能力次第では、私は「あり」だと考えている。

もちろん、速球を武器にちぎっては投げ、ちぎっては投げのピッチャーは見ていて気持ち良いし、守備のリズムも作りやすい。しかし、それも打者を打ち取ってこそのテンポである。球の威力もなく変化球もコントロールも平凡な投手が、野手の好むテンポで打者に相対すれば「ハチの巣」になることは夢疑いのないところであろう。

フルハウス投手は守備側から見れば招かざる客ではあるが、実は相手打線からの目線でも、イライラしてリズムに乗れない厄介な投手なのである。

バッティングカウントになったからといって、安易にベンチがヒットエンドランのサインを送っても、思惑通りに甘いストライクが来ることはなく、悪球を打たされ、あっという間にチャンスをピンチにすり替えてしまうのである。

ピッチャーインザホール（3ボール0ストライクや3ボール1ストライクを指す）であっても、容易に好球が来ないピッチャーであれば、ベンチの采配のリズムも崩れることになり攻略は困難になる。

フルカウントは打者の方が不利なのである。なぜならば、このカウントは少々ボール気味であっても、打者は手を出さなければならないからである。

最悪の打者のシナリオは、コントロールが悪いという先入観で初球を見逃したらストライクが来て、「あれっ」と思って打ち気に出れば3球連続でボールになり、カウントは3ボール1ストライク。やっぱりフォアボールだろうと1球待てばストライクが来る。やむを得ないとばかりにゾーンを広げて打ちに行けば、微妙なボール気味のコースに投じられて凡打を打たされてしまう。

ベンチがフルハウス投手に理解を示し、味方にそれを受け入れることができる器があれば、それはそれで貴重な戦力となり思わぬ勝利をもたらすことにもなるだろう。

強豪校が平凡な投手を打ちあぐねて起こる「ジャイアントキリング」は、こんなフルハウス投手を擁した寛容な姿勢のあるチームの時に発生しやすいのである。

投手のローテーション

「球数制限」

令和2年（2020）からの導入を皮切りにして、その後は全国大会だけでなく、地方大会や軟式の高校野球にも適応されるルールである。大筋は次に示す2点で、一人の投手の公式戦での取り決めである。

①1週間の球数の上限が500球
②3日連続の連投はさせない

基本的には、私もこのルールを遵守しながらのローテーションを組んでいるが、もう一つ参考としているのがWBCでの投手に対しての三つの基軸である。

①50球以上投げたら中四日空ける
②30球以上投げたら中一日空ける
③球数に限らず連投したら中一日空ける

次に示すのは、いま私がアドバイザーをしている三重海星投手陣のローテーション表である。海星高校でも継投を軸としているので、1週間の球数が500球以上になることはまず考えられない。したがって最も気をつかっていることは、オープン戦であっても3日連続の連投をさせないことである。

ローテーション表で投手名が網掛けになっている箇所は、2日連続の連投を意味している。ローテーションを組む自分の中で「連投中だぞ。次はダメだぞ」と、自分自身に注意喚起するためだ。

また、一人の投手としてではなく投手陣として機能させる以上、平等な機会均等を与えて、登板イニング数が全員ほぼ同様の回数になるように心掛けている。

残念ながら、海星高校では健大高崎のような豊富な投手陣を擁しているわけではなく、現段階ではWBCの基軸を実践することはできていないが、段階を経て取り入れていこうと心に秘めている。

そんな気持ちにさせるきっかけを生んだのが、第28回 U-18 ベースボールワールドカップ（2017）での、秀岳館のサウスポー田浦文丸投手（福岡ソフトバンクホークス）の起用法だった。

田浦投手はカナダ戦において、苦心の投球で球数が増えたことが響き、翌日の韓国戦では2回途中で5点を献上して降板したが、この試合に勝てば何とか決勝進出の期待がかかる状況だったがために、疲労困憊の田浦投手をあえて韓国戦の先発マウンドに送ることとなった。

しかし、田浦投手の疲労は明らかで、スーパーラウンドからの計画性が感じられない過酷なローテーションが大一番で裏目に出てしまった。

この大会で田浦投手は主にリリーフで起用されていたが、その好投が評価されて、前述の通り決勝進出のかかったスーパーラウンドの韓国戦では先発マウンドにも立った。

大会を通じて、田浦投手の全投球成績は次の通りである。

9／3　アメリカ　2回1／3
無失点 球数42
9／4　キューバ　2回2／3
無失点 球数44
9／5　オランダ　4回
無失点 球数67
9／7　オーストラリア　1回
無失点 球数21
9／9　カナダ　2回1／3
無失点 球数35

9／10　韓国　　　　　　　1回1／3
　失点5　球数47

9試合中、6試合に登板し、計13回2／3。失点は先発した韓国戦のみで、大会を通じて29もの三振を奪った獅子奮迅の活躍であったといえる。

だが、初登板の9月3日から10日まで、8日間で6度の登板機会は明らかに登板過多といえよう。リリーフ起用とはいえ、そのほとんどが2イニング以上。大会中、無失点を続けた田浦投手は確かにチームの投手陣の中では随一の信頼感を得ていたが、高校3年生の将来ある投手への起用法としては、「アウト」の領域といっていいだろう。

投手の起用法に関しては、百歩譲って甲子園を懸けた夏や秋の公式戦であれば、多少は球数が多くなってもやむを得ないのかもしれない。もちろん、投手のコンディションが逼迫した状況でないことが絶対条件である。

だが、練習試合での連戦連投や投球過多は愚かなことだ。練習試合は練習の延長であることを指導者は肝に銘ずるべきである。

あと私の投手起用のコンセプトに関しては、第12章「U－18世界一への道」を参照していただきたい。

2021海星投手陣春休みローテーション（3/28現在）

＊1週間500球以内・3連投の禁止を考慮

3月6日	愛産大工	予定回
スターター	水本	3
ミドル	椋下	2
ミドル		
セットアップ	間瀬	2
クローザー	山崎	2

9

		予定回
スターター		
ミドル		
ミドル		
セットアップ		
クローザー		

0

登板	予回	予計	実回	実計	球数	球計	登板	予回	予計	実回	実計	球数	球計
山崎	2	2	2	2	27	27	水野						
水本	3	3	3	3	40	40	岩野						
椋下	2	2	2	2	40	40	深谷						
間瀬	2	2	2	2	31	31	岡部						
木村							西浦						

3月7日	愛知啓成	予定回
スターター	山崎	5
ミドル	水本	4
ミドル		
セットアップ		
クローザー		

9

②	愛知啓成	予定回
スターター	椋下	3
ミドル	間瀬	3
ミドル	木村	3
セットアップ		
クローザー		

9

登板	予回	予計	実回	実計	球数	球計	登板	予回	予計	実回	実計	球数	球計
山崎	5	7	5	7	53	80	水野		0	0	0		0
水本	4	7	4	7	58	98	岩野		0	0	0		0
椋下	3	5		2	37	77	深谷		0	0	0		0
間瀬	3	5		2	42	73	岡部		0	0	0		0
木村	3	3	2	2	51	51	西浦		0	0	0		0

B戦	愛知啓成	予定回
スターター	岩野	5
ミドル	深谷	4
ミドル		
セットアップ		
クローザー		

9

②	愛知啓成	予定回
スターター	岡部	4
ミドル	水野	1
ミドル	西浦	4
セットアップ		
クローザー		

9

登板	予回	予計	実回	実計	球数	球計	登板	予回	予計	実回	実計	球数	球計
山崎		7		7		80	水野	1	1	1	1	23	23
水本		7		7		98	岩野	5	5	5	5	87	87
椋下		5		2		77	深谷	4	4	4	4	61	61
間瀬		5		2		73	岡部	4	4	1	1	53	53
木村		3		2		51	西浦	4	4	0.6	0.6	52	52

中5日

3月13日	津工業	予定回
スターター	椋下	3
ミドル	水本	2
ミドル		
セットアップ	間瀬	2
クローザー	山崎	2

9

②	大成(中止)	予定回
スターター	水本	3
ミドル	岩野	2
ミドル	岡部	2
セットアップ	西浦	1
クローザー	山崎	1

9

登板	予回	予計	実回	実計	球数	球計	登板	予回	予計	実回	実計	球数	球計
山崎	0	7	2	9	39	119	水野		1		1		23
水本	3	10	2	9	27	125	岩野	2	7	0	5		87
椋下	3	8	3	5	27	104	深谷	2	6	0	4		61
間瀬	2	7	2	4	23	96	岡部	2	6	0	1		53
木村	2	5		2		51	西浦	1	5	0	0.6		52

3月14日	愛知黎明	予定回
スターター	山崎	5
ミドル	水本	3
ミドル		
セットアップ		
クローザー	椋下	1

9

②	愛知黎明	予定回
スターター	岩野	2
ミドル	岡部	2
ミドル	間瀬	1
セットアップ	深谷	2
クローザー	西浦	2

9

登板	予回	予計	実回	実計	球数	球計	登板	予回	予計	実回	実計	球数	球計
山崎	5	12	5	14	47	166	水野		1		1		23
水本	3	13	3	12	39	164	岩野	2	9	2	7	35	122
椋下	1	9	1	6	8	112	深谷	2	8	2	6	27	88
間瀬	1	8	1	5	11	107	岡部	2	8	2	3	31	84
木村		5		2		51	西浦	2	7	2	2.6	31	83

中1日

3月16日	愛知	予定回
スターター	椋下	3
ミドル	間瀬	3
ミドル		
セットアップ	岩野	2
クローザー	木村	1

9

②	愛知(4回)	予定回
スターター	木村	2
ミドル	深谷	2
ミドル		
セットアップ		
クローザー		

4

登板	予回	予計	実回	実計	球数	球計	登板	予回	予計	実回	実計	球数	球計
山崎		12		14		166	水野		1		1		23
水本		13		12		164	岩野	2	11	2	9	55	177
椋下	3	12	3	9	49	161	深谷		8	2	8	16	104
間瀬	3	11	3	8	32	139	岡部		8		3		84
木村	1	6	2	4	31	82	西浦		7		2.6		83

中1日

3月18日	いなべ(中止)	予定回
スターター	山崎	3
ミドル	水本	2
ミドル		
セットアップ	間瀬	2
クローザー	椋下	2
		9

②		予定回
スターター		
ミドル		
ミドル		
セットアップ		
クローザー		
		0

登板	予回	予計	実回	実計	球数	球計	登板	予回	予計	実回	実計	球数	球計
山崎	3	15	0	14		166	水野		1		1		23
水本	2	15	0	12		164	岩野		11		9		177
椋下	2	14	0	9		161	深谷		8		8		104
間瀬	2	13	0	8		139	岡部		8		3		84
木村		6		4		82	西浦		7		2.6		83

中3日

3月20日	松阪商(中止)	予定回
スターター	水本	3
ミドル	椋下	2
ミドル		
セットアップ	間瀬	2
クローザー	山崎	2
		9

		予定回
スターター		
ミドル		
ミドル		
セットアップ		
クローザー		
		0

登板	予回	予計	実回	実計	球数	球計	登板	予回	予計	実回	実計	球数	球計
山崎	2	14	0	14		166	水野		1		1		23
水本	3	16	0	12		164	岩野		11		9		177
椋下	2	14	0	9		161	深谷		8		8		104
間瀬	2	13	0	8		139	岡部		8		3		84
木村		6	0	4		82	西浦		7		2.6		83

3月21日	四南(中止)	予定回
スターター	山崎	9
ミドル		
ミドル		
セットアップ		
クローザー		
		9

		予定回
スターター		
ミドル		
ミドル		
セットアップ		
クローザー		
		0

登板	予回	予計	実回	実計	球数	球計	登板	予回	予計	実回	実計	球数	球計
山崎	9	23	0	14		166	水野		1		1		23
水本		16		12		164	岩野		11		9		177
椋下		14		9		161	深谷		8		8		104
間瀬		13		8		139	岡部		8		3		84
木村		6		4		82	西浦		7		2.6		83

中1日

3月23日	桑名工業	予定回
スターター	水本	3
ミドル	椋下	3
ミドル	山崎	3
セットアップ		
クローザー		
		9

②	桑名工業	予定回
スターター	深谷	2
ミドル	西浦	2
ミドル	間瀬	2
セットアップ	岡部	2
クローザー	木村	1
		9

登板	予回	予計	実回	実計	球数	球計	登板	予回	予計	実回	実計	球数	球計
山崎	3	26	3	17	43	209	水野		1	0	1	0	23
水本	3	19	3	15	48	212	岩野		11	0	9	0	177
椋下	3	17	3	12	57	218	深谷	2	10	2	10	27	131
間瀬	2	15	2	10	28	167	岡部	2	10	2	5	28	112
木村	1	7	1	5	23	105	西浦	2	9	2	4.6	26	109

中1日

3月25日	下諏訪向陽	予定回
スターター	椋下	3
ミドル	間瀬	3
ミドル		
セットアップ	山崎	2
クローザー	水本	1
		9

②	下諏訪向陽	予定回
スターター	深谷	3
ミドル	岡部	2
ミドル	西浦	2
セットアップ	水野	1
クローザー	水谷	1
		9

登板	予回	予計	実回	実計	球数	球計	登板	予回	予計	実回	実計	球数	球計
山崎	2	28	2	19	25	234	水野	1	2	1	2	30	53
水本	1	20	1	16	15	227	岩野		11		9		177
椋下	3	20	3	15	41	259	深谷	3	13	3	13	42	173
間瀬	3	18	3	13	48	215	岡部	2	12	2	7	37	149
木村		7		5		105	西浦	2	11	2	6.6	37	146

3月26日	関西中央	予定回
スターター	椋下	3
ミドル	間瀬	2
ミドル		
セットアップ	深谷	2
クローザー	水本	2
		9

②	関西中央	予定回
スターター	岩野	4
ミドル	西浦	2
ミドル		
セットアップ	水野	1
クローザー	岡部	2
		9

登板	予回	予計	実回	実計	球数	球計	登板	予回	予計	実回	実計	球数	球計
山崎	2	30		17		234	水野		2	1	3	10	63
水本		20	2	17	25	252	岩野	4	15	4	13	60	237
椋下	3	23	3	15	35	294	深谷	2	15	2	15	33	206
間瀬	2	20	2	12	30	245	岡部	2	14	2	9	32	181
木村		7		5		105	西浦	2	13	2	8.6	35	181

3月27日	四日市南	予定回
スターター	山崎	9
ミドル		
ミドル		
セットアップ		
クローザー		
		9

		予定回
スターター		
ミドル		
ミドル		
セットアップ		
クローザー		
		0

登板	予回	予計	実回	実計	球数	球計	登板	予回	予計	実回	実計	球数	球計
山崎	9	39	8	25	109	234	水野		2		3		63
水本		20		17		252	岩野		15		13		237
椋下		23		15		294	深谷		15		15		206
間瀬		20		12		245	岡部		14		9		181
木村		7		5		105	西浦		13		8.6		181

中1日

3月29日	四中工	予定回
スターター	水本	9
ミドル		
ミドル		
セットアップ		
クローザー		
		9

②		予定回
スターター		
ミドル		
ミドル		
セットアップ		
クローザー		
		0

登板	予回	予計	実回	実計	球数	球計	登板	予回	予計	実回	実計	球数	球計
山崎		39		25		234	水野		2		3		63
水本	9	29	7	24	103	355	岩野		15		13		237
椋下		23		15		294	深谷		15		15		206
間瀬		20		12		245	岡部		14		9		181
木村		7		5		105	西浦		13		8.6		181

3月30日	名古屋国際	予定回
スターター	間瀬	4
ミドル	椋下	3
ミドル	木村	2
セットアップ		
クローザー		
		9

②	名古屋国際	予定回
スターター	深谷	3
ミドル	西浦	3
ミドル	岩野	3
セットアップ		
クローザー		
		9

登板	予回	予計	実回	実計	球数	球計	登板	予回	予計	実回	実計	球数	球計
山崎		39		25		234	水野		2		3		63
水本		29		24		355	岩野	3	18	3	16	41	278
椋下	3	26	3	18	40	334	深谷	3	18	3	18	37	243
間瀬	4	24	4	16	59	304	岡部		14		9		181
木村	2	9	2	7	37	142	西浦	3	16	3	11.6	62	243

3月31日	菰野	予定回
スターター	山崎	9
ミドル		
ミドル		
セットアップ		
クローザー		
		9

②		予定回
スターター		
ミドル		
ミドル		
セットアップ		
クローザー		
		0

登板	予回	予計	実回	実計	球数	球計	登板	予回	予計	実回	実計	球数	球計
山崎	9	48	6.3	31.3	110	344	水野		2		3		63
水本	0	29	2.6	26.6	57	412	岩野		18		16		278
椋下		26		18		334	深谷		18		18		243
間瀬		24		16		304	岡部		14		9		181
木村		9		7		142	西浦		16		11.6		243

中1日

4月2日	西尾東	予定回
スターター	椋下	3
ミドル	間瀬	3
ミドル		
セットアップ	水本	2
クローザー	水谷	1
		9

②	西尾東	予定回
スターター	西浦	3
ミドル	岡部	3
ミドル	水野	1
セットアップ		
クローザー	深谷	2
		9

登板	予回	予計	実回	実計	球数	球計	登板	予回	予計	実回	実計	球数	球計
山崎		48		31.3		344	水野		2	1	4	75	138
水本	2	31	2	28.6	32	444	岩野		18		16		278
椋下	3	29	3	21	30	364	深谷	2	20	2	20	31	274
間瀬	3	27	3	19	56	360	岡部	3	17	3	12	35	216
木村		9		7		142	西浦	3	19	3	14.6	40	283

4月3日	桜丘	予定回
スターター	椋下	3
ミドル	間瀬	3
ミドル	岡部	3
セットアップ		
クローザー		
		9

	桜丘	予定回
スターター	深谷	3
ミドル	木村	2
ミドル	岩野	2
セットアップ	水野	1
クローザー	牧志	1
		9

登板	予回	予計	実回	実計	球数	球計	登板	予回	予計	実回	実計	球数	球計
山崎		48		31.3		344	水野	1	3	1	5	7	145
水本		31		28.6		444	岩野	2	20	2	18	24	302
椋下	3	32	3	24	50	414	深谷	3	23	3	23	33	307
間瀬	3	30	3	22	66	426	岡部	3	20	2	14	25	241
木村	2	11		7		142	西浦		19	2	16.6	30	313

4月4日	高田商業	予定回
スターター	水本	5
ミドル		
ミドル		
セットアップ	木村	2
クローザー	水谷	2
		9

②	高田商業	予定回
スターター	西浦	3
ミドル	岩野	3
ミドル	水野	1
セットアップ	西塚	1
クローザー	牧志	1
		9

登板	予回	予計	実回	実計	球数	球計	登板	予回	予計	実回	実計	球数	球計
山崎		48		31.3		344	水野		3		5		145
水本	5	36	5	33.6	69	513	岩野	2	22	2	20	36	338
椋下		32		24		414	深谷		23		23		307
間瀬		30		22		426	岡部		20		14		241
木村	2	13	2	9	20	162	西浦	3	22	3	19.6	90	403

イニング数や球数に関係なく３連投は組まない

第10章

アナリストの仕事とは

健大高崎を初の甲子園に導いた対策レポート

私が、健大高崎でアナリスト的な仕事を始めたのは、約10年前のことである。初めて相手チームを分析してレポートを作成したのは、平成22年（２０１０）の選手権大会の準決勝戦、対前橋工業からとなる。

Ａ４用紙二枚にまとめた簡潔なデータで、相手打者を打ち取るためだけのバッテリーミーティングを、健大高崎合宿所「健心館」の食堂で実施した記憶が残る。

翌日の試合は、０－０の手に汗握る接戦となって延長11回にまで突入した。そして運命の11回表、二死二塁から無印だった代打の右前打に対して、右翼手の主将・磯貝貴大が、一世一代のストライクのバックホームを見せたが、星野球審のジャッジは「オブストラクション（走塁妨害）」。健大は決勝を目前に敗退した。

敗戦を見届けると、誰にも顔を合わせることなく、そのまま車で三重県までの帰路に発った。

途中、妙義山を左窓から眺めると、急激に暗雲が立ち込め、あっという間に激しい雷雨が車のボディを襲った。ワイパーがまったく役に立たない豪雨を、減速しながら凌いでいると、今度は私の目から止めどなく涙が溢れてきた。悔しいとか悲しいではなく、自分の中の「やり残し感」に苛まれた。

本格的な「対策レポート」を選手全員に提示するようになったのは、翌年の夏の大会の予選からである。

準々決勝での樹徳戦、４番打者の根岸晃太郎（日本大→セガサミー）に対して、左翼手をウォーニングゾーン（外野フェンスとフェンスの内側に引かれたラインの間のゾーン）近くまで下げてのポジショニングや、天王山ともいえる準決勝、桐生商業の快速球投手の柿田兼章（拓殖大中退→武蔵ヒートベアーズ）の攻略。さらには、決勝戦での高崎商業のジャンボ投手・金井和衛（法政大）を一蹴して、甲子園初出場を決めたことは懐かしい思い出である。

第93回群馬県大会で「甲子園初出場」。長男の毅氏と祝杯

対策レポートの作業

現場では、ストップウォッチを左手に裏返して持ち、スコアブックにゲーム内容を記入しながら、個々の選手の特徴を頭に刻み込み、内野ゴロでの一塁までの到達タイムを計測する。

ストップウォッチを裏返しで持つ理由は、本来スタートボタンは右手の親指で押すようにできているが、私は右利きなので右手にはボールペンを握っている。左手でストップウォッチを扱おうとすれば、スタートボタンは左手の人差し指で押さなくてはならず、親指に比べて力が入りにくいため正確なタイムが計りづらい。そこで考え出したのが、ストップウォッチを裏返して持つことで、これならばスタートボタンを親指で押すことができるのである。

そして打者の構え方、ボックスでの立ち位置、グリップの状態、スタンスの状態、ステップの状態、スイングの角度とバットの出方などを、項目ごとにチェックして打席の結果に反映させるのである。

また、最終的には図①のように各打者の打球方向を示した図版を作成し、スタッフ・選手と共有する。


こういったデータやスコアブックをもとに、パソコンで対策レポートを作るわけだが、常に5時間ほどを費やし、特に相手が好投手となると、投手の分析だけで同等の時間を必要とする。

そして最後に、一番重要な「戦略」の構築となり、健大選手の投打の能力と状態、そして相手チームの戦力とを投影させながら、シミュレーションで試行錯誤を繰り返す。

試合直前には、グラウンドでの選手のコンディションを最終チェックし、微調整があれば監

［図❶］ **(3)土井③**

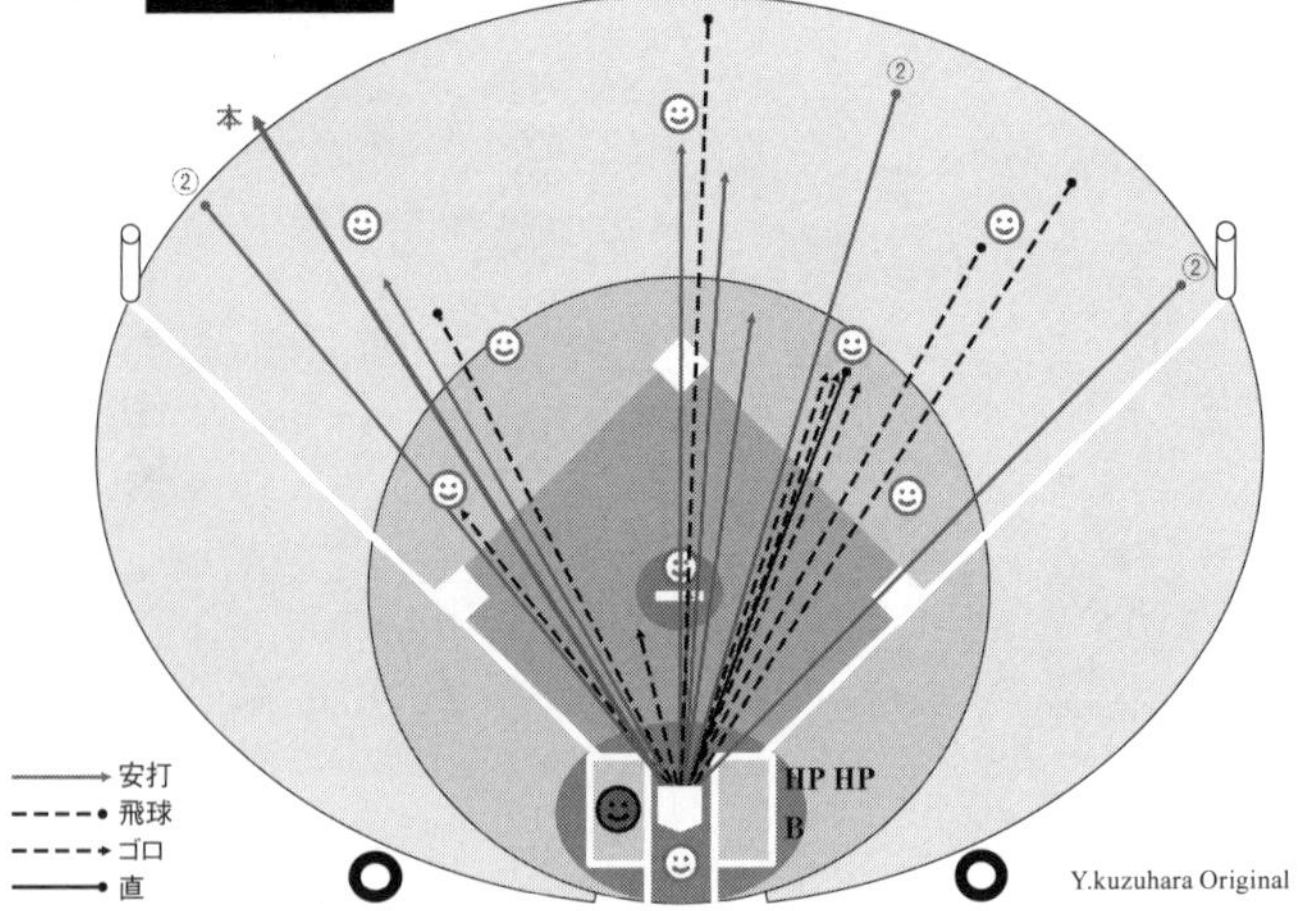

督に告げて現場に対策を委ねることになる。

大切なのは、選手にできることとできないことを見極め、振り分けての戦略を立てること。どうしても勝つためにやらねばならないことは、監督を通じて事前に現場に依頼する。

監督の寛容さと、現場コーチ陣の育成力を100%信じての連携である。それらの「ブレーン」の力がなければ、私の戦略は「机上の空論」、「絵に描いた餅」となり、敗れた瞬間にA4用紙の行き先はゴミ箱の中となる。

私が導き出す基本データ

対策レポートを作成するにあたり、私がデータ化する項目について、簡単な説明を加えながら野手、投手、捕手の順に示していく。まずは野手から。

- 打席　バッターボックスに打者として立つこと
- 打数　打席数から四死球・犠打・打撃妨害・走塁妨害による出塁の数を引いた数
- 安打　打者が守備側の失策なしに一塁またはそれ以上の塁に進むことができる打球
- 得点　個人記録としての本塁へ生還した回数
- 二塁打　打者が二塁まで達することのできた安打
- 三塁打　打者が三塁まで達することのできた安打
- 本塁打　打者が各塁を経て本塁まで達することのできた安打
- 塁打　安打のうち単打を1、二塁打を2、三塁打を3、本塁打を4として集計した数
- 打点　打者が安打・犠打・四死球などによって自チームにもたらした得点
- 三振　打者がストライクを三つ取られてアウトになること

野手のデータ

打席	打数	安打	得点	二塁打	三塁打	本塁打	塁打	打点	三振	四球	死球	犠打	犠打失敗	犠飛	盗塁	盗塁失敗	牽制死	併殺打	失策

打率	長打率	出塁率	盗塁成功率	犠打成功率	OPS	IsoD	IsoP	SecA	TA	RC27	PS	BB／K	PA／K	AB／HR	DER

・四球　投手が打者に対して一打席中にストライクでない球を4回投げること
・死球　投手のストライクでない投球が直接打者の身体に当たること
・犠打　バントによって打者はアウトになるが走者を進塁させた時
・犠打失敗　バントで犠打を試みるも走者が進塁できなかった時
・犠飛　打者はアウトになるが走者を進塁させたフライ
・盗塁　投球の間に次の塁に進むことで記録される
・盗塁失敗　投球の間に次の塁に進めずアウトになる（ここでは牽制球アウトも含む）
・牽制死　離塁した走者に対して当該塁を守る野手に送球してアウトにすること
・併殺打　一連のプレーで二つのアウトを取ること
・失策　捕球や送球の失敗によって攻撃側に一

つ以上の塁を与えること
・打率　安打数／打数
・長打率　塁打数／打数
・出塁率　（安打＋四死球）／打数＋四死球＋犠飛
・盗塁成功率　盗塁成功数／盗塁数＋盗塁死数
・犠打成功率　犠打成功数／犠打数
・ＯＰＳ（On Base Percentage Plus Slugging Percentage）
出塁率と長打率とを足し合わせた値
＝出塁率＋長打率
・ＩｓｏＤ（Isolated Discipline）
安打以外の出塁能力を表す数値
＝出塁率－打率
・ＩｓｏＰ（Isolated power）
二塁打・三塁打・本塁打のみを評価した指標
＝長打率－打率
・ＳｅｃＡ（Secondary Average）
長打力と出塁率の高い選手を見つけ出す指標
＝（塁打数－四死球＋盗塁－盗塁失敗）／打数
・ＴＡ（Total Average）
打者が1アウトでどれだけの塁を得ることができたかを示す指標
＝（塁打数＋四死球＋盗塁－盗塁失敗）／（打数－安打＋盗塁失敗＋併殺打）
・ＲＣ27（Runs Created per 27 outs）27個のアウトでその選手がどれだけの得点を生み出すのかを表す指標
ＲＣ27＝ＲＣ÷（打数－安打＋盗塁死＋犠打＋犠飛＋併殺打）×27
ＲＣ＝｛（Ａ＋2・4×Ｃ）×（Ｂ＋3×Ｃ）÷（9×Ｃ）｝－0・9×Ｃ
Ａ＝安打＋四球＋死球－盗塁死－併殺打
Ｂ＝塁打＋｛0・24×（四球－故意四球＋死球）｝＋0・62×盗塁＋｛0・5×（犠打＋犠飛）｝－0・03×三振
Ｃ＝打数＋四球＋死球＋犠打＋犠飛
・ＰＳ（Power-Speed-number）

パワーと機動力を兼ねた選手の指標
（本塁打×盗塁×2）／（本塁打＋盗塁）

・BB／K（Bases on Balls per Strikeout）
三振1個に対していくつの四球を取れるかを表した指標
四球／三振

・PA／K（Plate Appearances per Strikeout）
1三振するまでにかかる打席数
打席／三振

・AB／HR（At bats home run）
1本塁打を記録するまでにかかる打数
打数／本塁打

・DER（Defense Efficiency Ratio）
本塁打を除いてグラウンド上に飛んできた打球のうちアウトになった割合を表す指標であり、チーム全体での守備の評価に用いられる
（打席－安打－四球－死球－三振－失策）／（打席－本塁打－四球－死球－三振）

次が投手の項目である。

・登板　投手としてマウンドに立つこと
・完投　先発投手が試合終了時まで投手交代なく一人で投げること
・完封　先発投手が完投して得点を与えず勝利投手となった場合
・無四球　四球を出さなかった試合
・勝数　単純に勝った試合の数
・敗数　単純に敗けた試合の数
・勝率　勝数／（勝数＋敗数）
・打者　投手が投げるボールにバットを用いて打撃する選手
・投球回　投手が登板したイニングの数
・被安打　投手が打者から打たれた安打の数
・被本塁打　投手が打者から打たれた本塁打の数
・奪三振　投手が打者を三振に打ち取ること
・四球（与）　投手が打者に対しボールを4球

投手のデータ

登板
完投
完封
無四球
勝数
敗数
勝率
打者
投球回
被安打
被本塁打
奪三振
四球（投手）
死球（投手）
故意四球
牽制刺殺
犠打封殺・刺殺
暴投
ボーク
自責点
IR生還数
IR
リリーフ登板数

防御率
被安打率
奪三振率
与四死球率
WHIP
DIPS
K／BB
BB／9
BABIP
ERC
IR%

投げて出塁を許すこと

・死球（与）　投手が打者に対しボールを当てて出塁を許すこと

・故意四球　投手が打者に対して意図的に四球を与えた場合

・牽制刺殺　投手が牽制球によって走者をアウトにすること

・犠打封殺・刺殺　投手が犠牲バントを処理して進塁側の塁で封殺やタッグアウトにすること

・暴投　捕手が普通の守備体勢で捕れない球を投手が投球すること

・ボーク　投手の投球や塁への送球における反則行為

・自責点　アウトを取る機会が3回ある前に投手に責任のある失点

・IR生還数

前の投手が残していった走者をホームに生還させてしまった数

・ＩＲ（Inherited runners）　登板時に背負っている走者数

・リリーフ登板数

先発投手の降板後に他の投手が登板した数

・防御率　自責点×９／投球回

・被安打率　被安打／打数

・奪三振率　奪三振数×９／投球回

・与四死球率　与四死球×９／投球回

・ＷＨＩＰ（Walks plus Hits per Inning Pitched）

１イニングあたり何人の走者を出したかを表す

＝安打＋四球／回数

・ＤＩＰＳ（Defense Independent Pitching System）

投手自身で支配できる四死球、三振、本塁打から投手の力を評価する方法。

＝｛(与四球数－故意四球＋与死球×３＋（被本塁打×13）－（奪三振数×２)｝／投球回数＋３・12

・Ｋ／ＢＢ（Strikeout to walk ratio）

数値が高いほど三振を取れて四球が少ないことを表す

＝奪三振／与四球数

・ＢＢ／９（Base on balls allowed per 9 innings pitched）

９イニング投げるといくつの四球を出すのか

＝与四球数×９／投球回数

・ＢＡＢＩＰ（Batting Average Ball in Play）

本塁打以外の打球がフェアゾーンに飛んだ時にヒットになる確率

＝（安打－本塁打）／（打数－奪三振－本塁打＋犠飛）

・ＥＲＣ（Component ERA）

単純に打たれなかった投手を優秀とするリリーフ投手の指標

＝（被安打＋与四球＋与死球）×ＰＴＢ／（打者×投球回）×９×０・75

PTB＝0・89×（1・255×（被安打－被本塁打）＋4×被本塁打）＋0・56×（与四球＋与死球－故意四球）

・IR％（Inherited runners %）
前の投手が残していった走者を本塁に生還させてしまった割合
IR生還数／IR（登板時に背負っている走者数）×100

最後に捕手の項目は、次の通りである。

・盗塁アウト　投球の間に次の塁に進もうとして失敗すること
・盗塁セーフ　安打・刺殺・失策・封殺・野選・捕逸・暴投・ボーク以外での1個の進塁
・捕逸　捕手が捕球可能な投球を捕球できず走者を進塁させること
・盗塁阻止率　アウトにした盗塁／許した盗塁＋アウトにした盗塁
・盗塁阻止数　盗塁を試みた走者を捕手の送球によりアウトにした回数

捕手のデータ
盗塁アウト
盗塁セーフ
捕逸
盗塁阻止率
盗塁阻止数

野手の指数の解説

これらの項目を、具体的に数値化した例を野手、投手の順に次に示していく。
まずは野手から（表❶）。

［表❶］ ◉野手（健大高崎ＫＨ選手）

野手	打席	打数	安打	得点	二塁打	三塁打
	221	184	66	51	8	2
	本塁打	塁打	打点	三振	四球	死球
	2	83	29	20	33	0
	犠打	犠打失敗	犠飛	盗塁	盗塁失敗	牽制死
	10	0	0	38	8	2
	併殺打	失策	打率	長打率	出塁率	盗塁成功率
	3	4	0.359	0.451	0.456	0.792
	犠打成功率	OPS	IsoD	IsoP	SecA	TA
	1.000	907	0.097	0.092	0.435	1.132
	RC27	PS	BB/K	PA/K	AB/HR	DER
	7.2	3.8	1.65	11.1	92.0	57.576

そして、これらの数値の中で特に重要な5項目を抽出して率の指標としてグラフで掲載する(図❶)。

スポーツの中で、野球ほど成績の表し方に数字や数値が使われるものはない。そこで、すべての成績を「指数化」してチームや個人を分析することにした。

あらゆる項目を、「数値が多いほど優秀」に置き換え、「最高の結果が100であり、数字の大きい方が優秀あるいは強い」と認識する。

解説すると、ここでの基準となる数値3割6分4厘（のちに解説）という打率を最高の基準と考えるならば、3割6分4厘（0・364、36％）が100であるから、100／0・364で274・7（約275）という換算率が浮かぶ。

それでは3割5分9厘（0・359、35・9％）のKH選手の指数は、0・359×274・7＝98・62。最後の桁を四捨五入して98・6。

［図❶］

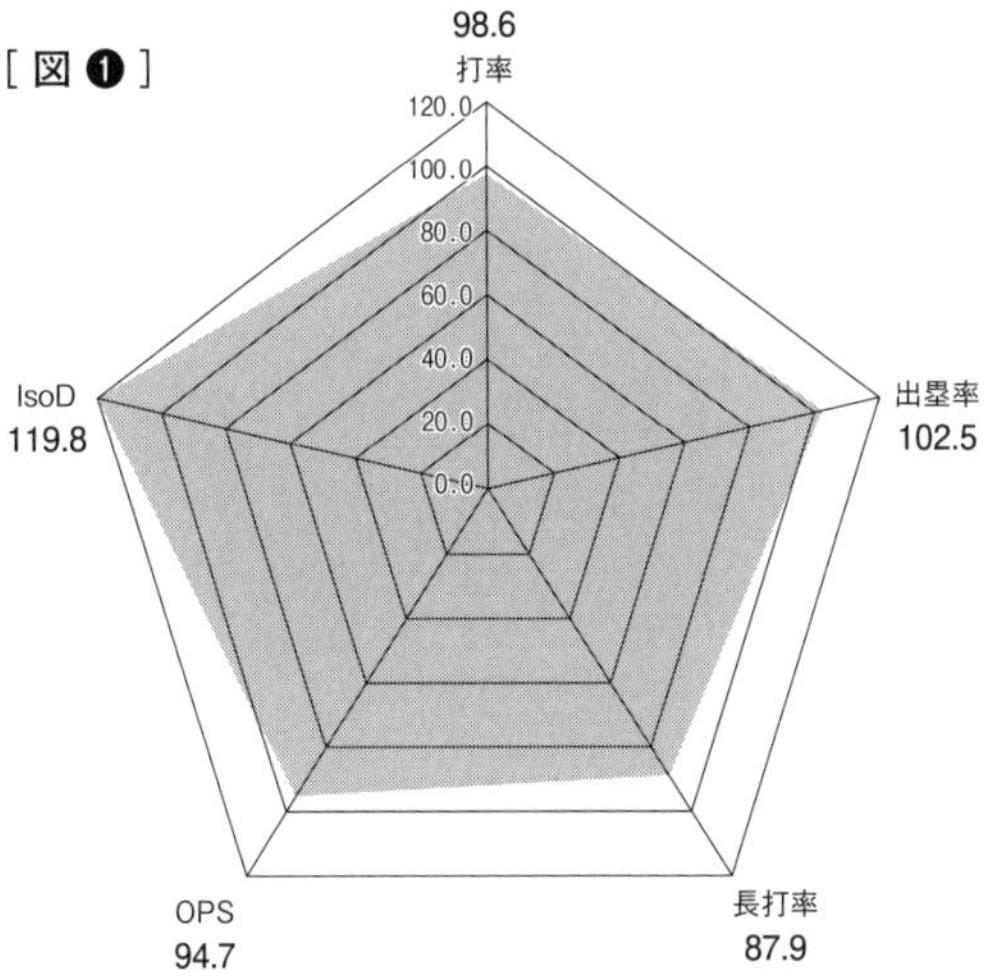

するとこの比較は、基準の打率指数100、KH選手の打率指数98・6となり判定が分かりやすくなるのである。

基準となる数値の解説

私は過去に3千試合以上ものデータの分析・解析を行い、高校野球における集合体としての全国レベルの指標を目に見える形にした。

そして、1999年の明治神宮大会で優勝した四日市工業を全国レベルの基準として、各年度の集合体を示唆することにしたのである。

なぜならば、当時私は四日市工業の外部コーチとして携わっており、公式戦はもちろんのこと、練習試合の正確なデータも豊富に手元にあったこと。しかもこの集合体は、その年度の11月の明治神宮大会で優勝するまで公式戦での負けがなく、公式戦無敗で翌年の選抜甲子園大会を迎えていて、指標の基準とするには最も適しているとと考えたからである。

このような理由から、私は神宮大会で優勝したこの四日市工業のデータを、いつも参考・比較データとして活用することにしているのだ。

また、どうして甲子園の全国優勝を基準とせずに、秋の明治神宮大会の優勝を指標にしたかといえば、11月一杯のレギュラーシーズンを終えた時点が、各項目のデータ比較には最も適切であり、アウトオブシーズンでの努力目標として対峙しやすいと考えたからである。

言い換えれば、この集合体の基準をクリアしていれば、間違いなく全国大会レベルの力を兼ね備えているものと判断することができるのである。

このデータの指標となっている四日市工業は、超攻撃型チームとして1年生大会7試合で平均得点が10点と、圧倒的な得点力で優勝しており、いかに強力なチーム力を有していたかが窺えるであろう。

1年後の新チーム結成から、秋の県大会優勝（平均9得点）・秋の東海大会優勝（平均8得点）・明治神宮大会優勝（平点9得点）・センバツ2試合（平均11得点）・春の県大会準優勝（平均9点）・春の東海大会優勝（平均11得点）。なんと平均得点9点を超えるという驚異的な数字を示し、他校を凌駕する得点能力で「東海の雄」として君臨していたのである。

投手の指数の解説

さて、基準となる集合体の解説が長くなってしまったが、次に投手を具体的に数値化した例を示すことにする（表❷・図❷）。

[表❷] ◉投手（健大高崎ＴＫ投手）

投手	登　板	完　投	完　封	無四球	勝　数	敗　数
	18	4	0	0	10	0
	勝　率	打　者	投球回	被安打	被本塁打	奪三振
	1.000	329	85	55	1	72
	四球（投手）	死球（投手）	故意四球	牽制刺殺	犠打封殺・刺殺	暴　投
	22	12	0	4	0	1
	ボーク	自責点	IR生還数	IR	リリーフ登板数	防御率
	2	20	0	1	11	2.12
	被安打率	奪三振率	与四死球率	WHIP	DIPS	K/BB
	5.82	7.62	3.60	0.91	−0.33	3.27
	BB/9	BABIP	ERC	IR%		
	2.3	0.245	0.029	11.1		

[図❷]

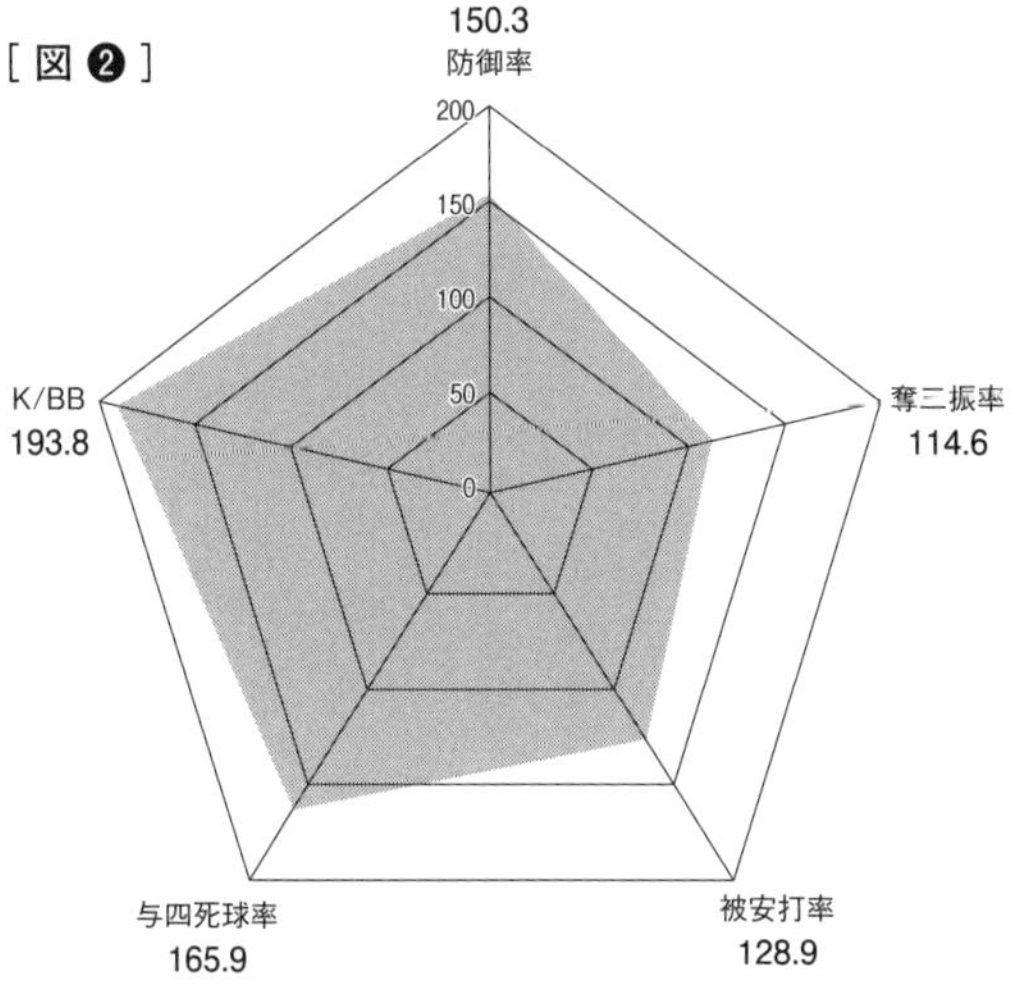

野球には防御率や失策数などといった、数字が少ない、あるいは低いほど良いものもあり、混乱を招く恐れがある。

数字が小さい、あるいは少ないほうが良い成績を示す防御率等はどうなるのか。例えばCという投手が10試合に登板して、合わせて30点の自責点を失ったとする。そして投球回数は合わせて80イニングであった。この場合の防御率は270／80＝3・375となる。30点に9を掛けたのは野球が9イニングから成り立っているからである。

指数の場合、大きい方が優れていることを示すので、これでは比較しにくい結果が出てしまう。そこで、「逆数」という数学的手法を用いる。簡単に言えば、aという数で「1」を割った1／aをこのように表す。

例えば、D投手の投球内容は素晴らしく、防御率はなんと1・5であった。1・5の逆数は1／1・5＝0・667。E投手は出るたびに打たれて、防御率4・5であった。1／4・5＝0・222。D投手の0・667を指数に換算すると100／0・667＝149・9となり、150の指数を得る。

従ってD投手の成績（防御率指数）は最良の100。E投手の防御率指数は0・222×100／0・667＝33・3、少数以下を四捨五入して33となる。単に1・5と4・5を比較しても構わないが、総合戦力などをグラフで比較しようとする場合、指数化しておかないと非常に分かりにくいものになってしまうからである。

野手の指数説明での繰り返しになるが、あらゆる成績について、

①原則として最良を100とする
②数値の多いほうが優れている

この二点だけを覚えておけばよいのである。

著者のデータファイル

練習メニューの作成

アナリストとして、ある意味で一番大切な仕事がこの作業である。いくら戦略を構築しても、戦術となるプレーの神髄を理解してチーム間で共有できて、個人のスキルである戦法が武器となって使えなければ試合に勝つことはできない。

よく見かける練習の過ちは、一つのプレーをキャンプなどで1日徹底して長時間かけてやれば、チームの引き出しの中に納まっているという妄想である。

野球のゲームで突発的に起きるプレーは果てしなく多い。たった1日くらい多くの時間を費やしただけで、いつでもその引き出しを引けるかは別問題である。練習メニューは詳細に分割して、忘れないように引き出しに整理してきれいにしまっていなければ、とっさに取り出すことはできない。

物足りないようでも少しずつ多くのメニューをこなし、ビジョンに沿って時期相応のプランを立てて作成することが大切なのだ。

あと練習というものは、メニューにない部分であっても工夫次第では捻出が可能な分野だ。

例えばバックトスである。多くの指導者は使う場面も限定されるし、バックトスに時間を割くくらいならば、他の練習を組み込んだ方が効率的だとの見解を持っていて、実際にそう聞いたこともある。

しかし、何もバックトスは二塁手だけの特権ではない。状況次第ではどこのポジションであっても、使わなければ間に合わない場面に必ず遭遇する。普段から違和感なく使えるようにしておけば、いざという時に効力を発揮するのである。

例えば、次の**写真❶**を見ていただきたい。どこのチームでも毎日のように見る光景で、フリーバッティングのボールを全員で回収している場面である。だがよく見てほしい。選手たちはみなバックトスでボールを回収している。

これが、先ほども説明した「練習の機会はメニューでなくても工夫次第で捻出可能」というものだ。どうせボールを拾うのであれば、それを「作業」として捉えるのではなく、「練習」という位置付けに変えてしまえばいいのだ。私が現在指導をしている三重海星では、ボール回収をすべての選手がバックトスで行っている。

わざわざ特別なメニューを組まなくても、毎日のように何十というバックトスの機会が巡ってくる。

単純な作業がスキルアップとしての練習に生まれ変わってきて、毎回眺めていると投げる距離がどんどん伸びてきている。また、選手たちも単純にボールを回収するよりも、バックトスで回収したほうが新鮮なので、距離を競ったり

[写真❶]

バックトスでボールを回収する海星の部員

しながら楽しんでやっている。何につけても選手が明るく取り組む姿を見るのは、私にとって何物にも代えがたい至福の時間でもある。

海星の平日練習メニューの一例

私が考える練習メニューは、次の表に示すように15分刻みで細かく記されている。全選手の名前を記載したタイムシートを予め配り、選手たちにその日のメニューの把握をさせてから練習に臨ませる。

その理由は、選手たちが次に何をするか分からないということで、限られた時間を無駄にしたくないというのが一つ。もう一つは、シートノック等でエラーが続出すると、監督の感情の赴くままに終わりの見えないノックが続き、予定していたメニューを消化できないという不測の事態を避けたいからだ。

この表は、アウトオブシーズン中のメニューである。秋の東海大会準々決勝敗退によるテーマと、冬場の筋力アップトレーニングおよび来春に向けての課題を盛り込んだものにしている。

練習の進行は、内野手①（二塁手・遊撃手）のキーストーンコンビ・内野手②（一塁手・三塁手）・捕手陣・外野陣・投手陣の五つのパーツに分けている。

私の練習メニューの特徴の一つとして、マシンを使った守備練習を多く導入している。16：30からの外野手のバックホームメニューには、2台のマシンを使ってフライとゴロの対処を全員が同じ条件で行い、ワンプレーごとにタイムを計ることで選手同士がスキルアップを目指すことを狙いとしている。

内野陣はリレーマンとトレーラー（リレーマンの後方で外野手の高投に備えるセーフティガード役）に配して、外野陣とのバックホームタイム縮小の連携を図る。

17：00からは、内野陣のディフェンスと外野陣のオフェンスを同時に練習させるメニューを組んでいる。

本塁には捕手陣、その両側にバッティングケージを配して投球をプレースヒッティング（ゴロを狙い打ち）する外野陣の練習。そして内野陣は打球を処理して、キーストーンコンビはセカンドゲッツー、両サイドはホームゲッツーを完成させる。もちろん打球の性質によってはアウトにする塁が変わってくる。

17：30からはパーツ分けのポジション別練習。30分ずつのセクションに分けてテーマを変える。前半のキーストーンコンビはピボット練習、一塁手はバント処理で三塁送球、三塁手はバックホーム（ベース寄りはキャンバスを踏んで本塁送球）。

18：00からの後半では、パーツを変えて三塁手と遊撃手は緩い打球を一塁にランニングス

Skill up menu

Y.kuzuhara Original

2020	12／22	火	準備 用意	・外野守備用マシン2台　・タイムキーパー　・DLの練習配置 ・健大高崎OB（大学生）2～3名練習指導に参加　・海星中学生10名練習参加					
P	山崎②	水本②	椋下②	間瀬②	水野②			伊藤佑㊥	松井㊥	丹羽㊥
	岩野①	西浦①	深谷①	岡部①						
C	加藤②	村上①	伊藤英㊥							
IF	花井②	安藤②	田村②	平井②	坂田②	楠木②	椎葉②	牧志①	山川①	平子①
	斉藤①	小野①	田口①	森川①	太田㊥	森㊥	服部結㊥	中村㊥		
OF	木村②	落合②	田中②	勝田②	今村②	西塚②	宝山①	清水①	野村①	宮崎①
	三浦①	下里①	服部充㊥	平井㊥						
DL	水谷②	北村①	渡辺①	吉川①	川瀬①	森部①	益川①	黒木㊥		

時間帯	内野手(IF)2B・SS	内野手(IF)1B・3B	捕手(C)	外野手(OF)	投手(P)
15:30 15:45	グラウンドに出た者から練習準備 ＊タイムキーパー：北村 ＊外野フライ用のマシンをセット ストレッチ				
16:00	全体アップ ㊥を含む				
16:15	CB （各5分）	①正面ノーステップ（開脚からスナップだけで投げる） ②横向ノーステップ（開脚から1(前足体重)2（軸足体重）3（両肘吊上げ）4（投げる）） ③通常のキャッチボール			200m走 6本 45分
16:30 16:45	レフトフライをバックホーム：3秒台（1塁ダグアウト前からマシン）　マシン：DL LF：勝田・木村・野村・清水・今村・宮崎・渡辺・服部㊥（8名）タイムキーパー：北村 3B：平井・花井・楠木・小野・森㊥（5名）　SS：森口・安藤・牧志・服部㊥（4名） ライト前ヒットをバックホーム：6秒6以内（3塁ダグアウト前からマシン）　マシン：DL RF：宝山・西塚・落合・田中・三浦・下里・平井㊥（7名）タイムキーパー：DL 1B：平子・坂田・田口・村上・太田㊥（5名）　2B：山川・椎葉・斎藤・森川・中村㊥・黒木㊥（6名） C：加藤・伊藤英㊥（2名）　＊15分交代				
17:00 17:15	ディフェンス練習 （30分） 2ヶ所(手投げ)Lネット BP：森部・益川 CASE：一死満塁 二・遊間：基本的にはセカンドゲッツー 一・三塁手：基本的にはホームゲッツー			プレースヒッティング （45分） 狙った方向にゴロ打球 打者走者を付ける ＊フライを打ったら ダッシュで拾いに行く	塁間ダッシュ 15本 ライトダイヤモンド 30分
17:30	ポジション別練習 30分 SS・2B：DP（1塁NS） ピボットと交代 ノッカーはマウンド後方	ポジション別練習 30分 3B：バックホーム ベース寄りは踏んでから 1B：バント処理 3塁送球（3Bはタッグ） ノッカーは本塁から	ポジション別練習 30分 3Bからの本塁ゲッツー 左足でベースを踏む 3塁線の走路に障害物 3Bがベースを踏んだら本塁でタッグ	ポジション別練習 30分 左右腰切りバック 手投げのフライ捕球 センター付近	鉄棒ぶら下がり ストレッチ・柔軟 15分
17:45					課題練習 60分
18:00 18:15	ポジション別練習 30分 3B・SS 緩いゴロを1塁送球 ランニングスローも	ポジション別練習 30分 2B：1・2塁間のゴロを 2塁送球（ネット） 1B：両側のゴロを 2塁送球（ネット）	ポジション別練習 ワンバウンドストップ ＆ スローイング	ポジション別練習 30分 クッション＆リレー 3塁ファールG 本塁付近にネット 外野方向に送球	
18:30	飛距離バッティング バットに乗せるイメージで打つ				
18:45 19:00 19:15	 マウンドの5m前にマシンセット マシン操作：北村・渡辺・森部・吉川・森川 手投げは10m：野手が交代で投げる マシンは100㌔ バットは1.1キロ				瞬発系トレーニング インターバル２分 ①蹲踞から股割 ②蹲踞から開脚 ③蹲踞から蹴出 各１分×２ ④ケンケン・パッ ３分×２ 柔軟体操
19:30	ボール回収・片付け グラウンド整備				

Planner by Y.kuzuhara

ロー、一塁手は両側のゴロを、二塁手は一・二塁間のゴロをセカンドのネットに送球する。

18：30から5か所でバッティング練習。テーマは速球に負けずに飛距離を出すことで、マシンを5ｍ前に設置して１４０キロの体感速度としている。手投げは10ｍの距離から投げてタイミングを取って遅れないようにする。

投手陣には16：15から、タイムとインターバルを定めたランニングメニュー。ストレッチを挟んで17：45から60分間、予め各自でテーマを持たせて考えさせた課題練習に取り組み、18：45から45分間、私の投手陣のオリジナル瞬発メニュー4種類でパワーアップを図る。

19：30からはクールダウンと片付けとグラウンド整備をテキパキ行い、海星高校の定める20時の完全下校に間に合わせる。

海星の新入部員参加後の半日練習メニューの一例

次に提示するのは、4月に新入生が入部してきてからのメニューであり、午後からの練習が可能な時の半日メニューである。

パーツ区分も新入生を「育成」と位置付け、5月一杯までは別メニューを組みながら身体を徐々に慣らして、怪我や故障を極力出現させないように配慮することを目的としている。

メニューの見方に不慣れな育成選手に対して、徹底を促す意味で練習内容の前に準備（J）と確認（K）を設けた。また、全スタッフの名前と役割を示すことで、対人関係に戸惑わないようにも配慮している。

13：00からの全体アップは育成も同時進行させるが、次の13：15からのスライディング練習から内容を区分する。特にこのメニューは育成が怪我をしやすい練習になるため、砂質で柔らかい外野の特設ダイヤモンドでやらせる。

13：30から上級生は冬場から継続中のバットスイングを、1・1kgのバットで1分間に80スイングをノルマにして、2分間のインターバルで5セットをファウルグラウンドで実施。その間にグラウンドでは育成のキャッチボール。距離は最大でも40mとして無理をさせないように配慮している。

13：45からは逆メニューで、上級生は投手用のキャッチボールメニューを野手全員で行う。育成は通常バットで1分間に最大努力のスイングを、インターバル3分で3セットの実施。育成投手陣は、ブルペン等で投球動作の下半身の使い方でバットスイングをする。

14：00から30分間、内野陣はライト側の特設ダイヤモンドで下投げのボール回し15分間に続き、挟殺プレー時でのスナップスローを投げる側の手と同じ方の足を踏み出して投げるスキルメニュー。

外野手はメインダイヤモンドで、守備センスの向上を目指した内野ノックを内野手同様に体験させる。その間育成の内野陣はレフト側特設ダイヤモンドでノックを受け、育成外野陣はライト側ファウルグラウンドにて、ネットに向かってのトス打撃を実施。育成投手陣は外野で投手メニューでのキャッチボールを行う。

14：30から給水を取り入れ、14：45から投手が合流しての投内連係でのバント処理。打者は外野陣が実際に打席に入って三塁側にセーフティバントを敢行する。その際には、投手の肩や肘の負担を避けるためにマシンを使用する。マウンドの3m前に低くしたマシンを設置し、投手はダミースローをしたのちに、三塁側のバント処理に臨み三塁手との連携を強化する。バントをした外野陣も実際に一塁に全力疾走をしてバント安打を狙う。

不慣れな育成投手陣は、レフト側特設ダイヤモンドにてバント処理の練習を手で転がしながら練習をする。育成の内野陣は、ライト側特設ダイヤモンドで上級生2名が付き添いながら、下手投げのボール回しの練習をサポートする。そして育成外野陣はレフト定位置で、一塁ベンチ前に設置されたマシンでフライ捕球の練習をする。

15：15からの30分間はマウンド前のマシンを撤去し、投手陣は実際に打者の外野陣に投球して今度は二塁に送球して封殺を狙う。投手の投球が無駄にならないように、打者はスーサイドスクイズをテーマにして、すべての投球に対してバントをする。三塁走者はセーフティスクイズを想定して、本塁突入か三塁に留まるかの判断を磨く。

つまりこの練習は、投手→二塁封殺、打者→スーサイドスクイズ、走者→セーフティスクイズの打球判断と、同一練習を進めながら各人がまったく違うテーマの練習に取り組んでいることになる。

その間に育成の内野陣は、ライト・センター間でリレーマンとしての送球練習を上級生の指導のもと取り組み、外野陣は内野陣と帯同して、クッションボールの処理とリレーマンへの送球を内野陣に対して行う。

15：45から平日練習メニューでも解説した、2台のマシンを使用しての外野飛球とゴロ捕球の練習を育成も合流して同時に進行する。もちろん内野陣はリレーマンとトレーラーとなり、バックホームの中継をする。30分交代で外野陣はフライ捕球とゴロ捕球の両方の練習をする。

バックホームのリレー指示と捕球は、当然捕手陣が担当することになる。投手陣は外野のセンター付近で、各塁への牽制球の練習をみっちりやる。

16：45から給水の他に補食も摂って、次のメニュー準備に取り掛かる。

17：00からの60分間5か所でテーマを持ったバッティング練習を実施。

冬場は徹底的に速球に対応するバッティングを課題にして、3月初旬にはMAX160キロのスピードボールを打ち返してきたが、4月からは変化球に対応するバッティングに切り替える。130キロの逃げていく高速スライダーを振り切らせ、手投げでは5mの距離から、ノーステップでの2ストライクバッティングの実践的練習。

投手陣はブルペンでピッチングと、投球に関するスキルアップの課題練習を行い補食。

その間に育成は基礎体力の向上のために、各自のペースを維持しながら30分間の持久走に続き、さらに30分間の器具を使わない体幹トレーニングを行う。器具を使用しないのは、怪我や故障の防止のためであるのは言うまでもない。

18：00から30分間はポジション別練習で、内野陣のキーストーンコンビはダブルプレー練習。三塁手は二塁走者を追い込んで一塁送球後に素早くベースに戻り、三塁を狙った二塁走者をアウトにするための一塁手からの送球を受けてタッグする。一塁手は三塁手との連係プレーにプラスしてバント処理の三塁送球。

外野陣はマシンを使用してのゴロ捕球。15：45からのバックホーム練習で肩や肘を浪費しているので、ゴロ捕球のスキルアップのみで実際の送球は行わずに、捕球からスローイングまでの一連の動作の習得を目指す。

この日のメニューで肩を消費していない捕手陣は、一塁側のファウルグラウンドにて二塁送球の練習。育成はフリーバッティングでのボール回収をバックトスで行った後に個人練習をする。投手陣は200mの全力走6本を5分に1本で取り組む。

18：30から30分間は課題練習に取り組む。投手陣は100mの全力走を、やはり5分に1本のインターバルで行う。育成もこの時間は上

Skill up menu

Y.kuzuhara Original

2021	4／8	木	準備(J)	・メニューを熟読して練習の流れを把握する ・課題練習を考えておく ・補食を持参					
			確認(K)	・動作キビキビ言葉ハッキリ ・グラウンド内は全力疾走 ・メニューと自分の役割					

チーム概要	３年生	２０名	２年生	２３名	１年生	４４名	全部員数	８７名	スタッフ	１１名
チーム構成	投手	２４名	捕手	６名	内野手	３４名	外野手	２１名	㊫㋙・㊛㋮	２名
P	山崎③	水本③	椋下③	間瀬③	水野③	水谷③				
	岩野②	西浦②	岡部②	深谷②						
	松井①	伊藤佑①	丹羽①	早川①	服部①	高橋①	富澤①	中村①	米中①	仲野①
	山本①	梶川①	松本①	片岡①						
C	加藤③									
	伊藤英①	白山①	岩田①	増谷①	横井①					
IF	安藤③	坂田③	楠木③	田村③	椎葉③	花井③				
	山川②	平子②	森口②	牧志②	村上②	斉藤②	小野②	森川②	森部②	川瀬②
	太田①	森①	服部①	越後①	澤田①	石田廉①	石田聖①	西出①	平野①	堀内①
	吉田①	田端①	田中①	中村①	藤本①	川治①	南部①	小柳①		
OF	木村③	落合③	田中③	勝田③	今村③	西塚③	平井③			
	宝山②	清水②	野村②	宮崎②	三浦②	下里②	渡辺②	益川②		
	服部充①	森辻①	舘①	山田①	平井①	平原①				
STAFF	鷲坂部長	服部副部長	森下監督	山下総合㋙	湯淺ＡＤ	葛原ＳＶ	植木ﾊﾞｯﾃﾘｰ㋙	佐野守備㋙	寺谷投手㋙	井上捕手㋙
	恵理香ＰＴ	北村㊫㋙	吉村㊛㋮							
DL	川瀬②	益川②	増谷①							

時間帯	内野手(IF)	外野手(OF)	捕手(C)	投手(P)	育成(1年生)
13:00	全体アップ(部位に不安のある者は12:30から個人アップ) 加圧トレ・サプルバット・ストレッチ ウォーミングアップ (15分)				
13:15	ベースランニング・スライディング(フックS・スタンドアップS) ＊フックスライディングに不安がある者は外野でおこなう (15分)				外野でスタンドアップ 故障のある者は見学 (15分)
13:30	バットスイング(1.1kgバット) 1分×5回(インターバル2分)1分で80スイング (15分)ホイッスル吉村㊛㋮(ネット裏から)			鉄棒ぶら下がり ストレッチ・柔軟 1年生投手陣帯同 (15分)	キャッチボール 15m・30m・40m ライト線から校舎方向 (5分×3)担当:北村㊫㋙
13:45	CB 開脚正面スナップスロー:5m(5分) 正面開脚から肩入れスロー:10m(5分) 横向開脚から1・2・3・4スロー:20〜30m(5分)ホイッスル吉村㊛㋮			スイング (投球動作で振る) 1本で立ってから (15分)	バットスイング 1分×3回(通常バット) (インターバル3分) (12分)担当:北村㊫㋙
14:00	サブマリンボール回し ランダム ライト側ダイヤモンド (15分)	内野ノックDP(メインD) 守備センスの向上を目的 外野陣 ③落合・西塚・清水 ④田中・野村・宮崎・渡辺 ⑤平井・勝田・三浦 ⑥木村・宝山・下里・今村 (30分)	サブマリンボール回し ランダム ライト側ダイヤモンド (15分)	キャッチボール(ライト側) 開脚正面スナップスロー (5m)5分 正面開脚肩入れスロー (10m)5分 横向開脚1・2・3・4スロー (15〜30m)5分 通常CB(40m)10分	P:上級生帯同 C:上級生帯同 IF:ノック(ダブルプレー) レフト側ダイヤモンド OF:トスバッティング ライト側ファールG (30分)
14:15	ランダウンスロー 利き腕と同じ脚で投げる (15分)		ランダウンスロー 利き腕と同じ脚で投げる (15分)		
14:30	給水・整備 次メニュー準備 (15分)				
14:45	無死2塁1塁のセーフティバント(3塁側)＆投手のバント処理 マウンドの3m前に低くしたままのマシン(120㌔)体感140㌔ マシン係:川瀬・吉村㊛㋮ マウンド:上級生投手陣(1年生投手陣はレフト側ダイヤモンドで3塁送球バント処理) バッター＆2塁ランナー:森口・山川・平子・坂田・村上・椎葉 加藤・勝田・平井・野村・清水・木村・宝山・田中・西塚・落合・三浦・今村 (宮崎・下里・渡辺は1年生とフライ捕球) C:伊藤英・白山・岩田 1B:田村 2B:森部 SS:斎藤 3B:安藤・牧志・花井・楠木 (30分)				P・C:上級生帯同 横井はジョギング減量 IF:下投げボール回し ライト側ダイヤモンド コーチング:森川・小野 OF:フライ捕球(レフト) 1塁ダグアウト前(マシン) (30分)
15:00					
15:15	スーサイドスクイズ(正面)＆投手のバント処理(2塁送球) 投手陣はマウンドから投球する(7割程度のスピード) マウンド:上級生投手陣(1年生投手陣見学) バッター＆1塁と3塁ランナー:安藤・花井・森口・牧志・山川・平子・坂田・村上・椎葉 加藤・勝田・平井・野村・清水・木村・宝山・田中・西塚・落合・三浦・今村 3塁ランナーはセーフティスクイズの判断(送球間等) (宮崎・下里・渡辺は1年生とクッションボール処理) C:伊藤英・白山・岩田 1B:田村 2B:森部・森川 SS:斎藤 3B:楠木・小野 (30分)				P・C:上級生帯同 IF:リレー送球 ライト・センター間 15m間隔で3列〜4列 コーチング:森部・川瀬 OF:IFとリレー練習 クッションボール処理 (30分)
15:30					

Planner by Y.kuzuhara

<table>
<tr><th>時間帯</th><th>内野手(IF)</th><th>外野手(OF)</th><th>捕手(C)</th><th>投手(P)</th><th>育成(1年生)</th></tr>
<tr><td>15:45</td><td colspan="2" rowspan="2">レフトフライをバックホーム:3秒台
(1塁ダグアウト前からマシン) マシン:川瀬

ライト前ヒットをバックホーム:6秒6以内
(3塁ダグアウト前からマシン) マシン:益川
(30分)</td><td rowspan="2">バックホームの捕球
加藤
+
1年生捕手
(30分)
防具とマスク着用で
絶対に後に逸らさない</td><td rowspan="4">牽制練習
センター付近

1塁牽制(15分)

2塁牽制
デイライト(15分)
セットポジションから

シグナル中(15分)
セットする前の動作

3塁牽制(15分)

(60分)</td><td rowspan="2">P:上級生と帯同
C:上級生と帯同
返球の指示と捕球
IF:上級生と帯同
リレー練習
OF:上級生と帯同
バックホーム</td></tr>
<tr><td>16:00</td></tr>
<tr><td>16:15</td><td colspan="2" rowspan="2">OF:レフトとライトの移動
レフトフライをバックホーム:3秒台
(1塁ダグアウト前からマシン) マシン:川瀬

ライト前ヒットをバックホーム:6秒6以内
(3塁ダグアウト前からマシン) マシン:益川
(30分)</td><td rowspan="2">バックホームの捕球
加藤
+
1年生捕手
(30分)
防具とマスク着用で
絶対に後に逸らさない</td><td rowspan="2">P:上級生と帯同
C:上級生と帯同
返球の指示と捕球
IF:上級生と帯同
リレー練習
OF:上級生と帯同
バックホーム</td></tr>
<tr><td>16:30</td></tr>
<tr><td>16:45</td><td colspan="5">給水・整備・補食
次メニュー準備
(15分)</td></tr>
<tr><td>17:00</td><td colspan="4" rowspan="4">ケースバッティング
5ヶ所
5本を均等に回す(60分)2・3年生野手
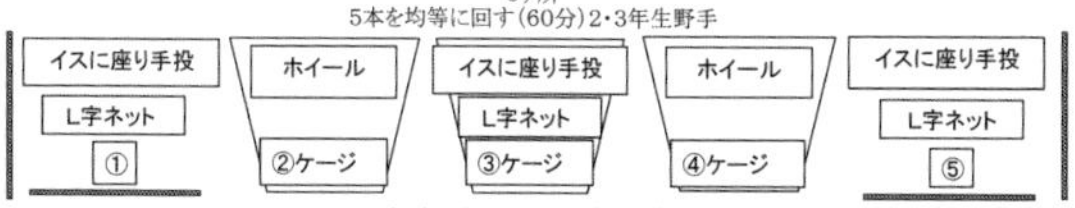

マシン:ファーストストライクバッティング(狙い打ち)フルスイング
②右打者専用:右スライダー(130㌔)逃げていく変化に対応する
④左打者専用:左スライダー(130㌔)逃げていく変化に対応する
手投げ:2ストライクバッティング(ノーステップ)ワイドスタンスで予め身体を捻って待つ

投手陣はブルペンでピッチング&投球に関する練習・補食</td><td rowspan="2">校舎回りランニング
各自のペース
担当:北村㊫㋙
P:上級生と帯同
C:ブルペン
(横井はランニング)
(20分)</td></tr>
<tr><td>17:15</td></tr>
<tr><td>17:30</td><td rowspan="2">体幹トレ(ネット裏)
担当:北村㊫㋙
腹筋:20回×5
2分×5セット(10分)
背筋:20回×5
2分×5セット(10分)
腕立:20回×5
2分×5セット(10分)
(30分)</td></tr>
<tr><td>17:45</td></tr>
<tr><td>18:00</td><td rowspan="2">ポジション別練習
2B・SS:DP(NS)
3B:2塁偽投の1塁送球
1Bは捕球後3塁送球
1B:バント処理3塁送球
(30分)</td><td rowspan="2">ポジション別練習
マシンでゴロ捕球
3塁ファールGから
(30分)</td><td rowspan="2">セカンド送球
1塁ファールG
3塁手の送球に注意
(30分)</td><td rowspan="2">200m走
6本(1年生5本)
(30分)
5分で1本
タイムキーパー:吉村㊛㋮
1分前(長い笛)と
スタート(短い笛)で合図</td><td>ボール回収
(15分)</td></tr>
<tr><td>18:15</td><td>個人練習
(15分)</td></tr>
<tr><td>18:30</td><td colspan="3" rowspan="2">課題練習
(30分)</td><td rowspan="2">100m走
6本(1年生5本)
(30分)
5分で1本
タイムキーパー:吉村㊛㋮
1分前(長い笛)と
スタート(短い笛)で合図</td><td rowspan="2">課題練習
上級生と合流OK
(30分)</td></tr>
<tr><td>18:45</td></tr>
<tr><td>19:00</td><td colspan="5">クールダウン
(15分)</td></tr>
<tr><td>19:15</td><td colspan="5">グラウンド整備・片付
(15分)

吉村㊛㋮は着替えて19:30には下校</td></tr>
<tr><td>19:30</td><td colspan="5" rowspan="2">自主練習
(課題練習での不足や納得できない部分を補う)
＊量ではなく質を重視する

1年生は下校
服装と下校マナーの徹底
個人の行動が海星高校野球部の評価になる</td></tr>
<tr><td>19:45</td></tr>
<tr><td>20:00</td><td colspan="5">照明灯の消灯
全選手完全下校</td></tr>
</table>

Planner by Y.kuzuhara

級生と合流して様々なスキルの習得に努める。
19：00からは全員でクールダウンに続き、後片付けとグラウンド整備。
19：30から上級生は希望者のみ自主練習。育成は服装を正して下校準備に入り、20：00には全員が完全下校で一日が終わる。

グラウンドの有効活用法

三重海星高校の部員は現在86名（2021．9．18現在）である。それらの部員全員が効率よく練習できるように、私は次の図に示すようにグラウンドマーカーを配備して有効活用している（図❶）。

それぞれの場所で行う練習メニューは、基本的に次のようになる。

・メインダイヤモンドはレギュラー陣が守備やバント練習で使用
・レフト側ダイヤモンドは投手陣のバント処理練習で使用
・ライト側ダイヤモンドはリザーブ（控え）メンバーの練習で使用
・ライト線は塁間・60ｍ・90ｍに区分してのキャッチボール用
・ライト側ファウルグラウンドは投手の二塁牽制と捕手の二塁送球用
・ライトポール寄りは50ｍ走の計測用
・ライト側ダイヤモンドの三塁位置から中堅は１００ｍ走の計測用
・レフト側ファウルグラウンドは２００ｍ走のダッシュ用

［図❶］　三重海星高校練習用マーカー配置図

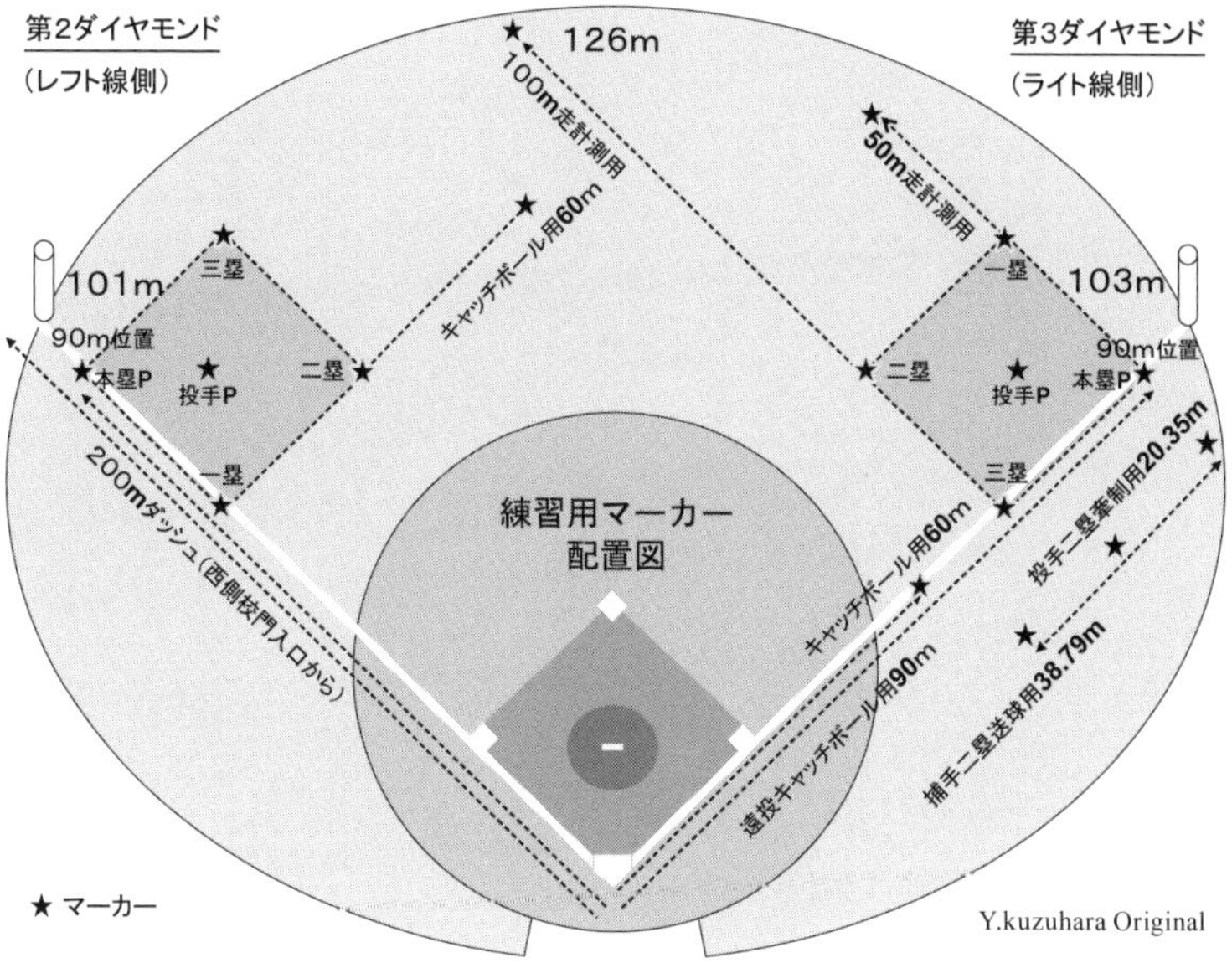
第2ダイヤモンド
（レフト線側）
第3ダイヤモンド
（ライト線側）
126m
100m走計測用
50m走計測用
キャッチボール用60m
101m
103m
90m位置
90m位置
三塁
二塁
一塁
本塁P
投手P
200mダッシュ（西側校門入口から）
練習用マーカー配置図
キャッチボール用60m
遠投キャッチボール用90m
投手二塁牽制用20.35m
捕手二塁送球用38.79m
★ マーカー
Y.kuzuhara Original

第11章

甲子園の行き方

甲子園に行くには甲子園の行き方がある

私程度の経験で、このテーマを語ってよいのかどうか思案に暮れたが、初出場を目指す指導者のためにも、そこは割り切って私の見解を述べることにしよう。

東邦高校時代に2回、東邦コーチとして1回、四日市工業コーチで4回。そして健大高崎コーチで6回（ベスト4が1回・ベスト8が2回）と、計13度甲子園（春7回・夏6回）の空気を吸わせてもらった。

またその間に、四日市工業コーチ時代には明治神宮大会で優勝。そして、健大高崎コーチ時代には国体準優勝の栄誉にも恵まれ、甲子園ではなく全国大会としてみれば、のべ15回の出場を果たした。

ちなみに私の恩師であり、元東邦高校・現大垣日大の阪口慶三監督からは、「その程度（甲子園13回）では、甲子園のことは分からんぞ」。そう一蹴された。

しかし、私の経験が甲子園を目指すみなさんにとって、何らかの参考になるのであればと思い、筆を進めていくことにする。

「計画のない目標は、ただの願い事にすぎない」

これは、フランスの作家、サン・テグジュペリの言葉である。また、作詞家の故阿久悠氏の言葉にも次のような一節がある。

「夢は砕けて夢と知り」
「愛は破れて愛と知り」
「時は流れて時と知り」
「友は別れて友と知り」

夢は願い事で叶わないものであり、甲子園を夢と捉えていれば砕けて散るのみ。甲子園を夢ではなく計画を持った目標としなければ、ただの願い事で終わってしまう。

人の夢と書いて「儚《はかな》い」と読む。元来、夢とは淡いもので脆く砕け散ってしまうものなのである。夢を目標に変えることで、甲子園に近づくことが可能となるのだ。

健大高崎2011年甲子園初出場時の投手陣育成ビジョン

では、健大高崎が甲子園初出場を遂げた2011年の投手陣育成ビジョンを、今から説明していきたいと思う。

この当時は、健大高崎もピッチャーは先発完投という考え方が主流で、ピッチャーが代わるのは打たれた時だった。オープン戦でも少し知名度のあるチームになると、勝てるピッチャーは誰もいなかった。

そんな時に私が提案したのが、3イニングずつの継投策だった。打たれてから代えるのではなく、打たれる前に代えていくという考え方だ。私は、夏の大会で勝ち残るためのビジョンを考えて提示した。

一番はじめに着手したのが、180㎝の大型左腕ながら決め手に欠ける片貝亜斗夢（拓殖大）を左のサイドに変え、このタイプが持っていないはずのフォークボールを覚えさせた。

ただし、はじめに監督とコーチに断りを入れたのは「必ず外部から『あんな風にして……（片貝をサイドにすること）』と言われますよ」。そのように警鐘を鳴らした。

だが、思いがけず即答で「何を言われてもいい。勝てるピッチャーを作ってくれ」。そのように言われ、私は迷いなく一歩を踏み出すことができたのだった。

次に示すのが、甲子園初出場を目論んで私が立てたビジョンの骨子だ。
①野球は3イニング3回で構成されているこ

とを知る

②原則として、三木敬太、星野竜馬（神奈川工大）、片貝を3イニングずつ同じ土俵に上げて結果を出させる（三木の位置に生井晨太郎、星野の位置に神戸和貴も試してみる）

③3イニング無失点を目指し、失点1は許容範囲。2失点が限度。3失点は失格で投手交代。3イニング持たない時の投手起用は三木→生井、星野→神戸

それでも流れを止められない場合は下川原渓評、肥留川拓斗を投入する

④3イニングで、犠牲バント状況での四球は致命的になることを知らしめる

⑤1回〜3回、4回〜6回、7回〜9回の持ち場はローテーション。3人の投手の特性と得手不得手（先発・中継ぎ・抑え）を把握する

⑥ダブルヘッダーの1試合目の投手は、降板後すぐに反省ピッチングをさせる。2試合目は、神戸・生井をはじめ下川原・肥留川の投手を計画的に起用する

⑦片貝は夏本番での延長戦も考慮して、先発完投の経験もさせておく

オープン戦でのテーマ登板

また、オープン戦では、常にテーマを持って登板させた。その骨子を次に紹介する。

①基本的には、1球目は「原点（アウトコース低め）」かカーブ、またはスライダーでカウントを取る

②1ストライク後は、インコースに厳しいストレートを投じる

③2ナッシングは、インハイかウイニングシ

ヨットで3球三振を狙う
④習得中の球種は2ナッシング、1ボール2ストライク、初球で試す
⑤無死走者一塁、または二塁一塁のバント状況では、
A　さっさとやらせて一死を取る
B　コースに投げて角度を殺させて、二塁あるいは三塁封殺を狙う
以上いずれかを、明確にして投球させる。ただし追い込んだら、変化球で空振りかファウルさせての三振を狙う
⑥戦力に差があるチームに対しては、ストレートのみで投球させる。投球の基本であるストレートのコントロールの重要性を再認識させる

ピッチャーが打たれると、多くの指導者が「なぜ今の球を投げたんだ?」と怒鳴りつける。そして、次に必ずといってよいほど「キャッチャーは考えてサインを出してるんか?」と、呆れたりする場面に遭遇する。

バッテリーが何も考えずに配球をすることは、確かに問題ではある。しかし、私の経験から口を挟めば、高校生は何も分かっていないものである。健大高崎のレベルであっても同じだった。

それならば、最初からカウントによる配球を決めておいて、試合後のバッテリーミーティングで、打たれた原因や功を奏した配球について話し合わせた方が、遥かに的を射た答えを返すものである。

私はどこのチームを指導しても、バッテリーのための「基本方程式」という独自の配球表を覚えさせている。試合を重ねていくうちに、「方程式ではこの球でしたが、こういう理由でこっちの球にしました」。そんな答えが返ってくるようになる。

こうなればしめたものである。

ブルペンでの各投手育成ビジョン

ブルペンにおける投手育成のビジョンは、次の通りだ。

①練習前までにテーマを決める。テーマのない練習は「量」であり、「質」には無意味と考える

②すべての投手は敬遠気味の四球練習をしておくこと。ストレートと変化球でコースを外す場合の2種類を経験しておく

③すべての投手はピッチアウトの練習をしておく。盗塁時とスクイズを外す時のピッチアウト2種類の習得

④三木→ダブルプレーを取るための右打者内角へのカットボールの習得

⑤星野→右打者へのシュート、左打者へのシンカーの習得

⑥片貝→右打者でダブルプレーを取るためのカットボールの習得。スライダーの曲がりすぎで、右打者に投げられない場合を考慮

⑦生井→抜くことを知らないので、パームボールを真ん中低めに投げる

⑧神戸→右のサイドで、シュートとシンカーがないのは致命的と考える

⑨下川原→コースや球種で勝負する投手ではないことを認識。タイミングを外して打たせて、はじめて意味のある投手であることを意識する。可能性があるのはワンポイントなので、絶対的なコントロールを付ける。ブルペンでの最低ノルマは5球連続のストライク。投球練習の締めくくりは、5球連続でストライクが取れるまで投げ続ける

⑩肥留川→チェンジアップ、シンカー、パーム等の抜く球を1種類持つ。投球と送球の

区別を付けられるようにする。牽制球や各塁への送球が、すべて投球になっている

それぞれのタイプの投手に必要不可欠だと考える変化球の習得や、投球と送球の区別も付けさせる。投げる専門家であるはずのピッチャーだが、意外にも各塁へのスナップスローの送球はヘタなものである。

敬遠気味の四球やピッチアウトなど、投手にとって基本中の基本の習得と、それぞれの投手における課題を明確にすることで、実戦で使えるピッチャーに育てたいという意図が分かっていただけるかと思う。

各投手への質問状

選手のことは監督が一番分かっている——。

よく聞く言葉ではあるが、実は現場の中でも特に監督が一番分かっていないことが多いものである。ましてやピッチャーのことになると、まったくといってよいほど把握していないチームが多い。

私はどこのチームを指導する場合にも、次のような内容を投手陣に尋ねることにしている。そして後から監督に同じ質問をすると、まったく似て非なる答えが返ってくるものである。

① 絶対ストライクを取らなければならない時に投げる球は何か？

② 続けて何球ストライクが投げられるか？（ブルペンで試す）

③ 自分のウイニングショットはどんな球か？

④ 打者のインコースに厳しい球を投げられるか？

⑤ アウトローを狙った場合、外角と低めではどちらに行く確率が高いか？

⑥走者が出た時、本当に走者を見ているか（観察しているか）？
⑦送りバント状況のピッチングは好きか嫌いか？
⑧走者が出た時にダブルプレーを狙ってピッチングしているか？
⑨しているなら、どのような球を投げているのか？
⑩自分は何イニング投げられる自信があるか？（スタミナ面）
⑪完投した翌日も投げられるか？
⑫翌日に投げられるとしたら何イニングくらいか？
⑬試合のピッチングで一番楽しいことは何か？
⑭逆に一番嫌いなことや苦手なことは何か？
⑮今からでもやれると思う課題はどんなことか？

多くの投手を抱えるチームに、以上のことを一人ずつ尋ねるのも合理的ではないので、私は独自に「投手カルテ」なるものを作成して、入部後の5月に各自に書かせてファイルしている（※第16章の「健大高崎投手陣自己診断カルテ」参照）。

この投手カルテは、少なくとも半年に一度は書かせている。なぜならば、球が速くなるとか、球種が増えるとかで状況が一変することがあるからだ。

悲願の甲子園初出場

ここまでに紹介してきた投手陣育成ビジョンの結果を踏まえ、先発を右の星野竜馬で固定し、平凡なストレートをシュートボールで補い、スターターの役割を担わせた。

星野を先発に起用した理由は、何といってもコントロールが良く、立ち上がりの自滅がないからだ。先発で一番怖いのは、四死球での自滅である。

中継ぎには、スライダーのキレが良いサウスポーの三木敬太と、力のあるストレートが武器の右サイド神戸和貴の二人を据えた。

この二人を先発ではなく中継ぎにしたのは、先発の星野が長身で右の本格派タイプなので、サウスポーの三木と、右でもサイドから速球を投げる神戸を中継ぎにして、相手打線の目先を変えるためである。その結果、リリーバーでもタイプの違う二人を持つことで、相手打線の勢いを食い止めることができた。

抑えはエース左腕の片貝亜斗夢とした。

その理由は何といっても、長身左腕のサイドであるという珍しい特性からである。サイドになっていくぶん球速が落ちた分、サイドやサブマリンでは使い手がいないといわれたフォークボールを伝授して、使える投手に変貌した。そして片貝は、誰が見てもサイドからのスライダーに見えるフォークで斬って取った。

延長戦要員には、右の速球派の肥留川拓斗を待機させ、健大高崎の「投手陣」が勝利の方程式として機能した。そして、群馬県予選の6試合のすべてに継投で臨み、10年目にして健大高崎初の甲子園出場を勝ち取ったのである。

監督なら誰しもが大型の本格派投手をマウンドに送り、140キロを超えるストレートで三振の山を築くのを、ベンチから腕を組んでゆっくり眺めていたいものである。

しかしながら、そんな投手はおいそれとは現れてこない。ほとんどのチームが、苦しい投手陣の台所を切り盛りしているはずである。ないものねだりをしてもしょうがない。

私はピッチャーというポジションは、基本的には誰でもできると考えている。どうしてかといえば、野球をやる者ならキャッチボールは誰でもできるからだ。上達しない野手には「ピッチャーぐらいしかやるとこないぞ」。そのようにアドバイスを送ることもある。

投手としての適材適所を見極めて、スターター・ミドル・セットアップ・クローザーの配置起用を考えていけば活路は見出せるものなのだ。

センバツを狙う投手と夏を戦う投手

昔からいわれていることに、センバツを狙う秋の投手は速球が持ち味の剛腕投手よりもサウスポーが有利で、夏を制する投手は長身の本格派というものがある。

なぜだろうか?

一つに秋は走塁が未熟であり、サウスポーならば一塁走者を釘付けにできるとか、打者は変化球への対処が難しいとかの理由が挙げられる。

その考えは正しいし、私も賛同するところではあるが、逆にどうして本格派の速球投手では、秋を戦いにくいのだろうかと考えてみた。

高校野球に携わって40年の記憶を手繰り寄せてみると、ある傾向に出くわした。何度も何度も秋を戦ったが、高校野球で秋といっても二つの秋がある。

「一つ目」の秋は、新チーム結成後すぐは7月や8月であり、秋季大会とはいえとても秋とは言いがたい暑さである。

本当の秋の大会といえば、11月に入ってからの試合であり、関東大会や近畿大会などの地区大会が「二つ目」の秋となる。この頃になると、朝夕はグラウンドコートが必要になってくる。

気温は涼しかったり肌寒かったり、日中は暑かったりするが、一様にして湿気が少なくカラッとした気候が続き、投手にとっては疲労感がなくコンディションとしては最高の状態となる。

だが、長い間ブルペンを見てきて感じていることがある。

速球派の投手にとって、この時期は身体が軽くて疲れもない。肩は軽くて本来の調子以上に腕はビュンビュン振れる。しかし、唯一の懸念はボールが抜けやすくなるのである。湿気がないため当然ボールの表面や縫い目の糸は乾いていて、指先だけがしっくりとしなくなる。それでいて秋風が吹いていたのでは、ボールのコントロールはより困難になる。

速球派の投手はボールを軽く浅く握って、ボールに高回転のスピンを掛けようとする。そうすることで、ホップするような軌道で三振を奪いにいく。それに対して、技巧派のサウスポーは変化球を主流とするため、ボールを深めに持ち、球離れを遅くしてより多くの回転をボールに加えようとする。

このあたりが「秋はサウスポー」といわれる所以ではないかと推察する。

それが夏になれば、日本は高温多湿の酷暑に苛まれる。意外かもしれないが、実は本格派の速球投手にとって、この湿気はボールと指がしっくりとフィットして投げやすく、ボールが指に掛かりやすいのである。

同様のことが雨天でもいえる。ただし、足元がぬかるむような降り方の時ではなく、雨が煙るように降り注ぐ霧雨の場合である。

センバツを狙う投手と夏を戦う投手。私は湿度が関係していると睨んでいる。

秋の戦い方
グラウンドコートを着るまで生きていろ

「グラウンドコートを着るまで生きていろ」

これは、私がよく使う言葉である。新チーム結成直後の8月の地区予選を終え、9月に入ると県大会が始まる。

新チームというと何とも心もとないチーム力

で、何かといえば旧チームと比較対象をされてしまう。指導者たちの間で合言葉のようにして使われるのが、「今年のチームは酷い」である。

旧チームの新チーム結成時と比較すればそれほどでもないのだが、どうしても夏を戦った脂の乗り切ったチームとの比較をしてしまうものなのだ。

バットの振りは鈍く感じられ、打球は飛んでいかない。守備もスケール感がなく、とりわけスローイングのミスが目立つ。意外にも投手力だけは良く感じられるが、それは相手チームも新チームでバットが振れていないだけのことである。

しかし私の経験から言えば、新チームは寒くなるにつれてグッと力が上がる。バットを振る力にしろ、筋力にしろ、その練習やトレーニングの成果が表れてくるのは、開始して2か月後からである。

そして、さらに酷暑からの解放によって、「疲労」として蓄えられていたものが、涼しくなるにつれて「力」として置き換えられてくる。

外野フェンス際のファウルか手前で失速していた打球は、外野手の頭を越えていくようになるし、簡単に進塁を許していたおぼつかないスローイングも、安定力と力強さを兼ね備えて、間一髪でランナーを封じ込めるようになってくるのだ。

前述した「センバツを狙う投手と夏を戦う投手」で説明したように、グラウンドコートを着るようになるのは、県大会を勝ち上がって近隣県の代表が一堂に会する11月の地区大会の頃である。

そこまで生き残っていれば、ひ弱な新チームのイメージは払拭され、「センバツ」の文字がチラチラと見え隠れしてくるものなのである。

新チームのキーワードは「無難」

ひ弱な新チームのイメージとは逆に、稀に大型新チームという巡り合わせを経験することもある。しかし、この大型チームという心地良い響きに惑わされて、思わぬ不覚を取ることも案外多いのである。

夏休みのオープン戦の試合前には、相手監督と1時間ほど夏の大会や直近のチーム状況の話をするのが高校野球の習わしである。その時の会話の節々で、相手監督の新チームに対する期待度が判別できる。

8割以上の監督は「今年のチームは酷い」で口火を切るのに対し、時として「今年は打てる」とか、「今年は180センチが何名いる」、「140キロ投手が二枚」などと、大型チームを示唆する言葉を並べる監督もいる。

夢一杯の監督の「未来予想図」の腰を折るつもりはないが、この大型チームというのが実はクセ者なのである。確かに身体は大きく、バットの芯に当たれば軽々と外野フェンスを越えていきそうな雰囲気は醸し出している。

問題はまさしくここで、「当たれば」の話である。新チームの大型打線は、なかなか当たらないのだ。特に守備のできないパワーヒッターほどタチの悪いものはなく、その自慢のバットで生み出す得点と、未熟な守備力による失点を見比べてみれば、苦労して挙げた得点をいとも容易く失策によって献上してしまう。

守れない大型打者にあてがわれるポジションは、ファースト、サード、レフトが定番であり、中でも打球判断のできない外野手は最悪で、凡フライを簡単に長打にしてしまう。

また、スローイングの悪い三塁手は、ファンブル等の1個の進塁に対して、悪送球で2個の進塁を許すことになり致命的なミスとなる。シヨートバウンドを拾い上げられない一塁手は、消すことのできる味方の送球ミスを、自らの稚拙な捕球技術によって打者走者を得点圏にまで進めてしまう。

　そんな大型選手をレギュラーに据えれば、戦わずして沈んだ幻の巨大空母「信濃」のごとく、センバツは「幻」となって消え去ってしまう。

　秋を戦うチームは、少々物足りないくらいがちょうどよく、派手さはないが守備のできる「無難」なチームが何よりなのだ。

　秋モデルのチームカラーは、狭路で小回りの利く走りを見せる軽自動車のように、そして夏モデルは、長丁場に耐えながらハイウェイを疾走するGT（グランドツーリング）のごとく、である。

夏の戦い方

「自分のバッティングをする」がクセ者

「自分のバッティングをするだけです」

　そんな言葉をよく耳にする。自分のバッティングというのも様々なタイプがあるが、多くはパワーヒッターのタイプがこの発言をする。

　この種のバッターは無死二塁も、一死三塁一塁でも、あるいはサヨナラの場面の二死三塁であっても、一様にフルスイングを繰り返す。私から見れば、こんな状況で自分のバッティングをされては堪らない。いや、ケースバッティングを無視して、各自が自由気ままな自己流でやられたのでは夏の連戦を勝ち抜けるわけがない。

　よく強豪校が格下のチームに足をすくわれるケースで典型的なのが、この手の特徴を持つチームである。

2019プレミア12は宿敵韓国を破って世界一となったが、この大会を通じて私が率直に抱いた感想は「点の取り方がヘタだな」というものだった。

無死二塁では、バント以外は走者を進めるケースバッティングをしていないし、一死三塁で相手が深い守備を敷いていて、転がせば確実に1点という場面にも関わらず三振するなど、前述した強豪校と同様に各々が自分のバッティングをしようとして拙攻を繰り返していた。

敗戦濃厚なオーストラリア戦で窮地を救ったのが、周東佑京の一死からの二盗と、二死からの三盗、そしてバッター源田壮亮との間で、ノーサインで敢行された二死からのセーフティスクイズだった。

「自分のバッティング」は、一発勝負には不向きなのである。

高校野球は甘くない

「元プロ野球選手」が、高校野球に携わるケースが増えてきた。特に若くしてプロの厳しい世界に身を投じ、不幸にして早期離脱を余儀なくされた選手には、歓迎すべき推移だと思う。

こういった傾向に関して異議を唱えるつもりは毛頭ないが、「元プロ」を迎える側が安易な気持ちで契約しないことが大切だと私は考えている。何が安易かといえば、多くの高校野球の監督も同様であるが、技術を高めれば勝てる（甲子園に出場できる）という思考構造である。

スキルを磨くことは重要であり、上達すれば確実にチームは強くなる。そのことは、動かしがたい事実であると認識しているつもりだ。だが、甲子園に駒を進めるということは別問題であると言いたい。

例えば、プロで活躍したスラッガーが高校野球の指導者となり、チーム全体にホームラン打法を伝授しても、一発勝負の地区大会ではバットは虚しく空を切るだけだ。

プロに進めるのは非凡な才能を持った者だけ、の世界である。甲子園を目指す大多数のチームは、平凡な選手の集合体だと思う。だが、平凡な選手たちにも勝ちたい欲望はある。

長距離砲のバッティングのスキルをチーム全体に教えるよりも、得点をするための打ち方や走塁を教えることこそ、チームカラーとしての非凡さとなり甲子園につながっていく。

高校野球の指導者は、いかにして高校生に話を聞かせることができるか？　が重要である。聞いているフリをさせるのが上手い指導者は多くいるが、耳を傾けさせることができる指導者は一握りだと感じる。

技術を教えることのできる人間は無尽蔵にいる。しかし、人を教えることのできる指導者は希少であり、その評価にもバラつきが生まれる。

私は指導者を評価するのは、経営者でも管理職でもなく、選手だと考えている。

高校生は甘くない。上辺だけの言葉や経験論のみを述べても、一過性となって流れていってしまう。高校生に話のテクニックだけで接するならば、立ちどころに見透かされてしまい、哀れな裸の王様と成り下がるのである。

基本練習は特別なチームがやる練習

若い指導者からよく聞く話に、次のようなものがある。

名門校や強豪校の名前を挙げ、「知り合いを通じて紹介してもらい見学に行ってきました。高校生とは思えない大柄な選手ばかりで、フリーバッティングの打球はミサイルみたいでした。ブルペンを見せてもらったら、左右の長身投手が140キロ以上をビシビシ投げていて、140キロは当たり前みたいな感じでした」

高揚した表情を浮かべながら、「最後に監督さんから、うちのチームに対して貴重なアドバイスをいただきました」と饒舌に語るのである。どんなアドバイスか？　と尋ねてみれば、

「話に聞いたお宅のチームの状況では、うちのような力の野球は無理だ」

「まずはキャッチボールとバント。基本に忠実な練習をコツコツと続けながら、冬の間はボールとバットを封印して身体作りに専念すれば強くなる」

うーん……。

「ダメだこりゃ」

私の偽わらざる本音である。

見学に行った若い監督よりも、アドバイスを送ったとする特別なチームの監督に対して苦言を呈したい。

どんなに弱小チームであっても、やっぱり勝ちたいのである。最後の夏の大会では、相手がどんなに特別なチームであっても、「ジャイアントキリング」を夢見ている。ひと泡吹かせたいし一矢を報いたいと考えるものである。

弱小チームが特別なチームに対して、キャッチボールと送りバントだけでは、万が一にも勝つことはないだろう。そして、この先も永遠にその結果は続いていくことだろう。無責任な発言は慎むべきだ。

決して基本練習を軽んじているわけではない。私が言いたいのは、広いグラウンドで全部員が日の高いうちから手でゴロを転がしたり、半日かけてボール回しをしたり、マシンがあるのに日が暮れるまでバント練習を繰り返したりするのは、「勿体ない」ということだ。「そんな練習は自主練習でやってくれ」。そう言いたいだけである。

私は、弱小チームこそが力を入れるべき練習は、全員で行う実戦的練習だと思っている。

勝てない監督はヒットエンドランが好き

特に監督経験の少ない若い監督や、逆に強豪校で腕を組んで黙って眺めていれば打ってくれそうな打者の時に、まったく意味不明で何の根拠も感じられないヒットエンドランのサインを出す監督が後を絶たない。

こういった監督たちは、ヒットエンドランの本質をどのように捉えているのだろうか?

私の邪推ではあるが、たぶんこの種のリーダーは、自分の監督としての自己顕示欲が強いタイプであると思う。

経験の浅い監督であれば、監督の采配で勝ったと思われたい。逆に強豪校の監督であれば、選手が良くて勝ったと言われたくない。無意味なヒットエンドランの裏側には、そんな監督のエゴと欲が渦を巻いていると推察する。

ヒットエンドランの狙いや特性はチームによって設定すればいいと思うが、まずは、「これだけはやってはならない」というタブーなヒットエンドランを学ぶべきである。

●タブー・ヒットエンドラン①

「鈍足の一塁走者と俊足の左打者との間で行ってはならない」

なぜならば空振りや、外された場合にこの走者が二塁を盗むことは困難で、仮に右翼方向にヒットを放ったとしても、三塁まで到達することは難しいと考えられるからである。

また俊足の左打者なら、ヒットエンドランでなくても一塁でセーフになる確率が高く、俊足の左打者がダブルプレーに打ち取られる確率は、むしろヒットエンドラン時のライナーの方が、遥かに確率が高いことを知るべきである。

●タブー・ヒットエンドラン②

二死一塁の状況で、悪球が来れば万事休すである。たとえ成功しても二死三塁一塁となるだけで、さらに1本の安打を必要とするからだ。

●タブー・ヒットエンドラン③
（最悪のヒットエンドラン）

「1点を争うゲームの後半」で、無死三塁一塁フルカウントから行うヒットエンドランである。

こんな時にヒットエンドランを行わせる監督は、野球の深みを知らない監督であるといわれても仕方がないだろう。

走者を走らせなければ、安打、外野フライ、併殺の間での得点が可能であり、逆に得点を妨げるものとして、ライナーによるダブルプレー、三振ゲッツーがあり、その時の状況を頭に思い描けば、その失望は再起不能に近いということが分かるだろう。

「あと2回」は禁断の言葉

僅差でリードしている試合の後半のことで、つまり8回、9回を指す。「あと2回を凌げば勝てる」。しかし、そう思った瞬間に重圧に押しつぶされそうになるものだ。

「あと2回」と言えば、確かにゴールまでもう少しと感じられるし、「何とか逃げ切れるのではないか?」。そんな淡い期待が頭の中を過る。だが「逃げ切る」という考え自体がマイナス思考となり、常に受け身になっての試合を展開させてしまうことになる。

そして一つの四死球やエラーが重くのしかかり、リードしているにも関わらず負の連鎖の流れの中でもがき、遂には防御機能が破綻をきたし、手痛い逆転を許してしまうのである。

私はリードしている8回に入ると、「あとアウト6個」と表現するようにしている。何がどう違うのか?

それは、漠然とあと2回「逃げ切る」という意識から、あとアウト6個を積み重ねていくという、攻撃的な姿勢に意識が転じるからである。

違う言い方をするならば、人間の感覚として「九割は大丈夫」と言えば「勝ったも同然」と思ってしまうものだが、「10回に1回はある」と表現すれば「ないことないな」と感じてしまうものである。

「あと2回」は「勝つだろう」、「あと6個」だと「何があるか分からない」。そんな違いが言い回しにはあるものなのだ。

当たってない打者に神経を使え

短期決戦では、「要注意打者」を徹底的に警戒していくのが野球界の習わしだ。だが、好調で波に乗っている打者を封じ込めるのは至難の業である。私は好調な打者にはシングルヒットOKとして、「封じ込める」との目論見は抱かないようにしている。

それよりももっと重要なことは、不調な選手をとことんスランプにさせておくことである。アウトの計算できる打者がいれば、ゲームプランは飛躍的に立てやすくなる。

エラーや四死球で出塁させても、絶対に「H」のランプを点させないことがポイントであり、テキサスヒットを打たれるくらいならば、フォアボールの方がマシだと考えている。

スランプの打者が、何をさておいても喉から手が出るほど欲しいのは「H」のランプであり、いくら痛烈なライナーであっても、アウトであればナーバスからは解放されない。

それよりも、ボテボテの当たりを「H」か「E」か、記録員が迷った末に点灯させる「H」の方が、遥かにスランプ脱出には効果があるものなのだ。

したがって、当たってない打者に気を抜いた球を投げてはならない。初球から最高の球を投げていき、「これは打てない」という悲壮感を高めさせてボール球で牛耳ることが大切なのである。

フォアボール狙いの代打

どうしても走者を出したい局面では、代打の起用が頭を過るものだ。しかし起用した意図の90%はヒットであり、あわよくば長打を願っているはずだ。

だが、ヒットだけが出塁ではない。そんなことは百も承知だと叱られるかもしれないが、四死球を奪える代打がいることが、夏を制するには重要なアイテムになってくる。それほど夏の大会での切迫した場面では、四死球が必ずといっていいほど勝敗に絡んでくるものだ。

ここまで書くと、身体が小さくて非力だが、足が速くて小技の上手そうな選手を思い浮かべることだろう。しかし、それはまったく逆である。私の何千試合ものデータを紐解いてみると、身体が大きいスラッガーに限ってフォアボールが多いのだ。

スラッガーはインコースを攻められるイメージが強く、死球も多いだろうと想像するが、思いのほか少ないという現実がある。

ピッチャーというものは、無意識のうちに大きな選手やスラッガーに対して敬意を表しているのだ。

夏の大会において、何が何でも出塁を必要とする場面では、特殊なファウル打ちのテクニックを持った選手以外は、チームで一番の巨漢選手の起用を推薦する。言うまでもなく、簡単にバットを振っていってはならない。

オープン戦でこの手の選手を起用すると、勘違いして初球から打ちにいく選手がいる。意思の疎通であるセイムページが鉄則だ。

勝てないチームの三段論法

判で押したような答えをして、マスコミのインタビューに応える球児が後を絶たない。特に試合前の抱負を聞かれた時に多い対応が、次のようなものである。


「守備からリズムを作って攻撃につなげていきたいと思います」

「普段通りの自分たちの野球をやれば勝てると思います」

だが、この抱負を語った球児が負けた時に発する弁明も、これまた面白いように判で押したような答えなのである。

負けた時に用意する反省の弁は、「守備からリズムを作って攻撃につなげる」と語っていた球児は、「ミスでムードが悪くなってしまった」、「先制されて焦ってしまった」などと答える。

また、「普段通りの野球をやれば勝てる」と言っていた球児に限って、「雰囲気に呑まれてしまった」と、恥ずかしげもなく稚拙な反省の弁を述べる。

そして、最後に締めくくる「敗者の魔法の言葉」が、この悔しさを来年「リベンジしたい」である。

大前提の「安易な試合見解」→小前提は「稚

拙な反省」→結論が「リベンジ」。私は、これらの球児の言葉を総称して「勝てないチームの三段論法」と唱えている。

それに反して勝てるチームというのは？「安易な試合見解」に対して、「勝つために今、何をすべきか？」。それを用意周到に準備し、ゲームが想定通りに展開した場合と、想定外に苛まれた場合とを区別して臨むものである。

したがって敗れた場合であっても、稚拙な「ムード」などという言葉で片付けるのではなく、どちらのパターンでゲームが展開し、どこの部分で破綻をきたしたのか？「敗因についての分析」がしっかりできる。

結論も「リベンジ」などという体のいい言葉で済ますことなく、「強いチーム作りのための弱点の再確認」を、具体的に口にすべきだと考える。

これらのことは常日頃のチームの取り組み方が問われる部分であり、日常の練習から目標設定をしたメニューを組み、オープン戦でテーマを持って臨み、それに関しての反省を繰り返す。

強いチーム作りのための総決算として、アウトオブシーズン前には、徹底した弱点の再確認をチーム、ポジション、そして個人として数値化したデータを共有するのである。

敗戦の原因を冷静に分析しないまま再び練習を始めてしまうと、敗戦の痛手を忘れて再び同じ過ちを繰り返して敗れてしまう可能性が高くなる。

結論として、勝てるチームの構造とは、反省の意味をよく理解している集団であるということだ。

反省とは、落ち込むとか、消極的になるとかではなく、また反省しているフリを人に見せるためのものでもない。反省は、「進歩するため」にするものだ。逆に、進歩があまり感じられない時には、「反省の厳しさが足りないのではないか？」と考えるべきであろう。

甲子園は追いかけたら逃げる

難しい考え方ではあるが、甲子園に行きたかったら、行こう行こうとしないことだ。何を言っているのか意味不明なようだが、甲子園というのは都道府県を戦うチームの到着地点である。

到着地点だけを追っていたのでは、どうしても山あり谷ありの道中が疎かになり、軌道修正をしながら慌てず、つまずいても転ばず丁寧に進んでいく根気がなくなってしまうことがある。

甲子園はそこに最も相応しいチームが招かれる場所。そんな気概を持ちながら、一つずつ無心に目の前の難所をクリアしていくことだ。

甲子園は追いかけて行くところではなく、辿り着く場所なのである。

2016年の決勝戦で前橋育英に敗れるまで、健大高崎は2014年・2015年と2年連続で夏の甲子園出場。2015年はセンバツにも出場して春夏連続で3季連続の甲子園出場と、まさに飛ぶ鳥を落とす勢いだった。

だが、夏の決勝戦において、2016年から2018年まで3年連続で前橋育英に敗退して辛酸を舐めさせられた。

今になって思い起こしてみれば、まさにこの時期が甲子園を追いかけていたのだと猛省する。スタッフ間の話の中でも、次に甲子園に出た時には……。そんな会話が普通になってしまっていた。まさに捕らぬ狸の皮算用をしていたのだ。甲子園を逃したことが焦りにつながり、見えない敵と戦いながら前橋育英と対峙していたのだと思う。

雑念にまみれた気持ちでは甲子園には招かれない。今さらながら、辿り着くためのおさらいをする必要があると強く感じたものだ。

準々決勝は決勝戦、準決勝は1回戦のつもりで戦う

一発勝負の夏の大会を戦う上で、非常に大切で難しいのが初戦だ。これは誰しもが認めるものであり、番狂わせが最も起こりやすい大会の入りである。

甲子園を狙うチームが陥りやすい失敗の代表的なものがある。それは「きれいに勝とうとする」ことだ。「きれいに勝つ」とは、完封勝ちとコールドゲームのことを指す。

しかし、これが目に見えないプレッシャーとなって、徐々に選手を追い込んでいく。リードしているにも関わらず僅差である時、監督の発する「何をモタモタしてる」とか、味方ベンチの選手からも「1球目から振れ」などと、勝手に窮地に陥ってしまう。

私は、ずっと「きれいに勝とうとするな」と言い続けている。モタモタやって勝利を摑む。勝った後で関係者やファンから「何やってんだ」、「今年はダメだな」と言われるくらいが、夏はちょうどいいとも話してやる。それが夏の大会だからだ。

初戦の次に山が来るのが、準々決勝と準決勝である。準々決勝はベスト8という当面の位置まで来たという安堵感で一息ついてしまい、何となくこのまま行けるのではないかという油断が頭をもたげてくる。

準決勝では決勝戦のことが脳裏をかすめるようになり、目の前の敵の輪郭が薄れてきてしまう。決勝戦は誰で行こうとか、今日は何回でピッチャーを降ろそうなどと、先のことを考えてしまいがちなのである。

私は、準々決勝は「決勝戦のつもりで戦え」と常々選手たちに言っている。モタつくことは想定内だと言って送り出す。

そして準決勝では準々決勝で滾《たぎ》らせた気迫を冷ますように、今から始まるという気持ちで「1回戦のつもりでやれ」と、気負わずさらりと言う。

「あと少しで甲子園」と逸《はや》る気持ちを抑えて、目の前の敵に冷静に臨ませるためである。

決勝戦の戦い方

ならば、決勝戦はいかにして戦えばいいのか?

これは究極のテーマであって、誰しもが頭を悩ませるところでもある。いろんな監督たちが様々な考え方を持つもので、思いつくままに羅列してみよう。

・絶対勝つ。それ以外考えるな
・どれだけ甲子園に行きたいか。気持ちが上回った方が勝つ
・一投一打すべての場面の勝負で負けるな
・気持ちでは絶対に負けるな
・どれだけ練習してきたか思い出せ
・お世話になった人たちの顔を思い出せ
・ベンチに入れなかった仲間の分までがんばれ
・平常心で戦え
・すべての人に感謝して戦え
・自分たちの野球をやれば勝てる

列挙すればキリがない。それだけ決勝戦は特別なものということだろう。

私自身に答えがあるのかといえば、確信的なものはない。そう答えるしかないのだが、究極的な考え方は持っている。

決勝戦で大切なのは「選手の痛みを取り除いてやる」ことに尽きる。ミスや失点に対して噴出する選手の痛手を軽減することこそが、監督

の使命といっても過言ではない。

そのためには、次の項目が効力を発揮する。

一つ目は「決勝戦は練習試合のつもりで戦え」

二つ目は「無駄な抵抗はするな」

三つ目は「相手が負けてくれるまでがんばれ」

一つ目の練習試合といっても、すべてのチームに当てはまるものではない。目先の勝負だけにこだわって練習試合に取り組んでいるのであれば、その言い回しは何の効力も発揮しない。毎試合テーマを掲げて、真剣勝負の練習試合を重ねているチームにのみ効果がある。

二つ目は大変不謹慎なテーマではあるが、本当にこの心境になれれば甲子園は見えてくる。目先の1点を守ろうとしすぎて、思わぬ大量点を奪われることは珍しくない。無死で三塁のケースや得失点差が3点以上のような時は、「さっさと（得点を）やってしまえ」と言ってやると、失点の痛みが軽く感じられてくるものなのである。

三つ目の相手が負けてくれるまでとは、勇ましいテーマではなく心もとないかもしれないが、決勝戦は選手を鼓舞するよりも鎮める方が遥かに難しいのだ。点を取られても次の失点を防ぐことだけを考え、相手の気持ちの空回りを狙い、耐えることで相手の焦りを待つ戦略である。

決勝戦に関しては、私はこのような見解で戦っている。

第12章

U-18世界一への道

U-18ベースボールワールドカップでの敗因

どうしてだろうか？

何かといえば、「女子野球やU-12も含めたあらゆるカテゴリーの中で、U-18のみ日本はワールドカップでの優勝がない」のである。

ではどうすれば、U-18日本代表が世界一になれるのか？

ここでは、『2015健大高崎データファクトリー』に記した「第27回 U-18 ベースボールワールドカップ（2015）を鑑みる」という一文をもとにしながら、いま現時点での私なりの考えも加えて、今後の方向性について示していきたい。

最初に誤解のないよう断っておくが、ここでの見解はあくまでもチームの真相やコンディション等、内情の詳細を排除しての独りよがりの推察である。

2015年に行われた第27回 U-18 ベースボールワールドカップでは、甲子園開催という地の利を生かして優勝を目論んだ高校日本代表であったが、相手も点差も同じく前回同様アメリカに1-2で敗退して準優勝に終わった。

日本高校野球連盟の事務局長・竹中雅彦氏（故人）が、「今回も1点差。越えられない何かがあるんでしょうね」と語り、指揮官である大阪桐蔭の西谷浩一代表監督は、「敗因は分からないが、勝てなかったということは何かが足りなかったと思う」と語った。

何かが足りなかった――。

ここが課題であり、この「何か」が分からない限りは、日本はアメリカに永久に負け続けるだろうと推察する。

西谷監督を支えた補佐として、八戸学院光星の監督・仲井宗基コーチと、高知高校の監督・

島田達二コーチの存在があり、さぞかし英知を結集しての分析をもって、本大会で優勝に導こうとされたのだと思う。

ファーストラウンド・アメリカ戦は舞洲ベースボールスタジアムで行われ、U-18日本代表が3-0で快勝。開幕2連勝を飾った。その時の記事が次のように掲載されていた。

大会2連覇中の強敵アメリカ戦。重要な一戦の先発マウンドに登った仙台育英の佐藤世那は、自慢のフォークを武器に2回に3者連続三振を奪うなど、4回まで2安打無失点と完璧なピッチング。6回にも3者連続三振を奪うなど、最後までマウンドを一人で守り抜き5安打9奪三振の完封劇。

そして、仲井・島田両コーチの最大の功績とされたのは、スーパーラウンド第2戦の韓国戦。勝てば決勝進出が決まる大事な一戦で、先発投手に中京大中京の上野翔太郎投手（駒沢大-三菱日立パワーシステムズ）を立てたことである。

仲井コーチは、「今年の韓国は打力こそないが、足が使えて得点を挙げる能力があったため、四死球を出さずにフィールディングとクイックに長けた投手を先発にと考えていました」と語っていた。

結果、12-0の7回コールド勝ち。上野は7回を投げて3安打10奪三振で余裕の完封勝利。

大会を通じて、仙台育英の佐藤世那（オリックス-横浜球友クラブ）と中京大中京の上野翔太郎が、いかに信頼され頼りにされていたかは大会の登板数から見ても明らかだった。

特に佐藤は決勝戦のアメリカ戦で先発し、ファーストラウンドでもアメリカ戦（8月29日）、スーパーラウンドのカナダ戦（9月3日）にも登板した。

しかもいずれも完投勝利を挙げ、メジャー予備軍と目される両者を相手に先発を任されるほどの信頼度があった。

しかし、私はこの「完投勝利」にこそ疑問が残る。

佐藤はファーストラウンドのアメリカ戦、スーパーラウンドのカナダ戦で、ともに1試合を一人で投げ抜いている。球数が100球を超えても降板しなかったが、西谷監督は「佐藤を代えることで流れが変わってしまい、相手を楽にさせてしまう可能性がある」とその続投理由を話していた。

百歩譲って、スーパーラウンドのカナダ戦はその感がなきにしもあらずであるが、ファーストラウンドのアメリカ戦は果たしてそうなのであろうか？

日本が前回の大会でアメリカに敗れて、本大会はリベンジするための世界大会であったはずだ。西谷監督の言う流れとは、1試合のみの流れの話である。しかし、本大会は優勝以外に目標はないわけであり、決勝戦までの流れまでは熟慮されていなかったのではないだろうか。

アメリカと日本の投手起用の考え方

本大会において優勝を意識するライバル国は、アメリカ、カナダ、キューバ、韓国の4チームだったと思う。その他のチームは、言葉は悪いがとりわけ豪華な日本投手陣の調整相手のゲームだと考える。

いかにしてピッチャーの登板間隔を保ちながら、試合勘を途切れさせないようにするかを第一に考えるべきだったであろう。

そして最終的に優勝を争うことになる相手は、2連覇中で昨年も敗れたアメリカに他ならない。あくまでもアメリカに勝つための予選ラウンドを構築するべきだったと思う。

しかし、信頼しているのは佐藤と上野だけだというスタッフの思惑が露骨に登板数に反映し、同時にこの二人の投手への負担は加重を増し、さらに他の豪華投手陣のプライドはなおざりにされた感が否めない。

佐藤の決勝戦までの投球回数は、2試合で18イニング、球数は合計271球。上野は13イニング189球を投じている。しかも佐藤は中2日、上野は中1日で決勝戦を迎えている。

それに対してアメリカの投手運営は、先発のニコラス・プラットが中5日。二番手登板したブラクストン・ギャレットは中2日。クローザーで登板したレジナルド・ジェファーソンローソンは中1日。

救援の二人は佐藤、上野と登板間隔は変わらないが、投球回数が違う。ギャレットが7回2/3で138球、ジェファーソンローソンが8回2/3の120球である。

決勝戦の先発を担った若干16歳のニコラス・プラットは、決勝までの試合で登板したのは1試合のみである。その試合とはファーストラウンドのオーストラリア戦で、8回を投げて勝利投手。投球数は108球。ニコラスは今大会のMVPを獲得した。

プラットは日本にとって分析できていない投手でもあった。西谷監督は「まったく情報のない投手でした。落ちる球がフォークなのか、チェンジアップなのか分からないほどで、手こずってしまった」と語った。

仲井コーチも「1試合を投げている投手だというのは分かりましたけど、僕らが見ていない投手でした。地の利を生かせなかった」とコメントすれば、島田コーチも「アメリカは前回もそうでしたけど、投手が野手兼任も含めて12〜13人も入っていて把握し切れない」と情報力不足を認めるしかなかった。

そんな日本陣営とは裏腹に、アメリカの指揮官であるグレン・セッチーニ監督は次のように述べている。

「決勝戦はプラットで決めていた。彼はオーストラリア戦で今日のように三振を取り、素晴らしいピッチングを展開した」

アメリカは、オーストラリア戦の時点で決勝戦のことを頭に入れていたのである。グレン・セッチーニ監督はさらに次のように付け加えた。

「ファーストラウンドで日本と戦って、プランを持って臨まなければいけないのは分かっていた。我々は、大会の初日から今日まで日本を意識していた」

決勝戦では、プラットが7回途中まで1失点の好投。日本打線はプラットのストライク先行の投球に戸惑いを隠せず、さらにチェンジアップで空を切るパターンが目立った。

そこから左腕ギャレットが8回途中までつなぐと、最後は右腕ジェファーソンローソンが150キロ前後の快速球で、追う日本打線を完璧に封じ込んだ。

継投するタイミングも見事で、アメリカの戦略勝ちといっていい。また、決勝戦を見据えてのスタッフのマネジメントやプランニングも素晴らしく、優勝に相応しいチームであったといえる。

果たして地の利とは？

しかし、先ほどの西谷監督の「まったく情報のない投手でした。落ちる球がフォークなのか、チェンジアップなのか分からない」というコメントはいかがなものか？

プラットは8月31日にファーストラウンドのオーストラリア戦で、8イニングを投げて完投していたはずだ。

また、仲井コーチの語った「僕らが見ていない投手でした。地の利を生かせなかった」とは、いったいどういった意味なのだろうか？

私の考える「地の利」とは、「情報収集力」と「組織力」をまずもって考える。この二つは他国開催であれば、何よりも難しいアイテムであろうと推察する。派遣される選手はもちろんのこと、ましてやスタッフともなれば一番に人員を割愛される分野だろう。

それが自国開催であれば、いくらでも人海戦術が取れるはずである。仲井コーチの言う本人が見ていなくとも、代わりに見ることのできる人間はいなかったのだろうか？　別にスタッフでなくても構わない。監督やコーチの懐刀や、信頼のおけるOBたちであっても情報は収集できたはずだ。

代わりに見るのが人間でなくとも、戦略的に全日本プロジェクトとして地の利を生かすのであれば、映像の入手も可能であったと推察する。

私が健大で分析をしていた10年間で、甲子園に出場したのが6回。すべての大会で1回戦負けをしたことはないので、当然その出場回数の倍以上の対戦があったことになる。実際に相手チームを分析する上で、映像が手に入らないことなどはなかったのだから、その部分は大きな疑問と言わざるを得ない。

したがって、この分野こそ大会運営本部が配慮すべき点であり、全日本の大いなる課題だと思う。

機能しなかった「投手陣」

そして決勝戦の前日、消化試合となったスーパーラウンドのキューバ戦で、西谷監督は、小笠原慎之介（東海大相模→中日）、髙橋純平（県岐阜商→ソフトバンク）、成田翔（秋田商→ロッテ）、髙橋樹也（花巻東→広島）、森下暢仁（大分商→広島）を小刻みな継投で登板させている。その理由を「登板間隔が空いていたのと、どの選手が決勝戦に使えるのか見極めたかった」と言及している。

だが、このキューバ戦での継投は予選ラウンドで、少なくとも複数試合で行うべきではなかったか？　決勝戦の前日に、しかも使える投手を模索するというのは、いかなるものだったのだろうか？

結果的に、日本陣営は他国が羨むような豪華なピッチャーを擁しながらも、「投手陣」としての運用が機能していなかったように思える。

とりわけ初戦のブラジル戦である。日本は幸先よく初回に4点を先取した。2回にこそ四球から単打2本を連ねられたが、後続を併殺と外野フライで無失点とし、立ち直った上野は3回を2奪三振、4回は3者連続三振とした。

そしてその裏には1点を加点して、5-0と勝負を決定付けた。もうここで上野が十分に通用する投手であると判断がついたはずである。なぜこの後も続投させる必要があるのだろうか？

結果は日本が5回に4点、6回に5点を奪い、14-0で7回コールドゲームとした。百歩譲って5回終了時点で9-0である。なぜ続投して6イニングを投げたのか、私にはまったく謎である。

そして、宿敵アメリカとの予選ラウンドは翌日に始まった。アメリカに勝ちたい気持ちは日本首脳陣だけでなく、日本人であれば誰しもが持っているのは十二分に理解できる。

だが、アメリカに勝つ場所はあくまでも決勝戦のはずである。私はこの試合でこそ、スーパーラウンドで行ったキューバ戦での投手リレーを実行してほしかったと、未だに思っている。

アメリカが日本に勝てる投手を模索していたように、日本はアメリカに通用する投手を見定めるために、ファーストラウンドで一人でも多くの投手に登板機会を与えるべきだったと私は考える。

もしそれが不可能だったのであれば、アメリカ戦の5回終了時の3－0、4安打5三振2四球で佐藤を降板させてほしかった。もっと欲を言えば、4回0－0、2安打5三振1四球の時点で佐藤がアメリカと渡り合える目途は立ったはずだ。さらに本音を言えば、3回0－0、1安打3三振1四球で交代が戦略的にはベストだったと考える。

ファーストラウンドは1敗したら終わりではない。上位3位に入ればスーパーラウンドに進出できるのだ。アメリカは決勝戦を見据えてどう戦えばよいのか、逆算をしながら戦っていた。

投手を試す場所はいくらでもあった

日本代表は、決勝戦の前日の試合でどの投手が使えるかを模索したというが、本当に前日にしか試す機会はなかったのだろうか？

いや、試す機会はいくらでもあった。まずは、前述したファーストラウンドの第1戦のブラジル戦である。それも含め、次の試合に登板機会があったと判断する。

・第1ラウンド第1戦
vs ブラジル戦　14－0
上野（6回）・森下（1回）（7回コールドゲーム）

・第1ラウンド第4戦
vs チェコ戦　15－0
森下（7回）完投（7回コールドゲーム）

・スーパーラウンド第1戦
vs カナダ戦　5－2
佐藤（9回）完投

・スーパーラウンド第2戦
vs 韓国戦　12－0
上野（7回）完投（7回コールドゲーム）

これらを見れば一目瞭然で、試そうという気があれば機会は山ほどあった。

前述した通り、アメリカ戦での「一人で投げ抜いた」という佐藤の完封勝利に、メディアがこぞって諸手を挙げて称賛した。そんなことより、日本代表の散発4安打で14三振を喫した打線に対して言及した報道は、皆無だったと記憶している。

今回のメンバーの中で勝俣翔貴（東海大菅生→オリックス）は、おそらく打者重視での選出であろう。投手としては力の差がある国での登板が妥当で、他の投手陣の負担を減らすことが任務だと思う。

他に、勝俣同様の起用をさせる投手としては森下暢仁、高橋純平だと思う。

森下は2020年に新人王を獲るなど、今でこそプロの世界で活躍しているが、当時から球は速かったもののアウトコースが甘くなることが多く、リーチのある外国のチームには打ち頃になりやすい。

高卒ドラフト1位でプロに進んだ高橋純平も意外かもしれないが、私の見解では強豪国には怖くて使えない。ましてやアメリカには絶対無理だと考えていた。なぜならばコントロールがアバウトで、カウントを不利にして狙われる投手の典型だからだ。

高橋純平ではなく、高橋樹也がその役に妥当ではないかとの考え方もあろうが、高橋樹也はレフティ（左打者用のサウスポー）として、ワンポイントを含めた適材適所での起用を考える。

そして、私自身が挙げるキーポイントとなり得る投手は、成田翔だと考えていた。成田投手の使い方如何によって、日本代表の悲願である世界一の運命が左右されるのではないかと推測していた。

では、私が考える各試合における投手起用のコンセプトとプランを、実際の登板内容と併せて次に示していきたい。

私が考える投手起用のコンセプトとプラン

①第一次ラウンド第1戦
vsブラジル　14－0
8月28日（金）18：00（舞洲）
●私のコンセプトとプラン：第一次ラウンドのアメリカに投げる投手以外の慣らし継投
・髙橋純平（3回）【初】・森下（2回）【初】・高橋樹也（2回）【初】・勝俣（2回）【初】の継投
●実際の登板：上野（6回）【初】・森下（1回）【初】

②第一次ラウンド第2戦
vsアメリカ　3－0
8月29日（土）17：30（舞洲）
●私のコンセプトとプラン：スーパーラウンドのアメリカ戦を見越したジグザグ継投／決勝ラウンドでの佐藤の先発を幻惑させるためにサウスポーの小笠原を先発／さらに上野のクローザー起用も混乱させるためにあえて佐藤をクローザー起用
・小笠原（3回）【初】・上野（2回）【初】・成田（2回）【初】・佐藤（2回）【初】
●実際の登板：佐藤（完投）9回【初】

③第一次ラウンド第3戦
vsオーストラリア戦　10－1
8月30日（日）17：30（舞洲）
●私のコンセプトとプラン：スーパーラウンドのアメリカ戦に登板予定のない投手で継投
・髙橋純平（5回）【中1日】・高橋樹也（4回）【中1日】の継投

●実際の登板：小笠原（6回）【初】・高橋樹也（2回）【初】・髙橋純平（1回）【初】

④第一次ラウンド第4戦
vsチェコ戦　15－0
8月31日（月）17：30（舞洲）
●私のコンセプトとプラン：スーパーラウンドのアメリカ戦で登板予定投手の調整／ここで佐藤を先発させてアメリカ戦で先発の意識を本人に持たせる／森下は主力（佐藤・成田）のイニング数軽減要員
・佐藤（3回）【中1日】・成田（3回）【中1日】・森下（3回）【中2日】
●実際の登板：森下（7回）完投【中2日】

⑤第一次ラウンド第5戦
vsメキシコ戦　12－0
9月1日（火）17：30（舞洲）
●私のコンセプトとプラン：残りのアメリカ戦登板予定投手の調整／勝俣は主力（小笠原・上野）のイニング数軽減要員／ここでもアメリカ戦に続き小笠原・上野をスターターとミドルで起用／先発小笠原、ミドル上野のイメージを強くアメリカに与える
・小笠原（3回）【中2日】・勝俣（3回）【中3日】・上野（3回）【中2日】
●実際の登板：成田（4回）【中2日】・高橋樹也（2回）【中1日】・髙橋純平（1回）【中1日】

⑥スーパーラウンド第1戦
vsカナダ戦　5－2
9月3日（木）19：20（舞洲）
●私のコンセプトとプラン：第一次ラウンドでの実績から判断した決勝ラウンドで戦える投手陣（右の佐藤・左の小笠原）での米国戦を睨んだ調整
・佐藤（5回）【中2日】・小笠原（4回）

【中1日】
●実際の登板：佐藤（完投）9回【中4日】
⑦スーパーラウンド第2戦
vs韓国戦　12－0
9月4日（金）18：00（甲子園）
●私のコンセプトとプラン：機動力のある韓国に盗塁されにくい投手3名／高橋樹也はアメリカ戦でレフティとして使えるかの見極め登板
・上野（4回）【中2日】・高橋樹也（1回）【中4日】・成田（4回）【中3日】
●実際の登板：上野（7回）完投【中6日】
⑧スーパーラウンド第3戦
vsキューバ戦　9－0
9月5日（土）13：00（甲子園）
●私のコンセプトとプラン：アメリカ戦の登板予定投手を休養させる／ここでも高橋樹也のレフティ起用
・森下（4回）【中4日】・高橋樹也（1回）【連投】・勝俣（4回）【中3日】
●実際の登板：小笠原（2回）【中5日】・高橋純平（2回）【中3日】・成田（1回）【中3日】・高橋樹也（2回）【中3日】・森下（2回）【中4日】

決勝戦でのコンセプトとプラン

決勝戦に至るまでの、私のコンセプトとプランからの各投手の架空のイニング数と実際のイニング数は、次の通りである。

・佐藤世那（仙台育英）
10イニング　⇩　実際のイニング数（18）
・成田　翔（秋田商業）

9イニング　⇩　〃　（5）
・高橋樹也（花巻東）
8イニング　⇩　〃　（6）
・上野翔太郎（中京大中京）
9イニング　⇩　〃　（13）
・高橋純平（県岐阜商業）
8イニング　⇩　〃　（4）
・森下暢仁（大分商業）
9イニング　⇩　〃　（10）
・勝俣翔貴（東海大菅生）
9イニング　⇩　〃　（0）
・小笠原慎之介（東海大相模）
10イニング　⇩　〃　（8）

そして、決勝のアメリカ戦でのコンセプトとプランは次のようになる。

⑨スーパーラウンド決勝戦
vsアメリカ戦　1－2

9月6日（日）18：00（甲子園）
●私のコンセプトとプラン：佐藤は2回りで交代（捕手の郡司も一緒に交代）／郡司裕也（仙台育英）・111（9－1）に代えて、堀内謙伍（静岡）・412（17－7）を捕手起用／スターター佐藤（4回めど）【中2日】・ミドル小笠原（2回めど）【中2日】／3回り目で左打者が続く1・2番からアウトカウントに関係なく小笠原投入／ワンポイント森下【連投】とレフティ高橋樹也（二人で1回めど）【連投】／森下・高橋はワンポイント要員（三つのアウトを二人で取ることを考える）／勝負どころの代走（盗塁）要員を宇草孔基（常総学院）／セットアップ成田（1回めど）【中1日】／クローザー上野（1回めど）【中1日】（捕手の堀内も伊藤に交代）／捕手に一塁の伊藤寛士（中京大中京）。一塁に右翼から勝俣、右翼に船曳海（天理）／上

野－伊藤の中京大中京バッテリーで最後を締める

●実際の登板：佐藤（4回）【中2日】上野（5回）【中1日】

私なら、日本代表スタッフが最も信用している二人の投手（佐藤・上野）を、何をさておいてもスターターとクローザーに配する。この二人で5イニングをまかない、残りの4イニングをそれぞれの特性でつないでいくことをコンセプトにしている。

当時の日本代表のチーム編成と私が覚えた違和感

この2015年に行われた第27回U－18ベースボールワールドカップにおけるチーム編成は、次の通りである。のちにプロに進むことになる選手も含め、かなり豪華で錚々たるメンバーが選出されていたことが分かる。

●投手：8名

・佐藤世那（仙台育英）オリックス→横浜球友クラブ
・成田翔（秋田商業）ロッテ
・高橋樹也（花巻東）広島
・上野翔太郎（中京大中京）駒大→三菱日立パワーシステムズ
・髙橋純平（県岐阜商業）ソフトバンク
・森下暢仁（大分商業）明大→広島
・勝俣翔貴（東海大菅生）国際武道大→オリックス
・小笠原慎之介（東海大相模）中日

◆捕手：3名
・伊藤寛士（中京大中京）法大→JR東海
・郡司裕也（仙台育英）慶大→中日
・堀内謙伍（静岡）楽天

◆内野手：6名
・平沢大河（仙台育英）ロッテ
・津田翔希（浦和学院）東洋大↓Ｈｏｎｄａ
・清宮幸太郎（早稲田実業）日本ハム
・宇草孔基（常総学院）法大↓広島
・杉崎成輝（東海大相模）東海大↓ＪＲ東日本
・篠原涼（敦賀気比）筑波大↓ＥＮＥＯＳ

◆外野手：3名
・豊田寛（東海大相模）国際武道大↓日立製作所
・オコエ瑠偉（関東一）楽天
・舩曳海（天理）法大↓日本新薬

そして、スーパーラウンド決勝戦のスターティングラインナップは、次のようなものだった。

1（左）杉崎成輝（東海大相模）※内野手
2（二）津田翔希（浦和学院）
3（右）勝俣翔貴（東海大菅生）※投手
4（指）清宮幸太郎（早稲田実業）
5（遊）平沢大河（仙台育英）
6（中）オコエ瑠偉（関東一）
7（一）伊藤寛士（中京大中京）※捕手
8（三）篠原涼（敦賀気比）
9（捕）郡司裕也（仙台育英）
P　佐藤（仙台育英）1回～4回↓上野（中京大中京）5回～9回

私が違和感を覚えたのは、選りすぐりの日本代表メンバーでありながら、本来は内野手の杉崎成輝が左翼で1番、投手登録の勝俣翔貴は右翼で3番、そして捕手登録の伊藤寛士が一塁を守り、7番打者として名を連ねたことである。
また、指名打者として4番で登場した清宮幸太郎（早稲田実業↓日本ハム）に関しては、過分な期待値と何らかの忖度が働いたような起用に映った。

目標を「打ち勝つ」から「優勝する」に切り替えるべき

ファーストラウンド第3戦、オーストラリア戦で、豊田寛（東海大相模）が不幸な死球による骨折で外野手を欠いたとはいえ、いざという時のための20名の選出である。外野手としての登録が3名というのも余裕がなかった。

何を選りすぐったかといえば、打力を重視したのはこのラインナップを見ても一目瞭然である。外野の守備力に関しては、オコエ瑠偉（関東一→楽天）と双璧である天理の舩曳海をラインナップから外してまで、打力優先で投手登録の勝俣を右翼で起用した。

アメリカの3回の攻撃時に日本代表の守備が乱れ、一死二塁で先発佐藤がピッチャーゴロを処理しながら三塁へ悪送球して1失点。二死二塁から4番アムダイディスを完全に詰まらせたが、右翼の勝俣が懸命にダイビングキャッチを試みるも、わずかに及ばずタイムリー二塁打となって2点を失った。

日本の打撃陣は、打率面を見れば確かに優れていた。しかし、アメリカ戦を見る限りにおいては、速球投手への対応は苦手にしている。サウスポーの140キロ台や、右腕であれば145キロ以上。そういう投手には本大会に限らず、これまでの大会を見てもずっとそういった傾向ばかりだった。

そして、必ず大会終了後に今後の課題として持ち出されるのが次の2点である。

①木製バットへの対応
②外国人投手の角度がある重い球への対処

甲子園大会では長打を連発した打者が、国際大会ではすっかり鳴りを潜めるということが以前からずっと続く傾向にある。

平沢大河（仙台育英→ロッテ）や津田翔希（浦和学院）は、呼び込むバッティングで木製バットに適応していたが、清宮幸太郎を筆頭とした他の選手たちは、最後まで木製バットへの適応ができなかった。

力のある球に差し込まれたりして鋭い打球が飛ばないため、詰まることを嫌がりポイントがどんどん前に出て、今度はチェンジアップなどの変化球を見極めることができずにバットに当たらなくなってしまった。

私が思うに、おそらく今後もこれらの項目は克服されることはないと考えている。前回も含めて本大会のように、いくら日本でいう重量打線を編成して臨んでも、アメリカの投手を打ち崩すことなどできないと思う。

一度、頭の中の目標を「打ち勝つ」から「優勝する」に切り替えることはできないのだろうか？

この大会時のような打力優先でのメンバーであっても、実際にはアメリカの投手相手には長打など打てていないのである（杉崎の右翼線二塁打一本のみ）。

いかにして世界一を目指すのか？

「なぜ負けたのか分からない」という西谷監督のコメントがあったが、私は「組織力」の差に尽きると思う。それに付随した「コンセプト」と「プランニング」に関しても然りだと考える。

現場を預かる監督やコーチらは、目前に迫る試合の対応で時間がないのは十二分に理解できる。ならば「地の利」を生かした人海戦術を駆使して、「偵察隊」を編成することが急務だと考える。

まさか、監督の側近としてベテラン監督のコーチ2名を置いていることで、準備万端だと考えているのだろうか？　そんなはずはないと信じたい。

ある文献によると、偵察隊は軍事用語でスカウト（Scout）と表現する。対戦相手が決まれば監督以下首脳陣は、間近に迫った戦いについて、英知を振り絞りながら戦略を練るものであろう。

では、その時に相手チームを解析するデータがなければ、いったい何を議論するのであろうか。監督はアナリスト＝「分析官」でもあるはずであり、アナリストはスカウトのデータなしでは、戦術を練る術はなくスカウト、アナリスト、データは戦略には必要不可欠のアイテムに他ならない。

決勝戦が始まってから、相手先発投手の変化球がフォークなのか、チェンジアップなのかも分からないというのでは話にもならない。

球種に対する判断材料の一つとして空振りの仕方がある。特にフォークボールの空振りは顕著な特徴があって、中途半端なスイングでピッチャーの方向につんのめった「白鳥の湖」のような空振りになる。

逆にチェンジアップの空振りはというと、バットをしっかりと振り切ることが多く、振った後で球が来たという感じで、投手側ではなくアウトコース寄りにのめり込むような形になることが多い。

テレビで見た限りでは、私ならば先発したプラットの「チェンジアップ」を狙わせたと思う。プラットはストライクを取るための高めのチェンジアップと、三振を取るための低めにボールになる軌道の2種類のチェンジアップを駆使していた。

日本では、チェンジアップを高めに投げてストライクを取るという習慣がない。日本の各打者は、ストライクを取るチェンジアップを漫然と見逃していた感があった。しかし、唯一狙って打てる球はこれしかないと、テレビを見ていて強く感じたものである。

モーリス・モー・バーグ

余談だが、モーリス・モー・バーグという名前を聞いたことがあるだろうか？　戦前の1934年、日米野球のためメジャーリーグ選抜として来日し、ベーブ・ルース、ルー・ゲーリッグら、スーパースターたちが並ぶ全米軍のメンバーに名を連ねた。バーグは捕手で、全11戦のうち3試合にマスクをかぶっただけで、それ以外はいずれ起こるかもしれない戦争に備えて、日本の地理を把握する任務が課せられていた。チームが親善試合をしている頃、その当時の東京で一番高い建物であった東京築地の国際病院の四方を見渡せる回廊から、東京の町並みや造船所、東京湾周辺の軍事関係の施設まで撮影していた。

この時に撮影された16ミリカメラの映像は、8年後の1942年に行なわれたドーリットル空襲に利用され、東京は壊滅的なダメージを受けて首都としての機能を果たせなくなってしまった。モー・バーグの高所からの写真によって、完璧に地理を把握していたB25ミッチェル爆撃機は、狙いすましたように東京に爆撃を加えたのである。

モー・バーグの話は極端なたとえ話であるが、アメリカは組織的に戦略を企てるのが得意な国である。おそらくアメリカ代表の首脳陣の中には、偵察を専門に行っていた人間やグループが間違いなくあったはずだと推察する。

逆に組織網に乏しく情報戦に疎いのが日本である。第二次世界大戦においても、モールス信号の暗号を傍受され、解読されて極秘作戦が筒抜けになっていた。また、戦闘機や戦艦、潜水艦の配属位置までも機密情報として握られていた事実がある。

話を野球に戻すと、大会本部が本気で世界一を目指すのであれば、パフォーマンス（業績・成果）のみを重視した監督だけのスタッフ選出ではなく、スコアラーやアナリストをブレーンと位置付けをした、スカウト（偵察隊）の編成をすることが肝要だと考える。

また、アメリカに勝つためのメンバーを選ぶのであれば、私ならば絶対に選びたかった選手がいる。それも健大高崎からである。手前味噌といわれるのを覚悟で、あえて名前を挙げるとすれば、それは林賢弥である。

前述したように、どんなに巨砲打者を揃えたところで、おいそれとアメリカの長身で角度のある投手相手に、容易に長打など打てないのが現状である。

さすれば、裏側から考えてみれば答えはそう難しくはないはずである。清宮幸太郎が単打で出塁するのと、林賢弥がバントや四死球で塁上にいるのとでは、言うに及ばすアメリカへのプレッシャーを高められるのは林である。

林は、8月10日に行われた甲子園初戦（VS寒川）において試みたバントで、一塁までを3秒42で駆け抜けている。このタイムは2015年のバントでの最高タイムだ。それも高校はおろか大学・社会人を含めてもナンバーワンの記録である（小関順二ストップウォッチランキングより）。

アメリカとの決勝戦。スターティングラインナップには、二塁盗塁時において3秒20で到達し、本大会の得点王でもあった船曳海、今大会不調とはいえ、センバツで1試合個人盗塁最多タイ5盗塁を達成した、宇草孔基の名前はなかった。

アメリカに対抗すべく、重戦車で応戦しようと目論んでいた日本代表にとっては、やはり「忍者」林賢弥の代表選出など夢のまた夢だったというのが現状なのだろう。

私が考えるアメリカ戦でのスターティングラインナップ

もしも林賢弥をメンバーに加えたと仮定して、私が架空の忍者部隊のオーダーを組むとしたら……。頭に浮かんだ順番にスターティングラインナップを描いてみることにする。

リードオフマン（1番打者）を船曳海、2番打者を宇草孔基の快速コンビで形成し、林賢弥は遊撃手で9番としてオフェンシブ（攻撃的）なリードオフマン的なラストバッターとして機能させる。

清宮幸太郎は、慣れている一塁手で起用して、負担軽減のためスイーパー（6番打者）に置く。

最も木製バットに対応していた、平沢大河を三塁手でクリーンアップ（4番打者）に据え、本大会で高打率を残している堀内謙伍を捕手で3番打者に抜擢する。

5番には投手登録の勝俣翔貴を指名打者として位置付け、7番に左翼で杉崎成輝、タイミングの取り方に難を感じるオコエ瑠偉は中堅で8番に下げる。

本音を言えば、7番には木製バットに対応できている津田翔希を入れたいが、外野守備の適性という観点から杉崎を組み込んだ。だが、津田が杉崎と同等の外野守備能力であれば、迷わず津田を入れる。

私が考えるアメリカ戦でのスターティングラインナップは、次の通りである。

1　（二）宇草孔基（常総学院）
　センバツ1試合個人盗塁最多タイ5盗塁
2　（右）船曳　海（天理）

3　二塁盗塁時3秒2で本大会の得点王
（捕）堀内謙伍（静岡）
本大会・412（17－7）で主戦捕手として起用され、大会のベスト9にも選出された。郡司は・111（9－1）

4　（三）平沢大河（仙台育英）
最も木製バットに適応できている

5　（指）勝俣翔貴（東海大菅生）
強力なバッティングながら投手登録で守備に不安

6　（一）清宮幸太郎（早稲田実業）
4番打者の負担軽減と、慣れている一塁守備からリズムを作らせる

7　（左）杉崎成輝（東海大相模）
外野守備の適性から。外野を守れるなら呼び込むバッティングの津田翔希を起用

8　（中）オコエ瑠偉（関東一）
外野守備では外せないが、打つ方はタイミングの取り方に難を感じる

9　（游）林　賢弥（健大高崎）
バントで一塁までを3秒42の快足

あとの課題とすれば、やはり投手だと思う。投手に関しては、「投手陣」としての位置付けを念頭に置いてのプランニングをすることが重要であろう。

打線とはバッティング・オーダーのことである。1番打者は足が速くて、2番打者は走者を進めるバッティングをする。クリーンアップトリオは長距離砲、下位打者は粘り強くつなぐバッティングをするなど、一般的な特徴は定着化されている。

私は打線があるのならば、「投線」（ピッチング・オーダー）があってもいいと考えている。

①　スターター⇩ゲームを作る安定感があり特に立ち上がりに強いタイプ。

②　ミドル⇩ショートリリーフとロングリリー

フの二枚で流れを変えるタイプ。

③セットアップ⇩四死球を出さない特徴のあるタイプでレフティも含まれる。

④クローザー⇩奪三振率が良くて基本的に前に飛ばされにくいタイプ。

⑤エクストラ⇩延長戦要員で野手の投入も含まれる。

※エクストラは私の造語。延長戦（extra innings）から取ってきた。投手の各役割の説明を簡潔に書いたが、詳細は『高校野球継投論』（大利実著・竹書房）の第５章を参照していただきたい。

今後のＵ－18ジャパンに期待すること

ここまで述べてきたのは、あくまでも机上の空論である。

日の丸を背負いながら厳しい日程の中、選手のコンディションも慮りながら、寝食を忘れて苦慮されたスタッフの方々から見れば、「何も分かっていない」と一笑されるようなプランなのだと思う。

使いたくても傷んでいた選手がいたのかもしれないし、予定していた選手が発熱などの緊急事態が発生したのかもしれない。それらのことは現場の人間でなければ分からないことだ。言いたくても言えない、伝えたくても伝えられない内情もあったことだろうと推察する。

何の責任もない立場の私が、唯我独尊で述べた戯言だと思っていただいて結構である。なぜならば現場を預かる人間以上に、部外者が選手とコミュニケーションを取れるはずがないからだ。現場は戦いの連続である。私のように遠巻きに俯瞰しながら、好き勝手を述べる余地など微塵もないことだろう。

私はただただ、毎年繰り返されるまったく同じ反省と課題に辟易しているだけなのだ。今度こそは先人たちが残してくれた貴重な提言を真摯に受け止め、その反省と課題を徹底追求して、新しいU-18ジャパンに託したいと願う。

令和2年（2020）の第13回U-18の監督に明徳義塾の馬淵史郎監督の就任が決まった。馬淵ジャパンには今までにない期待を抱いている。その期待とは、馬淵監督のチーム編成のビジョンである。あるインタビューで馬淵氏は次のように語っている。

体が小さくても、しっかりとした野球ができれば僕はいいと思います。過去は力対力で行って、今まで失敗していると思うので。足が使えて細かな野球ができてしっかりと守れてほしい。主力は打撃を重視して選ぶと思いますが、その条件を満たせば、誰でもチャンスがあると思います。

注目すべきは、「過去は力対力で行って、今まで失敗していると思うので」というコメントである。歴史に学ぶことは何をさておいても重要であるにも関わらず、幾度となく長距離砲を並べて火が吹かずに同じ失敗を繰り返してきた過去がある。

馬淵監督の細かい野球のレベルは非常に高いと思っている。緻密な戦略でどんなチームを形成していくのか注目してみたい。

しかし、楽しみにしていた馬淵ジャパンと、宿敵アメリカとの雌雄を決する戦いは、新型コロナウイルスの感染拡大の影響で、大会そのものが2年連続で中止となり水入りとなってしまった。

しかし報道によると、馬淵監督の代表監督は今後も継続となるようだ。私は、個人的には馬淵監督の打ち出したビジョンを支持するし、その先もし監督が交代するようなことがあっても、

馬淵監督のビジョンを伝承するようなチームの
構築を強く願うものである。

第13章

杜若監督時代とバイオメカニクスとの出会い

長かった1点と遠かった1勝

「何とか1点取ってくれ」

私が杜若に来て、最初に言われた学校関係者からの言葉だった。

「初勝利を挙げてくれ」

そういった言葉はあちこちでよく聞くことではあるが、「1点」と限定されることは皆無だろう。だが、無理もない。杜若高校は創部から1勝どころか、すべての試合において零封負けが続いていた。

昭和51年（1976）

・第58回選手権大会愛知予選に初出場
杜若×春日井　0-10　●（5回コールド）

・秋季リーグ戦（一次リーグ敗退）

昭和52年（1977）

・春季リーグ戦（一次リーグ敗退）

・第59回選手権大会愛知予選2回目の出場
杜若×東邦　0-10　●（5回コールド）

・秋季リーグ戦（一次リーグ敗退）

昭和53年（1978）

・春季リーグ戦（一次リーグ敗退）

・第60回選手権大会愛知予選3回目の出場
杜若×東郷　0-9　●（7回コールド）

・秋季リーグ戦（一次リーグ敗退）

昭和54年（1979）

・春季リーグ戦（一次リーグ敗退）

・第61回選手権大会愛知予選4回目の出場
杜若×星城　0-5　●（初のコールド回避）

・秋季リーグ戦（一次リーグ敗退）

昭和55年（1980）
・春季リーグ戦（一次リーグ敗退）
・第62回選手権大会愛知予選5回目の出場
杜若×豊橋南　0－1　●（サヨナラ負け）
・秋季リーグ戦（一次リーグ敗退）

このように悲惨な戦績を持つチームであったため、私の就任当時に「1点取ってくれ」も関係者からすれば頷ける言葉だったに違いない。

しかし、私も若かった。

「俺は1点取るためにやってんじゃない！」

いきなり初勝利を挙げてやる、とばかりに勇んで臨んだ初陣だった。

昭和56年（1981）
・春季リーグ戦（部員不足のため出場辞退）
・第63回選手権大会愛知予選6回目の出場
杜若×明和　0－8　●（8回コールド）
・秋季リーグ戦（一次リーグ敗退）

結果は第1章の「機動破壊への目覚め」で詳細に述べてあるように、冷や水を浴びせられる結果となった。そして翌年。

昭和57年（1982）
・春季リーグ戦（一次リーグ敗退）
・第64回選手権大会愛知予選7回目の出場
杜若×桜丘　1－2　●（延長11回）
・秋季リーグ戦（一次リーグ敗退）

6回表二死二塁の時、キャプテン茂呂豊の中前打で二塁走者の安田由之が生還して、創部7年目にして学校関係者念願の「1点」を挙げた。

だが、初勝利には手が届きそうで届かなかった。さらに翌年。

昭和58年（1983）

・春季リーグ戦（一次リーグ敗退）
・第65回選手権大会愛知予選8回目の出場
杜若×豊田北　5－4　○（逆転サヨナラ勝ち）
・秋季リーグ戦（初の二次リーグ進出）

8回に引っくり返されたが、最終回に四球と安打で一死三塁二塁。2番の宇野木輝幸が中前へ痛烈な安打を放って同点。

二死後、キャプテン平郡良隆（大仙）が、三遊間に鮮やかな逆転サヨナラの一打を放ち、創部8年目にして悲願の初勝利を摑んだ。

私の監督就任3年目のことで、チームは4回戦まで進んだ。

そして、新チームの地区予選（愛知県西三河）の秋季一次リーグ敗退からも、やっとのことで抜け出すことができ、一次リーグを2勝1敗1引き分けで8年目にして念願の二次リーグ戦にコマを進めた。

そして翌年の昭和59年（1984）4月4日。春季リーグ戦も秋に続いて二次リーグに進出。二次でも1勝1敗1引き分けで、悲願の県大会の出場を掴んだ。この時は、当時の公立高校の雄で甲子園出場の経験もある愛知県立岡崎工業高校を相手に、1対6の劣勢から同点に追いつき、執念の県大会出場を決める引き分けに持ち込んだのである。

また同日、まったく違う世界（第56回センバツ）では、懇意のあった東京の岩倉高校が決勝戦で大阪のPL学園を破り、甲子園初出場初優勝を遂げていた。当時のPL学園はKKコンビ（桑田・清原）の最強軍団。岩倉は、PLの甲子園での連勝記録を20でストップさせた。

昭和56年度　66試合　28勝34敗4分　主将　茂呂

期日	球場	対戦校	得点	失点	結果	通算成績
8/9	城西	城西	4	8	●	1敗
〃	〃	〃	2	11	●	2敗
8/10	杜若	足助	4	1	○	1勝1敗
8/11	日進	日進	2	2	△	1勝2敗1分
〃	〃	〃	8	4	○	2-2-1
8/12	杜若	松平	7	1	○	3-2-1
8/14	岡崎	高浜	2	1	○	4-2-1
8/16	豊田市営球場	岡崎	1	6	●	4-3-1
8/17	安城	刈谷	0	16	●	4-4-1
8/18	豊田市営球場	安城農林	3	3	△	4-4-2
8/20	猿投農林	豊田北	1	9	●	4-5-2
8/21	豊田市営球場	三好	0	13	●	4-6-2
8/23	岡崎	岡崎東	8	10	●	4-7-2
9/15	杜若	松平	6	1	○	5-7-2
9/23	杜若	星城	5	1	○	6-7-2
〃	〃	〃	0	1	●	6-8-2
9/27	刈谷工業	刈谷工業	6	2	○	7-8-2
〃	〃	名南工業	0	10	●	7-9-2
10/11	杜若	三好	9	0	○	8-9-2
〃	〃	〃	5	4	○	9-9-2
11/1	桜ヶ丘	桜ヶ丘	6	7	●	9-10-2
〃	〃	〃	8	12	●	9-11-2
11/8	菊里	千種	3	1	○	10-11-2
〃	〃	菊里	2	0	○	11-11-2
11/15	春日井商業	春日井商業	6	1	○	12-11-2
11/22	杜若	松平	7	5	○	13-11-2
〃	〃	長久手	2	0	○	14-11-2
11/23	桜台	桜台	3	6	●	14-12-2
〃	〃	〃	4	5	●	14-13-2
11/29	杜若	名古屋第一	6	0	○	15-13-2
〃	〃	〃	5	1	○	16-13-2
3/25	豊田市営球場	豊田西	0	7	●	16-14-2
3/26	〃	豊田高専	1	2	●	16-15-2
3/27	安城東	安城	4	12	●	16-16-2
3/30	杜若	松平	14	5	○	17-16-2

期日	球場	対戦校	得点	失点	結果	通算成績
4/11	猿投農林	猿投農林	1	2	●	17-17-2
〃	〃	〃	4	5	●	17-18-2
4/18	西尾実業	西尾実業	4	8	●	17-19-2
〃	〃	〃	2	11	●	17-20-2
4/25	杜若	東海工業	2	6	●	17-21-2
〃	〃	〃	2	4	●	17-22-2
4/29	国府	国府	1	11	●	17-23-2
〃	〃	〃	8	13	●	17-24-2
5/3	杜若	日進	10	5	○	18-24-2
5/5	享栄	星城	6	8	●	18-25-2
〃	〃	享栄	3	4	●	18-26-2
5/9	四日市西	弥富	6	5	○	19-26-2
〃	〃	四日市西	0	1	●	19-27-2
5/16	杜若	岡崎商業	5	5	△	19-27-3
〃	〃	〃	6	7	●	19-28-3
5/29	杜若	豊田北	4	3	○	20-28-3
5/30	杜若	豊田南	0	1	●	20-29-3
〃	〃	〃	6	2	○	21-29-3
6/6	杜若	豊田西	2	3	●	21-30-3
〃	〃	〃	7	2	○	22-30-3
6/12	杜若	足助	7	3	○	23-30-3
6/13	杜若	豊田工業	4	5	●	23-31-3
〃	〃	〃	5	3	○	24-31-3
6/19	杜若	豊田西	3	3	△	24-31-4
6/20	杜若	蟹江	2	1	○	25-31-4
〃	〃	〃	3	0	○	26-31-4
6/26	猿投農林	猿投農林	3	4	●	26-32-4
6/27	東邦	東邦	12	4	○	27-32-4
7/11	猿投農林	猿投農林	1	8	●	27-33-4
〃	〃	〃	11	1	○	28-33-4
7/20	刈谷球場	桜ヶ丘	1	2	●	28-34-4
			総得点	総失点		
			275	308		
			平均得点	平均失点		
			4.2	4.7		

監督2年目（1982）戦績表・なんと創部7年目で夏の大会初得点を挙げた

杜若高校冬合宿

冬休みが始まると同時に、冬季合宿を実施していた。場所は三重県三重郡菰野町の私の実家で、多い時には50名ほどの部員が押し掛けた。

はじめに断っておくが、私の実家は旅館でも民宿でもない。平凡な木造家屋であり、老夫婦がひっそりと暮らす二階建ての民家である。

合宿が始まると家中の襖や仕切りはすべて取り外されて、部員全員が寝食のできるスペースを無理やり確保した。寝る時は押入れから廊下までわずかな面積も無駄にすることなく布団を敷き詰めた。

野球の合宿といっても、球場を確保することはおろかキャッチボールも素振りもしなかった。メニューは、ただひたすら走ることだけである。早朝ランニングと午前と午後に分かれてのロードワークで、1日40㎞のランニングを5日間続け、のべ200㎞を走破することを掲げていた。

現役選手はもちろんのこと、3年生で卒業後も野球を続ける者は同様にして走らせた。私の中ではお世話になる大学や会社に対して、身体を作ってから送り出すのが礼儀だと考えていたからだ。選手は朝から晩まで5日間走り抜き、達成感を持って新年を迎えるのである。

この合宿では、選手以上に大変なのが私の両親と家内である。何しろ50人分の食事の用意を三食とも準備するわけである。「はそり鍋」（炊き出し用の大釜のこと）が二つと、炊き出し用の大鍋で選手たちの腹を満たした。

昼食が終わると家内は夕食の準備に取り掛かり、両親はただちに食器類を洗うため、近くにあるキャンプ場へと車を走らせた。冬のキャンプ場の水は冷たい。カレーライスで汚れた食器を洗うのは、想像を絶する作業だったようだ。

あまりの冷たさに「手がちぎれそうだった」と言っていた父親も92歳で他界した。

父親は年に一度の合宿のために、風呂場を増築で大きくしてトイレも増やし、食器洗いのために掘り抜きの井戸まで設置した。

この冬合宿を始めたのは家内が25歳の頃からで、今思えば随分と家内と両親には迷惑をかけたものだと、今さらながら感謝と懺悔の日々である。

杜若高校夏合宿

冬合宿があれば夏合宿もある。夏本番を迎える前の6月には、学校の近くにあった旧杜若寮だった空き家を借りて5泊6日の合宿をした。

朝4時に起床すると、アップ代わりに10㎞のランニング。早朝5時半からはバッティングで時間をかけて打ち込んだ。

ある朝に事件? が起こった。外野のセンターへの打球は野手の真正面に飛んだ。その選手は一歩も動くことなく、余裕でキャッチするのだろうと思って眺めていたところ、こともあろうか打球が顔面を直撃して、その場に倒れてしまった。

慌てて駆け寄り状況と症状を確認したところ、幸い意識はしっかりしていた。そして、その選手は思いもよらない一言を発したのだ。

「すみません、思わず寝てしまいました」

なんとその選手はセンター定位置で、立ったまま一瞬だけ寝てしまったのだった。

早朝の5時半、緊急病院に選手を運んで医師から状況を聞かれた時、私は「練習中にボールが当たりました」と告げた。朝の5時半である。その医師が私を怪訝そうに見つめたのは言うまでもない。

朝食をとってから登校して授業。午後4時から8時まで、実戦的な練習や中継プレー等で汗を流し、練習が終わると風呂代わりにプールに飛び込ませた。

夜の10時からは守備練習を行い、最後の仕上げは「ノーミスノック」。

当時の愛知県は優勝するまでには、8試合を戦わなければならない。サードから順番にノックを打っていき、ファーストまでノーミスで行けば「1回戦突破！」と叫び、それを2回戦、3回戦と続けて8回目が決勝戦となる。

このノーミスノックは2時間以上かかることもザラで、午前零時を過ぎることも珍しくはなかった。8回目（決勝戦）が終わると全員が帽子を星空に放り上げ、相手構わず胴上げをした。

喜びも束の間で、私が「4時起床」とだけ告げると、選手たちはユニホームのまま崩れ落ちるようにして寝た。

この時の食事と弁当も、家内と私の母親が作った。その母も97歳になる。

空白の1日を作らない

学生時代に、自分が「筆まめ」であると認識したことは一度もない。

だが、書き残すという習慣は、東邦高校入学の15歳当時から芽生えたようだ。立派な野球ノートの類ではないが、揺れる地下鉄の中で書いた生徒手帳の予定欄は、練習内容でびっしりと埋め尽くされていた。

本格的に書き記すという習慣が生まれたのは、杜若高校の監督になってからで、昭和55年（1980）から現在に至るまでの40年間以上、私には空白の1日というものが存在しない。

長きに渡って野球の現場から離れていたが、平成19年（2007）の4月に当時の日置儀市校長に見出されて、コーチとしてグラウンドに

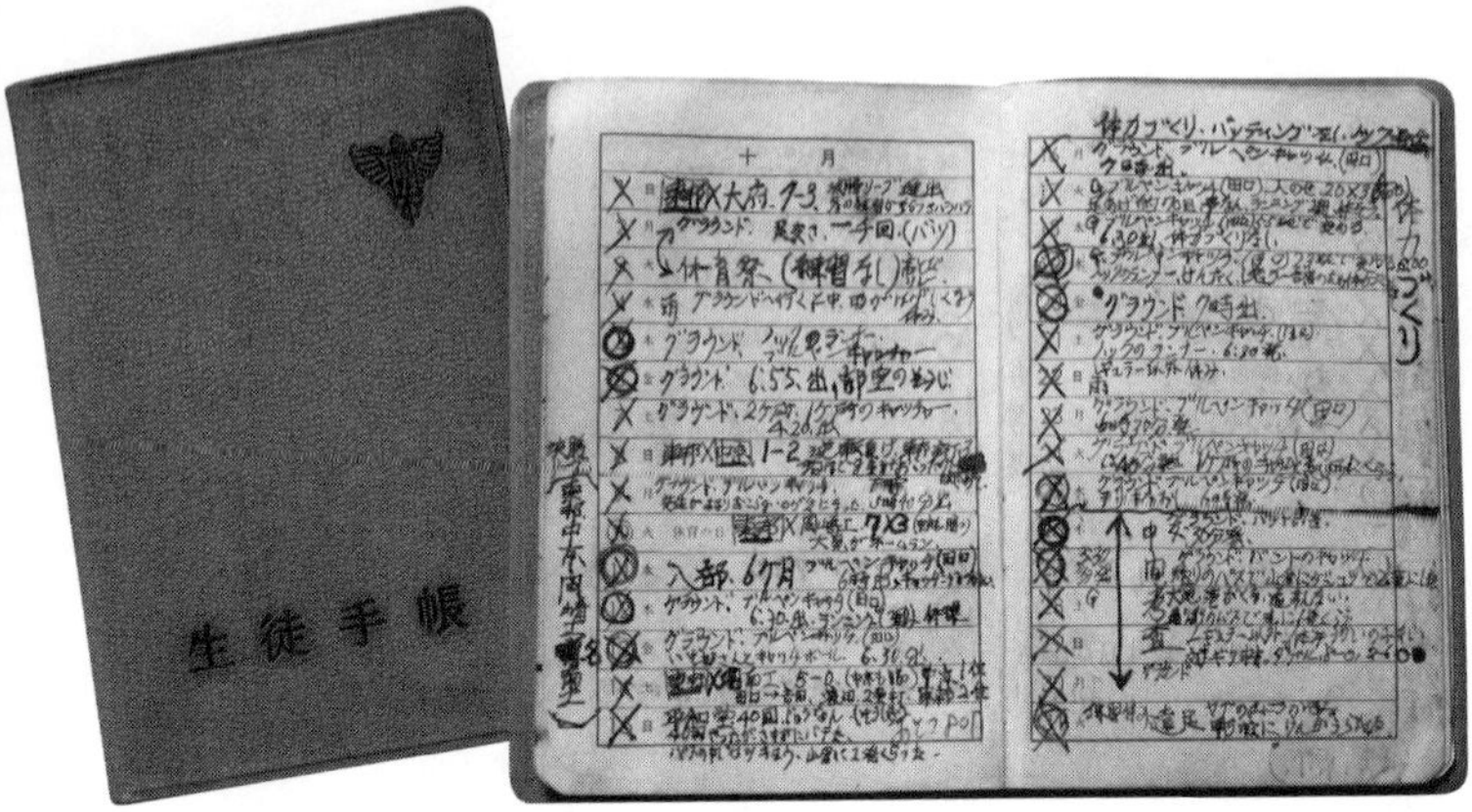

昭和47年（1972）東邦高校１年生の時の生徒手帳と予定欄の練習内容

復帰した。

感謝の気持ちを形として伝えるべく、朝練習、授業の見回り、練習メニューの作成、野球日誌のコメント書き、寮でのコミュニケーション……。私は捻出できる時間のすべてを、甲子園への挑戦に注ぎ込んだ。

だが平成20年（２００８）に、まったく身に覚えのない寝耳に水の出来事に巻き込まれ、わずか1年で現場を去ることになった。正確に言えば、４７９日間の挑戦だった。思うことは多々あったがすべてを飲み込んできた。

そんな時にある言葉と巡り合い、自分の頭の中にあった霧が晴れた。その言葉とは、「達人は時の使い方を知り、愚人はただ時を過ごすのみ」というものだった。

「愚人にはなりたくない」と素直に思った。そして今の自分がやるべきことは、「時の使い方」だと考えた。私は初めてシステム手帳を購入して、オリジナルのダイアリーの形式をパソコンで作成した。

公務とプライベートを明確にするために見開きのスケジュール管理を行い、その裏面には1日のダイアリーを欠かすことなく書き込んだ。

そして過去1年と現在、そして未来の1年分を携行できるようにして、常に何月何日、去年の今日は何をしていたか？　そして来年の今日は何をしているのか？　いや何をすべきなのかと考えるようになった。

しっかりしている人ならば、20代からでもやっていることだろうが、私に関して言えば、ドイツのビスマルクが提唱した「賢者は歴史に学

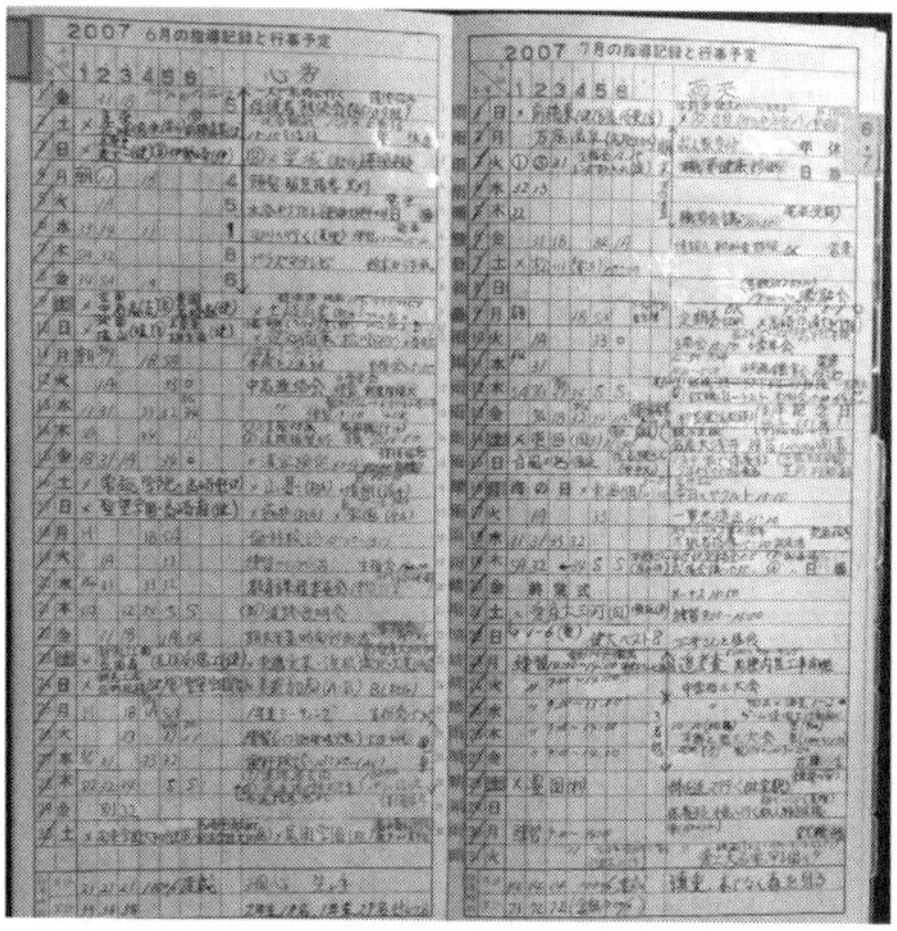

平成19年（2007）現場復帰した頃の授業管理と行事予定の教務手帳

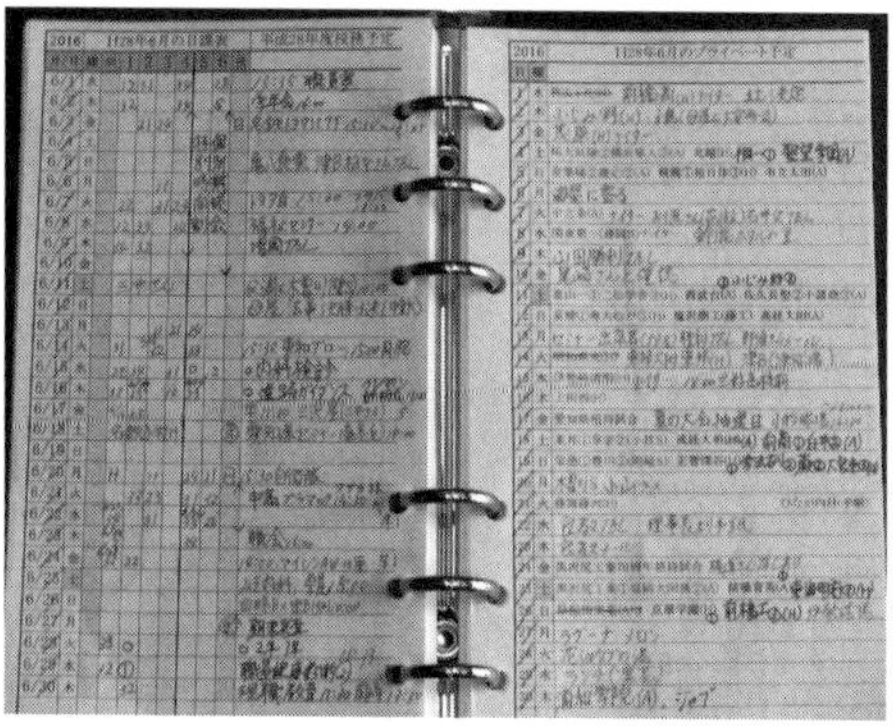
公務とプライベートを分けたスケジュール管理のページ

び愚者は体験によって知る」の後者、失敗でしか学べないような不器用な人間だったのである。

教師としてのこだわり

監督をしていた13年間、私は野球部員に「監督」とは呼ばせなかった。いや、そう呼ばれることが好きではなかった。前述したように、「野球の監督」ではなく「野球を教える先生」へのこだわりからである。

そしてまた、教師である以上は担任としても強いこだわりがあった。一つめは教室の整理整頓。二つめは学習。三つめに出席率である。

特に、一つめの清掃は口うるさく指導した。「形の乱れは心の乱れ」と解釈していたためだ。帰りのショートタイム（ホームルーム）でゴミが一つでもあればやり直し。机も縦と横にわずかな狂いがあれば帰らせなかった。机の整理整頓に関しては室長と日直が中心となって、野球の中継プレーのように「もっと右」、「ちょっと左」などと声を掛け合っていたものだ。

二つめの学習。杜若高校では毎週決まった曜日に、漢字テストと英単語テストがあり、平均点によって月間表彰と学期表彰、そして年間表彰が行われていた。私は、この小テストのクラス表彰を逃したことは一度もなかった。

ある日、印刷室で仕事をしている時に、日置校長に「君のクラスはなぜいつも1番なのかね？」そう訊ねられたことがあった。私は「無理やり宿題をやらせて、結果が出たら褒めちぎります」と答えたところ、校長は頷きながら笑みをこぼしていた。

さて、三つめは出席率である。これもまた、出席率100％表彰というのが、月間、学期、年間での表彰が用意されていた。私は数え切れないほど、月別と学期別では達成していたが、年間だけは経験がなく、学校全体でも過去に3年生クラスが一度達成しただけだった。

平成20年（２００８）、私は1年生の担任となった時に誓いを立てた。前人未到の「1年生クラスで年間出席率１００％を達成してみせる」と。

そう決心をすると、入学式当日に生徒と父母を前にして私の誓いを宣言した。1年生は難しい。まず高校に馴染めるかどうか？　慣れてきても5月病がある。2学期は夏休みボケで不登校になりやすい。3学期は風邪や体調不良との戦い。

しかも、実を言うと当時の杜若はいわゆる「底辺校」で、素行のよろしくない生徒たちも多く集まってきていたのだ。

私は、アメとムチを使ってクラスを鼓舞し続けた。月間１００％を達成するとパンとジュースを配り、学期で達成すればマクドナルドへ走り、あるいはカップラーメンを食べさせたりもした。

2学期からは野球の現場を追われたという現実も加わり、野球を取られても教師としての形を意地として見せてやる。そんな捻くれた考え方も正直あったと思う。だが3学期を迎える頃から、家で家内に言う言葉は「今日も1日生徒たちに遊んでもらった」であった。

考えてもみてほしい。平成の時代のしかもヤンチャな子供たちが、たかだかジュースやらハンバーガー程度で子供のように喜ぶはずがない。こちらの気持ちを忖度して私に合わせてくれているのだ。机の整頓もそう。小テストもそう。クラスのみんなが私に合わせてくれて、毎日「遊んでくれていた」のだ。

教室の後ろの黒板には、大きな文字で「１００％達成まで、あと〇〇日」と、マジックナンバーがチョークで表示され、その空きスペースには生徒全員の誓いの言葉も書き加えられていた。帰りの会が終わると、誰が言うともなく

平成21年3月に悲願の年間出席率100%達成

「明日も絶対休むなよ!」。そんな声が飛び交っていたものだ。

その結果、悲願の年間100%を達成。その時にはみんなにカツ丼をふるまった。

2足のわらじ

平成23年(2011)、私は杜若高校の1年生の学年主任に任命された。学校関係者なら理解できると思うが、学年主任は激務であり、年がら年中学校行事に追われる。

春休み中は、ほぼ毎日出校して新学期の準備に余念がない。中学校との連携を取りながらクラス分け、入学式、オリエンテーションの準備と数え上げたらキリがなくなる。

学校長の許可を得て、健大高崎の「外部講師」として野球部コーチも兼ねていたため、この3年間は口では言い表せないほどのハードワークをこなした。

私は三重県の四日市市在住だ。健大高崎へは車を使って駆けつけており、四日市インターから東名阪道、伊勢湾岸道、環状道、中央道、長野道、上信越道、関越道を経由して、約500㎞先の高崎インターに滑り込む。

金曜日の杜若での勤務を終えると、夜の高速を一路高崎に車を走らせた。到着すると夜間練習に付き合い、翌日からの土曜、日曜は試合に帯同した。

月曜日は早朝（深夜？）午前2時半に起床すると、3時には高崎インターから愛知県豊田市の杜若に車を飛ばす。5時間後の朝8時に学校に到着すると、そのまま学年主任としての杜若の勤務に就いた。

私の自宅は四日市市で勤務先の杜若高校は豊田市にあり、片道100㎞を車で通勤しており、毎日車で往復200㎞を37年間通勤した。

1か月に通勤で4000㎞を走破する。ガソリンは3日で使い果たし、4日に一度ずつ給油し、オイル交換は毎月行う。その上に高速料金は往復で5000円。ETC割引があってもガソリン代と合わせれば、通勤費は月に15万円を超えた。学校から支給されるガソリン代は最高でも3万円弱で、まったくもって何のために働いていたのか不明である。

高崎へは月に3～4回で往復3000～4000㎞。通勤とで両方を合わせると、1年間で車の走行距離は10万㎞を突破した。

健大高崎と関わった約10年間。高崎へはのべ300回往復した。唯我独尊ではあっても、自分で自分を褒めてやってもバチは当たらないであろう。

バイオメカニクスが私に与えた迷い

高校野球の監督として、13年間「根性論」のみに傾注していた時期、私にとって大きな転機が訪れた。学園と深い関わりがあった、ある研究所へ半年間の配置転換を命じられたのである。

その研究所の名は、財団法人スポーツ医・科学研究所という。愛知県の知多半島にある日本初の総合スポーツ診療・研究機関として、昭和61年（1986）6月、文部省認可により財団が設立された機関であった。

私のそこでの仕事はバイオメカニクス（生体力学）、具体的には日本を代表する一流アスリートたちの体力測定や、動作解析、データ処理、示唆、研究などに携わるものだった。

対象となるアスリートたちは、プロやトップレベルのアマチュア選手・団体であり、プロ野球や社会人野球から、Jリーグ、各種目のオリンピック選手等が日本各地から参集した。

プロ野球では、中日ドラゴンズの落合博満選手をはじめ、山本昌広（昌）投手や山崎武司選手、アテネオリンピック金、ロンドンオリンピック銅メダルのハンマー投げ・室伏広治選手、リレハンメルオリンピック金メダルのスキージャンプ・河野孝則選手、長野オリンピック銅メダルのスピードスケート・岡崎朋美選手、アトランタオリンピック日本代表のマラソン・浅利純子選手等、多くのトップアスリートたちの測定を行い、シークレットデータと向き合って研究する機会に恵まれた。

私は迷いに迷った。

正直に言ってそれまでの私は、野球以外のスポーツを認めようとはしていなかった。いや、野球こそがスポーツの王道であると勝手に思い込んでいたのだ。それがここ（スポーツ医・科学研究所）に来て、様々なスポーツの一流アスリートたちの生データに遭遇することで、否が応でも野球選手のフィジカル面での未熟さを認めざるを得なくなってしまったからだ。

野球界（特にプロ野球）では、昔から金田さん、長嶋さん、王さんを筆頭に子供たちの憧れが詰まっていた。誰しもがそれらの偉人をスーパースターと捉え、スポーツ界を席巻する天才として位置付けていたものだ。

しかし、パフォーマンスはさておきフィジカルリソース面では、野球のスポーツナンバーワンは妄想であり虚像であったことを、実際のデータ結果を目の当たりにしたことで、認識しなければならなかった。

私は迷っていた。この現実を世の中に伝えるべきか否か……。

そして、迷った末に講演で事実を露呈する決意をした。

マイナー競技からの警鐘

平成8年（1996）2月、「スポーツ医・科学から見た野球」をテーマとしてセミナーの講師を引き受けた。以前から懇意だった島根県の江の川高校（現石見智翠館高校）の楠井克治監督の口添えもあり、島根県高野連からの依頼を受けたのだ。これが、私にとって初めての講演であった。

あれこれ思案しながら、辿り着いた演題は「マイナー競技からの警鐘」となった。この題目は私が研究所に来て、いきなり受けたカルチャーショックからの思いつきである。

そこ（研究所）に行くまでは、野球はあらゆる競技の中で、最も優れたアスリートのスポーツであると信じて疑っていなかったのだが、測定結果の数値に対して研究員の中から度々、「野球選手ならその程度だろう」などという不可解な言葉を耳にすることがあった。

何となく違和感を抱きながらも仕事を続けていた最中《さなか》、研修ミーティングで測定結果の示唆に使うデータを見た時に驚嘆した。もっと率直に言うならば、野球選手の数値に低さにズッコケてしまった。

実はこの当時、私はインターネットの掲示板の運営を気の合った仲間たちと一緒に続けていた。もちろんテーマは野球に関してのスレッドであり、思い思いの自分の考え方を主張したり、あるいは質問したりしながら切磋琢磨していたのだ。

しかし、私がこの「マイナー競技からの警鐘」に関連した意見を載せたところ、仲間以外からの執拗な「煽《あお》り」を受ける羽目になった。それらの内容の大半は「お前は何も野球を分かっていない」とか、「野球は練習することが多く、オリンピック競技のように筋トレばかりできるか」などといった意見がほとんどだった。

一つ返せば、何倍にもなって批判の声が押し寄せてきたものだ。当時は日本国内にあって野球に否定的な意見を述べることは、「国賊」の扱いを受けてしまうということを肌で感じたものである。

平成８年（1996）島根県高野連主催の講演

それはさておき、話を戻して他競技との比較データを、天国の松井秀治所長に手を合わせてシークレットデータを次に掲載する。

陸上競技選手と比較したプロ野球選手

財団法人スポーツ医・科学研究所で、私が取り組んでいた仕事の断片的なシークレットデータであるが、すでに引退した選手のデータであり、勝手に時効と捉えて開示することにしよう。

数値は、測定項目別に見た各競技の体力特性（システムの活用報告）を示している。※は、一流陸上競技選手（中・長距離を除く）の評価表と比較した評価で、VERY GOOD、GOOD、NORMAL、POOR、VERY POORの5段階で表している。

プロ野球 元中日ドラゴンズ T.Y選手

身長（cm）	180・3	
体重（kg）	100	
※推定体脂肪率（%）	22・4	VERY POOR
最大パワー（watt）	1420	
※体重あたり（watt/kg）	14・2	POOR
※垂直跳び（cm）	42	POOR
発揮パワー（watt）	1292	
体重あたり（w/kg）	12・9	
握力（kg）	右／左70／69・5	
背筋力（kg）	262	
動的足筋力（Nm）		
膝伸展	右／左282・9／275・1	
膝屈曲	右／左204・9／233・2	
※体重あたり（Nm/kg）		
膝伸展	右／左2・8／2・8	VERY POOR
膝屈曲	右／左2・0／2・3	
※動的腕筋力（Nm）		

肩伸展　145・4　POOR
肩内旋　84・2　VERY POOR
肘伸展　67・1　POOR
肘屈曲　67・1　POOR

なお、cybex60deg/secで測定。cybexは筋力測定やトレーニングを実施する際に使用されるマシンで、最大の特徴は等速性（一定のスピードでの筋収縮）の測定が可能。60deg/sec。degはdegree（度）、secはsecond（秒）で、1秒で60度の意味。

※反応時間（msec）　165　NORMAL
※柔軟性（cm）立位体前屈　18・6　NORMAL

一流陸上競技アスリートと比較すれば、このプロ野球選手はGOOD（良い）以上が一つもなく、多くの項目でPOOR（＝まずい）とVERY POOR（非常にまずい）が並ぶ結果となった。

プロ野球 元中日ドラゴンズ　M.Y投手

身長（cm）　187・3
体重（kg）　97・8
※推定体脂肪率（%）　16・7　POOR
※最大パワー（watt）　1322　POOR
※体重あたり（watt/kg）　13・5　POOR
※垂直跳び（cm）　56　GOOD
発揮パワー（watt）　1383
体重あたり（w/kg）　14・1
握力（kg）　右／左56・0／57・0
背筋力（kg）　163
動的足筋力（Nm）
膝伸展　右／左293／283
膝屈曲　右／左205／166
※体重あたり（Nm/kg）
膝伸展　右／左3・0／2・9　VERY POOR
膝屈曲　右／左2・1／1・7
※動的腕筋力（Nm）

肩伸展　100　POOR
内旋　66　NORMAL
肘伸展　51・0　POOR
肘屈曲　51・0　VERY POOR

なお、cybex60deg/secで測定
※反応時間（msec）　187　POOR
※柔軟性（cm）立位体前屈　6・0　POOR

プロ野球　元中日ドラゴンズ　S・I投手

身長（cm）　182・3
体重（kg）　76・2
※推定体脂肪率（%）　10・7　NORMAL
最大パワー（watt）　1092
※体重あたり（watt/kg）　14・3　GOOD
※垂直跳び（cm）　45　POOR
発揮パワー（watt）　1218
体重あたり（w/kg）　16・0
握力（kg）　右／左55・0／53・5
背筋力（kg）　160
動的足筋力（Nm）
膝伸展　右／左268／254
膝屈曲　右／左176／161
※体重あたり（Nm/kg）
膝伸展　右／左3・5／3・3　NORMAL
膝屈曲　右／左2・3／2・1
※動的腕筋力（Nm）
肩伸展　94　VERY POOR
肩内旋　48　POOR
肘伸展　43　POOR
肘屈曲　43　VERY POOR

なお、cybex60deg/secで測定
※反応時間（msec）　187　POOR
※柔軟性（cm）立位体前屈　2・7　VERY POOR

一流陸上競技アスリートと比較すれば、この

両投手の測定結果もGOODがそれぞれ一つずつあるだけで、多くの項目でPOORとVERY POORが並んでいることが分かるだろう。

野球と他競技との項目別比較

次に、プロ野球選手と各種他競技のトップアスリートの数値とを比較したものを、項目ごとに順位化したものを示していく。

・身体組成（%）※体脂肪の多い順

1位　ラグビー
2位　野球
3位　自転車
4位　漕艇
5位　バスケットボール
6位　アルペンスキー
7位　水泳
8位　バレーボール
9位　サッカー
10位　クロスカントリースキー
11位　陸上競技跳躍
12位　陸上競技長距離
13位　陸上競技短距離

・足筋力（Nm/kg）※膝伸展と膝屈曲

1位　アルペンスキー
2位　サッカー
3位　漕艇
4位　陸上競技跳躍
5位　陸上競技短距離
6位　バレーボール
7位　ラグビー
8位　ハンドボール
9位　ホッケー
10位　水泳

11位　野球
12位　陸上競技長距離
13位　自転車
14位　バスケットボール
15位　クロスカントリースキー

・垂直跳び（cm）
1位　陸上競技短距離
2位　陸上競技跳躍
3位　ボート
4位　野球
5位　バレーボール
6位　サッカー
7位　アルペンスキー
8位　自転車
9位　ラグビー
10位　水泳
11位　ハンドボール
12位　バスケットボール

13位　陸上競技長距離
14位　ホッケー

・最大無酸素パワー（W/kg）※10秒以内でのパワーの出現
（急激な運動に際して、筋肉にある筋収縮のエネルギーを放出する。しかし、このエネルギーの筋肉貯蔵は限られていて、約10秒以内の全力運動で消費されてしまう。ここでは10秒間の最大出力によるパワーを測定している。瞬発力の指標として扱われ、大きな力を瞬間的に発揮する競技種目で重要）

1位　アルペンスキー
2位　サッカー
3位　陸上競技短距離
4位　自転車
5位　ボート
6位　野球

7位　クロスカントリースキー
8位　陸上競技跳躍
9位　ホッケー
10位　ハンドボール
11位　バスケットボール
12位　水泳
13位　ラグビー

・40秒（w/kg）※乳酸性のパワー出現
（40秒程度で疲労困憊となる激しい運動を続けると、疲労物質である乳酸が筋肉に蓄積されて筋肉の収縮ができなくなる。ここではその乳酸型疲労に対抗するパワーを測定している）

1位　自転車
2位　アルペンスキー
3位　水泳
4位　漕艇
5位　クロスカントリースキー
6位　サッカー
7位　バスケットボール
8位　ホッケー
9位　ラグビー
10位　野球

・最大酸素摂取量（ml/kg/分）※長距離走での能力

1位　クロスカントリースキー
2位　陸上競技長距離
3位　アルペンスキー
4位　水泳
5位　ホッケー
6位　自転車
7位　バスケットボール
8位　ハンドボール
9位　サッカー
10位　漕艇
11位　野球

12位　ラグビー

以上の結果から、上位ベスト3に野球が登場したのは「体脂肪の多さ」という不名誉な項目だけで、他の項目ではいわゆる「マイナー競技」が上位を独占した。

中でも、アルペンスキーが4項目でベスト3に入っているのは、特筆すべきだろう。軽快に滑降しているように見えるが、そこには想像を絶する力を発揮しながら、雪面との戦いを繰り広げているのだと推察する。

私は、「野球選手ならその程度だろう」という研究員の言葉を真摯に受け入れる以外になかったものである。

なお、当時のスポーツ医・科学研究所のデータ分析に協力してくれていたのは、以下の方々や団体・連盟である。

アテネオリンピック金、ロンドンオリンピック銅メダルのハンマー投げ・室伏広治選手、リレハンメルオリンピック金メダルのスキージャンプ・河野孝則選手、長野オリンピック銅メダルのスピードスケート・岡崎朋美選手、アトランタオリンピック日本代表のマラソン・浅利純子選手ほか

中日ドラゴンズ、オリックスブルーウェーブ、福岡ダイエーホークス、名古屋グランパスエイト、全日本スキー連盟、長野県スキー連盟、北海道拓殖銀行スキー部、デサントスキー部、岐阜第一高校スキー部、札幌第一高校スキー部、中京大学スキー部、専修大学スキー部、全日本陸上競技連盟、愛三工業、フジタ、本田技研、ミズノ、日本電装、リクルート、資生堂、東海銀行、豊田織機、ワコール、城西大学、名古屋大学、中京高校、日本体育大学、出雲西高校、中京大学、和歌山工業高校、愛知県陸上競技協会、福井県陸上競技協会、香川県陸上競技協会、

徳島県陸上競技協会、山梨県陸上競技協会、ピープルスポーツクラブ、第49回国民体育大会愛知県選手強化対策本部、ＪＳＳ比良、関西電力、中部電力、福井県、ヤマハ発動機、スキークロスカントリー日本代表男子、スキークロスカントリー日本代表女子、愛知県競輪選手会、三重県競輪選手会、大阪府競輪選手会、長野県競輪選手会ほか多数

私の指導理念は「確率」と「体験」

私が出している答えの原則は、すべて「確率」と「バイオメカニクス」からである。野球には「結果」しか答えは存在しないが、「確率」という答えがあるのもまた事実である。

そして机上での戦略・戦術・戦法は浮かんでも、現場で求められる瞬時の判断は、幾通りもの方程式の引き出しを持っていないと指示はできない。これはルールとて同じことで、机上だと「そんなことは誰でも知っている」ということが、現場での瞬時の対処はなかなかできないものなのである。

私の理念は「確率」と「バイオメカニクス」を骨子とし、明暗を分ける佳境では「体験」に委ねることにしている。

この体験とは、私が過去に携わった全１１１２試合の采配からの引き出しである。還暦を過ぎた最近では、記憶が縞状健忘症のごとく怪しくなってきてはいるが、数年前であれば１１１２試合の内容が断片的には記憶に残っていたものである。

そして数多くの体験・経験をしたおかげで、閃きとか直感が生まれてきて別の作戦を採択することもある。

例えば、最近では２０１９年夏の三重大会。準決勝の相手は菰野で、１４０キロ台後半のス

トレートを持つ岡林勇希（中日）に注目が集まっていたが、私は「岡林の生命線はスライダー」として、ストレートを捨ててスライダーを狙っていけば攻略できると読んでいた。

岡林対策として、ピッチングマシンを135キロのスライダーに設定して、徹底的に打ち込んだ。左バッターにはボックスの一番後ろ、かつホームベース寄りに立つことで、インコースのスライダーを投げづらくさせる指示を出した。

用意周到にして臨んだ試合当日の朝、突如として、私は森下晃理監督にこんな進言をした。

「右打者二人だけ、ストレート狙いにしてくれないか」

これは完全に閃きだったが、結果的にはこの二人がいいところで岡林のストレートを打ってくれて、得点につながった。「なぜ?」と聞かれると答えられないが、こういう直感が当たることもある。

データを分析し、準備も万全にした上で、最後には閃きを信じることもある。試合は投打が噛み合い、6対2で菰野を下した。

過去のすべての試合の戦績は、記録として今も残してある。

前述したが、ビスマルクは「賢者は歴史に学び愚者は体験によって知る」と提唱した。私は後者であったがために「失敗」という「体験」でしか学ぶことができなかった。しかし、この私の「失敗体験」は、他者から見れば「歴史」と捉えることも可能なはずである。

この本の読者は、賢者となって歴史に学んでいってほしいと切に願う。

昭和62年度　90試合　67勝20敗3分け　主将　中村

期日	球場	対戦校	得点	失点	結果	通算成績
7/31	杜若	駒大高	4	4	△	1引き分け
8/1	杜若	衣台	8	3	○	1勝1引き分け
8/2	海星	海星	7	9	●	1-1-1
〃	四日市工業	四日市工業	4	11	●	1-2-1
8/3	川越球場	桑名西	2	2	△	1-2-2
〃	〃	鳥羽	4	9	●	1-3-2
8/5	宮野球場	桜井	3	2	○	2-3-2
8/6	高岡第一	高岡第一	2	1	○	3-3-2
8/14	杜若	豊田南	5	1	○	4-3-2
8/15	杜若	松平	10	0	○	5-3-2
8/17	岡崎城西	西尾実業	7	2	○	6-3-2
8/24	杜若	科技豊田	5	1	○	7-3-2
8/25	杜若	西尾	8	1	○	8-3-2
8/28	刈谷球場	岡崎東	3	1	○	9-3-2
8/29	刈谷球場	安城東	6	5	○	10-3-2
9/6	杜若	東海工業	10	2	○	11-3-2
〃	〃	〃	4	1	○	12-3-2
9/13	刈谷球場	木曽川	6	2	○	13-3-2
9/15	豊橋市民球場	三河	3	4	●	13-4-2
9/20	杜若	美濃加茂	7	0	○	14-4-2
〃	〃	〃	2	0	○	15-4-2
9/23	杜若	豊川	11	3	○	16-4-2
〃	〃	〃	8	5	○	17-4-2
9/27	享栄	天理	3	7	●	17-5-2
〃	〃	享栄	6	7	●	17-6-2
10/10	杜若	大垣商業	4	6	●	17-7-2
〃	〃	〃	5	4	○	18-7-2
10/18	桐蔭学園	桐蔭学園	3	2	○	19-7-2
〃	〃	〃	3	0	○	20-7-2
11/1	杜若	岐阜工業	2	3	●	20-8-2
〃	〃	〃	3	1	○	21-8-2

期日	球場	対戦校	得点	失点	結果	通算成績
11/3	碧南球場	岡崎東	8	2	○	22-8-2
11/8	刈谷球場	小坂井	6	0	○	23-8-2
〃	〃	成章	7	6	○	24-8-2
11/22	杜若	高岡第一	6	0	○	25-8-2
〃	〃	〃	1	0	○	26-8-2
11/23	杜若	足柄	7	0	○	27-8-2
〃	〃	〃	5	4	○	28-8-2
11/29	杜若	名古屋学院	13	2	○	29-8-2
〃	〃	東濃実業	3	0	○	30-8-2
3/25	杜若	岡崎商業	8	0	○	31-8-2
3/27	安城東	西尾東	9	0	○	32-8-2
3/28	阿久比球場	新湊	7	1	○	33-8-2
3/29	阿久比球場	桜美林	5	3	○	34-8-2
3/31	杜若	刈谷工業	7	0	○	35-8-2
4/1	杜若	霞ヶ浦	6	1	○	36-8-2
4/3	安城東	三好	5	4	○	37-8-2
4/4	安城東	岡崎城西	12	5	○	38-8-2
4/5	安城東	安城東	5	12	●	38-9-2
4/10	杜若	東濃実業	5	4	○	39-9-2
〃	〃	〃	10	0	○	40-9-2
4/17	半田球場	武豊	2	1	○	41-9-2
4/24	半田球場	三河	7	0	○	42-9-2
4/30	熱田球場	小坂井	5	1	○	43-9-2
5/1	杜若	国士舘	4	1	○	44-9-2
5/3	熱田球場	中京	0	3	●	44-10-2
5/4	杜若	多治見工業	7	2	○	45-10-2
〃	〃	〃	6	1	○	46-10-2
5/5	杜若	浜松江之島	17	0	○	47-10-2
〃	〃	〃	3	0	○	48-10-2
5/8	杜若	足羽	17	1	○	49-10-2
〃	〃	美濃加茂	12	2	○	50-10-2
〃	〃	〃	4	13	●	50-11-2

期日	球場	対戦校	得点	失点	結果	通算成績
5/22	国士舘	駒大高	7	5	○	51-11-2
〃	〃	国士舘大学	4	2	○	52-11-2
5/28	杜若	春日丘	10	8	○	53-11-2
5/29	金沢	金沢	0	6	●	53-12-2
〃	〃	〃	5	5	△	53-12-3
6/4	杜若	豊田北	8	2	○	54-12-3
6/11	豊橋市民球場	桜ヶ丘	2	9	●	54-13-3
6/19	杜若	伊香	7	2	○	55-13-3
〃	〃	〃	6	0	○	56-13-3
6/23	東邦	東邦	0	2	●	56-14-3
6/26	阿久比球場	池田	3	8	●	56-15-3
7/2	阿久比球場	聖隷学園	1	4	●	56-16-3
7/3	阿久比球場	岐阜第一	1	0	○	57-16-3
〃	〃	〃	2	22	●	57-17-3
7/4	杜若	衣台	13	4	○	58-17-3
7/5	霞ヶ浦球場	桑名西	4	2	○	59-17-3
7/6	北野球場	岐阜三田	8	3	○	60-17-3
7/7	東海工業	東海工業	1	6	●	60-18-3
7/8	県岐阜商業	県岐阜商業	4	5	●	60-19-3
7/9	杜若	大垣	8	4	○	61-19-3
7/17	豊橋市民球場	三谷水産	12	0	○	62-19-3
7/21	豊橋市民球場	福江	9	1	○	63-19-3
7/23	豊橋市民球場	成章	5	2	○	64-19-3
7/26	熱田球場	一宮興道	6	4	○	65-19-3
7/27	熱田球場	三河	5	1	○	66-19-3
7/28	熱田球場	享栄	4	1	○	67-19-3
7/30	熱田球場	名城大附属	0	4	●	67-20-3
			総得点	総失点		
			512	280		
			平均得点	平均失点		
			5.7	3.1		

（指導理念の根底にある「経験」。全1112試合の戦績の一部）

第14章

間違いだらけの野球用語

違和感を覚える解説

スクイズを見抜いた捕手が投手に「ウエスト」を要求して、打者は外角高めに大きく外された投球にスクイズを空振り。そして、捕手が挟殺のために三塁に送球するも「暴投」となり、三塁手は送球を捕れずに外野にボールが転々とする。「カバー」した左翼手がボールを拾って本塁に送球するが、間に合わず1点を献上した。

このような解説を、平気でテレビやラジオで語る野球の専門家たち……。

野球用語がでたらめに使われている。こういう解説を聞くと、一気に興醒めしてしまう。

正しくは、こうだ。

スクイズを見抜いた捕手が投手に「ピッチアウト」を要求して、打者は外角高めに大きく外された投球にスクイズを空振り。そして、捕手が挟殺のために三塁に送球するも「悪送球」となり、三塁手は送球を捕れずに外野にボールが転々とする。「バックアップ」した左翼手がボールを拾って本塁に送球するが、間に合わず1点を献上した。

では、例文のこれらの用語に関して、正しい解釈や用法を説明していきたい。

「ウエスト」と「ピッチアウト」

「ウエスト」と「ピッチアウト」は意味がまったく違う用語だが、非常にたくさんの野球関係者どころか、プロ野球の解説者でも平気でこの二つを混同して使っている。特に多いのは、「ピッチアウト」と表現すべきケースなのに「ウエスト」という言葉を使って表現する類の間違いだ。

例えば、「盗塁を阻止するために、投手にウエストさせた」というのは間違った用法であって、「盗塁を阻止するために、捕手が立ち上がってわざとアウトコース高めにボールを外す行為」は、「ピッチアウト」で、「ウエスト」ではない。

ピッチアウト（pitchout）とはランナーズ・オン、つまり塁上にランナーのいる状況で、投手がバッターのバットの届かないアウトハイなどに意図的に投球し、捕手が捕球後すぐに送球できる態勢にする投球である。

目的は言うまでもなく、攻撃側の「走者の足を使って攻めてくるプレー」への対策であり、例えば盗塁、エンドラン、スクイズなどを阻止することである。

ちなみに、ピッチアウトは、pitch outと2語に分けたりせずに、pitchoutと1語で表現するのが基本の言葉である。他にもベースボールも、baseballの1語表現であり、base ballではない。

また、表記上の些細なことだが、pitch outと2語に分けたり、pitched outと過去分詞の形にしたりするのは表記のバリエーションに過ぎず、あながち間違いであるとまではいえない。

次にウエスト（waste）について。野球でいうウエスト・ピッチのウエストとは、waist（腰）の意味ではなくて、ウェイスト（waste）が正しく、和製野球英語でいう「ウエスト」は、「ピッチアウト」と意味がまったく違う。

wasteは「浪費する、無駄にする」という意味の言葉であり、例えば0ボール2ストライクなどの投手有利カウントで「あえてボール球を投げて、故意にカウントを浪費すること」を意味する。

つまり日本の野球用語でいう「見せ球」とか「捨て球」といわれる投球が、「ウエスト」なのである。

エンドランやスクイズ阻止のためのピッチアウト

アウトコースへのウエストボール

高めへのウエストボール

「暴投」と「悪送球」

読者のみなさんは「暴投」と「悪送球」の違いがお分かりになるだろうか？　実は、違いが分からない高校野球の指導者や、プロ野球関係者も多くいる。

ピッチャーがバッターに対して投げるのが投球であり、その投球が著しく乱れた場合が暴投（ワイルドピッチ）と呼ばれる。

それに対して野手が投げるボールや、ピッチャーの牽制球などは送球と呼び、同様に乱れた場合が悪送球（ワイルドスロー）となる。

つまり、投球か送球かで区別されるものなのである。

暴投とは「ピッチ」であり、つまり暴投は投手にしか投げられない。悪送球は「スロー」であり、野手の送球ミスはすべて「悪送球」ということになる。

この理屈で言えば、スローは野手に使う表現であるのに、投手でもオーバースローや、サイドスローという呼び名で投げ方の区分けがされている。普通に考えれば、オーバーピッチとかサイドピッチと呼んだ方が理に適っているはずである。

これは和製英語に起因した混同であり、投手のタイプとして投法を区別した呼ばれ方は、正しくは「オーバーアームスロー」、「サイドアームスロー」であり、「アーム」が入ることで「投法」として区分けされている。

ハンドは「手」のことであり、「腕」ならばアームである。同じように理屈として、「足」は足首から下の意味で、「脚」はそれよりも上の部分になる。

したがって、オーバーハンドスローやサイドハンドスローは和製英語である。

また、下手投げを和製ではアンダーハンドスローと呼ぶが、アメリカでもアンダーアームスローと呼ばれることはなく、「サブマリン」といわれるのが一般的である。

これら投法の歴史は、１８４５年の「ニッカボッカーズ」のチーム結成に伴いルールの原型ができた。

投手とホームベース間が15ヤード（約13・7m）で下手投げだったのだが、その当時のルールに「投球の際、肘を曲げて投げた時はスローと見なし、ボークにする」と、されていた。

つまり、投手は肘を曲げて投げてはならないルールになっており、そこから考えると「スロー」と「ピッチ」の違いは肘が伸びているか、曲がっているかであった。

しかし、１８７２年のルール改正で「スロー」の投法も許されるようになり、１８８３年に「サイドアームスロー」が認められ１８８４年に「オーバーアームスロー」が認められた

潜水艦になぞらえるサブマリン投法

のである。

しかし、なぜか「アンダーアームスロー」という用語は存在せず、「サブマリン」の用語のみが使われている。

「カバー」と「バックアップ」

「カバー」は、元来、足りない点を補う、埋め合わせるという意味で、ベースに本来入るはずの野手ではない野手が、代わりにベースに入ることを指す。

「バックアップ」とは、他の選手の後方に回って、その選手の守備を補うことをいう。

分かりやすく説明すれば、一・二塁間へグラウンダーの打球が飛んで一塁手が処理した時に、空いた一塁ベースに投手が入って送球に備えることをカバーという。

そして、その一塁手からの送球に対して一塁ベースに入った投手の後方で、悪送球に備えて待ち構えている捕手のことをバックアップというのである。

簡略して説明するならば、ベースに直接入る動作をカバーといい、プレーヤーの後方に入るのをバックアップと区別する。

日本ではバックアップもカバーと呼ぶことが多いが、カバーとは正確には「ベースカバー」であり、この表現だと何となく本来の意味がイメージとして浮かぶのではないだろうか？

ただし、「カバーリング」という言葉を用いるならば、相手の攻撃を防御するのと、味方の守備を援護することの両方が曖昧な表現となり、ベースカバーもバックアップも広義の意味で含まれてくることになる。

「カット」と「リレー」

例文に挙げた三つの用語以外にも、混同して誤用されている言葉がいくつかあるので、今から紹介していきたい。

まず、主に中継プレーの場面で使われる「カット」と「リレー」についてだが、「カット」は切ることであり、「リレー」はつなぐという意味である。

日本では、中継プレーを「カットプレー」と表されることが多いが、言葉の意味からすれば「リレープレー」の方が本質に近いのではないだろうか？

「カットマン」と「リレーマン」は同一プレーヤーであっても、状況に応じて呼び方が瞬時に入れ替わってしまう性質がある。

例を挙げて説明するならば、二死で走者が二塁の時に、打者がレフト前に単打を放ったとする。打球を処理した左翼手は、中継の三塁手を目掛けてバックホームの返球をするのだが、三塁手が送球を受けて本塁につなげれば「リレーマン」となる。

だが、本塁で走者をアウトにする可能性が低いと判断すれば、三塁手は本塁送球を中断して、二塁を陥れようとする打者走者を刺すべく「カットマン」となって二塁に送球するのである。

つまり、第一目的の塁に中継して送球するプレーヤーを「リレーマン」。目的の塁を諦めて中継プレー自体を中断するか、第一目的以外の塁に標的を変えて投げるプレーヤーを「カットマン」と呼ぶ。

私の関わってきたすべてのチームは、この例の状況で捕手はつなぐ時には「リレー」、間に合わず中断する場合は「カット」と指示する。

さらに、中継を諦めて「カット」して、打者走者をアウトにすべく二塁に送球させるには「カットツー」、打者走者を一塁のオーバーランでアウトにしようとすれば、「カットワン」と捕手に指示させるように指導してきた。

「ベース」と「キャンバス」と「プレート」

「ベース」とはbaseで、土台や基地の意味合いがあって主に場所を指すものである。「キャンバス」はcanvasであり、麻などで目を粗く織った布製の物をいい、「プレート」はplateで、ゴム製でピッチャープレートとホームプレートを指し、皿とか板などを表す平たい滑らかな物のことである。

よく少年野球などで、「置きベース」などといわれる固定式でないものが使用され、本来の場所からズレると「ベースが動いた」などと表現される。

しかし、「ベース」は場所であり決して動くものではない。正確には、「ベースからキャンバスが動いた」と表現する。

同様にライン上にフェアの打球が飛んだ時、「打球がベースに当たってヒットになりました」とかの表現もされるが、これも「打球がキャンバスに当たって」が正解である。

また、「投球がホームベースの角に当たって跳ね、捕手は反応し切れずにバックネットまで達した」などとも言うが、これも正しくは「ベース」に角はなく、「ホームベース上でプレートの角に当たった」と言うのが正解である。

面倒くさいと思われるかもしれないが、誰も「一塁プレート」とは言わないし、「ホームキャンバス」とも「ピッチャーベース」とも言わない。使い方に誤りはあっても、人は無意識のうちに区別しているのだ。

「タッチ」と「タッグ」

簡単に言えば「タッチ」は和製英語で、「タッグ」が公認野球規則で認定されている用語となる。

これらの混同はいくらでもあり、逆に和製英語を日本の野球で用いなければ、「野球」は成り立たなくなってしまう可能性もあり、「タッチ」に関しては許容範囲の使われ方でもあろう。

他にも、日本で通常に使われている呼び方としては、次のような用語がある。

和製英語 ⇩ 正式用語の形で示していくと、

- グローブ ⇩ グラブ
- タッチアップ ⇩ リタッチ
- ライナー ⇩ ラインドライブ
- ストレート ⇩ ファストボール
- バックネット ⇩ バックストップ
- ストッパー ⇩ クローザー
- バッティングゲージ ⇩ バッティングケージ
- インコース ⇩ インサイド
- イレギュラー ⇩ バッドホップ
- ゴロ ⇩ グラウンダー

といったものだ。

このように数え上げたらキリがないが、特別に難しい英語の言い回しでなければ、国際大会も視野に入れて正式用語を徐々に用いていくべきだと思う。

「クリーンアップ」と「クリーンアップトリオ」

塁を一掃するという意味から「クリーンアップ（Clean up）」と呼ばれているが、「クリーンアップ」を3・4・5番の打者として位置付けるのは和製用法であり、メジャーでは4番打者のみを指す。

和製英語ながらも、「クリーンアップ〝トリオ〟」と表現すれば、3・4・5番打者の意味として通用できる許容範囲だろう。

蛇足となるが、ちなみに1番打者をメジャーでは「リードオフマン（leadoff man）」、6番打者は「スイーパー（Sweeper）」と呼んでいる。

「エバース」と「フェイク（バント）」

もう十年ほど前になるだろうか？

プロ野球の中継を何気なく見ていた時、ひと昔前に日本プロ野球界でその名を轟かせた大打者が解説者となって、ある場面でコメントを出した。

ある場面とは、無死で走者が一塁にいた時に、打者がバントの構えから相手の出方を見るようにバットを引いた時だった。

「こうやってバットを引くのを『エバース』って言うんだよ」

そう自慢げにアナウンサーに対して説明したのを、今でも覚えている。

しかし、その行為は「フェイク（バント）」であり、「エバース」とは言わない。では、「エバース」とはどのようなプレーなのだろうか？

野球の攻撃法の一つとして、走者二塁の状況で、打者がバントすると見せかけて、三塁手を前に誘い出し、走者の盗塁を助ける戦法を「エバース」という。

この戦法を考案したのは、1900年代にシカゴ・カブスで名二塁手として活躍した、ジョニー・エバースだった。このプレーは、その名を残し「エバース戦法」として、のちにアメリカで一世を風靡したのだった。

バットを引くだけの単体の行為を「フェイク

（バント）」。走者二塁のシチュエーションで、バントの構えをして三塁手を打者方向に誘《おび》き出し、ガラ空きになった三塁に盗塁を企てる〝戦法〟を「エバース」と呼ぶのである。

「トスバッティング」と「ティーバッティング」と「ペッパー」

高校野球だけでなく、大学でもプロでもキャッチボールが終わると、当たり前のように二人一組で近距離からボールを投げる選手に向かって、軽めに打ち返す練習を「トスバッティング」と呼ぶ。

またフリーバッティング中に、順番待ちの選手が手で下から投げられたボールを、ネットに向かって打ち返すものは「ティーバッティング」といわれている。

ちょっと考えれば、おかしな呼び名だというのはすぐに分かるはずだ。手で下から投げることを「トス」と言うし、ティーは「tee」でありゴルフの球を乗せる台である。

本来の意味の「ティーバッティング」とは、野球のボールをティー台の上に置いて打つものであるし、「トス」されたボールをネットに打つことは、その名の通り「トスバッティング」である。

ならば、一般的に呼ばれている「トスバッティング」は何と呼ぶのであろうか？　近年になって若干ながら正しく呼ばれるようになりつつあるが、「ペッパー」または「ペッパーゲーム」と呼ぶのが正しい。

ペッパーとはpepperであり、コショウのことである。本来はコーチが手で左右に転がしたボールを、野手が素手で捕ってそのまま返すものである。この様がコショウを振っているように見えたのが由来だろうと推察する。

「ペッパー」は、日本では「打つ」ためのミート練習として導入しているが、本場アメリカでは守備の練習だとされ、根本的な認識の違いがある。

違和感を覚える解説①

進塁させるために走者の後ろに打て

高校野球中継で、無死または一死でランナーが二塁にいる時、サードゴロやショートゴロを打って進塁が果たせなかった時、解説者は必ず「最低でもセンターから右に打って走者を進めてほしかったですね」と言う。

しかし、その打球が三遊間を破ったり、レフト線を抜いたりすると、誰も何も言わない。それどころか、コースに逆らわない見事なバッティングなどと称賛する。

分からない……。走者の前側に打つことは悪なのか善なのか？　それとも結果オーライなのかをはっきりさせてもらいたい。

違和感を覚える解説②

合ってないのか？それとも待ってないのか？

解説者がよく使う表現として、「合ってませんねえ……」といったものがある。

これは特に無死で走者が二塁にいる場合、右打者が右投手に対して進塁打を狙っている時に発生する。

アウトコースのストライクゾーンから、ボールになるスライダーなどをしっかりと振り切らず、打つ気のないような中途半端な空振りをした時などによく用いられ、解説者は「合ってない」と表現する。

だがこれは、アウトコースのストレートを狙っていて、そのコースに「来た！」と思って振った瞬間に曲がっていってしまった……。つまり、思わずバットが出てしまっただけであり、スライダーを「待っていた」わけではないのである。

「合ってない」のは、狙った球が来たにも関わらず、振り遅れるなどのタイミングが違った時に用いる言葉であり、「待ってない」のとはまったく別の話である。

違和感を覚える解説③

片手一本で打った

バッターが逆方向にグリップの上側の手（トップハンド）を離して下側の手（ボトムハンド）だけでヒットを打つと、右打者の場合ならば「左手一本だけで打ちましたねえ」などと解説する。

当てただけでもシングルヒットになることはあるので、その表現で間違っていないと思う。だが、この表現をホームランに対しても使うことは間違いだ。

大柄な外国人選手が、片手を離してスタンドにアーチをかける時も同様の表現をする解説者がいるが、これは違っていると思う。

特に右打者が逆方向に片手を離してホームランを打った時に感じるのだが、私には「右手」で押し込んだように見える。

当てただけでホームランになることは、力のある外国人選手でもまず不可能で、実際にはトップハンドで強く押し込んだ後に、その手を離してボトムハンドで片手だけのフォロースルーを取っているのである。

最後の4割打者といわれているテッドウイリアムズも、著書『バッティングの科学（1978年発刊）』の「利き腕はどっちだ?」の項目で、利き腕がバットの先端に近い方が、スイングが速く強いと述べている。

また、ゴルフを引き合いに出し、ゴルファーたちは長い年月に渡って、右利きの人のスイングのパワーは左手から得られるのだと信じさせようとしてきた。

そこへ、サム・スニードやアーノルド・パーマーが現れ、それはバカバカしいことだと言い出したと引用し、解説している。

片手一本で払ったのか？　あるいは片手一本で押し込んだのか？

そのあたりの微妙な現象を、解説者には伝えてほしいと思う。

違和感を覚える解説④

「L」か「R」か？

右打者がライト方向に押っ付けてヒットを打つと、上手い「ライトヒッティング」と表現される。しかし、左打者がレフト方向に払って打っても「ライトヒッティング」と表されることはほとんど聞いたことがない。

「ライトヒッティング」を、Light hitting（軽打）ではなく、Right hitting（右打）と思い込んでいる解説者も多いのではないかと思われる節がある。

高校野球の監督でも走者が二塁にいると、「右方向へライトヒッティングをしろ！」と、指示を出しているところをよく目撃する。

「ライトヒッティング」の意図は「L」なのか「R」なのか？

ここまで読めばお分かりだろうが、正解は右方向にLight hitting（軽打）である。したがって、左打者が「左方向にライトヒッティングする」という表現もありなのだ。

違和感を覚える解説⑤

「単打」か「短打」か？

これも間違って使われることが多い野球用語である。「単打」と「短打」は意外とごちゃ混ぜになっているのではないだろうか？

確かに解説者がゲーム中にバッターに対して、「長いのは要らないから短いのを狙った方がいい」などと見解を述べていることがある。「長打」に対して「短打」の意味であると誰でも分かると思う。しかし、ここでの解説者の「短い」の意図はシングルヒットの意味として用いているように思われる。

事実、長短打という表現では「短打」が使われているし、辞書での解説でも、「短打」とは、野球でバットを短く持ち、小さく振り、確実に打っていく打撃。と書いてある。

しかし、現実に新聞社では「短打」は間違いだとして、「単打」で統一するように記者に伝えてあるそうだ。ワープロで「タンダ」と打っても「短打」はなく「単打」としか出てこない。

この項では、「単打」と「短打」のこだわりについて、私なりの説明を加えていくことにする。

「長打」のことをロングヒットと呼ぶ。ではロングの反対語はショートであるが、ショートヒットという言葉は存在しない。ロングヒットの反対はシングルヒットであり、短（ショート）ではなく単（シングル）であることが分かる。

つまり「長打」の反対語は「単打」であり「短打」ではないことがはっきりする。

「短打」とは打法のことであり、バットを短く持ち、小さく振り、確実にミートだけを心掛ける。ところが、時としてその打球が外野手を越えることもあり、そうなれば「短打」が結果的に「長打」となってしまう。

また、「短打」を心掛けてミートした打球がフェンスに当たり、大きく跳ね返って打者が二塁に進めなければ、その「短打」は「単打」として記録されることになる。

つまり、「短打」とはミートを主眼とした打法のことであり、「単打」はシングルヒットとして記録される用語であると解釈する。

非常にややこしくて混乱するが、アマチュア野球の指導者であっても、選手に対しては「野球を教えるプロ」である。「長打」の反対は「単打」であり、「長打」と「単打」を合わせて使う言葉としては、「長短打」として「短打」が用いられることを、こだわりを持って教えていきたいものである。

聞くに忍びない解説者

高校野球やプロ野球の放送を見たり聞いたりしていると、時に聞くに忍びない解説を耳にすることがある。ここまでの説明も参考にしながら、次の例文を見てほしい。


最近の地方球場のグランドは立派で広くなりましたね。私の現役の頃は狭くて暗い球場が多くイレギュラーも多かったですよ。

試合前の練習では、キャッチボールの後にワンバンで返すトスバッティングを長めにやって、グランドの硬さを把握しておいた方がいいでしょう。

ただ私には地方球場で投げると、良いピッチングができて勝てるという勝利のジンクスがあり、実際に継投で完封したこともあります。

地方球場の思い出としては、バンドのフェアかファールかで、コーチャーボックスから飛び出してきたランナーコーチが、主審にクレームをつけて揉めたことがありました。

試合は、7回に三塁手が弱いゴロをお手玉して一塁に暴投。一塁後方のカバーが遅れた右翼手が、三塁まで打者走者を進めてしまったのが敗因で、あの握り損ねのファンブルがなければ、追加点は入ってなかったでしょうね。

うちの監督も素晴らしい采配を振るい、相手が3点差を追撃してきた最終回、無死満塁からのスクイズを見破ってウエストしたのが勝因でした。

得点されていたら一死から2点差で、3番・4番・5番のクリーンアップにつながっただけに、勝負を左右するプレーでした。

いくつ間違いに気付かれましたか？

①グランド→グラウンド
②ワンバン→ワンバウンド（※ワンバンはワンバウンドの省略語）
③トスバッティング→ペッパー
④勝利のジンクス→ゲン担ぎ（「ジンクス」の本来の意味は、「縁起の悪いこと」）
⑤継投で完封→継投で零封（完封は一人の投手が最終回まで）
⑥バンド→バント
⑦ファール→ファウル
⑧コーチャーボックス→コーチスボックス
⑨ランナーコーチ→ベースコーチ
⑩主審→球審
⑪暴投→悪送球（暴投は投手のみ）
⑫カバー→バックアップ（カバーはベースに入るプレー）
⑬ファンブル→ジャッグル（ファンブルは弾くミス）
⑭振るい→振り（采配は振るうのではなく、振るが正しい）
⑮追撃→反撃（追撃は劣勢の敵を追うこと）
⑯ウエスト→ピッチアウト（ウエストは誘い球をいう）
⑰3番・4番・5番のクリーンアップ→3番・

4番・5番のクリーンアップトリオ（クリーンアップは4番打者だけ）

ここに示した例は、やや極端で誇張した面も多々あるが、現実的には多かれ少なかれ似たようなものであろう。

また、このような傾向のある解説者は、昔の大選手と呼ばれる人に多いように見受けられる。稚拙な間違いを何度も平気で使い、改めることも勉強することもせず、人の話を聞かず自分の現役時代の自慢話に終始する。

ただし、これらの事柄は何も解説者に限ったことではない。高校野球の指導者に関しても然りである。ノックを打ちながら内野手に対して「暴投するな!」、外野手には「カバーしろ!」と繰り返して叫ぶ練習風景には、どんな名門チームであっても、また素晴らしい実績を持つ名監督だとしても正直なところ辟易《へきえき》して閉口してしまうのだ。

第15章

ルールとマナーの狭間で

サイン盗みとサインの解読の違い

何かと話題に上がるサイン盗み……。この案件に関しては、まったく矛盾した見解を述べたいと思う。

サイン盗みに関しての是非を問われれば、私は「非」と答える。本音か建前かはさておき、私に限らずほとんどの指導者がそのように回答すると思う。

「盗み」という響きが良くないのだと考えるが、かねてから野球においては「盗む」は市民権を得ていた表現でもある。

代表的なものは「盗塁」であり、文字通り塁を「盗む」ものである。その他にも、相手投手のクセを「盗む」とか、技術は教えてもらうものではなく「盗む」ものだとの言い回しも度々使われてきたものだ。

私は、「盗む行為」が非なのではなく、「伝達する行為」が問題なのではないかと考える。この行為は、人から借りたものをさらに違う人に貸す「又貸し」の感覚と類似したもので、人が得たものを何の苦労もなく受け渡してもらうようなものである。

私は投手や打者のクセを見破ったり、サインを解読したりすることは「能力」であり「技術」だと思っている。

元・横浜高校野球部の小倉清一郎氏も、著書『小倉ノート』（竹書房）の中の、〝「捕手の構え」で球種がバレる〟の項で、次のような見解を示している。

これはスパイ行為というのではなくて、相手のプレーを見抜くということだ。それも含めて野球。守る方も見破られないように工夫すればいいことだと思うのだが、読者のみなさんの御意見はどうだろう。

このように述べているが、私も守る方の工夫という点では、同様の意見を持っている。

二塁走者やベースコーチからのサイン盗みの禁止は、教育上好ましくないとの理由で禁止なのだろう。しかし、私はそんなものは捕手が未熟である以外の何物でもないと考えている。

捕手は打者の右・左に関係なく、やや三塁側に体を向け、右足で一塁ベースコーチから見えないようにして、三塁側に体を向けた分だけミットでしっかりサインを隠す。

三塁側に身体を向けるのは、一塁側からはミットをはめていない分だけ見えやすくなってしまうからである。そして、二塁に走者がいる時はキーサインを決めておくだけだ。

こんなのは、指導者の捕手に対するしつけの問題だとも思っている。こんなこともできないようでは、だらしのない捕手が巷にも甲子園にも溢れ返ってしまう。

表現が下衆っぽくなって読者には申し訳ないが、これではまるでミニスカートをはいた女子高生が、その下にスパッツを着用して脚を大きく開いて座るなど、どんどんだらしのない格好になっていくのと大差ない。

最後に、あえて「サイン盗み」と表現し、伝達行為の現状に対する見解を示すならば、それは往々にして行われている。見るべき人が見れば分かるはずだ。「サイン盗み」をやるチームは、しれっとして何事もなかったかのように事を進めている。

そういったチームの性格には特徴がある。一つは指導者が相当なクセ者であるか、またはその逆で能天気なケースである。

そして稀にあるのが、ある意味で選手が監督を超えているチームの場合だ。「超える」といっても様々である。進学校に見られるような、野球脳が監督の及ばないところにあるチームや、その真逆で、ひと癖ある指導者を手玉に取って、監督のお気に入りを演じられるヤンチャな選手が集うチームがそうだ。

そういったチームは、指導者も現状を把握できないまま、選手間で密かにミッションは進められているのである。

マナーとクレバーとの混同

相手を誹謗中傷するヤジ、選手生命を脅かすラフプレー……。これらはしないよう、最低限のマナーをきちんと守ってプレーするのは至極当然である。

しかし、昨今このマナーを過大解釈しすぎている点も看過できないと思う。

野球という競技の本質は駆け引きであり、野球用語の「死球」、「補殺」、「二重殺」、「挟殺」、「刺殺」、「殺す」、「刺す」、「盗む」、「犠牲」、「偽投」、「偽装」……。スポーツの構成の中には、騙し合いの要素も多分に含まれており、「フェイク」、「フェイント」、「ダミー」「誘《おび》き出す」等その性質は顕著に現れる。

野球の打者に対する配球の基本でも、「誘う」、「釣る」、「胸元を抉《えぐ》る」、「稼ぐ」、「散らす」、「見せ球」、「遊ぶ」等、頭脳的な投球というのは、言い換えれば最高にずるい配球ということでもある。

甲子園の解説者であっても、「このチームの特徴として、相手のミスに乗じて得点するのを得意としています」などと平気で公共の電波で発信する。

社会通念上で考えれば、相手が一生懸命にやった結果の失敗を、「しめた」とばかりに相手が気落ちしたところに付け込み、さらに追い打ちをかけるように攻め続ける。これは、誰がどう見ても「非道」でしかない。

しかし、野球でそんなことをいちいち持ち出したらキリがないし、論議されることもあるまい。むしろ、そんな風に捉えること自体が、重箱の隅をつつくようで「タブー」だと非難されるのがオチである。

私は、研ぎ澄まされた感性の中で戦う「クレバー」な野球が好きだ。

「クレバーな野球」という表現は、「賢い」とか「利口」等を連想させるものであり、賞賛こそされても異議を唱える人はいないだろう。

だが、実は「クレバー」には「ずる賢い」という意味も含まれていて、騙し合いの要素も多分に含んだ知略であるともいえるのだ。

サプライズ・アタックSurprise attack（奇襲攻撃）とスニーク・アタックSneak attack（騙し討ち）という言葉がある。

同義語であることに間違いはないが、私の中では明確に区別をつけている。私の掲げる「機動破壊」は、クレバー（clever）な野球を主眼に置いている。クレバーには狡猾という意味も含まれているが、私の野球はあくまでも相手のボーンヘッドやエアポケットを狙ったサプライズ・アタック（奇襲攻撃）である。

スニーク・アタック（騙し討ち）は、卑怯というキーワードが内在すると考える。例えば、犠牲バントの際に進塁した走者に対して「ファウル」と騙して、前の塁に帰ろうとする走者をアウトにする。

外野手がシングルヒットを後逸したように見せかけ、打者走者を二塁に走らせておいてアウトにするなどもスニーク・アタックだと私は考える。

私の目指す野球観は、騙すでも欺くでもなく「クレバー」な野球と表したい。頭を使って英知を結集した戦術・戦法の練習を積み重ねることにより、寸分の狂いなく試合で発揮させる。

汚い野球とはまったく違い、洗練され精査された努力の結晶の野球である。私は正々堂々とクレバーな野球を貫きたい。

杜若時代の記憶に残る隠し球

ルールとマナーで例を挙げるならば、たとえば「隠し球」は汚いプレーで教育上好ましくないとされ、ルール違反ではないが極力やらないようにとの暗黙の圧力がある。

隠し球の条件としては、ボールを持たない投手が投手版を踏むか、またぐか等の投球に関連する動作をしてはならない。このルールさえ頭に入っていれば、本来隠し球は成立するものではない。

これでアウトになるチームは、ベースコーチのしつけがなされてないだけの話である。過去の経験から走者がアウトになれば、監督は最初に必ず自分は見てもいないくせに、やみくもに「ボークだ!」と訴え、判定が覆られなければベースコーチを叱りつけているものだ。

ここで記憶を辿って、思いつくまま杜若高校監督時代のオープン戦での隠し球のエピソードを紹介しよう。

私の記憶では長い高校野球生活の中で、1試合に2回の隠し球を成功させたのは1回だけで、しかも同じ選手が二度かかっている。

昭和58年(1983)5月1日の対岩倉(東京)戦。

のちに日本ハムにドラフト指名される森範行(元日本ハム)選手に対して、挟殺プレーの失敗で三塁に進塁させてしまい、守備陣が落胆している直後に、三塁手の沢田頼男が機転を利かせて隠し球でアウトにした。その後に森選手は汚名返上とばかりに二塁打を放って、安堵した直後に再び餌食となった。

岩倉高校の望月市男監督(故人)は、いたく隠し球を称賛してくれて、その時に翌年の5月に杜若に来てくれることを約束してくれた。翌年3月には、岩倉高校は秋の東京大会と明治神宮大会を制し、センバツも初出場で初優勝の快挙を成し遂げた。

次は、昭和59年（1984）4月22日の対星稜（石川）戦。

センター前にヒットを打たれた直後、二塁手の宇野木輝幸は中継に入り返球を受け取ると、わずかな隙を見つけてボールを保持したまま守備位置に戻った。

しばらくして、ヒットを放った一塁走者が離塁してリードを取ると、宇野木は二塁の守備位置から、一塁走者の背中越しに一塁手の瀬戸敦史（大仙）に「牽制球」を送りアウトにした。

星稜の一塁走者もベースコーチもベンチも、何が起きたか理解できないといった雰囲気を醸し出していた。

星稜の山下智茂監督だけが、「二塁手から一塁に牽制が来た」と口に出して驚いてくれた。山下監督はその隠し球を気に入ってくれて、試合後に来年もやろうと言っていただいた。

しかし当然ながら、誉めてくれるチームだけではない。その真逆で大層な怒りを買ってしまったこともあった。

昭和58年（1983）11月6日の対報徳学園（兵庫）戦。

どこの塁で画策したかは残念ながら記憶に残っていないが、「アウト」と選手が叫んでからしばらくして球審が「タイム」と叫び、少し間を置いてから「ボーク」を宣言した。

たしか、報徳のコーチかOBが球審をしていたと思うが、私が選手の伝令を通じてボークの理由を尋ねると、「インプレーをかけてない」というわけの分からない答えだった。

私が「いつタイムがかかったんですか？」と聞くと、「タイムはかけてないが、インプレーもかけてない」との答えだったので、私はもう抗議するのをやめた。

その他に激怒された覚えのある試合は、昭和58年（1983）5月22日の鈴鹿（三重）戦、昭和59年（1984）6月24日の宇治山田商業（三重）戦、昭和60年（1985）11月23日の平安（京都）戦が思い浮かぶ。

鈴鹿と宇治山田商業に関しては、投手の倉地輝彦（トヨタ自動車）が相手ベンチの監督から直接大声で怒鳴られた。平安戦の時に球審にボークの理由を訊ねたら、「ピッチャーがプレートから3m以内に立っていた」とのことだったので、やはり私は抗議をやめた。

神様が創った試合

隠し球の是非

さて、話を戻すとしよう。

隠し球を禁止と謳ってしまえば、先ほどの例に漏れず、だらしのないベースコーチが増殖されていくだけだと思う。

みなさんはご存じだろうか？　「神様が創った試合」といわれる試合がある。

それは、昭和54年（1979）8月16日に甲子園で行われた、第61回全国高校野球選手権大会の3回戦における、和歌山代表の箕島と石川代表の星稜との試合である。

延長18回、試合時間は3時間50分の熱戦で、劇的な試合展開の連続でテレビ中継の視聴率の高さや関連する書籍も多く、「史上最高の試合」ともいわれている。作詞家の阿久悠氏は、翌日のスポーツ紙に『最高試合』という詩を寄せている。氏はその中で、「奇跡は一度だから奇跡であって、二度起きればこれは奇跡ではない」と書いている。

史上最高の試合に水を差す気は毛頭ないと前置きした上でだが、熱戦の延長14回裏一死三塁で箕島がサヨナラの場面で、星稜の投手堅田外司昭（パナソニック）と三塁手若狭徹（中日）

の間で隠し球が画策され、延長戦は18回まで進行していったのである。

14回でサヨナラになっていれば、16回に伝説の加藤直樹一塁手のファウルフライの落球もなければ、落球後に森川康弘（三菱自動車水島）選手が放った起死回生の本塁打も生まれてはいなかった。隠し球が画策されていなければ、神様も史上最高の試合を創ることはできなかったのである。

ちなみに隠し球を成功させた堅田投手は、のちに甲子園で審判として活躍されている（※堅田氏は２０２１年の第１０３回大会を以て引退を発表）。もしも、堅田氏が三塁塁審を担当する試合で、同様のプレーがなされた時、どのような判定が下されるのかがとても興味深いと、私は思っていたものだ。

延長18回の熱戦は最高試合と呼ばれた

アルバトロスの是非

「アルバトロス」といえばゴルフを連想させるが、本来は「アホウ鳥」の意味である。

なぜアホウ鳥と呼ばれるかは諸説あるが、一つは飛行がグライダー型でフワフワと飛んでいること。そして、着地がヘタで滑空から陸地に降りる際に、引っくり返ったりすることに起因しているようだ。

私は「故意落球」のことを「アルバトロス」と呼んでいる。フラフラと上がった力ない飛球を、ヘタくそのように落とす光景から「アホウ鳥」と形容した。

故意落球によるダブルプレーを阻止するために、インフィールドフライのルールが定められている。だが外野フライに関しては、そのルールは適用外である。

無死または一死で走者が二塁一塁の時、外野に浅いフライが打ち上げられた場合、外野手は「アルバトロス」を画策して、二塁に送球してタッグするか、その逆で三塁に送球してフォースアウトにしてから三塁へ転送してフォースアウトの後に、さらに二塁へ転送してフォースアウトのダブルプレーを完成させることができる。

賛否が分かれるプレーであるが、その是非の前にこのプレーでのハーフウェイの状況を考えてみることにしよう。外野フライが打ち上げられれば、各走者は間違いなくハーフウェイの体勢を取っているはずである。ではハーフウェイは何のために取るのであろうか?

それは外野手が万が一に落球した場合、前の塁に進むことを目的としたものであり、つまり先の塁に進むための準備である。

何が言いたいかといえば、その万が一へのプレーの準備を怠っている選手こそが、いとも簡単にダブルプレーを喫してしまうことになる。「そんなことはあり得ない」という油断が招く人為的なミスのプレーだといえるのだ。

しかし、ほとんどの野球ファンやマスコミ、あるいは高野連や監督たちは、ルール上の問題はなくても、「好ましくない」と口を揃えるだろうと推察する。

だが、走者一塁での送りバントが小フライとなったとき、捕手や投手が故意にショートバウンドで捕って、二塁→一塁（あるいは一塁→二塁）と転送してダブルプレーを完成させると、誰もが間違いなく「頭脳的プレー」として称賛するのだ。

外野の「故意落球」の是非は、読者の判断に委ねたいと思う。

外野への浅いフライを「故意落球」して、ダブルプレーを狙うことの是非とは？

ルールとマナーの究極を問いたい

野球のルールで、次のようなものがある。

「6・07b　不正位打者の打撃完了直後にアピールがあれば正位打者はアウト」

つまり、打順を間違えた打者がヒットや得点を挙げても、すべてが無効となって正規の打順の打者がアウトになるというルールだ。

私が問題提起としたいのは「6・07c　次打者への投球前にアピールがなかった場合には、不正位打者は正位打者となる」である。

ここでの意味は、打順を間違えた打者が打撃を完了した後、次の打者の「投球前」にアピールがなかった場合、打順を間違えた打者は正位打者として認められ、試合は何事もなかったように続行されるということだ。つまり、不正打者がもたらした安打や得点、走者の進塁などは継続して引き継がれることになる。

何が言いたいかといえば、攻撃側は間違いに気付いたものの、相手投手が次の打者に1球さえ投げてくれればなかったことにできるということである。

では、昨今取り沙汰されている、マナーとしての観点から見ればどうなのだろうか？

あえて分かりやすいように、さもしい表現にしてみるならば、「こっちは不正をしているが、相手にさえバレなければ見過ごされて得をする」ということになる。

逆に守備側が、打順を間違えた打者が打席に入ろうとする際に、親切心で「間違ってますよ」と伝えようものなら、自チームの監督やベンチからは「馬鹿か！」と叱責されるのである。正直者が叱られるルールはマナーとは別の観点であり、切り離しておきたいものである。

笑い話のようだが、このままルールとマナーの問題が加速されていけば、こういったアピールプレーに関しても議論される時代になるのかもしれない。

読者のみなさんは、どのような判断を下されるだろうか？

私は、マナーとルール、戦法・戦術は別問題だと考えたい。

まず野球はもとより、ありとあらゆる競技は多かれ少なかれ「騙し合い」の要素を持ち、「欺き」＝「巧み」と称されることが多い。

野球で用いられる「フェイクバント」に、バレーボールの「フェイント」や、ラグビーでの「ダミー」、サッカーの「シザーズ」等々、数え上げたらキリがない。

誤審によって撤去された歴代優勝校プレート

また、過去の甲子園大会では、マナーを遵守しての潔さが招いた「悲劇」もある。それが「ワンバウンド満塁本塁打」事件である。昭和59年（1984）第56回センバツ1回戦。春夏通じて初出場の高島（滋賀）と、九州の伝統校・佐賀商の対戦だった。

佐賀商が5回裏の無死満塁で迎えた追加点のチャンス。5番打者の中原康博が放った左中間への大飛球は、フェンスの手前でワンバウンドしてラッキーゾーンに入った。打球の行方を最後まで見届けた高島の左翼手と中堅手はもちろん、スタンドのほとんどの観衆もワンバウンドを認識していたのに、打球を追った二塁塁審だけが右手をグルグル回して「ホームラン」と宣言した。

　だが、高島の高田明達監督は最後までアピールはしなかった。「審判の判定は絶対的であり、甲子園では抗議したくない」との理由から、潔くホームランの誤審を受け入れたのだった。

　結局、試合は17－4という大差で佐賀商が勝ち、勝敗には影響しなかったが、大会本部やNHKには抗議の電話が鳴り止まなかったという。

　事態を重く見た大会本部は、試合後に急遽釈明会見を開き、当該の二塁塁審と責任審判が報道陣の前で誤審を認めて謝罪をした。だがその釈明会見よりも、当時の日本高野連の会長である牧野直隆氏の言葉が、私の頭の中に今もなお残っている。

　その言葉とは、「おかしいと感じたならば、手続きを踏んで審判に申し出てほしい」と話したことだった。これによって潔い美談が、一転して大会本部からの注意喚起という形にすり替わってしまったのだ。

　だが私から言わせれば、その注意喚起は絵に描いた餅と同じである。高校野球では判定ミスや明らかな誤審であっても、アピールや抗議は「不謹慎」というムードは今も昔も変わらない。ましてや初出場校が強豪校を相手にして、大観衆が見つめる甲子園大会でアピールなどできるはずもないと感じたものだ。

　この話にはオマケがついた。その日の試合がすべて終わると、外野フェンスに掲げられていた歴代優勝校の白地のプレートも、「白球を見づらくしている」という理由から、同日中に撤去されたのだった。

　昭和7年（1932）の第9回大会から掲示された優勝プレート。私の母校東邦の栄光のプレート三枚も、皮肉にも「誤審の張本人は歴代優勝プレート」という汚名を着せられて、甲子園から永遠に姿を消す羽目になった。

　ちなみに、この試合で佐賀商のセンターを守っていた選手は、のちに駒大苫小牧を率いて平成16年（2004）夏（第86回大会）を制覇し、北海道に初の優勝旗をもたらした香田誉士史監督であった。

ますます困難になっている審判へのアピール

さて、「おかしいと感じたならば、手続きを踏んで審判に申し出てほしい」と語った日本高野連の会長の言葉ではあるが、私はむしろ最近の高校野球の方が審判へのアピールは困難になっているように感じられる。

申し出どころか、逆に一方通行で理不尽とも取れる注意喚起を受け入れなくてはならないことが多々存在する現実がある。

健大高崎のコーチ時代、ある年にセンバツ出場を前にして兵庫遠征を行った。そして、ゲーム中に一人の健大のピッチャーが、牽制球に関して球審から注意を受けた。

その内容に対しておかしいと感じたピッチャーは、率直に質問をした。なぜならば、そのピッチャーは群馬県の審判講習会でモニター投手として何十人もの審判の前で実演したほどで、ある意味でお墨付きをもらっていたからである。

それに対して、当日の試合の球審いわく「甲子園は何県にあるんや？」、「兵庫県で通用せんことは甲子園でも通らん」と、そのように教えられた。

また、私が現在アドバイザーをしている三重海星が秋の県大会を戦っている時にも、あることを指摘された。それは、三塁走者のリードの仕方に関してであった。

私は、0コンマ1秒で明暗を分けるゴロゴーの場面では、最短距離で走るように、ファウルグラウンド側には膨らまず本塁に対して一直線に走るように指導しているが、その審判は「直線上にリードして走ったりすると、三塁ラインが消えてしまう。ラインを消す行為は、センバツの選考にも悪影響を及ぼす」との見解を述べられた。

「ラインを消す行為」との見解は寝耳に水であり、そもそも三塁走者が意図的にラインを消して得るものが何かあるのか、を逆に私は訊ねてみたい。

健大高崎で十年間指導し、春夏通じて6度の甲子園のうち、センバツにも3度出させてもらったが、そんなことで注意を受けたことも、センバツの選考に影響すると聞いたことも一度もなく、私は大層驚いたものだ。

私が常々思っているのは、審判側から見た意見と指導者側からの見解とを照らし合わせる機会を、アウトオブシーズンに設けてもよいのではないか?

多人数でのディスカッションではなく、審判側と指導者側との代表者数名がそれぞれの会議で出された案件を持ち寄って精査し、そこで示された見解や方向性を文書にして各校に通達するのである。

多人数同士の意見交換会にすると、審判団VS指導者団との構図が生まれてしまい収拾がつかなくなる恐れと、何よりも指導者側からすると、審判団に睨まれてしまうと損はあっても得はないという短絡的な発想となり、率直な意見が出にくくなると推察されるからである。

選手間で大切なセイムページ

セイムページとは、英語でSame Pageと書く。「同じページ」を意味する表現で、同じ立場や状況にいることなど「共通認識」という意味だ。野球でも球技でも大切なことはチームワークや連携プレーであり、意思を共有していることが最も重要となる。

共有するためには、選手間で同じシチュエーションを思い描いてなければ、上手くはいかない。つまり、頭の中で同じ絵を描いていれば以心伝心となり、アジャストしたプレーが出来上がるのだ。

野球のプレーの中で分かりやすく例を挙げれば、オーバーランをアウトにする送球がある。私は常々、オーバーランを狙いに行けるようになれば、野球が分かってきたと考えている。

なぜならば、通常投げるところではなく、意表を突くようにして油断した走者を刺しに行く。一方で、その意図を察知した受け手の側も、その転送に備えて油断を演じて待ち受ける。

投げ手と受け手の絶妙なコントラストがなければ、美しい絵は完成しない。いや、意思の疎通がなければ致命的なミスとなってのしかかってくるだろう。

分かりやすい例を挙げれば、無死か一死で走者が二塁一塁、グラウンダーでダブルプレーを狙う場面がある。その時に、何らかのロスで併殺が難しいと判断したピボットマン（併殺の際に一塁に送球する野手）は、一塁に転送することなく三塁へ送球してオーバーランでアウトを狙うのである。

ゴロが転がった瞬間に、それぞれの野手が同じページを見ていれば滞りなくプレーが遂行されるだろうが、そうでなければ三塁手のベースカバーが遅れたり、あるいは捕手が軽率に本塁を空けて一塁のバックアップに向かったりしてしまうのである。

私の嫌いな球児の言葉

球児の言葉を聞いていて、それって本当の気持ちなのか？　と思うことがよくある。

高校野球の名実況で名を馳せているＮＨＫア

ナウンサーの小野塚康之氏が、あるインタビューで私とまるで同じ趣旨の気持ちを述べていたので紹介したい。

それは、甲子園の選手宣誓の最近の傾向からの感想で、「感謝」と「勇気を与える」が嫌いというものである。

次に示すのが、その原文である。

正直、だんだんと、やりすぎ感なんですよね。本当に生徒たちが思っていることなのか。大人の論理が入っているのか。生徒が大人の真似をしているのか。嫌いな言葉が二つあって「感謝」と「勇気を与える」です。

プロ野球選手なんかも言いますね。大安売りっぽくなってきている。もっと純な気持ちをぶつけてくれたらいい。美辞麗句ではなく、シンプルに。今までの宣誓がどうだったか気になるんでしょうけど、プレーと同じで、宣誓も自己ベストでいい。

言葉に敏感なアナウンサーならではの視点でもある。

細かいことを言うと、「与える」とは、上の立場から下に向かってのもの。高校生が大人に言うことではない。感謝も、身近な具体的な人への感謝を言ってもらった方がいい。

年齢が小野塚氏と近いせいもあるのか（私は今年の7月13日で齢65）、私も常々その言葉に疑問を覚えていた者の一人である。もっと正確に言えば、言葉そのものが嫌いなわけではなく、「高校球児が使う常套句」として疑問が残るのである。これは選手宣誓に限ったことではなく、普段からの発言や文章の中での言葉のやり取りからも違和感を覚えていたものだ。

「感謝の気持ちをプレーで表したい」、「応援してくれる方々に勇気を与えるために戦う」。

あと、「今の自分たちにできることは野球しかない」という言い回しも私は好きではない。

プロ野球選手が言うのならばまだしも、学生野球のましてや高校生ならば野球以外にもできることは必ずあるはずだ。

どれもこれもおかしい。勝手に都合よく聞き手に解釈させている、上辺だけの薄っぺらな言葉にしか聞こえない。

私から言わせれば、感謝の気持ちを野球で表すなどというのは甘いと思う。高校球児が、好きな野球を全力でプレーすることは、至極当然のことであり、試合中にいちいち感謝しながら感動を与えようとして野球をやっているわけではなかろう。

そして、もう一つ私の嫌いな言葉として、見る側の人間の「感動をもらいました」というフレーズである。薄っぺらな「感動を与えたい」という投げかけに対して、いとも容易く「感動をもらいました」と受けてしまう。メディアも毎回毎回、よくもまあ歯の浮くような紹介ができるものだと感心してしまう。

それに反して、NHKの新しい切り口で人気がある『チコちゃんに叱られる』という番組がある。詳しい内容は割愛することにして、安っぽく「感動をもらいました」と送信する視聴者に対して、チコちゃんなら次のように言い放つと思う。

「ボーっと生きてんじゃねえよ！」

本当に親に感謝しているのであれば、泥で汚れたスパイクは履いていないだろうし、高価なグラブを安易に置き忘れたりはしない。または、寮費を払ってくれていることに対して「ありがたい」、「申し訳ない」という気持ちがあれば、食事を簡単に残したりはしないはずだ。

応援してくれたすべての人に感謝の気持ちを伝えるのであれば、応援してくれた先生に対して、授業中に騒いだり居眠りをしたり、ましてや不平不満を顔に出したりするわけがない。

私は感謝の気持ちを表すのであれば、野球以外のことで表してほしいと思う。あるいは高校野球が終わった後に、伝えていける人間であってほしいと願う。
本当の「感謝」の気持ちの伝え方は「恩返し」なのである。

第16章

高校野球の未来を考える

27年前の考察

スポーツ医・科学研究所では前述した仕事の他に、研修として毎週のように所長の講話を受けながらのミーティングが開かれた。

所長の名前は松井秀治といい、富山県出身で名古屋大学の名誉教授にして、身体運動学者、医学博士でもある。1920年に誕生されて2009年1月14日に89歳で逝去された。

あるミーティング時、松井所長から私に次のような宿題が課せられた。そのテーマとは、自身の得意競技分野の10年後を推察してみろという難題であった。今から27年前、平成6年（1994）のことである。「高校野球の10年後を考える」というテーマで書いた当時の考察は、次のようなものであった。少し長い文章になるが、お付き合いいただきたい。

10年後を考えるにあたって、10年前を振り返ってみることにする。まず挙げられるのは物質面として、バッティングマシンの導入と各校への普及であると思われる。

バッティングマシンの登場により高校野球は大きく変化した。今まで一番指導者の苦心の種とされていた打撃練習が、非常に効率よく執り行うことが可能となったのである。それまでは打撃投手の問題で、なかなかストライクが入らないとか、いたずらに肩を消耗させてしまうなどの問題が多く、打撃練習はとにかく時間がかかりすぎるという傾向が強かった。

しかし、バッティングマシンの登場により一気にこの問題は解決し、それに付随して飛躍的に打撃力が向上したのである。その理由としては、まず何といっても数多く打てるということであろう。そしてマシンの機能的向上により、速球や変化球の練習もみっちりと行えることが挙げられる。

金属バットに関しては、その約20年前から使用されていたが、当初の経済性を一番に配慮した「折れない」、「長持ちする」といった性格から徐々に変化が表れ、この10年間では「よく飛ぶ」バットに重点が置かれるようになった。

また、スピードガンの出現も高校野球というより、野球界全体に大きく影響を与えたものの一つといえよう。それまでは、速いとか、遅いとかの感覚的だった表現が絶対的なものに変わってしまったのである。

これらの利点にいち早く目を付けたのが、「山びこ打線」で全国の頂点に立った、蔦文也監督率いる徳島県の池田高校であろう。

こういった打撃力の向上に対し、投手は詰まっても飛ぶ金属バットの対策として、変化球を駆使してタイミングを外しフルスイングさせないという投球へと移行していった。

また、変化球であっても詰まっても飛ぶということから、横の変化から縦への変化が考えられるようになり、フォークボールやスプリットフィンガードファストボールの多投へとつながったものと推測できる。

練習やトレーニングの角度から推移を眺めてみると、どこのチームでもウォーミングアップやクーリングダウンが、入念に行われるようになったことが挙げられる。これは主に、怪我の予防防止に主眼が置かれたことと、より良い条件でゲームに臨もうという両面が考えられる。代表的なものとして、ストレッチングや、アイシングが挙げられるであろう。

それまでは、アップといえばグラウンドを軽くランニングし、簡単な体操をしてキャッチボールをする程度であったが、最近は特性に応じた動きに留意し、工夫を凝らしたリズミカルなものを多く見かけるようになった。

クールダウンに至っても氷を用いたアイシン

グや、さらにそれを利用したアイスマッサージなど、冷やすことに重点を置いたオプションも数多く発売されている。今では、投手が投球後に肩や肘を氷で冷やすのは常識になってきたが、ひと昔前では野球界においてはまったくのタブーとされていたことであり、考えられないことでもあった。

さらに、トレーニングにおいても大きな変化が見られるようになった。その中でも特にウエイトトレーニングの導入が、最も注目されたものといえるだろう。それまでは、野球のトレーニングといえば下半身、つまり足腰を鍛えると称しての、マラソン的なランニングが最も多く、上半身の力はあまり重要視されていなかったといえる。

しかしこれも、本場アメリカや、アマチュアでナンバーワンといわれるキューバなど数多くの強豪国との交流で、次第に普及の兆しが見えてきた。だが、残念ながらまだまだウエイトトレーニングには偏見が多く残されており、これを否定する考えも根強い。

その理由としては、筋肉が少なくても速球を投げる投手がいるのを見れば、技術練習で十分であるとか、筋肉が大きくなりすぎると動作の邪魔になる。あるいは、素早い動作の中で大きな力が発揮できなくなる、動作のなめらかさがなくなる、トレーニングで怪我をするなどの声がそれである。

最後に、日本高等学校野球連盟の動向について見てみると、ここ数年特に多い伝達事項に「危険なプレー」をしないということが挙げられる。

特に捕手のブロックが取りざたされる。ひと昔前までは、一般的にファイト溢れるプレーとしてみなされていたものであるが、これも選手の身体の健康重視を前提に、押し出されてきた結果だと思われる。

そのことに非常に大きく関連した事項で、投手の連戦や連投の問題について、頻繁に論議を繰り広げるようになってきた。

またユニホームに関して、再三にわたり「華美」にならないようにといった伝達がある。これは時代に逆行しているようにも感じられるが、エスカレートする高校野球に対しての、歯止めの意味も含まれているのであろう。

以上のようにここ10年間の推移を見てきたところで、今後の10年後を推察するわけであるが、前述したように設備、練習・トレーニング、高校野球連盟の角度から示唆してみる。

まず設備については、人工芝の球場が主流となり、学校施設としての人工芝のグラウンドもちょくちょくと見られるようになるであろう。イレギュラーバウンドは激減し、また違った要素を持った守備理論が生まれるかもしれない。しかし、人工芝に起因する身体の支障が懸念されることになるだろう。

他には、雨天練習場の増設も予想されることの一つである。このことは数多くのメリットもあるだろうが、その反面工夫した練習が姿を消してマンネリ化するとか、トレーニングの欠如によってスキル練習主流に拍車がかかるかもしれない。その反面ウエイトトレーニング場の増設も考えられ、これらのスキル優先か肉体改造優先かの選択は、自然淘汰的に進むことになるだろう。

練習・トレーニングについては、効率、集中といった面にポイントが置かれ、短時間集中型になるものと思われる。また、ウエイトトレーニング場の増設で、ウエイトトレーニングに接する機会が増し、パワー重視者は増えるだろう。

その他では、バイオメカニクス（生体力学）、キネマティクス（運動学）、キネティクス（運動力学）、エコロギー（生体学）などの研究や進歩による、科学の導入が進むはずだ。

そしてさらに、フォトグラフィー（写真術）、インフォメーションサイエンス（情報科学）、インフォメーションセオリー（情報理論）等の充実による、メンタルリハーサルやイメージトレーニングなども、時にはシミュレーションも交えて取り入れられ、実践されていくものと思われる。

日本高等学校野球連盟に関しては、まず投手の連投禁止の問題であるが、この件に関しては確実に実施されていくものと考えられるが、その反面生徒数の減少問題や、野球人口の低下などによる部員不足との兼ね合いが、新たな論議となってくるであろう。

ユニホームについては、時代の流れやサッカーなど他の競技種目の影響もあって、軟化するものと思われる。

また、新たな問題で近々にも話題となりそうなことは、「外国人選手」の参加が予想される。最近はどこの学校でも国際交流が盛んに行われており、姉妹校としての生徒の留学などにより、チームへの登録および大会への参加希望の是非を巡って議論されるであろう。

その他にも、「女子選手」としての登録や試合の出場、そして大会への参加なども十分に考えられることである。

また、アウトオブシーズン中の他の競技種目への参加など、複数の競技団体への登録も実現するかもしれない。

最後に、高校野球＝甲子園＝プロ野球と、現在一般的に考えられている図式が不変的なものではなくなってくる可能性も考えられる。

つまり、プロ野球が野球の最高位にあるという考え方ではなく、オリンピックに出場して金メダルを獲ることが最高位である、とする者も多くなるであろう。もっと飛躍して、高校から本場のアメリカに留学し、アメリカ大リーグを目指す者も現れてくるかもしれない

以上、これから移り変わっていくであろうと考えられることを推測してみたが、言うまでもなく過去10年の回顧に比べ、未来への推察は困

難である。しかし、高校野球だけではなく、すべてのスポーツは今、転機を迎える時期にあるといえるだろう。

以上が27年前の私の考察である。10年後が27年後になってしまったが、その推移はどうだったであろうか？　改めて読み返して検証してみれば、稚拙ながらある程度は核心を突けていたのではないだろうか？

令和の高校野球を考える

今後の高校野球の展望を語る前に、まずは野球界全般について俯瞰して眺めるならば、テレビでプロ野球中継を見なくなったと感ずる。もちろんその理由の一つとして、ゲームを伝える媒体（スマホやＰＣのオンライン中継）の選択肢が増えたことにも起因するだろう。

それに反して、多種目のスポーツ番組が目白押しに増えた。近年その最たるものはラグビーであり、「ワンチーム」を掲げた日本代表の真摯なプレーは、「にわか」と呼ばれた多くのファンを感動させたものである。

とりわけ私もその中の一人であって、プレーはもちろんそれ以上に感激したのは、様々な国から参集した選手たちが、「君が代」を朗々と歌い上げている姿だった。この選手たちは、「日の丸」を背負っている自覚がある。そのようにヒシヒシと伝わってくるものがあり、彼らの醸し出す覚悟の姿に国民は酔いしれた。

ラグビー以外でも、バスケットボール、テニス、卓球、陸上競技等、数え上げたらキリがないが、やはり平成を席巻した日本のスポーツといえばサッカーだろう。

日本サッカー界の成功の起因は、当初より本場の外国から指導者を招いたことが大きく、ヨーロッパ型の科学的な組織作りを目指し、Jリーグが発足した時にお手本としたのは、ドイツの「ブンデスリーガ」であった。

平成5年（1993）にプロサッカーのJリーグは、川渕三郎チェアマンを頂点としたプロリーグを組織して、特定のスポンサー名と特定の新聞社に利益が偏らないようにリーグ作りを行なった。

また、Jリーグ発足時に大きなうねりが起こった。それまでは高校のサッカー部で「国立競技場」を目指すのがサッカー少年たちの目標だった。ところが、Jリーグの各クラブに下部組織が整備され、高校に入学しても部活ではなく「クラブユース」でプレーする選択肢が生まれたのだ。

こういった人気スポーツの変遷に対して、当時のプロ野球関係者たちは川渕氏のことを苦々しく批判していたが、プロサッカーであるJリーグの誕生は、多くのサッカー少年を誕生させ、あっという間にサッカー界にピラミッド型の階層を築き上げた。

プロ野球が、アメリカからピークを過ぎた選手を招聘していたのとは大違いで、長期展望的なビジョンを描いたサッカー界の見事な戦略だったと敬意を表する。

サッカー人気は年を追うごとに上昇して、一方で長期ビジョンのレボリューション（革命）もイノベーション（改新）もなかったプロ野球と高校野球の人気は必然的に低迷していった。

野球界は、高校野球は朝日新聞と毎日新聞、プロ野球は読売新聞、社会人野球は毎日新聞といったように、各大手新聞社のビジネスのために始まって独占した結果、大手新聞社同士の対立を生んで野球界自体も統一性が保てなくなってしまった。

さて、高校野球の展望に話を移そう。

推測ではなく間違いなく迫ってくる問題は、何といっても人口の減少である。国自体の人口の下げ止まりに歯止めがかからない現代にあって、競技種目の選択肢が豊富なことは高校野球にとっては危機的である。

令和2年（2020）では、加盟校が3932校で部員数は13万8054人まで減少した。統計は昭和57年（1982）からデータがあり、部員数のピークは平成26年（2014）の17万312人、加盟校のピークは平成17年（2005）で4253校だった。

だが、私は様々なスポーツが注目を浴び、より自分に適した競技を選択できる環境は悪いことではないと考えている。人間には生まれ持った素質や、家庭環境、地域社会での影響がスキル上達に最も大きく関与することになるからだ。

野球人口の減少は避けることはできない。しかし、ないものねだりをしていても始まらない。知恵を絞ってビジョンを画策しながら、球界全体がプロジェクトとして進めていくしかない。

大きなルールの改正

近年、高校野球では大きなルール改正が三つ導入された。

①タイブレーク

延長12回までやって勝負がつかない場合の措置で、無死二塁一塁から開始するものである。このタイブレーク導入の決定的なきっかけを作ったのは、疑う余地なく健大高崎と福井工大福井との一戦であろう。

平成29年（2017）、第89回センバツ高校野球大会で26日、史上初の2試合連続延長15回引き分け再試合という珍事が起きた。

第2試合の滋賀学園（滋賀）VS福岡大大濠（福岡）は1－1のまま延長戦に突入。両チームともに1点が遠く、延長15回でも決着がつかなかった。そして第3試合の健大高崎（群馬）VS福井工大福井（福井）との一戦は両者譲らず7－7で延長戦に突入すると、10回以降は両チームとも無得点が続き、15回引き分けに終わった。

タイブレークに対しての是非は当然ある。そもそもタイブレーク導入の理由は大きく分けて二つ。一つは「選手の健康管理」、もう一つは「日程消化の円滑化」だ。導入理由はもっともで何の問題もないと考える。

逆に反対意見として多く聞かれるのが、野球がつまらなくなるとか、熱戦に水を差すなどである。

私自身の捉え方としては、基本的には決まったことに異議を唱えないようにしている。それよりも決まった中でいかにして戦うか？　どのようにして勝利を手繰り寄せるか？　それしか頭に浮かんでこない。

だが、どうしても何かコメントを求められるとすれば、試合の流れに重きを置いて戦略を練っていく私とすれば、タイブレークからはアナザー・ゲーム（another game）、つまり他の試合になってしまうということだろうか。

つまりこの制度は、ゼロの状態からチャンスを作るというプロセスが省かれてしまう。投手側にしても自分に何の責任もない、まったく見覚えのない走者を背負いながら打者と対峙しなければならない。ゲームの流れで背負った走者とは大きく異なってくる。

タイブレークの制度は、何十年も昔から中学の軟式野球界では導入されていたと思う。私が監督をしていた愛知県の西三河地区でも、40年も前から延長戦に入ると無死満塁から試合をして決着を早めていた。

私個人の意見では、タイブレークのシチュエーションとしては、無死二塁一塁が最も適当だと考える。他のチームは分からないが、私は投手のバント処理技術を高める意味で、好んでこの状況での練習を日々取り入れている。したがって、改めてタイブレークの練習などをする必要もない。

私の考え方の結論としては、ルールとして定められたものは素直に受け入れる。タイブレークはダブルヘッダーの2試合目と割り切って臨むことだと思う。

②球数制限

一人のピッチャーが1週間に公式戦で投げられる球数の上限を500球までと決め、3日連続の連投はさせないというものであり、当然のことながら投手の肘や肩を守るためのルールである。

令和2年（2020）のセンバツでの導入を皮切りにして、その後は全国大会だけでなく、地方大会や軟式の高校野球にも適応されている。

ただし、この3連投を避けて1週間に500球までという制限は非常にアバウトである。まず1試合目に250球を投げ、翌日にも249球を投げても499球で制限をクリアしたことになる。

しかも、規則では球数の上限に達した時でも、打者が完了するまでは続投が許される。したがって、499球目の打者がファウルで粘ればファウルの数だけ球数が増えて、球数制限の500球を超えることも考えられる。

球数制限のルールが適用されることが決まった時、私個人の姑息な考えとしては「余分なことを決めちゃって……」。そう思ったものだ。なぜかといえば、私個人の頭の中では、一人の投手が1週間に500球を投げるということ自体が「あり得ない」ことだったからである。

私は30年も前から「高校野球継投論者」だった。しかし、それは投手の負担という観点からではなく、戦略的な考えでのことだった。だからあえて姑息な考えと前置きした。

それよりも、私が危惧したのは登板間隔の方だった。特に一人の投手の3日連続の連投はさせないという部分である。私の継投論にはセットアップやクローザーといった、1イニングか2イニングだけの短い役割の投手を作っているため個人的には痛手だ。

2021年、投球数制限が設けられて初めての甲子園大会で、いきなり日程による違和感が生じてしまったことは記憶に新しい。

1回戦が25日だった畔柳亨丞（中京大中京）は3試合分の379球が合算され、準決勝の投球可能数は121球までとなった。

それに対して、達孝太（天理）は準々決勝までの3試合で計459球を投げたが、20日が1回戦だったため161球を投じていても、31日の準決勝の投球数には合算されないという「不公平」が生じた。そもそも1週間で500球はダメで、8日間で500球はいいという道理もないと思う。

不公平感をなくす意味でも、日程的に1週間に4試合が組まれた場合に限って、同じ条件下で戦えるよう1週間の縛りをなくし、準決勝では日程に関わらず2、3回戦と準々決勝を合算する方が公平だし、何よりも投手の肘や肩を守るためになるだろう。

③申告敬遠

このルール改正は、試合時間短縮が最大の目的だといわれているが、正直そこには疑問が残る。申告故意四球の通告は、守備側チームのベンチからの伝令者が球審へ意思を伝え、打者は一度バッターボックスに入らなければならない。そのように定められており、とても時間短縮に貢献しているとは思えない。

さらに言えば、先ほどから述べているように、野球の流れを重視する考え方の私には非常にあっけないルールに感じてしまう。

その一つとして、敬遠での投球は案外技術を伴うということである。

まず捕手は、キャッチャーズボックスの一番アウトコース側（打者のバットの届かない位置）に、ラインからはみ出さないようにして立つ。その際、手の平や、ミットで投手に対して投げるべき目印を作ってやる。次に、投手が投球するのと同時にサイドステップして、打者のバットが届かないようにボックスから大きく移動して捕球する。

投手は投手でボークにならないように、完全に静止したセットポジションを取り、捕手が示した目印の手の平やミットを目掛けて投球する。

投げ損ないや、静止しないで投球してしまうボークや、あるいは捕手が投球前にボックスから出てしまうと、今度は捕手がボークを犯してしまうことにもなる。これら一連の動作は結構難しくて、日頃からブルペンで練習させていた私としては、簡単に「時間短縮」等と言わないでほしいと思ってしまう。

あと、私の得意としていた奇襲ができなくなってしまうのも残念だ。例えば、その一つとしては敬遠の投球時のホームスチール等である（※詳細は『機動破壊の秘策』〈竹書房〉参照）。

いずれにしても、これらの規則は選手の健康を守り、怪我を防止することを目的として定められたものである。その取り組み自体には何の異論もないが、怪我はアクシデントで発生する可能性も高く、すべてを未然に防ぐことは不可能であろう。

また、怪我というのは何も公式戦のみで発生するものではない。むしろ、日々の練習やオープン戦などで起こりやすいものである。それらの現場環境の改善にも目を向け、調査していくことも急務だと考えている。

健大高崎での投手陣の球数の把握と管理

昨今、にわかに論議を醸し出している感のある球数制限であるが、私は健大高崎と関わりを持つことになる、平成22年（2010）には継投策の進言をしていた。

当初は球数の把握までには至らなかったが、投球イニングに関しては、オープン戦も含めて3イニング継投を理想として着手しようとしていた。

青柳監督の理解も得て、甲子園初出場を決めた平成23年（2011）には群馬県予選6試合と、甲子園2試合を含めた8試合のすべてを複数投手でつなぎ、継投策の骨組みが出来上がってきていた。

球数の把握と管理に関しては、平成28年（2016）から着手した。「投手カルテ」と銘打って導入し、何項目にも及ぶチェック体制で個人の状態を把握しながら、綿密なローテーションを組んだ。

次に、それらの表やアンケートについて簡単な説明を加えながら、具体的に示していきたい。

・投手陣の把握一覧表（463ページ）

まずは「投手陣」として機能させつつも、その中で個人としての位置関係を把握させ、スピードでの順位とスキルでのランキングを明確に意識させる。

2018健大高崎投手陣　全20名

2018/2/27現在

投手陣		
1	柳澤　寛	3
2	柱本　健太	3
3	西浦　一輝	3
4	七原　執	3
5	平田　伊吹	3
6	清水　達哉	3
7	小金澤啓斗	3
8	笹生　悠人	2
9	吉田　翔	2
10	坂本　大河	2
11	藤原　寛大	2
12	久保田悠斗	2
13	笹目翔太郎	2
14	吉井　直孝	2
15	清水　太一	2
16	塚原　悠雅	2
17	矢幡　陸斗	2
18	田畑　聖也	2
19	伊藤　雄紀	2
20	辻　憲伸	2

投手ランキング		
1	藤原　寛大	2
2	伊藤　雄紀	2
3	柱本　健太	3
4	塚原　悠雅	2
5	清水　達哉	3
6	久保田悠斗	2
7	西浦　一輝	3
8	吉井　直孝	2
9	辻　憲伸	2
10	柳澤　寛	3
11	笹生　悠人	2
12	坂本　大河	2
13	田畑　聖也	2
14	笹目翔太郎	2
15	吉田　翔	2
16	七原　執	3
17	小金澤啓斗	3
18	清水　太一	2
19	矢幡　陸斗	2
20	平田　伊吹	3

球速ランキング			反動	ピッチング	km/h
1	清水　達哉	3	149	143	キロ
2	柱本　健太	3	141	141	キロ
3	久保田悠斗	2	141	137	キロ
4	伊藤　雄紀	2	138	137	キロ
5	柳澤　寛	3	132	137	キロ
6	吉井　直孝	2	139	136	キロ
7	七原　執	3		135	キロ
8	塚原　悠雅	2	140	133	キロ
9	笹生　悠人	2	137	133	キロ
10	西浦　一輝	3	133	132	キロ
11	吉田　翔	2		130	キロ
12	藤原　寛大	2	137	130	キロ
13	坂本　大河	2	130	129	キロ
14	辻　憲伸	2	133	127	キロ
15	笹目翔太郎	2	130	126	キロ
16	平田　伊吹	3		126	キロ
17	田畑　聖也	2		125	キロ
18	矢幡　陸斗	2		125	キロ
19	小金澤啓斗	3		124	キロ
20	清水　太一	2		99	キロ

Aチーム

1	柳澤　寛	3	6	辻　憲伸	2
2	藤原　寛大	2	7	西浦　一輝	3
3	柱本　健太	3	8	吉井　直孝	2
4	清水　達哉	3	9	塚原　悠雅	2
5	伊藤　雄紀	2	10	久保田悠斗	2
DL	吉田　翔	2	DL		

Bチーム

1	笹目翔太郎	2	6	小金澤啓斗	3
2	坂本　大河	2	7	清水　太一	2
3	田畑　聖也	2	8		
4	笹生　悠人	2	9		
5	七原　執	3	10		
DL	平田　伊吹	3	DL	矢幡　陸斗	2

メインブルペン・投球グループ

第①グループ

1	柳澤　寛	3
2	藤原　寛大	2
3	柱本　健太	3
4	清水　達哉	3

第②グループ

1	伊藤　雄紀	2
2	久保田悠斗	2
3	西浦　一輝	3
4	吉井　直孝	2

第③グループ

1	塚原　悠雅	2
2	笹生　悠人	2
3	辻　憲伸	2
4	七原　執	3

第④グループ

1	坂本　大河	2
2	笹目翔太郎	2
3	吉田　翔	2
4	小金澤啓斗	3

※項目の「反動」とは、２ステップの助走をつけての投球

・投手陣の自己診断カルテ（465ページ）
投手たちに自己申告させることで、指導者側との齟齬《そご》を埋めていくことを目的とする。

・投手陣ローテーションの一覧表（466ページ）
誰がどの試合のどこで投げるかを、予め投手たちに知らせて調整しやすくさせる。

・投手陣のイニング数と投球数（468ページ）
実際に投げた球数を考慮しながら、次のローテーション作成に生かす。

・投手陣の個人月間球数カルテ（467ページ）
「投球」の他に立ち投げ・牽制球・バント処理も含めた「送球」も合算して「投げた数」として考える。

・投手陣全体の球数カルテ（476ページ）
個人の球数カルテを「投手陣」として反映させ、個人のコンディション状態を把握しながらローテーションのバランスを取る。

私は、このように投手の球数やイニング数他、心身の状態までも把握することで、「投手陣」として機能させて継投論を実践させてきたのである。

2018 健大高崎 投手陣自己診断カルテ

平成	29	年	5	月	13	日	土	曜日
氏名	●●　●●			身長	176	cm	学年	3
				体重	75	kg	血液型	O
投球腕	右	打ち方	右	腕の位置	上	3/4	横	下
持ち球	①	ツーシーム	②	スライダー	③	フォーク	④	
その他	⑤		⑥		習得したい球種		左打者の内直	
MAX	145	h/km	MIN	変化球名	スライダー		118	h/km
クイックタイム	走者1塁	1.2	秒	左打者に対するのが苦手だ			はい	いいえ
雨の日は大の苦手		はい	いいえ	味方がエラーした後は		立腹	弱気	冷静
投手板を踏む位置		1塁側	3塁側	両側	真中	塁側にはみ出して使う		
ステップ	6	足	半	投手版を斜めに踏めるか			はい	いいえ
試合を作れる回数		5	イニング	何回を投げ切る自信があるか			9	イニング
体力的にきつい回		9	回	苦手な回	初回	5回	6回	最終回
好きな投球分担位置			完投	スターター	ミドル	レフティ	セットアップ	クローザー
50m走	6.3	秒	スクワット	160	kg	ベンチP		kg
組み易い捕手名を順に列挙			①	大柿	②	安藤	③	是沢
2−0から投げられる球			右打者	スライダー		左打者	ツーシーム	
3−1から投げられる球			右打者	スライダー		左打者	ツーシーム	
二死満塁フルカウントで投げる球			右打者	ストレート		左打者	ストレート	
右打者に対しての決め球			1−2	フォーク		2−2	ストレート	
左打者に対しての決め球			1−2	フォーク		2−2	ツーシーム	
右打者への得意球と苦手球			得意球	フォーク		苦手球	なし	
左打者への得意球と苦手球			得意球	ツーシーム		苦手球	スライダー	
クイックによる盗塁阻止能力				5	4	3	2	1
1塁牽制球での刺殺能力				5	4	3	2	1
2塁牽制球での刺殺能力				5	4	3	2	1
2塁封殺のためのバント処理能力				5	4	3	2	1
3塁刺殺のためのバント処理能力				5	4	3	2	1
スクイズ阻止のための処理能力				5	4	3	2	1
入学前に投球困難なまでに痛めた部位				肘				
名称や手術の有無など具体的に				あり				
入学後に投球困難なまでに痛めた部位				腰				
名称や手術の有無など具体的に				なし				
現在気になっている部位と症状				腰　張りが少しある				
現在全力投球を何%で出来るか				100・90・80・70・60・50・40・30・20・10・0				%
投手の練習で一番得意な項目は				投げ込み				
投手の練習で一番苦手な項目は				フィールディング				
スキルやフォーム等での希望・悩み・質問があれば下の余白を使って書く								

球速をアップする方法

Planner by Y.kuzuhara

2018健大高崎投手陣ローテーション

Aチーム

3月9日	VS	小諸商業	球数	回計	球計
スターター	藤原	3	43	3	43
ミドル	久保田	2	32	2	32
セットアップ	吉井	2	22	2	22
クローザー	伊藤	2	27	2	27

3月10日	VS	桐生	球数	回計	球計
スターター	柳澤	3	46	3	46
ミドル	西浦	2	23	2	23
セットアップ	柱本	2	31	2	31
クローザー	久保田	2	36	4	68

3月11日	VS	帝京	球数	回計	球計
スターター	藤原	2	40	5	83
ミドル	塚原	3	52	3	52
セットアップ	伊藤	2	31	4	58
クローザー	久保田	2	23	6	91

3月11日	VS	帝京	球数	回計	球計
スターター	柱本	3	46	5	77
ミドル	笹生	2	27	2	27
セットアップ	辻	2	35	2	35
クローザー	吉井	2	31	4	53

3月13日	VS	山村国際	球数	回計	球計
スターター	清水達	2	26	2	26
ミドル	西浦	2	35	4	58
セットアップ	塚原	3	46	6	98
クローザー	吉田	2	32	2	32

3月14日	VS	高崎商大附	球数	回計	球計
スターター	辻	3	39	5	74
ミドル	笹目	2	39	2	39
セットアップ	田畑	2	30	2	30
クローザー	古屋	2	36	2	36

3月15日	VS	中之条	球数	回計	球計
スターター	塚原	3	55	9	153
ミドル	坂本	2	39	8	110
セットアップ	吉田	2	18	4	40
クローザー	吉井	2	24	6	77

Bチーム

3月10日	VS	樹徳	球数	回計	球計
スターター	坂本	3	38	3	38
ミドル	清水太	2	29	2	29
セットアップ					
クローザー	田畑	3	42	3	42

3月10日	VS	高崎	球数	回計	球計
スターター	柳澤海	3	45	3	45
ミドル	山本	2	24	2	24
セットアップ	吉田	1	21	1	21
クローザー	笹目	3	36	3	36

3月11日	VS	大宮東	球数	回計	球計
スターター	笹目	3	38	6	74
ミドル	田畑	3	42	6	84
セットアップ					
クローザー	坂本	3	33	6	71

3月11日	VS	大宮東	球数	回計	球計
スターター	山本	3	36	5	60
ミドル	清水太	2	21	4	50
セットアップ	高橋	2	19	2	19
クローザー	古屋	2	27	2	27

2018 健大高崎 投手陣球数カルテ

●● ●	左	上	137	km/h	3年

日付	初動負荷	立ち投げ	ブルペン	投球回数	試合球数	打撃投手	ネットS	バントS	牽制練習
3/1	1	40	65	1.6	70				
3/2	1								
3/3		20	35	2	35				10
3/4	1	20	30	3	40				10
3/5	1						25	30	
3/6							30		
3/7	1	30	35						10
3/8	1						10		10
3/9	1	20	25						
3/10	1	20	36	3	46		40		
3/11	1	10							
3/12									
3/13	1							15	10
3/14	1	25	10						10
3/15	1	20	50				5		
3/16	1						20		
3/17	1	20	23	3	41				
3/18		15	45	2	34				
3/19									
3/20	1	10	20					10	10
3/21	1	20	25	3	24		30	10	
3/22							30		
3/23	1	25	30	2	20		40	10	10
3/24	1	20	32	3	57			10	
3/25	1	20					5	10	10
3/26	1	30	40	3	48		10	10	10
3/27	1	30	25	4	71			5	
3/28	1						50		10
3/29	1	25	34	3	45				
3/30	1								
3/31		20	20						
合計	24	440	580	32.6	531	0	295	110	110

※項目の「初動負荷」は、初動負荷トレーニングをした時に「1」で表す

Planner by Y.kuzuhara

回	球	回	球	回	球	回	球	回	球	回	球	回	球	回	球	回	球	回	球	回	球	回	球
吉田		坂本		笹生		笹目		田畑		太一		海星		憲伸		古屋		山本		高橋		平井	
1		3	38			3		3	42	2	29												
1	21					3	36					3	45					2	24				
				2	27									2	35								
		3	33			3	38	3	42														
										2	21					2	27	3	36	2	19		
2	32																						
						2	39	2	30					3	39	2	36						
2	18	2	39																				
2	53	4.3	46													4	80						
				3	46	3.3	77			1.6	46												
								5	53			4	57										
2	31																						
		1	14													3	57	3	60				
				3	30	3	61	3	41														
										3	39	3	45							3	28		
																2	12			2	35		
		3	61			2	24	2	42	2	27												
2	39													3	42								
														1	22								
		3	39	3	56																		
						3	51	2	35	2	41	2	25										
3	28	2	30	2	23																		
														1	20								
3	37	3	68	3	47																		
						3	45	3	56	3	30												
		2	31	2	31									3	24								
2	42					0.3	16									0.6	7						
								3	45	0.6	16	4.3	65							1	20		
				2	29																		
3	35																						
		3	48									3	36	3	41								
						1	21	2	42	2	25			1	21	3	29						
2	24			2	37																		
		2	25							2.3	48	4.6	59										
						1	13	2	20													5	53
25	360	31.3	472	22	326	27.6	421	30	448	20.5	322	23.9	332	17	244	16.6	248	8	120	8	102	5	53

2018 健大高崎投手陣 イニング数・投球数

月日	対戦校	区分	回	球	回	球	回	球	回	球	回	球	回	球	回	球	回	球	回	球
			藤原		悠斗		吉井		伊藤		柳澤		塚原		西浦		柱本		清水	
3/9	小諸商業	A	3	43	2	32	2	22	2	27										
3/10	桐生	A			2	36					3	46			2	23	2	31		
	樹徳	B																		
	高崎	B																		
3/11	帝京	A	2	40	2	23			2	31			3	52						
	帝京	A					2	31									3	46		
	大宮東	B																		
	大宮東	B																		
3/13	山村国際	A											3	46	2	35			2	26
3/14	高崎商大附	A																		
3/15	中之条	A					2	24					3	55						
3/17	流通経済大柏	A	2	30							3	41			2	36			2	26
	学法石川	A			3	27	3	36	3	54										
	前橋育英	B											4	74			5	69		
	前橋育英	B																		
	伊勢崎清明	C																		
	伊勢崎清明	C																		
3/18	東海大山形	A													3	44			2	42
	常総学院	A	3	33	2	48			2	41	2	34								
	埼玉栄	B											3	34			4	85		
	埼玉栄	B																		
	群馬高専	C																		
	群馬高専	C																		
3/21	聖隷クリストファー	A									3	24	2	29	1	17			1	21
3/23	明大明治	A									2	20			3	44	2	42	2	28
3/24	高崎東	A									3	57			2	24				
	藤岡北	A															1	7		
	幕張総合	B			2	32	2	30	3	55										
	幕張総合	B																		
3/25	一宮商業	A																	2	31
	水戸葵陵	A	2	36	3	37	2	15	2	37										
	前橋商業	B															3	50		
	駒込	B																		
3/26	つくば国際	A			2	36			2	23	3	48							2	29
	田村	A											2	24						
3/27	中之条	A	2	58							4	71			2	35				
	藤岡工業	A											3	40					2	41
	高崎東	B																		
	高崎東	B																		
3/28	生田東	A											2	8						
	都立片倉	A			3	23			3	30										
	高崎健大	B																		
3/29	安中総合	A									3	45							4	47
	高崎商業	A	2	44	2	27			2	37										
3/30	東京農大三	A																		
	新潟県央工	A																		
3/31	日大藤沢	A	1	20	3	57							2	70						
	日大藤沢	A					3	49	2	33										
	東北学院榴ヶ岡	B																		
	長野高専	B																		
イニング・球数トータル数			17	304	26	378	16	207	23	368	26	386	27	432	17	258	20	330	19	291

2018 健大高崎 投手陣全体の球数カルテ

人数	氏名	学年	初動負荷	立ち投げ	ブルペン	投球回数	試合球数	打撃投手	ネットS	バントS
1	柳澤　寛	3	○	20	30	5	75	×	50	○
2	柱本　健太	3	○	20	30	3	45	×	×	×
3	西浦　一輝	3	○	20	30	3	45	×	×	×
4	七原　執	3	○	20	0	1・1/3	18	×	×	×
5	平田　伊吹	3	×	0	0	0	0	×	×	×
6	清水　達哉	3	×	0	0	0	0	×	×	×
7	小金澤啓斗	3	×	0	0	0	0	×	×	×
8	笹生　悠人	3	×	20	30	2・2/3	40	×	50	○
9	吉田　翔	2	○	20	0	0	0	×	50	○
10	坂本　大河	2	×	20	30	2	30	○	50	○
11	藤原　寛大	2	○	20	30	4	60	×	50	○
12	久保田悠斗	2	○	20	30	3・2/3	50	×	50	○
13	笹目翔太郎	2	×	20	30	2	30	○	50	○
14	吉井　直孝	2	○	20	30	2	30	×	50	○
15	清水　太一	2	×	20	30	1	15	○	×	×
16	塚原　悠雅	2	○	20	30	3	45	×	50	○
17	矢幡　陸斗	2	×	0	0	0	0	×	×	×
18	田畑　聖也	2	×	20	30	2	30	○	×	×
19	伊藤　雄紀	2	○	20	30	3	45	×	50	○
20	辻　憲伸	2	×	20	30	1	15	×	50	○

Planner by Y.kuzuhara

少数部員でのゲームについて

今後は、部員数がギリギリでのチームが数多く出現してくるであろうと推察する。怪我やアクシデントで不慮の事態を招き、人数的に試合の続行が不可能となった場合は致し方ないとして、代打や選手の交代によってベンチに下がってしまい、それが理由で試合続行が不可能となることは忍びない。

そこで、「リエントリー（再出場）」の採用の是非が問われる時が来るのかもしれない。意外と知られていないのだが、ソフトボールではすでに導入済みであり、「スターティングメンバーに限り、いったん試合から退いても一度だけ再出場できる。ただし、元の打順に戻らなくてはいけない」といったルールである。

他にも、例えば野球の根幹となる守備や打撃は苦手だが、足の速い選手を入部させて起用できるようにする。あるいは、男子部員が足りないのであれば、女子を部員として試合に参加させることも考えていくべきだろう。

よくテレビのワイドショーなどで、コメンテーターが「女子を試合に出さないのはおかしい」とか、「時代錯誤」、「差別」などと持論を展開しているが、私は諸手を挙げて賛成のわけではない。

実際に、超高校級といわれるような、プロ注目のスラッガーが放った打球は凄まじい。男子部員であっても、守備の怪しい選手であれば命の危険が伴う。そこで、私は条件付きでの女子選手の出場を認めてもよいのではないかと考えている。

一番危険を伴うが、女子が出場できる可能性の高いポジションがピッチャーだと思う。実際に、ボーイズやシニアをはじめとして、中学生では多くの女子投手がマウンドに登っている現状がある。

しかし、前述した通り高校生になると打球の威力は桁外れになってくる。女子が投げるのであれば、フェイスガードや軽量のヘルメットの着用は必要だと思う。バントシフトも考慮するならば、三塁手や一塁手も同様であると思うが、外野手に限っては普通に出場しても問題はないだろう。

その他に、女子選手の打席のみ指名打者を認めるという考えもある。根拠の一つは危険性が高いからである。女子のバッターに対して、140キロや150キロの速球が頭部や顔面を直撃した場面を想像するだけでも寒気がする。

そしてもう一つは、控えの男子部員が左投げで守るポジションがない場合である。男子部員を指名代打として、女子部員の守備専門での出場もありだと思う。

私は、チーム数が減ることを嘆くことも恐れることもないと思う。これらは避けることのできない推移として受け止めていくしかない。

だが、一つ思うことはある。

ある県の夏の入場行進を眺めていた時のことだ。部員数の足りない高校が他の部活動チームから「助っ人」を呼んで単独チームとして参加した。アナウンサーや解説者は、単独チームでの参加を称賛するようなコメントを繰り返していた。

しかし、その「助っ人」選手の行進のマナーは、まるでなっていなかった。完全に冷やかしであり、正式部員の姿勢からはかけ離れたものであり、同じユニホームに袖を通してはいるが、まさに似て非なるものだった。

私はこんな中途半端な出場をするくらいならば、連合チームを編成して同じ価値観を共有できる部員同士で臨めばいいと痛烈に感じたものである。

ドーム球場での「甲子園」開催

この案件は、二つの面から協議されるべきであろう。

一つ目は、言うに及ばず昨今取りざたされている猛暑対策である。灼熱の甲子園球場の開催をやめて、エアコンの入ったドーム球場で行ってはどうかという事案である。

そして、もう一つはセンバツでの開催である。新学期の学校行事が差し迫る時期で、しかも雨が多く雨天順延ともなると大会本部はもとより、当該高校の入学式や始業式にも影響を及ぼしかねない。ドーム球場でセンバツが開催されれば、少なくとも雨天順延による学校行事への障壁は緩和されるであろう。

私は、まずはセンバツをドーム球場で開催してはどうかと思う。高校野球を今後も円滑に続けていくには、何をさておいても学校教職員の理解を得ることが重要だと思う。

教員をやった者であれば分かることだが、とにかく年度初めは忙しい。学校の大イベントの一つである卒業式の挙行があり、それが終わるや否や指導要録（生徒の指導過程および結果を記録した原簿）の最終チェックと提出。学年末考査や各種の判定会議に通知表の作成、さらには入学式と始業式の準備。運営委員会に各種分掌会、学年会、教科会と息つく間もないほど多忙を極める。

そんな折に行われるセンバツである。野球に興味のない教員であればなおさらで、応援してくれる教員でも雨の影響を受けて予定を壊されては閉口してしまうことだろう。

私は、センバツのドーム開催はありだと考えている。ドーム開催が実現すれば、甲子園球場という概念はなくなる。その概念がなければ、どこのドームで開催しても構わないわけである。プロ野球チームの本拠地だけでも、北から札幌、東京、名古屋、大阪、福岡にドーム球場がある。

そもそもセンバツ発祥の地は名古屋であり、第1回大会は山本球場（JR東海八事球場）で開催され、香川県の高松商業が初代優勝校に輝いた。

国体のように持ち回りにして、センバツを各地のドーム球場で行ってはどうだろうか。そもそもセンバツは、毎日新聞社が主催する不明瞭な選考基準もある「招待試合」である。聖地といわれる甲子園球場から飛び出すには、選手権大会よりはセンバツの方が、現実味があるように思える。

また、ドーム開催が可能となれば、センバツを冬休みに行うことも一考となろう。もちろん、サッカー等のウインタースポーツとの兼ね合いも生まれてこようが、一考の余地はあるのではないだろうか。

夏の甲子園大会のやり方

さて、問題は夏の甲子園大会である。これも私見で述べるなら、やはり選手権大会は甲子園球場でやって然りだと思う。理由はないのだ。イギリスの伝説的登山家、ジョージ・マロリーが口にしたという言葉で、

「なぜ、山に登るのか。そこに、山があるからだ」

その域と何も変わらないものなのだろう。

願わくは、甲子園大会は未来永劫に存続していってほしいと思う。甲子園大会がなくなる時は選手権大会がなくなる時ではないか？　と推察する。私は夏の選手権大会を存続させるためには、甲子園をドームにするとかではなく、そのやり方の問題だと考える。

そのやり方の一つ目として、グラウンド整備である。5回が終了すると整備のために少し長めの休息時間が得られ、その間を利用して水分補給はもちろん、サプリメントの摂取や簡単なアイシング等が施される。

これを、野球は3イニングの3セットとして考えてみてはどうだろうか？

3イニングが終了するごとにグラウンド整備を実施して、一度の長めの休憩を二度にするのである。そもそも野球は9回なのに、5回が折り返し点のようにいわれるのは以前から不思議でならない。

二つ目には、ダグアウトの環境である。いくら休憩を取っていても、一塁側と三塁側では天気や時間帯等で条件が違ってくる。涼を取ろうにも、強い日差しに苛まれてしまうことも多々あるのだ。

案外と知られていないのだが、甲子園球場のダグアウトには実はエアコンが入っている。ただし、一番奥の壁側の上部から冷気を流しているだけで、全体を冷やすほどの効果はない。ピッチャーがダグアウトに戻ると、一番奥に座るのはそのためである。

それならば、いっそのことダグアウトを簡易的に密閉化してしまってはどうだろうか？ カプセルのような大げさなものを考えなくとも、店舗のエアーシャッターのような構造にすれば指示（声）は届くし、灼熱の熱波を遮断することもできる。

ちなみにエアーシャッターとは、解放している空間の上部から下部に向かって、滝のような強い空気の流れでバリアを形成し、熱やホコリの侵入を阻止して冷気の流出を抑制するものである。

こうすれば、ダグアウトに引き上げたピッチャーや野手は、エアコンの効いた空間で熱中症から身を守れるであろう。

三つ目としては、予選を早めることだろう。

現実に、沖縄は他の都道府県に先立って予選を開催している。沖縄では春季大会を4月の上旬に終えて、夏の選手権予選を6月の中旬からスタートして、7月の中旬頃には代表校が決定されるのだ。

もしも前述したようにセンバツをドームで、しかも冬休みや1月、2月頃に開催することが可能ならば、早期開催は十二分に考えられるのではないだろうか?

春の県大会を3月の中旬から開催して4月中に終了させる。そして夏の県予選を6月から開始して、夏の甲子園を7月の中旬から始めれば、8月の上旬で終えることが可能だと思う。

そこで問題となるのが、北海道をはじめとする寒冷地の春季大会の開幕である。これについては、4月から5月にかけてのゴールデンウィークで、トーナメント戦を実施して一気に終了させることしか私には考えが及ばない。

これらの問題は、甲子園球場が開閉式のドーム球場に移行されれば、一気に解消されることなのかもしれない。だが私は、あくまでも甲子園球場が現状のままでの〝夏の大会のやり方〟の観点にこだわって考察している。

春の大会をなくせばいいのではないか、という一般の方の意見もあるが、高校野球は甲子園だけがすべてではない。現実には甲子園を遥か遠くにして、毎年のように初戦で敗れていくチームが数多く存在する。そんな弱小チームにあっては「甲子園を目指す」とは、なかなか口にできない。彼らにとっての「甲子園」は県大会なのである。

実際に、私が初めて監督を務めた杜若高校は、愛知県の中でも飛び抜けた弱小チームだった。前述した通り、夏の大会で1点を取るのに創部から7年、そして1勝を挙げるのには8年の歳月を要したのである。

初めて地区予選を突破して県大会出場を決めた時は、東邦のコーチとして甲子園を決めた時以上の感激を味わった。

どんなに弱いチームであっても、甲子園への憧れは抱いている。手を伸ばせば届くかもしれない県大会出場（地区予選のない県もある）。野球人口が減っている今こそ、球児のモチベーションを保つ意味でも春の大会は必要なのだと私は考える。

明治神宮大会の位置付け

明治神宮野球大会は昭和45年（1970）に明治神宮鎮座50年を記念して奉納試合として第1回大会が開催された。当初は大学の部だけの開催だったが、第4回大会・昭和48年（1973）より高校の部も新設された。

だが、平成12年（2000）の第31回大会までは、地区によってはその代表校が必ずしも地区大会優勝校ではなく、秋季県大会4位校や、春夏通じて全国大会出場歴のない高校が出場するなど一体感のない大会だった。

それが、第31回から全国10地区（北海道、東北、関東、東京、北信越、東海、近畿、中国、四国、九州）の優勝校が参加することになり、名実ともに秋の日本一を決める大会となった。

さらに平成14年（2002）の第33回大会では、優勝した学校が所属する地区にセンバツで1枠を割り当てるという「神宮大会枠」が設けられた。

明治神宮大会は、平成16年（2004）の第35回大会で初のTV中継放送がCSのスカイAによって実現し、今日では第三の全国大会としての地位が高まりつつある。少なくとも高校野球に限っていえば、国体の地位よりもグレードが高いことは間違いないだろう。

先ほどの話に戻るが、選手が無理をしてでも大会に出場しようとするのは、野球の全国大会が、春と夏の2回しかないことにも起因している可能性がある。明治神宮大会の位置付けを「プレセンバツ」から、確固たる一本立ちした全国大会に移行していくのもありだと思う。

全国大会の夏を「甲子園」、春を「センバツ」、秋は「JINGU」と呼んではどうだろう？

また逆に、明治神宮大会を「敗者復活大会」にする考え方はないのだろうか？

確かにセンバツにおける「神宮大会枠」を設けたことは、神宮大会の注目度を一気にアップさせた良案であったと評価したい。しかし、この枠も考え方によっては、不透明さの上塗りにもなりかねない。なぜならば、この大会で勝とうが負けようが、神宮大会に出場した高校のセンバツ出場当確は保証されているからである。

捻くれた考え方をすれば、決勝戦まで進んだチームは、同地区でのライバル高校の神宮枠でのセンバツ出場を阻止することも可能なのである。

センバツの「出場校選考基準」の（5）に、こう記載されている。

「本大会はあくまでも予選を持たないことを特色とする。したがって秋の地区大会は一つの参考資料であって本大会の予選ではない」

常日頃からいわれているように、センバツの選考は主観が入り混じった決め方であり、特に21世紀枠などはまったくもって選考理由が後付けのような感じさえ受ける。

明治神宮大会の欠点は、どこでどう負けても痛くも痒くもない大会ということである。それに対して、センバツ切符を争奪する秋の地区大会はまったく逆だ。なぜならば、この地区大会は高校野球で唯一「負け方」が重視される性質だからである。

話を戻そう。そうであるのならば、明治神宮大会を「負けられない大会」に性質を変えてしまってはどうだろうか？

そのヒントは、過去の明治神宮大会の変遷にある。前述したように、平成12年（２０００）までは各地区の優勝校以外も地区代表として出場していたのである。そこで、神宮大会には地区の優勝チームではなく、当落線上にあるようなチームを出場させるのである。センバツの性質上、決定戦はできないだろうとの前提で、センバツ選考枠は残したままにしておいての出場である。

毎年のように東京、関東の6枠目が問題となっている。そこで、神宮大会には東京の2位と関東の5位を出場させる。もちろん、中国3位と四国3位等、各地区の当落線上チームも出場してのトーナメントである。

優勝校は、無条件での神宮大会枠獲得（センバツ出場権獲得）。優勝校以外はセンバツ選考に回される。選考基準にしてもデータは多い方が納得しやすいだろう。

1999年、四日市工業高校の明治神宮大会優勝

高野連に所属しないチーム

いわゆる中学生のボーイズリーグやシニアリーグの高校生版である。高校球児の中には一度の過ちで高野連の登録から抹消され、野球を断念する者も決して少なくはない。

先ほど示したように、私は27年前の考察で次のような示唆をした。

高校野球＝甲子園＝プロ野球と、現在一般的に考えられている図式が不変的なものではなくなってくる可能性も考えられる、と。また、もっと飛躍して、高校から本場のアメリカに留学し、「アメリカ大リーグ」を目指す者も現れてくるかもしれない、と。

決して多くではないが、こういった選手も現実的に生まれ始めてきている。数々の制限を受ける高校野球連盟ではなく、日本野球連盟（JABA）に加盟して、NPBやメジャーを直接目指す高校生が誕生してきても不思議ではない。

また、プロ野球団が自前で高校世代のチームを持つという、いわゆる「ユースチーム」の創立も考えられないことはないだろう。

プロ野球のユースならば、将来の主力選手として育てていくことを視野に置き、甲子園やその予選での酷使を未然に防ぐことも可能である。

甲子園か？　NPBやメジャーか？　の個人選択や、高野連からの途中下車組にも一隅を照らす機構と成り得るかもしれない。

だが当然のことながら、それには「甲子園を目指す」という前提を自ら取り除かなければならない。しかし、これを真正面から受け止めることができれば、プロ野球・独立リーグ・大学・高校とピラミッド式の育成システムを形成することができ、高校生であっても力さえあれば、プロの試合に出場することも可能となる。

野球界に根強く存在する「プロアマ協定」により、プロ野球と学生野球の間では試合や指導が禁じられているが、高野連に加盟しないこの方法ならいくつかの問題も解消されることになる。だが現実の風を読めば、やはり「机上の空論」となる可能性が高いと感じるが、さて……。

コンピュータ判定

もはや近い将来の導入は避けられないだろう。今やあらゆるスポーツで導入もしくは検討がなされている。それほど誤審は多く、また人間が行う限り避けられない問題なのだと思う。

近未来ではロボットによる審判が登場するだろうと推察するが、私の考える近い将来での導入項目は、とりあえずラインでのジャッジだろう。つまりフェアかファウルかと、フェンスを越えたかどうかの判定である。

特にキャンバス上空や、ポールを巻いたかどうか。あるいはポール上空になると神の域になってしまう。花巻東時代の大谷翔平選手も、多くの観客が誤審と見たポール際のホームランに沈んだものである。

また甲子園のセンバツの歴史でも、ワンバウンドで飛び込んだ本来はエンタイトルツーベースが、誤審によりホームランとなってしまったこともある。後味が悪い誤審を引きずるより、ＡＩ判定に委ねればいいと思う。

次にストライクとボールであるが、ホームプレート上空にカメラが設置されている以上、少なくともコースに関してはＡＩ判定に任せたい。

あと以前から不思議に感じているのが、バッターボックスである。どれほど科学が進歩しようとも、メジャーリーグですらラインカーで引かれている。選手が本塁にスライディングしたら、あっという間に消えてしまう。

宇宙に行ける現代である。テクノロジーを駆使して光とか何か特殊技術で、消えないラインを考え出せないものだろうか?

プロ野球には「ビデオ判定」が導入された。以前からプロテニスでは「ホークアイ」(鷹の目)というシステムが導入され、バレーボールでも「チャレンジ」なるものが生まれてきた。身近なところでは、大相撲では昔から「物言い」というシステムが存在している。

つまり、スポーツの試合において人間の判定には限界があり、誰しもが判定について不満を持ったことがあるということだろう。そして時代の流れとテクノロジーの発展を考慮すれば、間違いなく高校野球界もそう遠くない将来にテクノロジーが導入されるだろう。

導入に際しては、のべつ幕なく判定に異議を唱えてはキリがないので、リクエストの回数の制限は必要不可欠だと思う。高校野球に関していえば、当該の試合に敗れて野球に終止符を打つ選手も存在するはずだ。得点の絡んだ微妙な判定に対しては、球児に悔いの残らないジャッジを望むところである。

第17章

私に野球を教えてくれた恩人たち

高校野球名監督編

愛知県内

東邦
阪口慶三監督
（東邦→大垣日大）

平成16年（2004）に東邦を退任するまで、春夏24度の甲子園で通算25勝を挙げる。山田喜久夫（中日ドラフト5位）を擁し、平成元年の第61回センバツでは優勝を飾った。

私の高校時代は「鬼の阪口」として一世を風靡し、名古屋ではトレンドとなって中京の杉浦藤文監督とともに二大勢力として君臨していた。

平成24年8月7日健大の東海遠征で監督室にて

私は3年生の時に「助監督」に任命され、阪口野球を他の選手よりも近い位置から見つめていた。

また、東邦高校コーチ時代には指導者としての勉強に明け暮れ、その後、新米監督になろうとする私に贈ってくれた言葉があった。

「カケ（私のこと）、甲子園に行きたかったら、二塁から三塁への盗塁をさせろ」という餞別のアドバイスをもらったのは、先ほども話した通りである。

平成21年（2009）8月8日には、健大初の東海遠征で大垣日大のグラウンドを訪れた。新米監督だった青柳監督に対して、甲子園の行き方を伝授してやってくださいと頼むと、いとも簡単に「良い選手さえ獲れば、監督は誰でも勝てる」。そのように言い放たれ、青柳監督が目を丸くしていたのを昨日のことのように思い出す。

それが真意なのか、ジョークなのかは未だに分からないままである。

愛工大名電
中村豪監督
（愛工大名電→豊田大谷）


224勝の工藤公康（西武ドラフト6位）、403本塁打の山崎武司（中日2位）、日米通算4367本安打のイチロー（オリックス4位）。中村監督の教え子のスケールは飛び抜けている。

ある大学の優勝祝賀会にて、「普通じゃアカン。甲子園に行くには練習も試合も、無茶苦茶なことをやらなきゃいかん」。そんな進言を受けた。

「阪口さんには本当に勝てなんだねえ。上手にマスコミを使う」

そんな本音を聞いたこともあった。

私の恩師である阪口監督とは距離感があった

こともあり、練習試合を申し込んだことはただの一度もなかった。それと当時の愛知県では珍しかった全寮制のチームということもあり、なかなか接点もなくお話を聞く機会を逸していたように思い、今となっては後悔している。

とにかく大型打線で攻撃力のチームを作るのに長けており、どこのチームも名電と相対する時には、常にコールド負けが頭を過ったと思う。

享栄
柴垣旭延監督
（西濃運輸→享栄）

春夏4度ずつの甲子園で計6勝を挙げた。最強は近藤真一（中日ドラフト1位）、長谷部裕（中日5位）のバッテリーで春夏連続出場した昭和61年（1986）。

平成5年（1993）9月15日。享栄との練習試合後の同校グラウンドにて。

「甲子園を狙える投手に対してなかなか5点は取れんぞ。失点は4点までが限界かな。俺は練習試合ならピッチャーが3失点で投げてくれれば、勝っても負けてもええと思っとる。3失点なら本番の夏の予選では、勝てる可能性もあるからな」

と、助言をもらう。

そんな見解を聞いた後、「お前の師匠（阪口監督）には、いつも二塁から三塁の盗塁でやられるわ」。そんなボヤキも聞いた。

個人的には最も話をさせてもらいやすい人柄で、私にも気軽に何でも相談に乗っていただいたものである。

逆にある時突然電話があり、うち（享栄）で選手が獲れんようになったんで、お前んとこ（杜若）で何とか獲ってくれんか？

そんなことを同じ県内でも気軽に持ち掛けてくる、気さくで心優しい監督だった。

中京

深谷弘次監督・故人

（中京商→三重→中京高→中京大）

昭和30年代の中京商黄金期を支えた。その後、三重高校、再び中京高校（旧中京商）の監督を務め、中京大学硬式野球部でも采配を振る。

昭和63年（1988）7月28日、私の率いる杜若が、準々決勝で優勝候補筆頭の享栄を4－1で破った試合後に聞いた話。

「優勝したかったら、一刻も早く今日の勝ちを忘れろ。翌日の新聞も見るな」

「常にダブルプレーが狙えるチームを作れば、甲子園は見えてくる」

「打てない投手に対しては、徹底的に打たない練習をした」

と、目からウロコの見解を教えてもらった。

当時の浅はかだった私は、深谷先生の言葉の真の意味が理解できずに準決勝で散った。

愛知県内の野球界にあっては特別なレジェンド的存在で、当時の私の実績ではうかつに話しかけられる立場ではなかった。

ある時、意を決するように突然ご自宅に電話をさせてもらい、中京大学のホームグラウンドでのオープン戦を見学させてほしいと嘆願したことがあった。その時の自分の真意とすれば、とにかく深谷先生と話をさせてほしかっただけである。

試合後に話をさせていただくと予想通りの理論派監督で、持論を惜しむことなく教えてくれた。特に塁の空いている場面でのバッテリー論を熱く語ってくれた。また、根性論には興味がないようで、ピッチャーの全力疾走はナンセンス。そう説明されていたのが今も強く印象に残っている。

岩倉（東京）
望月市男監督・故人
（岩倉→高岡第一→成立学園）

昭和59年（1984）。第56回センバツ大会で、東京代表の岩倉高校が春夏を通じて初出場初優勝というミラクルぶりを見せた大会。

この大会は、前年に夏の3連覇がかかった豪打・池田高校を破って優勝したPL学園が、桑田・清原を擁して戦前から絶対的本命視されていた。岩倉高校は、こちらも豪打のPL学園相手に、エース山口重幸（阪神）の好投で1－0の完封で勝利した。

正直に申すと、私はこの手のキャラクターの監督をかつて見たことがなかった。故人には大変失礼かと思うが、あえて表現させていただくならば、「いつもヘラヘラしている」ような監督だった。

当時の高校野球はスパルタ全盛の時代であり、「監督＝怖い」が世の中の通例となっていた。二言目に出てくる言葉が、「悪いですね」（すみませんね）、「いいですか？」（本当にいいんですか？）のオンパレードで、やたら腰が低くて逆にこっちが戸惑ってしまった。

ユニークな監督で、三度の飯よりも酒が好きだった。呑めば呑むほど元気になり、疲れを知らずエンドレスになるのが玉に瑕《きず》だった。

昭和58年（1983）5月1日の練習試合。私のチームに1試合二度の隠し球に遭遇しながらも、それを気に入ってくれた。翌年センバツ優勝を成し遂げて、招待試合の依頼が全国から舞い込んでいるにも関わらず、わざわざ愛知まで遠征に来てくれるような義理堅さもあった。

親善試合は、昭和59年（1984）5月5日に杜若高校グラウンドで開催されたが、センバツ優勝直後とあって押し掛けた車だけで500台。一般道路まで交通渋滞に巻き込み、豊田市の警察署からお叱りを受けるほどの大盛況だった。

「人生は忍耐と努力」

これが望月監督の口癖だった。勇気付けてくれた。事あるごとに私にそう言いながら、勇気付けてくれた。とにかく文字を書くことが好きで、字が書けるスペースがあればところ構わず、カレンダーだろうが割り箸袋だろうが、格言のような言葉を書き込んだ。

常に笑顔を絶やさず「執念」、「気力」、「気迫」というキャラクターに合わない言葉を連発した。私は「執念」というと、何となく暗くて泥臭いイメージがあったが、形を変えた執念の持ち方というものを、長い付き合いの中から教えてもらった。

のちに富山県の高岡第一高校の監督となっても、変わらず付き合いをしてくれて、愛知と富山とで親睦を深め合った。

第56回センバツ。左端が望月市男監督。
岩倉は望月監督のキャラクターを反映して「ひょうきん軍団」と呼ばれた

星稜（石川）

山下智茂監督

（星稜）

甲子園通算出場25回。野球の技術的指導もさることながら、生徒への人間教育も徹底していたことで知られ、現在でも全国の高校野球指導者が目標とする人物の一人である。

私はどうしても星稜と試合がしたかった。というよりは、星稜の山下監督に何とかして会いたかった。

その理由の一つは、球史に残る星稜対箕島の延長18回の死闘の記憶だった。試合の内容はもちろんだが、何よりも最も強く印象に残ったことがあった。

18回を一人で投げ抜いた末に敗れてしまったエース堅田投手が、黙々とバットを片付けるかたわら、無言でバットケースを持って手伝っ

石川県の招待試合の懇親会にて

ていたのが山下監督だった。この二人の沈黙の中に深い「人間模様」を感じたもので、その答えを私は知りたかった。

昭和59年（1984）の4月22日。私のチームがまだ1回戦ボーイだった頃に、東邦の阪口監督のコネで試合をさせてもらった。案の定ゲームにはならずに、もう二度とやってもらえないだろうと悲観しながら愛知県に帰ったものだ。ところが翌日の朝一番で学校に電話があり、まったく思ってもみない内容を聞いた。

「選手の野球日誌を見たら、多くの者が『感激した』と書いてあった」

「お宅のチームは高校野球の手本のようなチームだった。頼むから毎年やってもらえんかね？」

そんな夢のような言葉をいただいた。一世を風靡した大監督が、雲泥の差がある一介の新米監督に対して、「やってもらえんかね？」という言い回しができる人柄と人間の大きさに、私は「人間模様」の答えを見た。その日から、私は熱烈な山下監督の「信者」となった。

東洋大姫路（兵庫）故人・梅谷馨《かおる》監督

（東洋大姫路）

昭和52年（1977）夏、全国の頂点に立つ。速球左腕・松本正志（阪急1位）を中心に勝ち進み、決勝では東邦の1年生エース、バンビ・坂本佳一（法大－日本鋼管）を攻略した。

自分に厳しくユニークな監督だった。それは昔の逸話からも見て取れる。

昭和44年（1969）夏、東洋大姫路は創部7年目で初の甲子園を勝ち取った。創部以来、監督を務めていた梅谷監督にとっても悲願の達成だった。だが、梅谷監督は甲子園で指揮を執った直後に監督の座を降りる。実は、県大会で優勝を決めた翌日、姫路商の監督をしていた田中治氏の自宅を訪問。直談判して「秋から監督をやってください。私は田中さんの下で一から野球を勉強したい」。そんなことを言える監督だった。

昭和60年（1985）11月23日。杜若高校の創立10周年の記念行事として、東洋大姫路との招待試合を企画した。結果は本校も健闘して4対4の引き分け。エースに長谷川滋利（立命館大－オリックス1位－エンゼルス－マリナーズ）。控え投手には188㎝90㎏の巨漢・嶋尾康史（阪神ドラフト2位）がいた。

監督就任時は報徳学園を意識した。打倒するためにユニホームを「報徳に似せて作った」と聞いた時は、その発想に仰天した。

「グラウンドが狭かったから、外野の練習はとにかくバックホームをやった。内野のノックよりも多く外野ノックを打った。だからワンヒットでの得点は絶対といっていいほど食い止めた」

そう言って、外野オーバーよりも前の打球を

杜若高校創立10周年記念招待試合にて

処理する重要さを力説してくれた。

松本正志、安井浩二（明治大）のバッテリーで全国制覇したチームはとにかく強かった。

「夏の大会前にいっぺん負けさせとかんとアカンと思って、前日にくたくたになるまで練習させた。それでも足らんと思い試合当日も走り回らせ、ウサギ跳びを延々やらせて叱り倒してから試合をさせたが、それでも勝ちよった」

何があっても負けないチーム。そんなエピソードを聞いた。話の相槌として、「何をおっしゃいます」という言い回しが耳に残っている。

池田（徳島）
故人・蔦文也監督
（徳島県立池田）


「攻めダルマ」の異名を持ち、「さわやかイレブン」、「やまびこ打線」として知られる池田高校野球部を40年間指導。春夏の甲子園において優勝3回（夏春連覇1回）、準優勝2回の実績を挙げた。

昭和63年（1988）4月19日に池田高校を訪問して、練習見学をさせてもらった時のグラウンドで、「わしは甲子園に行くのに20年もかかった。木のバットのままやったら一生行けなんだと思うわ」。そして、1本の金属バットを手に取りながら話を続けた。

「なあ太いやろ。太い方が大きな音がして、ようけ飛ぶんじゃ。もうバントなんかできへんな。飛ばした方が勝つんや」

と、見解を教えてもらった。

次に話を聞いたのは、同年6月26日に練習試合で愛知に来てもらった時の試合後、名鉄阿久比球場のグラウンドにて。

「あんたんとこのピッチャー、大っきいしええ球放るわ。打つのもええな」

「わしはピッチャーのええ時は、バッティング

昭和63年６月26日名鉄阿久比球場にて

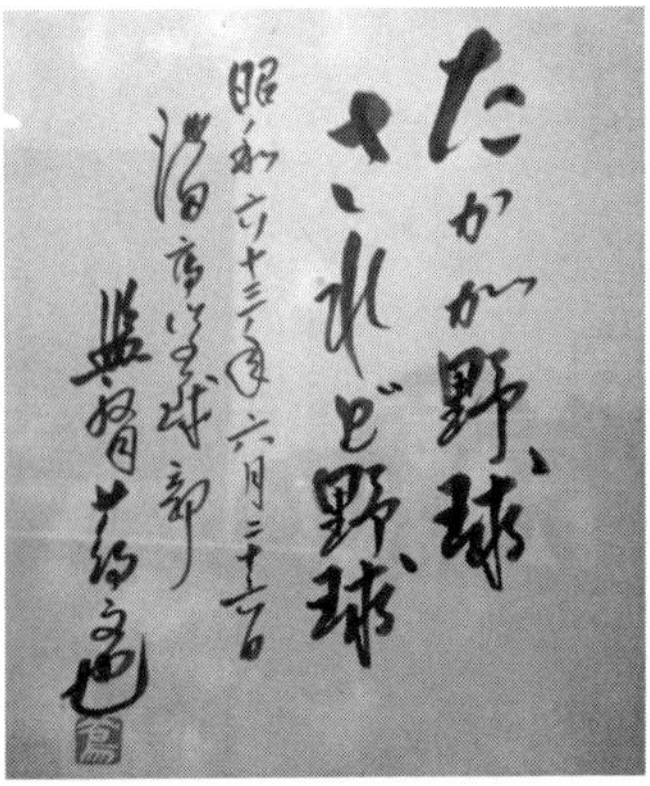

その時に書いてもらった色紙

ばっかしよった」

との助言。その時にいただいた色紙には、「たかが野球、されど野球」と書かれてあった。

箕島（和歌山）
故人・尾藤公監督
（和歌山県立箕島）

昭和41年（１９６６）箕島高校監督に就任。監督3年目の昭和43年（１９６８）第40回センバツ大会では、東尾修投手（西武ドラフト１位）を擁して初の甲子園出場を果たす。それから2年後の昭和45年（１９７０）、第42回センバツ大会では、島本講平投手（南海ドラフト１位）を擁して甲子園大会で初の優勝を飾った。

　若い頃は選手らに対してスパルタ指導で鍛え上げたが、成績が伸び悩んだ昭和47年（１９７２）5月に信任投票を行い、不信任票が一票あったため一度監督を退く。

昭和49年（1974）9月から、再び箕島野球部監督に復帰してからは、練習の厳しさは変わらないものの、試合中はいつも笑顔で接するようになった。それにより選手たちは伸び伸びとプレーするようになったという。

平成2年（1990）の6月24日に、箕島との練習試合に臨んだ。和歌山の吉備球場という場所を確保してくれていて、一人大型バスを運転しながら乗り込んだ。朝の9時前に到着し、ようやく憧れの尾藤監督と初体面を果たした。

「おお、よう来たの。星稜の山下さんから話はよう聞いとる」

そう気さくに話しかけてくれたものの、その手に持っていた飲みかけの缶ビールには仰天した。尾藤さんの豪放磊落な人柄を示すエピソードでもある。

試合は私のチームが1試合目は6‐5で勝ち、2試合目は2‐2で引き分けた。試合が終わると、「お前、厳しい野球やりよるな。山下さん

平成2年6月24日吉備球場にて

が言うた通り、聞きしに勝る野球やわ」。

そんな言葉の後に、「いっぺんも勝たれんままでは面白うない。今度はわしが行くでな。ようけビール冷やしといてくれ」。そんな言い回しで私を評価してくれたのだと思う。

そういった経緯もあり、新チームになった平成2年（1990）8月18日に本校に出向いてくれて再戦を果たすことができた。結果はまたも3－3で引き分けに終わり、「勝つまで来るでな！」。そう言い残してから1年後。平成3年（1991）8月19日。尾藤さんの執念が私を勝り、乱打戦の末に15－16で敗れると、2試合目も2－11と本校は完敗した。

その頃には、尾藤さんは私を弟のように可愛がってくれていて、どんな話でも気さくに話ができる人間関係になっていた。

沖縄水産（沖縄）
故人・栽弘義監督
（小禄→豊見城→沖縄水産）


昭和46年（1971）に豊見城高校に転任し、昭和50年（1975）春、2年生エース赤嶺賢勇（巨人ドラフト2位）を擁して甲子園初出場を果たす。豊見城では、春夏合わせて6回甲子園に出場し、3回準々決勝に進出したものの、ベスト8の壁は破れなかった。

その後、昭和55年（1980）、沖縄水産高校に転任し、昭和59年（1984）夏に初出場を果たすと、昭和63年（1988）まで5年連続で夏の甲子園に出場するなど、黄金時代を築いた。

昭和63年（1988）夏に初めてベスト4に進出すると、平成2年（1990）夏、平成3年（1991）夏には2年連続で決勝戦進出を果たした。

平成7年（1995）。教え子の三井裕之（沖縄国際大）の大学進学依頼のために沖縄に出向いた。面会場所は那覇空港近くの完全会員制のSEAMEN'S CLUB（シーメンズクラブ）というアメリカンレストラン。

店内は基本的にはアメリカということで、メニューの値段等はすべてドル表示になっていた。店員も片言の日本語交じりの英語で注文を取りに来た。こっちはお願いに出向いた立場で、ごちそうになるわけにはいかない。雰囲気に圧倒された私は、思わず洗面所で財布の中身を確認したものだった。

裁監督は大変な物知りで、野球以外の各分野にも精通しており、会食の中でも博学ぶりを発揮していた。多彩な趣味の中でも、「私はカーキチ（車好き）」なんですよ」の言葉には驚いた。「昔は黄色のキャデラックに乗っていた」というのも、まったく想像ができなかった。

平成11年5月沖縄水産グラウンドにて

「野球は、非絶対的勝負なんだよ。正しいことが間違っとるかもしれん。間違いが正しいかもしれん。だから野球は面白いんだ」

「一つのチームはね、風船玉みたいなもんなんだ。だんだん圧力が加わって、いつ破裂するか、その圧力に耐えた方が勝つんだよ」

ほろ酔いになった頃から、少しずつ自分の野球観を語ってくれた。

プロ野球名選手編

まずはじめに、次のことを説明しておかなければ話がつながらないのである。

高校3年生の秋、私は一人上京して巨人軍の多摩川グラウンドにて新人テストを受けた。応募者１５０名の難関に挑み、最終テストの５名まで残るが、結局失格に終わり大学進学を決意する。

大学2年生のシーズンオフに、大洋ホエールズの新人テストを受けるがまたもや失格。翌年にはヤクルトスワローズのテストを受けるも、やはり失格となって現役を断念して引退する決心をする。

野球を引退してからは、進むべき道を模索するように、テレビの創設時から芸能界にいた振付師の叔父・竹部董《ただし》の誘いと、実兄の欠塚寿国《かけづかとしくに》（ジャッキー吉川とブルー・コメッツのマネージャー）、親戚の神田正輝（俳優・元石原軍団）などの影響を受け、芸能界に一時期身を置いた。ジャッキー吉川とブルー・コメッツは、「ブルー・シャトウ」で第9回日本レコード大賞を受賞している。

私の仕事の内訳は、フジテレビ「夜のヒットスタジオ」、「土曜グランド・スペシャル」、芸能人スポーツ大会（オールスター水泳、野球、バレーボール大会ほか）、各種バラエティ番組、ドラマ、NHK「600こちら情報部」等で、出演やアシスタントをしていた。

ちなみに、大磯ロングビーチで収録されていた「芸能人オールスター水泳大会」のスタートのピストルを撃っていたのは私である。

芸能界での仕事の関係で、フジテレビより女子野球チーム発足にあたりコーチに任命された。その女子野球チームの「ニューヤンキース」は、女子プロレスを作ったフジテレビが、女子プロ企画の第二弾として発足させ、全国のオーディションで採用した女子選手を集めたセミプロチームだった。

監督に「青バット」で一世を風靡した大下弘氏を任命し、対戦チームを人気芸能人で編成すると、毎週土曜日のゴールデンタイムに、横浜スタジアムをホームグラウンドとして、全国ネットで試合が放映された。

選手には、女子プロレスの長与千種とタッグを組んだ「クラッシュギャルズ」のライオネス飛鳥や、西武・ヤクルト等で監督を歴任した広岡達朗監督の長女も在籍していた。

昭和53年（1978）8月22日（火）、アメリカに遠征。カリフォルニア・エンゼルスの本拠地、アナハイムスタジアムにて「ジャパンナイト」と銘打ち、ジョー・ディマジオ監督率いる全米大リーグOBチームと対戦した。

日本からはゲストとしてピンクレディー。解説者に関根潤三氏、豊田泰光氏、ノッカーとして当時中学生だった長嶋一茂氏を同行させた。

昭和53年（1978）11月19日（日）には、日本シリーズを制覇して日本一に輝いた、広岡監督率いるヤクルトスワローズのファン感謝デーのイベントとして、ヤクルトの現役チームと神宮球場で対戦した。

また、女子野球コーチの任命とほぼ同時期に、監督の大下氏より、自身が経営する「大下弘野球学校」のコーチを依頼される。

フジテレビ女子野球コーチ時代・横浜スタジアムにて

当時のニューヤンキースの注目度を示す「週刊ベースボール」の記事。アメリカ遠征・アナハイムスタジアムにて

二つ返事で承諾した理由は、両チームのコーチや講師に名を連ねたスタッフがあまりにも豪華すぎたからに他ならない。

では、大下監督を筆頭に、その豪華すぎる指導陣を紹介していきたい。

監督

大下弘・故人
（元西鉄ライオンズ）

「赤バット」の川上哲治と並び、「青バット」で戦後の日本の空に虹のようなアーチを架けた。1試合7打数7安打等の記録を残した天才打者。

大下氏について、読売ジャイアンツ、西鉄ライオンズの監督として「知将」、「魔術師」と呼ばれた三原脩氏は、次のように語っている。

「日本の野球の打撃人を5人挙げるとすれば、

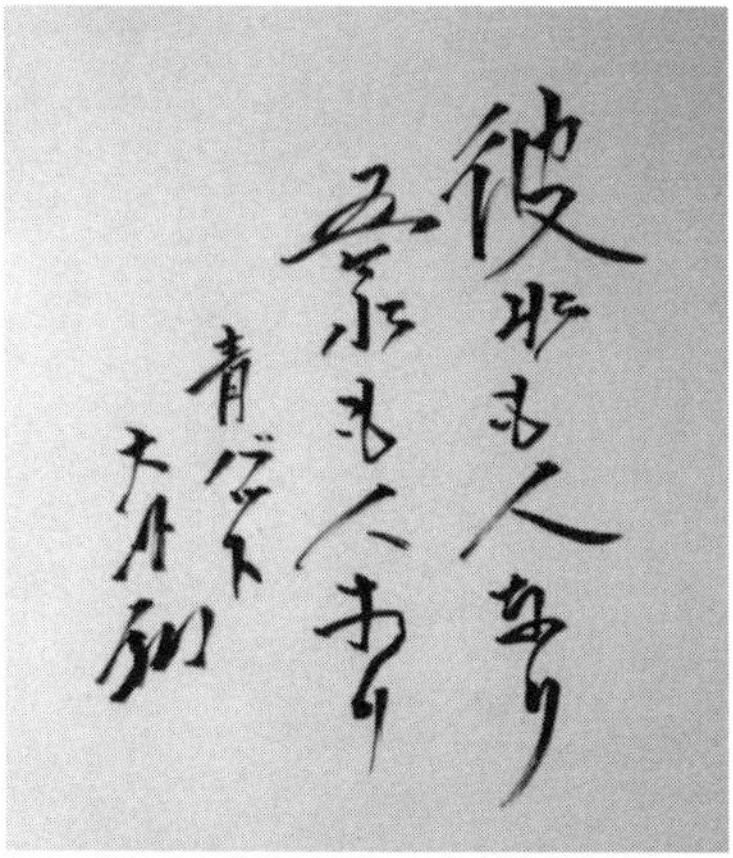

大下氏からいただいたサイン色紙

青バットの天才打者と呼ばれた

『川上哲治、大下弘、中西太、長島茂雄、王貞治』。3人に絞るとすれば、『大下、中西、長島』。そして、たった一人選ぶとすれば、『大下弘』」

　大下さんには数え切れないほどのアドバイスをいただいたが、特に印象に残っているのは、千葉の自宅マンションにて、鉄子夫人のちゃんこ鍋をごちそうになりながら聞いた言葉である。

「カケちゃん（私のこと）、バッティングを型にはめたらダメ。バッターボックスには人それぞれの世界がある」

　そう、いつも通りの笑顔を絶やさず話してくれた。その時に書いてもらった色紙は、健大高崎の第二健心館の廊下に飾っていた。

　市営平和公園の墓碑には、「球に生き、球に殉ず身、果報者 青バット 大下弘」と刻まれている。

バッティングコーチ

豊田泰光・故人
（元西鉄ライオンズ）

日本人史上初の遊撃手での首位打者を獲得するなど、遊撃手として屈指の打撃力を誇った攻撃型ショートであった。

豊田氏以外の日本人遊撃手の首位打者は、プロ野球歴代で平成22年（2010）の西岡剛と、平成28年（2016）の坂本勇人のみである。

攻撃力の傑出度を測るRC27は、遊撃手史上最高の数値を記録しており、25歳5か月での1000本安打達成は榎本喜八、土井正博に次ぐ歴代3位タイの記録。

VTR本番収録のため、長野県茅野市の白樺湖の旅館「君待荘」での食事中のことだ。

「プロ野球に譲り合いなんてない。俺が捕って、俺が打って、俺が決める」

ガキ大将のように歯に衣着せぬ言い回しの持論を、私は圧倒されながら聞いていた。

近藤和彦・故人
（元大洋ホエールズ）

唯一無二の「天秤打法」と称された。大洋に入団して鹿児島キャンプに来た近藤さんは、大鏡の前で素振りをしていた。そこに通りかかった青田昇さんが、30秒ほど素振りを見てから「相撲取ろうや」と持ちかけてきて、青田さんの上手投げで近藤さんは投げ飛ばされた。

すると青田さんが「大下（弘）は手首が無類に強かった、与那嶺（要・巨人）も凄い筋力を持っていた。お前みたいな非力なやつがそんな構えじゃプロのボールに負けるぞ、もっと速い球をどう打つか工夫してみろ」と、近藤さんはキャンプ初日に打撃フォームを否定されてしまったという。

昭和53年（1978）11月19日（日）、神宮球場にて。

「バッティングはタイミング。力まないでスイングができるトップを作る」

軟式ボールがまるでバットにくっ付いているかのように、フリーバッティングでミートしながら実践してくれた。

また、キャッチングも芸術的に素晴らしく、私は「この人の技術は天才だ！」と、尊敬の眼差しで眺めたものである。

現在、ソフトバンクの柳田悠岐の影響もあって生まれてきた「マン振り」。天国の近藤さんには、どのように映っているのかを知りたいものだ。

斉藤宏

（元東急フライヤーズ）

渋谷区の「広尾スポーツ」の経営者でもあった斉藤さんからは、広尾スポーツ店内にて、次のような教えを受けた。

「素振りと同じバッティングができたら、誰でもプロになれるさ」

「崩された時にいかに対処できるかが実戦のバッティング」

ピッチングコーチ

関根潤三・故人

（元ヤクルトスワローズ監督）

打者で1000本安打、投手で50勝の元祖二刀流。監督としては、優勝はおろかAクラスにも一度しか手が届かなかったが、若手を積極的に実戦に投入した実績から、人材育成の名手として評価された。

昭和54年1月21日（日）、VTR本番収録での沖縄遠征帰りの飛行機にて。

「ちゃんとした選手は、放っておいても自分で練習して育つ」

そんな持論を展開してくれた。

秋山登
（元大洋ホエールズ監督）

昭和53年（1978）12月26日（火）、横浜スタジアムにて。

「投手は育てられるものではなく育つもの。指導者が『育てた』というのは、おこがましい言い方だよ」と、素振り用の鏡台の前で、シャドーピッチングをしながら教示してくれた。

「サブマリンは芸術作品」、「流れるように投げろ」とも語っていた。私はこの時から40年間、指導において一度も「育てた」という言葉を使ったことがない。

寺島達夫・故人
（元東急フライヤーズ投手・俳優）

神宮の室内練習所のブルペンにて。

「ピッチャーに球離れの早い遠投の肩は要らない。勝負は18・44mで決まるんだ」

そう呟くように話してくれた。また、当時ではまだ珍しかったスライダーの握りも教えてもらった。

守備コーチ

吉田義男
（元阪神タイガース監督）

その身のこなしから「牛若丸」と呼ばれた。華麗で俊敏な遊撃守備は、「捕るが早いか投げるが早いか」、「蝶が舞い、蜂が刺す」、「史上最高の遊撃手」などの賞賛を受けた。

昭和53年（１９７８）11月18日（土）、川崎球場グラウンドにて。

「打球は握らない。早く投げるには捕球と同時に右手もグラブに持っていく」「私の捕球はいつも両手捕球のように見えたはず」

「普通、両手で捕るのは、正確に捕球するため、私の場合は早く投げるため」

だから私は突き指が多かった、とエピソードを交えて若造の私に敬語で優しく語ってくれた。

トレーナー

小守良博
（元巨人軍トレーナー）

長野県茅野市の白樺湖の旅館「君待荘」にて。「大リーグでは水よりも飲んだ気になり、水よりも胃に溜まらない飲み物があるんだよ」と、教えてくれた。

今でいうスポーツドリンクのことだったらしい。当時は想像すらできず、「魔法のような水がアメリカにはあるんだなあ」と、ぼんやり聞いていたのを覚えている。

ルール

二出川延明・故人
（元プロ野球審判）

「俺がルールブックだ」の名セリフを残したことでも有名。

二出川さんはクロスプレーでアウトの宣告を下したが、攻撃側から「ノータッチだ」との抗議がなされた。翌日の新聞に、クロスプレーの写真が掲載され、捕手がランナーにタッチしていないことが明確にされたが、二出川さんは新聞の写真を一瞥し、「これは写真が間違っている！」と平然と言い放った。

「野球人生で一度遭遇するかしないかのルールを覚えるよりも、大切なのは今日や明日にも起こるかもしれないルールを熟知することだ」

後楽園球場の選手ロッカーの椅子に腰かけながら、この言葉を静かに聞いたものだ。

特別講師

ジョー・ディマジオ・故人
（元ニューヨークヤンキース）

二度の来日時とアメリカ遠征で、氏独自の「ディマジオ・グリップ」の説明を受ける。これは夢ではないのか……。

昭和53年（１９７８）４月12日（水）、後楽園球場で大下さんを介し、伝説のディマジオと面会させてもらったが、私は緊張で喉が渇き身体はこわばり、膝がガタガタと震えていた。

そんな私に、ディマジオは「グリップを絞らずに極限まで引き付け、フォロースルーを長くして打て」と、実際にバットを振りながら説明してくれた。

56試合連続安打は
不滅のメジャー記録
(マリリン・モンローの元夫)

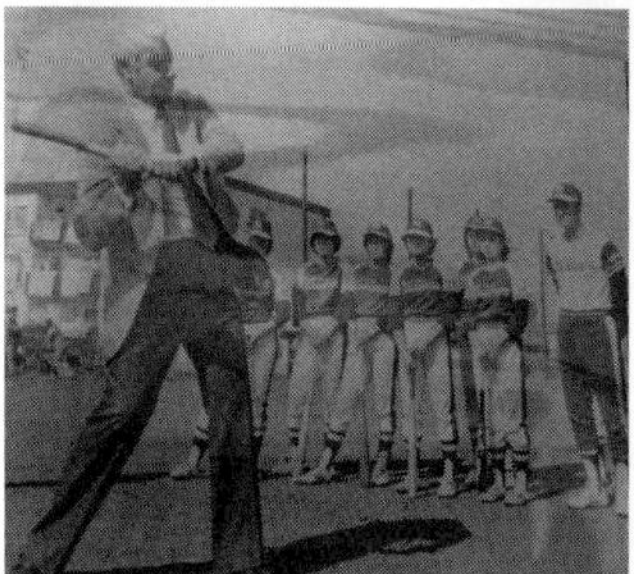

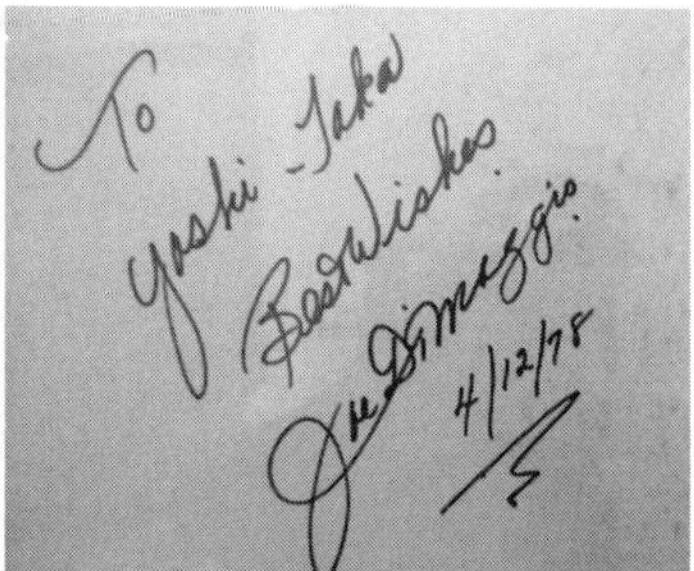
To
Yoshi-Taka
Best Wishes.
Joe DiMaggio
4/12/78

当時から、日本では「グリップは雑巾を絞るように持て」というのが定説だったので、思わず緊張を忘れて半信半疑で聞き直したものだった。その時に書いてもらった、「To yoshitaka（私の名前）」が入ったサイン色紙は私の生涯の宝物である。

コーチ以外の達人たち

山内一弘・故人
（元毎日オリオンズ）

インコース打ちの天才。内外角のボールを左右へ巧みに打ち分けるバットコントロールの持ち主で、「シュート打ちの名人」といわれる職人的な技術を持っていた。特に内角球に対して肘を折りたたんで振り出す独特の打法は、稲尾和久氏や野村克也氏からも絶賛されている。

野村氏は、現役時代に捕手守備時のマスク越しや、オールスター戦のネクストバッターズサークルにいる時などに、山内さんの打席を穴が開くほど観察し、そのフォームや内角捌きを参考・手本にしたことで、自身の三冠王の獲得にもつながったと語っている。

VTR本番収録で愛知遠征。昭和53年（1978）12月3日（日）、半田市営球場にてインコースの打ち方を徹底的に教えてもらった。

「インコースを前（投手側）で打ったらファウルにしかならん。インパクトはセーフティバントの形と同じ」

野球界の悪いバッティングの常識としていわれていた、いわゆる「腹切り」を正論として論破する理論には、天地が引っくり返るほどの衝撃を受けた。

「ボールには打つところが5か所ある。内側、外側、上、下、真ん中だ」

あんな小さなボールに対しての見解には、ため息しか出なかった。

広岡達朗
（元巨人・ヤクルト・西武監督）

現役時代は読売ジャイアンツで活躍し、引退後は広島東洋カープ守備コーチ、ヤクルトスワローズヘッドコーチ・監督、西武ライオンズ監督を歴任。

監督としては、最下位球団だったヤクルト、長期に渡って低迷していた西武をリーグ優勝、日本一へと導いた。

広岡さんが守備の手本としたのは、昭和33年（1958）秋に日米野球で来日したセントルイス・カージナルスの二塁手ドン・ブレイザーだったという。広岡さんは、基本的動作を一からすべて丁寧に練習するブレイザーを見て、「自分はそこまで丁寧にやっていないことに気付かされた」と感銘を受けた。自らの守備理論の確立には、ブレイザーが最も大きな貢献をしたと語っている。

広岡さんの長女がフジテレビの選手でいたこともあり、特別に神宮室内練習場でのヤクルトの練習を見学させてもらっていた。通い詰めた見学回数は、のべ100回は優に超えたと思う。

「上手くなるためには、足を使って投げるために捕ればいい」

「ボールを待つな、捕りに来い！」

「スローイングの基本はサイド」

何度この言葉を聞いたか分からない。

第18章

忘れられない思い出の数々

初心の継続
今は、あの頃の未来なのか？

少し古い話になるが、ＳＭＡＰ初のミリオンセラーシングルで、スガシカオ作詞の『夜空ノムコウ』の歌詞に、「あの頃の未来に、僕らは立っているのかな……」というフレーズがある。

「初心忘（れ）るべからず」

誰しもが耳にしたことのある言葉であろう。

私が杜若高校で監督をしていたチームの選手には、「初心を忘れる者はすべてをなくす」という言い回しで伝えていて、その時の男子マネージャーの野球ノートには、すべての表紙にその言葉が大きくマジックで書かれていた。

時は流れて、私はそのマネージャーの仲人をすることになった。結婚式の当日、結びの言葉としてその新郎であるマネージャーの口を衝いて出たのは、あの時の言葉そのままだった。教え子からの思わぬ言葉に、私は自分の心を恥じた。初心がぼんやりしていた自分がいたからだ。

人間とは弱いものである。いくら心に誓ったことであっても、月日が流れるとともに色あせていってしまう。しかし、その心の緩みに気付かせてくれる何かが存在すれば、大きく軌道を逸する前に修正が可能である。

色あせてきた選手の心を映し出す尺度が私の中にはある。

一つ目は「おはようございます」という挨拶。入部当初は「おもてなし」ではないが、はっきりと丁寧に「おはようございます」と誰しもが言っていたはずである。だが、時間の経過とともに「おざいます」になり、最後は「おざす」となる。

二つ目は、練習以外でのアップシューズの靴ひもである。最初しっかりと結んであったひもは徐々に緩み始め、最後には結ぶこともしなくなる。靴ひもの緩みの分だけ初心が緩んで揺らいでいる。

先ほどの話の中のマネージャーは、現在東京の一角で事務所を構え、特殊な印刷分野を主とする会社の社長となっている。多岐多様の注文があり、東京ディズニーランド内の案内掲示板にも採用されていると聞いた。

彼の名前は、竹ノ内久之。「初心を忘れる者はすべてをなくす」は、今もなお彼の心の中と社員に伝承され、脈々と受け継がれているに違いない。

忘れられない選手たち

私の今までの40年間の高校野球の指導者人生において、出会った選手はそれこそ数え切れない。思い出深い選手も数多くいるが、ここではその中でも特に忘れられない選手3名を紹介したいと思う。

さあ、私の自慢の教え子たち。破天荒な齋藤雅路、ミスター投手の秋葉知一、ザ・バットマンの山下航太の登場である。

齋藤雅路

（杜若→東京ガス）


とにかく暴れん坊の中学生だった。身長186センチ、いかり肩で風を切って歩く無精ひげの風貌は、まるで野武士を彷彿させた。

愛知県豊田市立高岡中学校に、豊田リトルシニアリーグに所属するスラッガーがいると聞いた。だがしかし、齋藤は素行が悪すぎてどこの高校も手を付けることができない「未完の大器」だった。

中学校訪問で学年主任を訪ねて勧誘の意思を伝えたところ、「あの子は高校に行けるような生徒ではない」と突っぱねられた。しかし、そんなことは百も承知で来ている私は「会わせてほしい」と懇願した。

学年主任は困惑したような顔で「校長に相談させてほしい」と言い残し、席を立って応接室から出ていった。しばらく経って戻ってくると、「直接校長に会ってもらう」と場所を校長室に移しての話し合いとなった。

「話はありがたいが、きっと高校に迷惑がかかる」と乗り気でないのが校長の姿にも伺えた。それでも会わせてほしいと校長に判断を委ねると、何やら学年主任に耳打ちをして主任は校長室を出ていった。

主任が戻ってくるなり、次々に先生たちがドアをノックした。副学年主任、担任、副担任、生徒指導部長、部活動顧問と、私を含めて校長室は一気に8名の人間で溢れた。

長いやり取りの中、校長が「どうしても会われますか?」と、最後の意思表示を尋ねてきたので、一言「お願いします」とだけ答えた。

担任が「職員室に呼んであります」と職員室に隣り合わせた校長室のドアを開け、「あの生徒です」と指を差した。その指の先には担任の机の上に胡座をかいている齋藤の姿があった。

二人だけで話をさせてくださいと申し出て、最初に通された応接室に入って初めて齋藤と面会した。挑むような眼だった。私は第一声「野球は好きか?」と聞くと、不敵な笑みを浮かべながら「打つのはね」とニヤリと笑って答えた。

夜、齋藤の家に電話を入れた。最初は母親が出たので、簡単に今日の経緯を話したのちに承諾を得て本人に代わってもらった。

「齋藤、野球で俺と心中しろ」

それだけ言って電話を切った。

昭和59年(1984)、いくつかの障壁を越えながら、たった一つの約束だけをして齋藤は杜若高校に入学することになった。その約束とは「ケンカだけはするな」。それだけだった。

しかし入学式当日、早々に約束は破られた。あろうことか同級生に反社会的勢力の組長の息子が入学していて、校内で火花を散らしていたのだった。入学式後の私の役割は校門指導で、下校する生徒と保護者の見送りだった。杜若高校の校門を出たところは長い下り坂になっていて、その側面は急な崖のような草むらが広がっていた。

齋藤の母親が私と挨拶をしているのを尻目に、齋藤は私の目の前を何食わぬ顔で通りすぎ、数十メートルほど坂を下った時に「事件」は勃発した。待ち伏せをしていた組長の息子と齋藤がいきなり組み合うと、あっという間に組長の息子は十メートル近くもある草むらを転がり落ちていった。

約束を破ったとして、私が齋藤に二人だけの「特別指導」をしたのは言うまでもない。

そんな齋藤にも憎めない部分があった。とにかく野球（バッティング）が好きだった。バッティング練習に関しては、朝から晩までバットを振っていた。

こんな逸話がある。斎藤の家は学校から自転車で5分足らずの場所にあった。私と二人だけのマンツーマン指導は熱を帯び、深夜0時近くにまでに及ぶこともあった。

齋藤が自転車で帰宅途中に、巡回中のパトカーの警察官に呼び止められた。「こんな時間に何をしているんだ？」と聞かれ、「さっき練習が終わりました」と何食わぬ顔で答えた。

警察官が疑いの眼で見つめていると、生徒手帳から私の名刺を取り出し、「自分の責任者はこの人です」と差し出した。以前に齋藤の親御さんに渡した名刺をちゃっかりと手帳に忍ばせておいたのだった。

入学後の齋藤のバッティングは非凡なものがあり、入部4か月で19本のホームランを打った。在学中の成績はベスト8が最高だったが、3年間で当時の愛知県記録の藤王康晴（享栄→中

杜若高校監督時代の著者

高校時代の齋藤雅路

日）の49本を破る51本塁打を放ち、社会人野球の名門・東京ガスに進んだ。私との親交は今も続いている。

秋葉知一

（四日市工→国士館大→日産自動車→JR東海）

私の長男の毅がキャプテンを務めていた時の四日市工業エースであり、息子とともに2年生の平成11年（1999）に夏の甲子園、平成12年（2000）の3年生の時にはミレニアム・センバツと呼ばれた大会にも出場した。

また、前年の第30回明治神宮大会では東海地区代表として出場し、各地区の強豪校を打ち破り初優勝も飾った。決勝戦では内海哲也（東京ガス→読売ジャイアンツ）を擁する敦賀気比と、強風が舞う神宮で一進一退の攻防を展開し、14対13の乱打戦を制した。

さて話は遡り、中学時代の秋葉は、四日市市立三滝中学校のエースとして君臨した左腕であった。球持ちが良くてボールが指に掛かるというよりも、くっ付いて離れないような感覚を持っていたことを思い出す。

実家は熱心な天理教の信者であり、進学先は天理高校が鉄板であるとされていた。事実、市内の中学軟式野球部の監督たちに尋ねても同様の答えだった。一方で私の息子は進路先を四日市工業と決めていたが、当時の三重では海星高校が君臨しており、有望で名だたる中学生はこぞって海星で甲子園を目指した。

四日市工業が海星を破って甲子園への道を切り拓くためには、秋葉は絶対になくてはならない存在だった。個人的に何度もあちこちの球場に足を運び、何気ない会話を交わしながら四日市工業への進学を推し進めていた。

経緯はいろいろあったが、秋葉は晴れて四日市工業に入学を決めてくれた。私は当時の尾﨑英也監督とは旧知の仲だったこともあり、父母会での仕事はアドバイザー的な位置で選手と関わることになった。

試合中はネット裏からのデータ処理が主な仕事となり、必然的にバッテリーとの会話も多くなった。試合が終わるごとに捕手には配球、ピッチャーにはフォームのチェックを指南した。

入学早々に頭角を現した秋葉は、すぐにベンチ入りメンバーとなり、遠征にも同行するようになった。彼の性格は真面目なのか強情なのか、悪く言えばまったく融通の利かないタイプの人間だった。思い込みも激しく、自分の描いていたものと現実のギャップがあれば思った通りに意見を言う。

1年生ながら春の東海大会でベンチ入りとなり、いきなり優勝を経験した。事件はその後すぐに起こり、突然「辞める」と言い出した。当時の松岡嘉典部長が問いただしたところ、「自分の描いていた四日市工業とは違う」、「憧れていたチームワークではない」として部を去ろうとしたが、関係者のたゆまぬ説得で何とか持ち堪えた。

良い意味でも悪い意味でも、常に自分の善し悪しを冷静に客観的に判断しようとして、チームが勝っても自分が不甲斐なければ手放しで喜びはしなかった。秋に行われた1年生大会で四日市工業は優勝を果たしたが、秋葉は肩を痛めて出場できず、代わりにエースとして毅が全試合に登板することとなり、秋葉はすこぶる機嫌が悪かった。

そして、2年生の夏にライバル海星を逆転サヨナラで破って甲子園を決めたが、得意のカーブを打たれて途中降板となったことに至って不満そうだった。

とにかく無類のピッチング好きで、投げることが殊《こと》の外好きだった。何につけてもピッチングの弊害になることが大嫌いで、バッティングも疲れるし投げるリズムが崩れるので「打ちたくない」と言っていた。

四日市工業の修学旅行は、冬に志賀高原でスキー合宿と決まっていたが、「センバツ前に怪我したらどうするんですか」と言って、ここでも松岡部長を困らせた。

オープン戦で関東遠征をした時のことである。浦和学院とのゲームで初回に打ち込まれてベンチに戻るや否や、「今日は調子が悪いので、ブルペンで調整させてください」と平然と言い放った。

極めつけは明治神宮大会の初戦で、東海大相模と投手戦で延長戦に突入した時に、なかなか援護してくれない味方に業を煮やした。嫌いなバッティングのはずだったが、自分の打順が来ると4番打者だった佐藤勇太（JR東海）がトイレに行っている間に、彼のバットを寸借してホームランでケリをつけた。

こうやって書いていると、わがまま三昧で利己的な人間のように誤解されそうなので、秋葉の名誉のために弁解させてもらおう。

JR東海での秋葉知一

四日市工業コーチ時代・
横浜高校長浜グラウンドにて

彼は、決して利己的でも協調性がないわけでもない。ただ、真面目さと素直さが度を超えているだけなのだと思う。チームメイトはそんな秋葉の人間性は十分に尊重していたし、尊敬もしていたものである。

時間があれば秋葉は私の家に来た。私の家の庭にはいつでも練習ができるように、ティーバッティング用のネットと、シャドーピッチング用のマウンドが作ってあったからだ。

食事をしていても、テスト勉強をしていても、いつの間にかピッチングの話に及ぶ。就寝前は必ず庭でピッチング練習を欠かさなかったものである。

ピッチングの虫。そうでなければ12年も連続で、社会人の全国大会に出場することなどできはしなかっただろう。

山下航太

（健大高崎→読売ジャイアンツ）

高校野球に携わって40年。これほどの練習の虫を見たことがない。練習の虫といってしまうと後先考えず、ただやみくもに言われたことだけを黙々と続ける選手を想像してしまうが、まるでそうではない。どちらかといえば、それとはむしろ対極的な選手だった。

質問がやたらと多く、常に「なぜ」、「どうして」と尋ねてくる姿勢は、伝記の人物で「なぜなぜ坊や」と呼ばれたエジソンのような高校生で、とにかく自分で納得しない限りバットを振ろうとしない。

平成29年（2017）のアウトオブシーズン。チームメイトの高山遼太郎に、インコースの打ち方をしきりに尋ねていた。高山はバッティングに関しては非凡で、こと変化球やインコース等の難しい球を捌く打法には目を見張るものがあった。

私は聞き耳を立てながら、横目で何を話し合っているのかを観察したものだ。高山と山下は根本的にスイングの軌道が異なり、最短で上からバットを出す山下に対して、高山はグリップ先行でバットを下から出すローボールヒッターだった。

高山による山下へのアドバイスは、球がバットに当たってからの内容では的を射ていたが、私は球が当たるまでのバットの角度に問題があると感じていた。

正月休みに入り、私は実家の三重の自宅物置からリトルリーグ用の短いバットを探し出した。それは、息子たちが小学生の頃に私が教える際、使っていたバットだった。

正月休みも終わり練習が再開となった時に、何も説明することなく「右手一本で打ってみろ」とだけ言ってリトルリーグ用のバットを手渡し、例によって、何か聞きたそうな顔を尻目に踵《きびす》を返してその場を立ち去り、まずは「コマセ」を撒いてみた。

2週間ほど一人で試行錯誤を繰り返していたのだと思う。ある日とうとう大物が喰いついた。練習後に突然山下が私のところに来て、唐突に放った言葉が「インコースの打ち方を教えてください」だった。

私は「インコースなんかに固執するとロクなことがなくなるし、むしろアウトコースを右中間に運べるようにした方がいいと思う」と、そんな内容で返答したかと思う。

しかし彼の意志は予想外に強く、インコースという言葉を聞くだけでも嫌で、何とか克服したいと迫ってきたが、私は「やめとけ」と突き放した。それでも「どうしてですか?」と、しぶとく食い下がってきたので私は本心を語った。

「真剣にインコースに取り組んだら、当分の間試合では打てなくなる。試合で打てなければ、監督やコーチに叱られてBチーム行きになるぞ。それに耐えられる覚悟があるのか?」

しばらく間があったが、「それでも打ちたいです」と答えてきたので、それ以上拒む理由もなく、その日から練習後にマンツーマンの指導が始まった。

最初の一歩は誰でも知っているような内容で、「身体を開かないようにして壁を作り、バットを立てながらポイントを前にして打ってみろ」と言ったところ、一発で見透かされたように「それではファウルにしかなりません」、「低めに来たら打てません」。いともあっさりと返された。

「こいつに底が知れた言葉は通用しない」

そう心を入れ替えて、私は覚悟を決めて「アドバイザー」に徹した。練習後に室内で2時間のバッティング練習に付き合うと、寮に戻る頃には夜の点呼の時間になっていた。

最初に課した練習メニューは、一塁側へのバントだった。何百球も犠牲バントを繰り返すと、次にはそれのセーフティバント。そしてその次はバスターを延々と繰り返した。

このインコース打ちの練習は、かつては「シュート打ちの名人」として一世を風靡し、中日ドラゴンズの監督にも就任したことのある山内一弘氏のバッティング理論によるものである。私が22歳の時に教えてもらった伝家の宝刀を、ついに抜く時がやってきたと思ったものだ。

「とりあえずやってみようか」、「感じはどう?」、「やれそう?」、「無理ならやめとこう」、「その感覚なら合ってる」、「続けてみろ」。そんな感じの指導だった。長い冬を二人っきりで室内練習場にこもり、段階的にメニューのステップを上げていった。

シーズンが始まった平成30年(2018)3月のオープン戦での山下の結果は散々で、来る日も来る日もセカンドゴロのオンパレードだった。凡退して一塁ベースからベンチに戻ってくる山下が、不安そうな顔で私と目を合わせると、いつも私は決まったように深く頷いた。「想定通りだ」と。

逆に想定外は、凡打を繰り返す山下に対してなぜか怒りもせず、Aチームから外しもせず、腕を組んだまま我慢し続けた青柳監督の度量だった。

試合数をこなすにつれて、セカンドゴロがライト前ヒットやライト線への二塁打に変わっていったが、逆にアウトコースは当てただけのショートゴロが多くなった。インコース攻略以外は頭になかったためだ。

右往左往しながら試行錯誤を繰り返し、徐々に角度が付くようになってきた。4月2日に長野県の上田染谷丘高校とオープン戦が組まれていたが、青柳監督以下の教員スタッフは職員会議のためにグラウンドに出られず、私がベンチでの采配を任された。

そして初回の1打席目で放った山下のホーム

チーム名	1	2	3	4	5	6	7	8	9	10	11	12	計	監督名
上田染谷丘	0	0	0	1	0	1	0	0	0				2	佐竹
健大高崎	4	5	3	5	1	1	1	3	α				23	葛原

位置	学年	健大高崎	1打席	2打席	3打席	4打席	5打席	6打席	ボックス	グリップ	スタンス	ステップ	スイング	1塁タイム	コース	特筆・選手交代等
9	2	1 柳澤光	8	L5	6	F9	G4	7	前 後 寄 離	高 低 上 下	開 閉 狭 広	開 閉 大 小	上 下 外 内			
7	③	2 山下	9	E6	F8	9	F7	W G4	前 後 寄 離	高 低 上 下	開 閉 狭 広	開 閉 大 小	上 下 外 内			
4	③	3 享保	6	K	B	B	9	F7	前 後 寄 離	高 低 上 下	開 閉 狭 広	開 閉 大 小	上 下 外 内			
5	③	4 高山	8	9	7	9	L3	E4	前 後 寄 離	高 低 上 下	開 閉 狭 広	開 閉 大 小	上 下 外 内			
6	3	5 大越	B	7	F7	F4	7	7	前 後 寄 離	高 低 上 下	開 閉 狭 広	開 閉 大 小	上 下 外 内			
3	3	6 大柿	B	7	9	F8	F9	F8	前 後 寄 離	高 低 上 下	開 閉 狭 広	開 閉 大 小	上 下 外 内			
8	3	7 今井	◊5	9	7	F1	F8	E5	前 後 寄 離	高 低 上 下	開 閉 狭 広	開 閉 大 小	上 下 外 内			
2	3	8 是澤	F9	L8	7	B	K	B	前 後 寄 離	高 低 上 下	開 閉 狭 広	開 閉 大 小	上 下 外 内			
1	③	9 古谷	8	F7	8	9	9	K	前 後 寄 離	高 低 上 下	開 閉 狭 広	開 閉 大 小	上 下 外 内			PH 西崎L

先発	古谷	右 0 S 左 3/4 U	3回／	球速	球種	特記
救援①	吉田	右 0 S 左 3/4 U	2回／	球速	球種	
救援②	柳澤海	右 0 S 左 3/4 U	2回／	球速		
救援③	塚原	右 左 0 S 3/4 U	2回／	球速		

平成30年（2018）4月2日1試合8本塁打の vs 上田染谷丘のスコアブック

ランは、ライト94mの上に張られた数十メートルのネットと堤防道路を遥かに越えて、推定距離130mの飛球が伊野川に飛び込んだ。

余談になるが、健大はこの試合で8本のホームランが乱れ飛んだ。高校野球に携わって40年、1試合チーム8本塁打は初めてのことであり、良い経験をさせてもらったものだ。

さて、県大会が始まり準々決勝の前橋商業戦の4打席目で、山下は厳しいインコースのストレートを右翼席に運んで手応えを掴むと、インコース打ちの集大成的なホームランが準決勝の前橋育英戦で生まれることになる。その時の内容を『2018健大高崎データファクトリー』の総括から引用しよう。

平成27年（2015）春から続いた対前橋育英との直接対決では、連敗街道をまっしぐらに進んでいた。もう二度と勝てないのではないか？ そんな気持ちが頭を過る空気の中で、平成30年（2018）春季県大会の準決勝が高崎城南球場で開催された。

しかし、そういった不安はいとも簡単に初回に解消された。トップバッター山下のバットが一閃すると、打球は虹のようになってライトスタンドに弧を架けた。インコースに食い込んでくる、育英・恩田慧吾投手（日体大）のスライダーを、片手を離してまるで「居合い切り」のようにして、バットを払った技ありのアーチだった。

山下の高校通算75本のホームランをすべて見届けたわけではないが、この本塁打こそは間違いなく過去最高の芸術的なスイングだったと私は思う。

健大高崎コーチ時代
2012年甲子園球場にて

読売ジャイアンツに入団した山下航太

冬のドーム球場キャンプ

健大高崎では10年に渡り、12月20日前後から1週間沖縄でキャンプを行ってきた。最初の2年間は石垣島で、その後は本島での陣営が続いたが、球場の確保の問題もあり、ここ数年間は再び石垣島に戻ってきている。

沖縄は気温が23度前後と安定しており、野球をやるには絶好の場所なのだが、雨が多いのが唯一の欠点である。

もちろん、室内練習場は大抵のスタジアムに隣接されているが、やはり温かい土地でやるからには、球場を一杯に使って練習したいものである。

私が今アドバイザーを務める三重海星は、冬のキャンプの習慣がない。

森下晃理監督と服部芳尚顧問は、健大の沖縄キャンプに5年以上にも渡って欠かさず見学に訪れてくれていたので、いずれは沖縄でキャンプを張りたいとの念願があるが、取り巻く環境に様々な障壁があり実現には至っていない。

そこで私が提案したのが、島根県の「出雲ドーム」での冬季キャンプである。三重県からは陸路で移動できるため、道具等の運搬も比較的楽にできる。

人が聞けば冬に雪が降りやすい山陰に行くのか？　そう思われても仕方がないが、何といってもドーム球場である。雪はもちろん、雨や風にもまったく影響を受けることはなく、冬でも通常通りのメニューを消化することができる。

出雲ドームは両翼が90m、中堅110m、最高部は54mであり、練習には十分なスペックである。バックスクリーン、ダグアウト、スタンド、照明も完備されていて夜間練習もできる。

実際に、ノック自慢の森下監督がフライを垂直に何度打ち上げても、ドームの最深部に届くことはなかった。

私がこのドーム球場の存在を知ったのは、平成8年（1996）の島根県高野連主催の講演の際である。

当時からずっと感じていたのは、このドームは上手に利用すれば大きな成果を生む貴重なスタジアムになるということだ。島根県を羨ましく感じたものだった。だが、地元の野球関係者に聞いても、メディアでもこのドームの利用価値と有益さの提唱に遭遇したことはない。

さて、話を戻そう。今回のキャンプの実現は、地元出雲北稜高校の元監督、酒井和隆先生の尽力なくしては成し得なかった。

酒井先生とは前々から、出雲ドームの有意義性を話し合ったものだった。実際に私が健大在任の時も、キャンプの相談を持ち掛けたことがあったが、依頼した時期が遅くて実現することはなかった。

三重海星、出雲ドーム冬季キャンプ

それだけに長年のプランを、今回の三重海星のキャンプで実現できたことに、深い感慨を覚えたものだった。

このキャンプには酒井先生をはじめ、その教え子の木村悠太郎氏（東海学院大）。そして、私のアドバイザーチームの一つだった大手前高松高校の野球部監督の山下裕先生（現福岡第一高校野球部監督）も駆けつけてくれて、寝食を共にしながら野球談議に花を咲かせることができた。

この場を借りて、無私無欲の愛すべき指導者に御礼を申し上げたい。

香川県高野連主催のセミナー

平成28年（2016）1月30日（土）。以前から健大と懇意にあった大手前高松高校の山下裕監督（当時）から香川県への進言もあり、正式に香川県高野連からの要請を受け、セミナーのため飛行機に乗った。

30日（土）に指導者を対象とした講演。翌31日（日）は、選手と指導者を交えた実技セミナーとなった。29日（金）には四国代表として、高松商業がセンバツに選考されたばかりで、センバツを2か月後に控えたセミナーとあって、選手の一挙手一投足にも細心の注意を払った。

私が何よりも感銘を受けたのは、小野裕作理事長の香川県の高校野球に懸ける熱い思いだった。柔和で人懐っこく接してくれる半面、「これは役に立つ」と判断したことは瞬時に行動を起こし、企画や運営に関しても並々ならぬ力を発揮される。

実際その時に、何とか秋に招待試合を企画したいと話をされ、翌年の11月には2日間にわたって、大手前高松、尽誠学園、高松商業、英明との試合を実現させる手腕を見せた。

また、高松商業の長尾健司監督とも個別に話をさせていただいたが、独創的な信念を持ちながらも、人の話に素直に耳を傾けることができる素晴らしい監督だと感じた。

「高松商業はセンバツでひと仕事しそうだな」

そんな感想を抱いたものだ。

この時の香川県との出会いは、私にとっても様々なつながりを感じさせるものだった。一つは、高松商業は前年の秋に開催された、平成27年（2015）の第46回明治神宮大会において優勝を果たしている。

以前に神宮大会で公立高校が優勝したのは16年前で、平成11年（1999）の第30回大会にまで遡る。そしてその優勝チームこそが、当時尾﨑監督とともに私がコーチとして指導していた、三重県立四日市工業だった。

また、私と高松商業との関わりは昭和52年（1977）の、夏の甲子園まで遡ることになる。東邦の初戦は高松商業であり、東邦のピッ

丸亀市のコカコーラボトリングスタジアムでのセミナー

チャーは1年生投手のバンビ坂本（坂本佳一）だった。

また、時期は前後してしまうが、この香川県でのセミナーの1週間後には、和歌山でセンバツに向けてキャンプ中の、いなべ総合学園の尾崎監督の依頼でセミナーをすることが決まっていた。

いなべのセミナーでは、香川県での内容を中心に話をした覚えがある。その、いなべ総合と高松商業がセンバツで対戦するとは、夢にも思っていなかった。平成28年（２０１６）３月24日に1回戦で対戦した両チームは、６対６で延長戦に突入し、10回に高松商業がサヨナラ勝ちで熱戦に終止符を打ったのだった。

そして、私が予想した通り長尾監督率いる高松商業は快進撃を続けた。この試合を皮切りにして創志学園、長崎海星、秀岳館を破り、決勝戦では智辯学園と延長11回の熱戦を演じ、55年ぶりの準優勝を成し遂げた。

彩《さい》球《たま》野球学校

スポーツライターの大利実氏を介して、埼玉県川口市立在家中学校野球部顧問であり、「彩球（さいたま）野球学校」実行委員会代表の酒井顕正先生からの依頼を受けて講演を行った。平成31年（２０１９）２月11日（月）。指導者が１００名、選手が５００名と総勢６００名の大規模な講演となった。

私自身は何度となく講演やセミナーを行ってきたが、これだけの規模で実施するのは初めてのことであり、恐縮する気持ちよりも責任の重さを痛感しながら準備をしてきた。

この時が第6回の開催となるセミナーであり、テーマは『野球においての「走る」について考える』というもので、日程は次の通りだった。

9：00　開校式（講師紹介）
9：30　午前中1・2時間目50分×2コマの選択授業
選手指導者ともに興味があるブースを選択して講義を受ける
12：00　体育館にて立食の食事会並びに名刺交換会。
13：30　講演（体育館で全体会）
16：00　閉校式

私の担当は午後からの全体会での講演であったため、午前中のブースを見て回った。ブースには、私以外の7名の講師がそれぞれのテーマで講座を持っていた。

七つのブースの講座テーマは、それぞれ次の通りである。

①　陸上の視点から考える塁間走と野球選手を速くする陸上メソッド
②　各種方向へのスタートダッシュを速くする
③　速くなくても上手く走れる！　～今すぐできるドリルと実践～
④　盗塁を刺すためのスキルアップ講座　～牽制・送球・捕球・タッチ～
⑤　ベースランニング指導論　～0・1秒にこだわる選手を育てる～
⑥　走ることが野球にどうつながるか
⑦　野球に活かすためのＳＡＱトレーニング

このように、非常に内容が濃く充実した講座が展開されていた。それにしても生徒たちの集中力が半端ではない。中学生がここまでできるのか……。素直にそう感じたものである。

昼食を挟んで午後からは、いよいよ私の全体会での講演となった。私のテーマは「機動破壊という戦略」とし、サブテーマを「一期一会」とした。

雪が降っても不思議ではないような極寒の日であったが、体育館を埋め尽くした600名は、そんな状況を微塵も感じさせないような取り組みで、熱心に聞き耳を立てながら、メモを取る姿も多く見られた。

驚いたことに誰一人として無駄な言葉を発することはなく、いかにして自分が実践できる分野を探し出そうかと模索しているようだった。

1年前の北海道でのセミナーもそうであったが、中学軟式野球の指導者たちの取り組み方は凄まじいものがある。高校野球界はもっともっと勉強するべきであると、改めて痛感したものである。

セミナーに際して、川口市立戸塚中学・佐々木寛先生、戸田市立笹目中学・廣川隼志先生、川口市立東中学・武田尚大先生、川口市立青木中学・村上淳哉先生、これらの先生方のご尽力にも敬意を表し御礼申し上げたい。

埼玉県川口市立在家中学校の体育館にて

栃木県那須地区での講演

これまで、数え切れないほどの講演やセミナーに講師として招いていただいた。その都度、納得してもらえたかどうかは別にして、手抜きすることなく全力で取り組んできたという自負がある。

それぞれに現場の空気があり、興味を示してくれる場面やテーマに関しても様々である。初期の頃は尺に収まるか、あるいはネタ切れになって時間を持て余しては……という不安と戦っていたものだ。

ここ数年は、少しばかり流れを読むことができるようになり、急遽テーマを変更するとか、食い付きのよかった話を中心に展開できるようになってきた。しかし、いずれにしても引っ張りすぎや、あれもこれもと欲張ってはロクなことがないというのは確信できる。

平成30年（２０１８）12月8日（土）、9日（日）の2日間、栃木県の那須地区で「中学野球部専門部」の指導者と選手を対象にした、講演と実技セミナーの依頼を受けた。

先にも述べたように多くの講演を行ってきたが、ここ那須塩原での独自の空気の和やかさには驚かされた。どの人の顔を見ても穏やかで屈託のない笑みに溢れ、まるで親戚や兄弟のようなフレンドリーな関係が滲み出ていた。

講演後の有志による懇親会では、たちまち笑いとジョークが入り混じった野球談議で大爆発した。通常であれば酒席には、気の合った者同士が大声を張り上げながら、各自で「小世界」を築き上げていくものであるが、ここにはそれがない。料理をそっちのけにして各々がビール瓶や徳利を手に攻め込んでくる。もちろん、無礼講である。あっという間に私の周りには車座になった野球人が溢れる。

次々に料理を運んでくる女将さんも戸惑いを隠せない様子で、私が「ひとまず席で料理をいただきましょう」と声を掛けると、「10分後に集合！」と誰かが叫び、あっという間に「円陣」は解けて各々の「守備位置」に散っていった。

私は、この那須塩原の指導者たちが大好きになった。

半年以上が経ってから、那須町立那須中央中学校の谷川知弥先生から一本の電話が入った。内容は昨年に引き続いての講演とセミナーの依頼であった。

しかし、私は平成31年（2019）の4月を以て健大高崎の職員を退職していたため、健大高崎野球部コーチとしての肩書はなくなっていた。その旨を伝えて、白紙に戻して講師の検討をした方がいいとの進言をして電話を切った。

すると数日後には再び連絡があり、健大高崎のコーチとしてではなく、葛原さん個人の話をみんなが聴きたがっていると、心温まる連絡を頂戴した。

私はその要請により一層応えられるように、杜若高校時代の教え子で社会人野球の経験もある長嶋斎直と、三重海星中学の監督である植木大史（三重海星‐大阪体育大）の両名を連れていくことにした。二人とも捕手ひと筋の野球人生であり、後援会のテーマを「バッテリーを軸に考える攻守」とした。

令和元年（2019）12月の7日（土）、8日（日）に、昨年に引き続いて予定通りに講演・セミナーを開催した。

長嶋は高校と社会人で、プロに進んだ投手の球を受けた経験からの話を饒舌に語り、一方の植木は、春に全国大会出場が決まっている海星中学のプロセスを朗々と解説した。

二人を交えたその夜の懇親会で、1年ぶりの「円陣」が組まれたのは言うまでもない。

セミナー運営に際してご尽力いただいた、部長である那須塩原市立厚崎中学・木下佳明先生、副部長の大田原市立金田北中学・赤羽勇一先生、那須塩原市立日新中学・手塚英明先生、そして強化部長の那須町立那須中央中学・谷川知弥先生および、強化副部長の大田原市立野崎中学・鈴木康浩先生には、心から御礼申し上げる。

講演後の懇親会では料理そっちのけで
円陣が組まれる

屈託のない笑顔がはじける懇親会

終章

この道は
いつか来た道

東邦高校野球部と私

先ほども延べたが、私の生家は三重県三重郡菰野町というところにあった。家の眼前には鈴鹿山脈が連なり、その中でも一番の高さを誇るのが御在所岳《ございしょだけ》という。滋賀県東近江市との境にあり、標高は1212mの山で山頂には小さいながらスキー場もある。

麓の集落は「湯の山温泉」と呼ばれる名前通りの温泉郷で、天然記念物のニホンカモシカが生息する山頂へと赤いゴンドラが往来している。

さて、そんなのどかな場所で生まれ育った私が目指したのは、無謀にも野球の名門がひしめき合う名古屋だった。東邦、中京、享栄、愛工大名電といった名だたる強豪が肩を並べ、虎視眈々と毎年のように甲子園を狙い、その覇権を争っていた。

その中で東邦を選んだ理由はといえば、私の高校進学の前年に東邦が春夏連続甲子園に出場をしていたこと。そして、担任の先生と名古屋の高校に進学した経歴のある兄（野球はしていない）の勧めでもあった。

憧れだけで叩いた名門の扉は、おいそれとは私を招き入れてくれなかった。新入生は優に100名を超え、その半数は中学時代の主将やエース、クリーンアップで溢れていた。

余談ではあるが、私の中学時代は四日市市の中学が強く、特に富洲原中というチームが強力だった。大見浩一というスラッガーに、俊足好打の樋口士郎という外野手が三重県内を席巻していたものだ。

しかし、その富洲原中が敗れたと人伝に聞いた。敗れた相手は富田中というやはり四日市市の学校で、なんでも渡辺薫という強肩強打のスラッガーがホームランを放って勝ったという。

私のように田舎のチームにはまったく縁のない夢のような話で、「世の中には聞きしに勝るような選手がいるんだな」とぼんやり頭に思い浮かべていた。

しかし、それから半年後に私はとてつもない衝撃に襲われることになった。東邦高校に一般入試で進学した私が下駄箱のある昇降口で見たものが、練習着のユニホームの背中に大きくマジックで書かれていた名前だった。

その大きな背中には、富洲原中学・大見、富洲原中学・樋口、富田中学・渡辺という名前が書かれてあり、その黒くて太い文字はまるで龍のように見えた。

のちにチームメイトとなる3人から聞いた話では、中学の同期たちは東邦の他にも、三重県内の海星高校や三重高校に進んで甲子園出場を果たしたそうだ。

東邦ブルース

もちろん入部したのは強者だけではなく、大海を知らない井の中の蛙たちも総勢100名の中にはいたものだ。

野球エリートの「特待生」たちは入学前から練習に参加しており、私を含めた一般入部組は先輩との区別もつかず、わけも分からずに同学年の特待生たちに大声で挨拶を繰り返したものである。

一般入部組の当初の練習は、理不尽を通り越したものだった。先輩から出されたメニューは「20人辞めるまでダッシュ」だった。クシの歯が欠けたように同期たちは去っていき、半年後の新チームでは20名もいなかった。

夏の練習で私は喉の渇きに耐え切れず、葉っぱや草を噛んで汁を吸い、1日1日をジャングルで生き延びる兵士のようにして耐え忍んだ。

昔、読売ジャイアンツに柴田勲という韋駄天の選手がいた。入団当時は二軍の多摩川での練習が辛く苦しくて、『多摩川ブルース』という唄を作ってギター片手に唄っていたそうで、なんでも原曲は、練馬鑑別所を題材とした『練鑑《ねりかん》ブルース』という曲の替え唄だったそうだ。

私も高校1年生当時、帰路に就く電車やバスの中で放心したように口ずさんでいた唄があった。それは『多摩川ブルース』を模して私が作った、私だけの『東邦ブルース』と名付けた唄だった。

東邦ブルース
作詞　葛原美峰
作曲　不詳

一、野球やるなら甲子園と　目指したところが愛知県
その名も高き東邦高　今に行くぞ甲子園

二、毎日毎日球拾い　真夏の太陽に照らされて
鬼と二年の目を盗み　すする泥水目がくらむ

三、今日も最終に飛び乗って　帰るところは三重県の
街を離れた田舎だが　今に行くぞ甲子園

四、雨の日練習終わった後に　鬼と二年の説教に
絶えて忍ぶも一年の　これも大事な仕事で

す

五、雨の上がった公園に　見上げる階段魔の百段
誰が呼んだか地獄堂　来なきゃよかった東邦高

六、今日も昨日の繰り返し　気が付きゃ家路にただ一人
ちらりと時計に目をやれば　午前零時にもう少し

七、両手は素振りでマメだらけ　真夜中今夜もバット振り
いつにもらえる背番号　どこにあるのか甲子園

八、夜空の月を見上げては　苦労を掛けるおふくろの
顔が浮かんで離れない　布団の中で泣く涙

九、昨日はあいつが夢を絶ち　今日はこいつも去ると言う
未来を誓った百人は　今はたったの十四名

十、悲しいこともあるけれど　苦しいこともあるけれど
死にたい時もあるけれど　やっぱりオイラにゃ甲子園
幼い頃から甲子園　今に行くぞ甲子園　必ず行くぞ甲子園

私は、そんな東邦高校野球部を生き抜いた。

東邦野球部を生き抜いた14名の同期生と著者（後列右端）

この道はいつか来た道

「1999年7の月。恐怖の大王が空から降ってくる」

ノストラダムスが人類滅亡の大予言をした年月である。しかしノストラダムスは大予言を外し、私が携わって2年目の四日市工業は、当時の絶対的王者だった三重海星のエース岡本篤志（明治大→西武6位）に対して、最終回に3点差を引っくり返して、劇的な逆転サヨナラで甲子園出場を勝ち取った。

それからというもの飛ぶ鳥を落とす勢いで、秋の県大会に優勝すると、東海大会も制してセンバツ出場を確実にした。勢いは留まるところを知らず、秋の明治神宮大会も、並みいる強豪を薙ぎ倒して、決勝戦では敦賀気比の内海哲也を打ち崩し、大量14点を奪い優勝した。

公式戦負けなしで臨んだ２０００年の「ミレニアム・センバツ」では、優勝候補と目されたが、ベスト8を目前としながら明徳義塾に1点差で敗れた。

春の県大会を準優勝すると、東海大会でも猛打で圧倒して、決勝戦も5回コールドながら大量21得点を挙げた。だが、夏本番では菰野に初戦で敗退して、行く先に暗雲が漂った。

だが、四日市工業の趨勢は衰えず、秋の新チームでも三重県を制して東海大会準優勝でセンバツ切符を手中にし、夏の決勝戦も三重高校を破って春夏連続の甲子園出場を成し遂げた。

１９９９年から２００１年までのわずか3年間で、春2回、夏2回の甲子園出場と、明治神宮大会優勝という快挙を成し得たのだった。当時は、正直なところ甲子園はものすごく近いところにあった。関係者の誰しもが甲子園は「簡単に行ける場所」という錯覚に陥り、感覚が麻痺していた。

しかし翌、平成14年（２００２）の秋に三重県を制するも、東海大会で愛知2位の愛工大名電に敗れてセンバツを逃すと、平成15年（２００３）の第85回大会での決勝戦では、江川智晃（ダイエー1位）擁する宇治山田商業と延長12回を戦って江川にサヨナラ被弾。劇的な敗北を機に、「21年間」が経った今も甲子園には出場していない。

劇的な逆転サヨナラ勝ちで掴んだ甲子園出場も、皮肉にも延長サヨナラ負けで隆盛を断たれた。衝撃的な敗戦というものは、のちに尾を引くものなのである。

反対側から見て、四日市工業に劇的な敗戦を喫した海星は、その後どうなったのであろうか？

海星高校は三重県屈指の名門で、甲子園には春夏合わせて13度出場し、通算成績は9勝13敗。四日市工業に決勝で敗れるまでは、過去11回の決勝戦で一度も敗れることはなかった。とりわけ平成8年（1996）の夏の甲子園では、唐津工業、早実、仙台育英と並みいる強豪を破ってベスト8進出を果たしている。

平成10年（1998）の夏も出場して初戦を突破した。四日市工業に敗れることになる平成11年（1999）のチームは、センバツで九州産大九州、明徳義塾を退けベスト8進出と、まさに海星の隆盛を誇った時期であった。

センバツベスト8の実績を携えて臨んだ三重県大会。優勝候補の筆頭であり、誰がどう見ても海星の優位は揺るがず、春夏連続出場は夢疑いようもなかった。

しかし、3点をリードしながら迎えた最終回。四日市工業の怒涛の攻撃を受け、あっという間に4点を奪われ、三重県の球史に残る逆転サヨナラ負けを喫した。

海星はその衝撃的な敗戦を最後に、「22年間」も甲子園の土を踏んではいない。四日市工業といい海星といい、皮肉にも同様の苦悩を共有することとなってしまった。

完全に、この道はいつか来た道だ。

私はずっと恐れていた。なぜならば隆盛の次に来るのは、衰退であることを体験しているからである。

では、衰退する原因は何なのか？　この答えを私は知っているつもりだ。

それは、四日市工業と海星との悪い流れへの推移を重ね合わせることによって、流れの共通点を見出すことができる。

私は過去の経験から、衰退の根源は油断や過信に起因する「保守」だと考えている。四日市工業と海星、両チームともに甲子園出場を勝ち取るまでは、何物をも恐れず煮え滾るような挑戦者であったはずだ。

「できた」と思った瞬間に衰退への扉は開かれるのだ。

おわりに

『機動破壊』シリーズでお世話になっている竹書房の鈴木誠編集長のご厚意により、このたび初めての著書出版の運びとなった。

鈴木編集長には、私の野球観や野球理論に目を向けていただき、「機動破壊」という私が何十年にも渡って温め続けてきたワードを世に出していただいた恩人と、今さらながらこの場をお借りして深く感謝申し上げたい。

さて、私の野球「機動破壊」は、本文では全国制覇を目指すには不向きな野球であると述べた。しかし、今後の高校野球界の変遷によっては、そうとばかりは言い切れなくなる可能性も生まれてきた。

一つ目の最たるものは、バットである。機動破壊の天敵は飛ぶバットにあり、忍者の野球は空中戦には苦戦を強いられる。苦労して組織的に得た1点は、あっけなく金属バットの一閃でいとも容易く奪われてしまう。

だがしかし、高校野球界が木製バットに戻るとか、あるいは果てしなく木材に類似する素材が開発されたならば、立場は一気に逆転する。

二つ目は投手の球数制限による、一人のエースの先発完投が減少していくことである。もともと私の野球は継投を骨子としているが、継投論が確立されていないチームは後手に回っていく可能性が考えられるからである。

今回の執筆に際して、私は〝遺言状〟のつもりで書いた。

『機動破壊』シリーズで述べてきている私の出版のコンセプトは、「伝承」である。似たような言葉で「継承」があるが、これは単に受け継ぐだけの意味であり、受け継いで伝えていくのが「伝承」である。

本来「人の心は移ろいゆくもの」である。もちろん、気まぐれや思いつきは別にして、人は思い悩みながら生き続ける。トライアンドエラーの末に新しい発想に遭遇する者や、身の丈を知って変換に転ずる者。そんなことを百も承知の上で、私の思いの丈を述べたい。

それは、「機動破壊」の伝承を委ねたい若い指導者たちがいるということだ。

一人目には、現いなべ総合学園高校野球部コーチの長嶋斎直《ときなお》君（杜若〜一光）を挙げたい。教師ではなく会社員として日常は家族の生活を守り、土日と祝日には自宅のある名古屋市から車を走らせる。

杜若高校時代の私の教え子でもある君は、無骨ではあるが愚直なまでに選手と向かい合う。その姿は、私の忘れかけていた大切なものを呼び起こしてくれるカンフル剤となっている。

目に映ったもの、心で感じたもの、頭を過った疑問を、何のためらいもなく口から発する。君の直球はインハイでもアウトローでもない。ど真ん中に投げ込んでくる外連味《けれんみ》のない白球は汚れを知らない。

淀みのない君の姿勢もまた、球児たちに伝承されていくことだろう。

二人目は、前三重県立四日市農芸高校野球部監督（現三重県立四日市工業副部長）の下村尚《ひさし》君（皇学館～國学院大）である。弱小チームの四日市農芸の夏1勝のためだけに自己犠牲を払い、女子マネージャーを含めた部員全員のために全力を傾注する。

3年目の夏の大会で悲願の初勝利を挙げた時の君の涙は、私が忘れかけていた遠い過去の、ほろ苦く甘酸っぱい記憶を詳《つまび》らかに呼び起こしてくれた。

そう、私が20代の頃に部員を前に連日読み聞かせた、故佐藤道輔先生著の名作『甲子園の心を求めて』の「心」を。

この本の「はじめに」でこう書かれていた。


高校野球のチームの多くは、甲子園を遥かに遠くにして敗れ去っていく。しかし地方予選の1回戦で敗れていったチームの中にも、真の甲子園の心を求めたチームがあるはずではないのだろうか。


下村君、君は間違いなく甲子園の心を伝承した。

そして三人目は、前健大高崎高校野球部コーチの沼田雄輝《ゆうき》（現富士大学野球部コーチ）君（花巻東～国士館大）で、岩手県の出身である。

健大では、部長と監督の補佐をしながら、主として1年生ルーキー（Cチーム）や育成（Bチーム）選手の指導役として手腕を発揮していた。

板場にはカウンターに立つ「板前」の他に、裏方で料理全体の味を引き立てて調える汁物作りの「椀方」という役職がある。まさに君の役職そのものであるといえる。もちろんコーチである以上、選手への指導は厳しかったが、私生活では純朴そのものである。

岩手県といえば宮沢賢治を思い浮かべるが、なかんずく『雨にも負けず』の詩を連想させるように、欲はなく、決して怒らず、いつも静かに笑っている。しかし東北人特有の粘り強さを根底に秘め、春遅い岩手にていつしか「機動破壊」を芽吹かせることを見据えている。

置かれる場所を選ぶことはできないが、生き方を選ぶことはできる。

四人目は、現三重海星高校野球部監督の森下晃理《あきまさ》監督（海星～立命館大～西濃運輸）である。OB監督として母校を背負い、名門復活を託された君の重圧は察するに余りある。

副部長で教頭の服部芳尚先生（三重県立神戸～愛知教育大）とともに、毎年のように健大の沖縄キャンプを見学して研鑽に勤しんだ。四面楚歌に置かれた立場に抗うように、新しい心血を注ごうとしている姿は心を動かされる。

また、野球部を支える山下大貴コーチ（星稜～同志社大）、OBでもある海星中学顧問の植木大史君（海星～大阪体育大）、佐野真司君（海星～大阪体育大）

の両名も「機動破壊」の伝承に貢献してくれるだろう。

平成29年（２０１７）２月25日、教え子たちが還暦を祝って催してくれた「第二の人生出発式」。ＯＢの他にも、野球界で活躍されている方々にもお越しいただき、思いもよらない盛大な出発式となった。

ご多用な時期にも関わらず、参加していただいた１７０名の方々に、この場をお借りして改めて御礼を申し上げたい。

とりわけ、ご尽力を賜ったＯＢの梅村美智明君（５回生）、丹山東秀君（８回生）、瀬戸敦史君（８回生）、竹ノ内久之君（11回生）、飯田昌登君（11回生）、中垣内政司君（16回生）、長嶋斎直君（22回生）、狩山兼吾君（23回生）にも感謝する次第である。

さて、話は変わるが「コロナ」とは太陽を取り巻く真珠色の淡光の意味だったはずだ。令和元年（２０２０）。人類はとてつもない敵と戦う羽目になってしまった。

「新型コロナウイルス」

なんと忌々しい言葉だろう。なんと憎々しい響きだろうか。

この未知のウイルスは、世界中の人々の夢や希望を無残にも打ち砕いた。この冷酷なウイルスは、多くの人々の命を奪い、嘲笑うかのようにして社会の安寧を

葛原美峰先生ご勇退記念謝恩会
第二の人生出発式

引き裂いた。

平和の象徴である「東京オリンピック」の延期を余儀なくし、高校生アスリートの祭典「インターハイ」と、球児たちの幼い頃からの夢だった「甲子園」をも奪い去った。

これは人類に対する神の咎めなのか？

それとも神が与えた試練なのか？

今、我々ができることは歴史に学び、秩序を遵守しながら堅忍不抜の志を抱くことだ。球児たちは、今こそ心を鍛えるとともに、頭脳の錬磨に勤しむ時だと思う。この苦境を「ピンチはチャンス」と諒解し、新しい切り口を見出す啐啄《そったく》の機と捉えてほしい。

神は乗り越えられる試練しか与えないといわれている。我々は今まさに試されているのだ。未来永劫の繁栄に相応しい人類なのかと。

我々は敗れるわけにはいかない。

「新型コロナウイルス撲滅」という「戦略」を掲げ、「戦術」として国家が国民に対して檄を飛ばした「緊急事態宣言の発出・新型コロナワクチンの接種」。国民は「3密回避の徹底・ステイホーム」という「戦法」を駆使して「日常」を勝ち取るのだ。

この本が発刊される頃には新型コロナウイルスが終息し、人々に笑顔が戻って明るく元気な歓声が響き渡っていることを祈る。

そして球児の眦《まなじり》が甲子園に向いていることを切に願う。

真珠色に輝く淡い光の輪の下で。

追伸
担任の頃、帰宅して玄関に入るとジュースとパンが積まれていた。月末の決まった我が家の光景である。家内は「生徒たち100%達成したんでしょ?」至極当然のようにそれだけを言う。

また、健大を何とか甲子園で勝たせようと知恵を絞っていると、「お父さんが甲子園で勝とうとさせるのはおかしい」。そう呟く。

「甲子園に出すのが俺の仕事。甲子園ではスタンドから、観客として生徒たちを眺めていいたい」

昔はそのように言っていたからだ。

そして現在、フリーの立場となり再びその心境に戻ってきつつある。

私の遺言書ともいえるこの本の執筆を、付かず離れずの距離で黙って見守り続けてくれた妻に、心から感謝しながらこの書を捧げます。

令和3年7月
三重海星高校野球部アドバイザー　葛原美峰

機動破壊のすべて
生みの親からの遺言状

2021年11月５日　初版第一刷発行

著　　者／葛原美峰

発 行 人／後藤明信
発 行 所／株式会社竹書房
〒102-0075
東京都千代田区三番町8-1　三番町東急ビル６F
email: info@takeshobo.co.jp
URL　http://www.takeshobo.co.jp

印 刷 所／共同印刷株式会社

カバー・本文デザイン／轡田昭彦＋坪井朋子
協　　力／海星高校野球部
特別協力／中垣内行政書士事務所・(有)ミツイ・(有)梅善・(株)東秀・(株)サンシュウ・(有)ニシオカベースボール企画・(有)西正・(有)三和運動具店・(株)桑名スポーツ

編 集 人／鈴木 誠